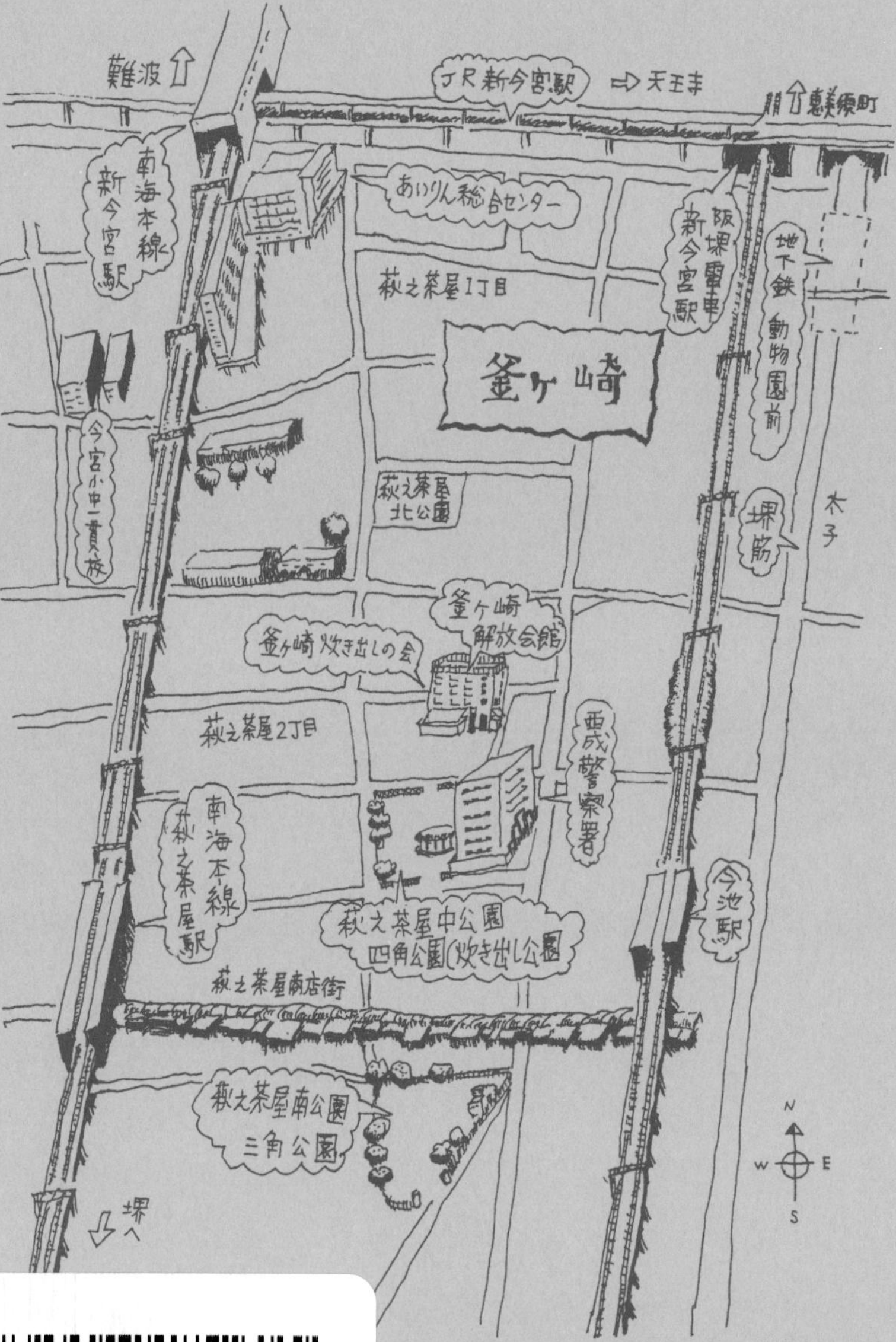

難波
JR新今宮駅
天王寺
恵美須町
南海本線新今宮駅
あいりん総合センター
阪堺電車新今宮駅
地下鉄動物園前
萩之茶屋1丁目
釜ケ崎
今宮小中一貫校
萩之茶屋北公園
堺筋
太子
釜ケ崎解放会館
釜ケ崎炊き出しの会
萩之茶屋2丁目
西成警察署
南海本線萩之茶屋駅
今池駅
萩之茶屋中公園
四角公園(炊き出し公園)
萩之茶屋南店街
萩之茶屋南公園
三角公園
堺へ
N
W
E
S

釜ヶ崎炊き出しの会編著

釜ヶ崎合唱団

労働者たちが波乱の人生を語った

ブレーンセンター

まえがきにかえて

本書は…

釜ヶ崎炊き出しの会は1975年12月10日から釜ヶ崎で炊き出しを始めました。一般の方々へ広く活動内容を知っていただくため、同会は機関誌『絆通信』を発行しています。その中に《こんにちは、がんばってます！》という人気のコーナーがあります。釜ヶ崎に暮らす労働者の方々や関係する方々を毎回一人とりあげて、ご本人に語っていただくコーナーです。生い立ちから始まり、現在の生活や未来への夢、更には思想や信条まで、内容は多岐にわたっています。

過去にさかのぼり、このコーナーを集め、編集したのが本書です。紙面の許す限りできるだけ多くの方々に再びご登場いただきました。

釜ヶ崎とは…

釜ヶ崎という地名は、現在の地図上には存在しません。1922年に字《あざ》の改編により消滅しましたが、それまでは西成郡今宮村に釜ヶ崎は存在していまし

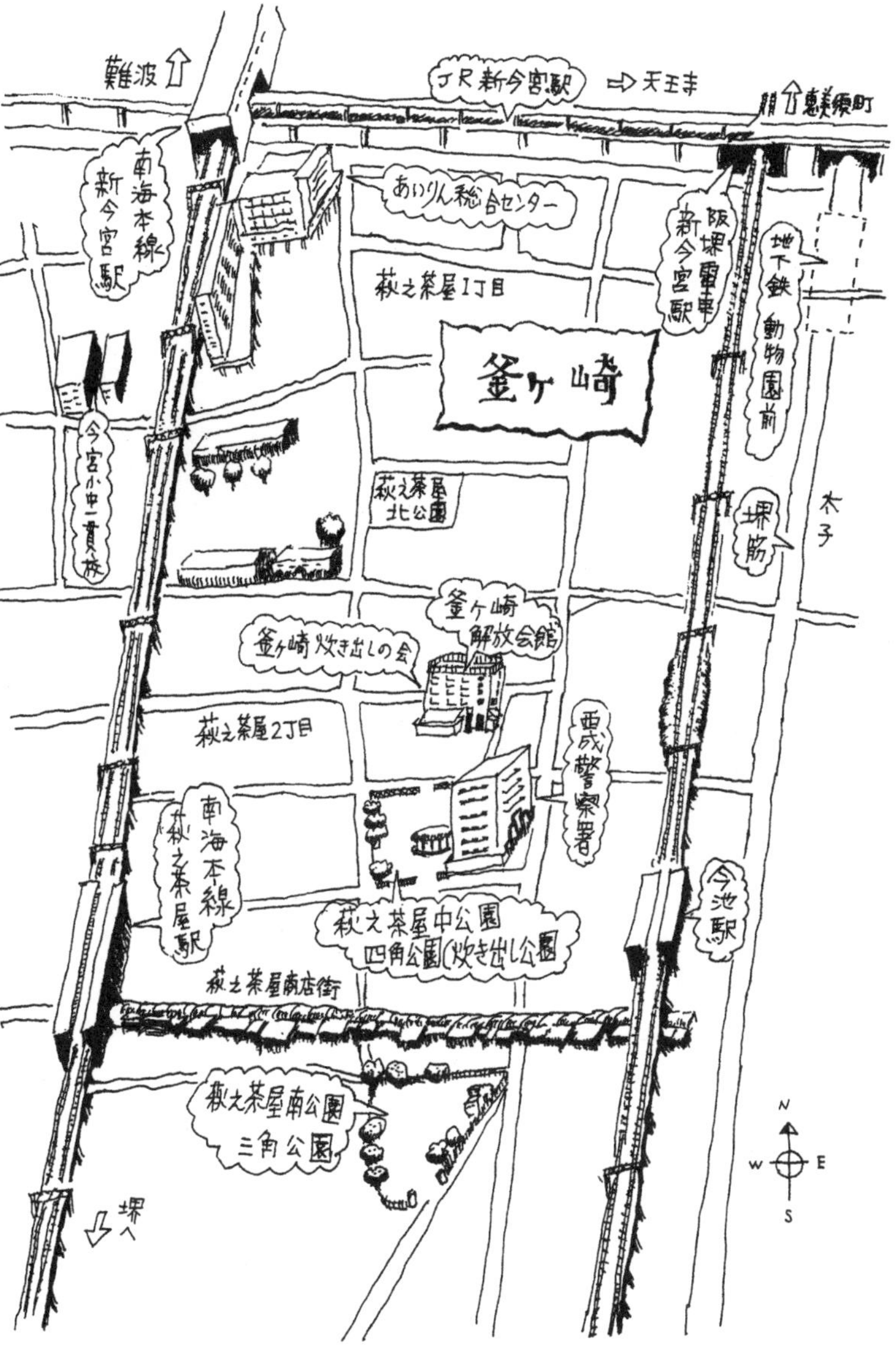

難波
JR新今宮駅
天王寺
恵美須町
南海本線 新今宮駅
あいりん総合センター
阪堺電車 新今宮駅
地下鉄 動物園前
萩之茶屋1丁目
釜ヶ崎
今宮小中一貫校
萩之茶屋北公園
堺筋
太子
釜ヶ崎 解放会館
釜ヶ崎炊き出しの会
萩之茶屋2丁目
西成警察署
南海本線 萩之茶屋駅
今池駅
萩之茶屋中公園 四角公園(炊き出し公園)
萩之茶屋南店街
萩之茶屋南公園 三角公園
堺へ
N
W
E
S

た。

ＪＲ西日本関西本線以南、西を南海本線、東を旧南海天王寺支線に囲まれた、東西およそ３００ｍ、南北およそ５００ｍの地域です。西成区萩之茶屋１丁目と２丁目、太子の一部が含まれます。

ちなみに、あいりん（愛隣）地区というのは、１９６６年に国や自治体と報道機関が使用のとり決めをおこなった名称で、釜ヶ崎のことを指しています。新聞や雑誌、自治体の出版物などで主に使われています。

大阪の街づくりに貢献する

江戸時代、大坂では、港湾労働者や、橋の架けかえ工事などをおこなう作業員が大勢必要となり、各地に寄り場（日雇労働者のまち）が形成され、その日必要な労働力を確保していました。天候や工事の進み具合で変動する労働力は寄り場がその需給調整機能を果たしていたのです。日雇労働者たちは過酷な仕事に従事しながら、大坂の街づくりに寄与していたのです。そのことは、その後、明治から今日に至るまで、なんら変わることはありません。特に、戦後、高度経済成長期から始まる数多くのインフラ整備事業や大阪万博、関西国際空港、明石海峡大橋、湾岸道路などの建設、更には阪神・淡路大震災後の復旧工事など、釜ヶ崎の日雇労働者は大阪の繁栄と復旧復興に大きな貢献をしてきました。

『絆通信』とは

『絆通信』は釜ヶ崎炊き出しの会がその活動内容や考えを広く知っていただくために発行している機関誌です。現状年4回、各3500部、B5判16ページ。すべて手書きです。

最初の1~2ページは活動報告と告知。

次の3~11ページは《こんにちは、がんばってます!》という人気のコーナー。釜ヶ崎にお住まいの労働者の方々や関係する方々の中からお一人にスポットを当て、波乱の人生模様を本人に語っていただいています。

最後の12~16ページは《お便りありがとうございました》のコーナー。読者の方々から届けられた手紙を掲載しています。感想あり、励ましあり、共感あり。また同会宛に寄せられたカンパや衣類に添えられていた手紙が紹介されています。第3章《読者からのお便り》に一部を転載しています。

釜ヶ崎炊き出しの会とは…

釜ヶ崎炊き出しの会は、稲垣浩さんが立ち上げた会で、1975年12月10日から釜ヶ崎で炊き出しを始めています。今年で43年目を迎えましたが、これまで1回たりとも休んだことはありません。朝10時と夕方5時、1日2回。雑炊をメインに、その時々によって副食やデザートが付いてくることもあります。主食となる米や麦に加え、キャベツやジャガイモ、サツマイモ、ワカメ…など様々な食材は、すべて同会の活動に共感した支援者の方々が送ってくださった品々です。

心温まる炊き出しをお世話してくれる方々もまた、同会の活動に理解を示すボランティアの方々です。

日脚が短かくなってくると、本格的な闘いの始まりです。「厳しい冬をのりきり、生きて花咲く春を迎えよう」を合言葉に、同会の活動にも熱がこもります。

もくじ

MOくJI

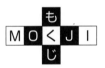

第1章　なかまたち

第2章　ささえる人々

第3章　読者からのお便り

第1章 なかまたち

『絆通信』《こんにちは、がんばってます!》のコーナーより

この身果てるとも〝一条さゆり〟の名は残したい

池田さん
初代一条さゆり
昭和12年生まれ
58歳
埼玉県川口市出身

「父は明電舎の守衛、母は浅草で芸者をしていました。宴会の席で知り合い結婚したそうです。私は12人兄弟の3女。子供が多いでしょう。生活も貧しくて、物心ついたころからずっと、よその家に預けられ、転々としました。知らない家に連れていかれ、子守をしながら学校に通いました。幼い頃のことでしょう、家が恋しくなりましてね、盆正月に実家に戻れるのがうれしくて」

「でも恋しい家に戻っても、両親のけんかが絶えないんです。母にしてみれば働いたお給料を家に置いたら、すぐ奉公先に帰って欲しかったようですね。1人、人間が増えたら、ご飯一杯、味噌汁一杯、余分にかかるでしょう。けっこう邪険に扱われましてね。私は子供心に母に気をつかって、奉公先から米を持って帰ったりしましたが、それでも機嫌悪くて…」

「父はそれを知って激怒。『和子が返ってきたときくらい、もう少し優しくしてやりなさい！』と、ちゃぶ台ひっくり返したり、ガラスを割ったり。私が実家に帰るたびに、両親の大げんかでしょう。寂しいなんてものじゃない。身をよじるような辛さでした。『もう帰ってこない。だからけんかしないで』って」

「中学のときに奉公していた家は韓国人の金持ちの家でした。言葉はあまり分かりませんでしたが、相手の顔の表情で『あっちへ行け』と怒っているとか、だいたいのことが分かり、主人の顔色を気遣いながら一生懸命、言葉を覚えようとしました。主人は『ずっとここにいて、韓国の学校に上がりなさい』と言ってくれましたが、結局1年で中退して働くことになったんです」

「15歳年の離れている2番目の姉が父と同じ明電舎に勤めていて、結婚もしていましたので、姉の家に間借りして、シチズンに入社しました。父とこの姉だけは、いつも私の身を心配してくれて、辛いことがあったらいつでも戻ってきなさいと手紙をくれていたんです」

「シチズンの就職試験に合格して、時計の組立工として働いていましたが、職場の先輩と交際するようになり、結婚しました。池田清二という、とってもおとなしい優しい男性でした。私が18歳、清二さんが23歳の時です」

「大井町の3畳一間で新婚生活が始まり、貧しいながらも幸せでした。結婚したとき、すでに妊娠5か月の身重で、働くことはしていませんので、清二さんのお給料だけで生活していたんです。清二さんは少しでも生活を楽にしたいと考えたんでしょうね。調理師の免許を活かすんだと言って、会社を辞めて食堂で働き出しました」

「夜10時過ぎに帰ってくる生活がずっと続きました。でも生活は少しも楽にならなかった。大きなお腹を抱えて、味噌をほんの少し計り売りしてもらっていたら、そこのご主人がとても良い方で、『味噌買う金もねえんだろ。腹減ってないか？ラーメン作ってやるから食いな。腹いっぱい食べないと赤ちゃんがかわいそうだぞ』って、帰りには大根やニンジンまで持たせてくれて、『明日の晩のおかずにしな』って」

「アパートの家主さんもとっても良い方でした。中川コトさんて言うの。このおばさんの名前も決して忘れられません。中川さんがある日、私に言ったの。『和子さん、あんたのご主人、パチンコ屋の前で背広来て、用心棒みたいに立ってたらしいよ。あれは普通じゃないって。あんた知ってるの？』って。そう、言われてみれば、清二さんの帰りが夜中の1時、2時と毎日遅いなとは思っていたので、中川さんにそう話したの。そしたら、『どうも、ヤクザに入ってるようだよ、大変なことだよ』って言うから『おばちゃん、ヤクザって何？何のこと？』ってきいたんです」

「その日の夜、私、パチンコ屋へ行ったの。そしたら、やっぱりおばちゃんの言うとおりの格好で、後ろに手を組んで、店の前に立ってた。私は臨月のお腹で清二さんに訴えたんです。『こんなところで働いていたらいけない』って。清二さんもびっくりしたみたいで、『こんなとこへ来たらダメだ』って怒りましたけど、私も負けてはいなかった』

「清二さんは、横浜に事務所がある極東組に入ってたのね。その日から数日して急に産気づいて、おばちゃんが産婆さん呼んでくれたの。『お金のことは心配しなくていいよ、それより子供のこと考えなさい』って。お産の費用は全部払ってくれたの。おしめも自分の浴衣をひっぱりだして縫ってくれ、産着も作ってくれた。清二さんのご両親に連絡したけど、借金取りに追われて行方不明でした」

「産後はお乳の出が悪くて、米汁に砂糖を入れて片栗粉を混ぜ、それを赤ちゃんに与えた。ミルク1缶買ったら、薄めて牛乳加えて飲ませたり。それでもひもじがって泣くでしょ。悪いとは百も承知で、隣の家に配達された牛乳瓶を盗んで、警察に連れて行かれたこともあります」

「男の子の赤ちゃん。清二さんの一字をとって、清と名付けました。とにかくこの子を育てるために働かなくてはと、清を近所の人に預けて、ホステスの仕事に就いたんです。清二さんには内緒でした。夕方から出かけて、夜遅くに帰宅。3か月ほどは、ばれませんでした」

「ある日、清二さんが何を思ってか、夕方早くに戻ってきて、家に清も私もいないので不審に思って、ずっと待っていたらしいの。そして、私が濃い化粧に派手な服装で戻ってきたからびっくりして激高して。こっぴどく叱られて、殴られました」

「清二さんはこのことを極東組の親分に報告したようですね。次の日、清二さんは私を親分のところに連れて行きました。親分は私の姿を見ると『ほぉ、ええ娘やないか』と言って、『この娘だったら行ける』って言うんです。『金に困ってるんやろ、前借りさせてやるから踊りを習え』って。私が『踊るんですか?』ってきいたら、『心配いらない。先生がついて教えるからな』って、清二さんも私の機嫌をとるように言うの」

「清は親分の奥さんが面倒みてやると言うので、その言葉を信用して国際劇場でのレッスンに通いました。とっても厳しかったです。いち、にぃ、さん、しぃ、で右足出して、にぃ、にぃ、さん、しぃ、で左足出して、さん、にぃ、さん、しぃで背中のボタンをはずして…。『えっ!?こんなことしたら、おっぱいが見えてしまう』って私がびっくりしたら、『そりゃ、そうだろ』と親分。最初は抵抗がありましたが負けず嫌いでしょ。弱音を吐きたくなかった」

「家主の中川さんは、私がキャバレーに勤めているとばっかし思っていたから、ストリップ劇場で踊っていると知って、猛反対しました。『子供のことを考えてあげなさい。あんたのその素直さも無くなってしまうよ。止めなさい！』と毎日のように説得されました。清は親分の奥さんがすぐに手放して、施設に入れてたんですね。それを初めて知ったのは、清が3歳の時でした」

「私の方は全国巡業でしょう。施設では親の居所が分からないということで、結局2番目の姉が引取りに来て、それからずっと育ててくれました。名古屋で巡業してたとき、姉が清を連れて楽屋を訪ねてくれたことがありました」

「でも、清は私を怖がって、姉の服にしがみついたきりなの。清が10歳の頃です。姉が『清二さんは？』ときくので、『今、ボートレースに行ってる』と答えたら、姉がきっぱりと言い放ったんです。『そんないい加減な男とくっついて。もうあんたは清のこと忘れなさい。姉妹の縁も無いものと思いなさい。これっきりで、もう会いません』って。清が姉を『お母さん』って呼んでたのが、忘れられません」

「清二さんは、その後、5日に一度、私の前に顔を出すだけでした。5日に一度が給料日だったから、そのお金を持って、またどこかへふらっと行ってしまう。そして、昭和34年からずっと行方不明です」

「最後の引退興行は、昭和48年5月1日から10日まで、大阪市の野江劇場で行いました。ここの劇場は何年か前に興行したとき、とってもお客の入りが少なくて、活気もなかったのね。それが頭に残っていたので、『よし、あそこで、最後を飾ろう。頑張ってみよう』って思ったの。だって、劇場主が気の毒でしょう。いつもこんなにお客の入りが少ないなんてきいたら」

「興行最終日は300人くらいのお客さんが入って大成功。うれしかったですよ。踊り子として、公然猥褻罪で捕まったことが過去に7回あります。でも最終日は本当に満足でした」

「引退した後は、まとまったお金があったので、梅田でお店を2軒持ちました。スナックを開いたんですけど、横浜時代の暴力団が何やかんやと言って、お金をむしり取るようになって。『あの時、世話してやった借金を返せ』と毎日のように出入りして脅すの」

「もう私も最後はヤケクソになってしまって、お酒を5日間、朝から夜まで飲み続けて、お店の若い従業員の女の子に書き置きの手紙を残して、ふらりと外へ飛び出したの。『お店には、まだこれだけのお金が残っているから、お店はたたんで、そのお金をあなたのお給料にあてて下さい』って書いてきた」

「もう、何もかも嫌になって、フラフラ歩いて、天神橋の歩道橋から下の道路を見下ろして、『トラックが来たな』と確認したあと飛び降りた。トラックにはねられ、タクシーにはねられ、脳みそが出た状態で病院に運ばれたらしいの。お医者は、『こんなでよう助かった』と後でおっしゃっていましたね。半年間入院しました」

「西成のことは、踊り子時代にタクシーで走ったことがあって、こんなとこもあるんだなぁって知りました。夜、路上で寝てる人もあって、かわいそうだなぁって、思って見ていましたよ」

「病院を退院したあと、西成で寿司屋を開きました。お客さんは、1日の力仕事を終えて、ほっとした思いで疲れて帰ってきた人達ばかりでしょう。楽しく、のんびり、食べて飲める場所を提供してあげたかったんです。家族的な雰囲気を大切にしてやってきましたから、けっこう人気がありましたよ」

「大きなお皿をお店の2か所に置いて、おにぎりをたくさん並べておくの。簡易宿泊所に戻った頃、お腹もすくでしょ。『持って帰りなさい』って。みんな、とっても孤独なんですよ。『ママ』『ママ』って慕われて、私も張り合いができてうれしかった」

「でもお客の中の１人の男性が感情のもつれで、私の身体にガソリンまいて、タバコの火を投げ捨てて…。全身大やけどの重体。このときも、お医者が絶望視していたらしいの。これだけ火傷してたら骨が持つかなって」

「３日間、意識不明で、そのあとウトウトしている耳元で、看護婦さんが『東京のお姉さんから電話入ってますよ。電話を枕元に持ってきますからお話しますか？』と言ってくれましたけど断りました。『何年か前に、姉と約束しています。縁を切ってますから。でも、清だけは頼むと伝えて下さい』って、力をふりしぼってそう答えました。」

「府立病院に１年間入院して、奇跡的に助かって、その後は釜ヶ崎で屋台を出したり。今は肝硬変、糖尿病で入退院を繰り返しています。稲垣さんのお世話で、解放会館３階の部屋で生活保護を受けています。お酒も辞めました」

「いろんなことが、本当にいろんなことがありました。いずれは瀬戸内晴美さんのように尼さんになりたいです。体が元気なうちは、ご恩返しも兼ねて、会館前で五平餅を作って売りたいなぁ、なんて思っています。今でも私、清二さんを心のどこかで探しています。池田家の名前も、芸名『一条さゆり』も、やっぱり消したくないんです」

69号（1995年9月15日）

母は私を見捨てなかった

中川さん
昭和24年生まれ
65歳
広島市出身

「親父の実家は江田島の石屋で、墓石を扱っていました。おふくろは安芸郡坂町の出身。初代ミス坂町だったそうです。海軍主計中尉だった親父はおふくろと知り合って結婚。私には2つ違いの兄貴がいて、二人兄弟です」

「親父は戦時中、物資輸送の手配や計算を行っており、戦地に行かないで終戦を迎えました。終戦直後は物資の横流しでばく大な金を得たものの、すべてばくちにつぎ込んだということでした。戦後は旧国鉄の広島鉄道管理局の主計として経理を任されたそうですが、そこでも金を使い込んだようです。私が2歳のとき、親父は長男を連れて、おふくろは私を連れて離婚しました」

「おふくろは広島市内のクラブに勤め、私は坂町の祖父母の家に預けられました。坂町は半農半漁の村で、おじいちゃんの家は山の上の方にありました」

「おじいちゃんの家の庭からふもとを見下ろすと、顔立ちの整ったおばちゃんが大きな荷物を担いで上がってきたものです。おじいちゃんに会った後、そのおばちゃんは畑の人参を掘り出して、土を払うとそのままボリボリうまそうに食べていました。そして私に駄賃だと、必ず10円くれたものです。おじいちゃんはこのおばちゃんからヤミ酒を仕入れて、それを村の人たちに売っていたんですね」

「一番高いところに家があるおじいちゃんは、双眼鏡で瀬戸内海を見下ろし、イワシが湧くと網元に連絡して、漁に出ました。イワシが湧けば、イワシを追うサバもいる。小学校3年生からサバ漁の手伝いをさせられました」

「朝の3時に起こされ、民家の軒下に学校の鞄を置いて、闇の中をカンテラ下げて海岸を歩く。網元の用意した船に大人たちと乗り込んで、地引網に加わりました。ヒモは機械で巻き上げるけれど、網は人間の手で手繰り寄せる。私のような子供の人手も必要だったんですね。小遣いももらえたし、漁は楽しかったです」

「漁を終えると岸から大分離れたところで、海に飛び込まされました。波にぬれないように頭の上に服をくくりつけて、岸壁まで平泳ぎですわ。岸に着くと服を着て、民家の軒下に置いた鞄を持って登校しました」

「満ち潮の夜、タコを獲るのもおもしろかったですね。イイダコはカンテラの明かりに照らされても気づかず、潮の流れにまかせて、ゆらゆらと寝ているんです。それをガッと素手で獲る。1時間もすればビクいっぱいになりました」

「おじいちゃんの家は貧乏でした。入学式のとき、他の子はみんな、きれいな服を着せられていたのに、私だけ汚い普段着だったことを覚えています。学校の給食費も国から出してもらっていて、先生から『中川君は一番あとに来なさい』と言われることに傷つきましたね。学校の授業は毎日居眠りで、勉強らしい勉強をしていません。夜中に起こされたり、明け方に起こされたりで、いつも眠たかったですね」

「おふくろが恋しくなって、4年生のとき『流川《ながれかわ》』を目指して歩きました。おふくろの職場が広島市内の流川にあったんですね。『流川に行くにはどう行けばいいんですか』と通りすがりの大人に道をききながら歩きました。夜遅くに職場を訪ねてきた私に、おふくろは驚いて『どうして黙って来たの』と言い、3軒隣りのお好み焼き屋に連れて行って、『仕事が終わるまでここで待っていなさい』と言いました」

「一度会えば、恋しさはますます募る。土曜日になるとおふくろに会いに行くようになりました。お好み焼き屋のおばちゃんはおふくろの友達で、そのうち私のお母さん代わりになりました」

「おふくろの家は職場から3キロほど離れたところにありました。仕事を終えて着物姿で現れたおふくろは、お好み焼き屋で足袋を脱いで素足になりました。私を連れて家に帰るわけですが、おふくろと並んで夜道を歩くのがうれしかった。倹約家のおふくろは、タクシー代を節約したお金で息子に牛肉を食べさせたかったのですね」

「学校に行くより流川に行きたかった。厳しいおじいちゃんに『行くな』と叱られても、流川に向かいました。途中、お腹が空くから農家で食べ物をせびったり、夜の繁華街で食べる物を万引きするようになりました。おじいちゃんの手に負えなくなったのでしょう、小学校5年生のとき広島学園という施設に入れられました。そこの施設からも抜け出して、おふくろに会いに行こうとしました」

「中学に上がる前、埼玉県の武蔵野学園に移されました。広島から遠く離れればお母さんに会いに行くこともできないだろう、という理由でした。武蔵野学園は緑豊かな施設で、夏になるとクヌギ林に出かけ、大きなカブトムシやクワガタを捕まえ、カゴに入れて飼いました。朝食に出されたジャムを木の幹に塗ったこともあります。面白いほどによく捕れました。泥んこになっての田植え、稲刈りもありました。こちらはあまり面白くなかったですけどね」

「休日になると、他の寮生の親が面会に来ました。親と並んで松林を歩き、折詰弁当を広げて食べているのが遠くに見える。うらやましかったですね。寮長は厳しいけれど優しく、寮長の奥さんが生活の世話をしてくれ、家庭的な雰囲気でした。それでも母親恋しさは変わりません。2回脱走を企てましたが、すぐにつかまり、連れ戻されました」

「勉強はその子の到達度に合わせた個別指導で、1人の先生が小学生から中学3年生までの全員を一つの部屋に集めて教えました。私は小学校3年生くらいから居眠りばかりでしたから、なかなか進みませんでしたね」

「午前中は勉強、午後はクラブ活動。クラブ活動ではアコーディオンとバスを練習しました。新宿の厚生年金会館で全国養護施設音楽祭があって、『錨を上げて』と『黄色いリボン』を演奏しました。皇太子殿下と皇太子妃美智子さまが来られました」

「水泳の授業で平泳ぎが上手いとほめられ、試験を受けることをすすめられました。試験に合格して、本格的に競泳の指導を受けました。腕立て、腹筋、ランニング…と基礎体力作りから始まり、それは、それは、厳しかった。関東水泳大会の予選は女子寮で行われたのですが、ダントツ1位で通過。決勝では3位でしたが、女の子からファンレターがどっと来ました（笑）」

「中学3年の10月、おふくろが迎えに来てくれました。おふくろは独立して店を構え、私と生活できるようになったんですね。今でも忘れません。昭和39年、東京オリンピックがあり新幹線も開通した年でした。おふくろの兄は墨田区に住む役人で、隅田川のヘドロを船で運ぶ仕事をしていました。おじさんの家に一泊して、東京タワーや雷門を見学したことを覚えています」

「あれほど会いたかったお母さんと一緒に、広島へ帰れることがうれしかった。夜行列車、急行安芸に胸躍らせて乗りました。夢のような旅でした」

「おふくろは、通学用にと皮製の鞄を買ってくれましたが、先生から布の鞄でないとダメと言われ、買い直していきます。卒業まで国泰寺中学に通いましたが、残念ながら学校の授業はちんぷんかんぷん。おふくろは私を高校に進学させたかったようですが、私の学力ではとても無理。武蔵野学園の授業で、私は中学入学レベルの学力にも到達できなかったのです」

「中学を卒業して、三菱電機の下請けで地下に電線ケーブルを通す会社に就職しました。2歳上の先輩が郷里の宮崎に帰って家業を継ぐと言うので、私も一緒に行くことにしました。その先輩が飲み屋でけんかになり、先輩がやられそうになったので刃物を持って加勢しようとし、銃刀法違反で逮捕されました」

「裁判は広島で行われ、少年院に入れられました。少年院で知り合った仲間と暴走族を結成し、非行を繰り返して特別少年院に送られました」

「特別少年院では模範生でした。6時に起床し、海軍の服を着せられて朝礼の前に駆け足です。運度神経は抜群でしたから、朝の体操や手旗信号は教官から任されました。先頭で、わっしょい、わっしょいと掛け声をかけて走り、体操が終わると朝礼台に上がり、私の笛の合図で手旗信号です」

「車が好きで、運転免許を取りたかった。暇さえあれば練習問題をやって、1回で試験に合格しました。免許取得にかかった費用は写真代の1000円だけでした」

「ところがあと1週間で退院という日に、同房の仲間から脱走計画を持ちかけられた。『鉄格子を切断して逃げるための道具も揃えている。3人で逃げよう』と言うのです。一瞬躊躇しましたが、断りきれずその口車に乗ることになりました。しかし幸いなことにというか、事前に計画がばれてしまった」

「教官に『退院を延ばすか、竹刀10発。どっちゃ』ときかれました。『竹刀10発』と答えました。武道の教官に尻を思い切り竹刀で叩かれ、腫れあがったところから膿が出てきました。普段優等生であったことから、この件はなかったことにすると言われ、満期で退院することができました。20歳のときのことです」

「特別少年院で知り合った子に強盗計画をもちかけられ、広島刑務所に服役。出所後、遊ぶ金欲しさに再び強盗の誘いにのり、大阪刑務所に服役。40歳までは刑務所暮らしでした」

「刑務所でも、どういうわけか模範囚でした。年1回運動会があって工場単位で競うのですが、競技とは別に応援合戦があります。入所3年目に応援団長をやらされました。どじょうすくいをやったら受けましたね」

「運動会の3～4か月前から、5～6名のメンバーで振り付けを練習する。1か月前からは工場全員で手合わせ。練習はすべて昼飯後ですわ。貴重な休み時間を大汗かきながらの猛練習。全員に教えて、一つに合わせるのは並大抵じゃない」

「初めて任されて優勝してからは、毎年指名され、優勝旗を必ず持ち帰りました。テレビのコマーシャルを見て、あれを使ったらおもしろいな、とか考える。競技で1位になるより、応援合戦で1位になる方が認められる。協調性を重視しているんでしょう。中川には統率力があると、教官にかわいがられましたね」

「おふくろは私が事件を起こすたびに、私選の弁護士を雇ったり、保釈金を用意したりしてくれました。『やったことは仕方ない。罪を償ってきなさい』と毎月の送金も欠かしませんでした。でも、そんなおふくろに申し訳ないという気持ちはありませんでした」

「大阪刑務所を出所すると、先に出所していたやくざの幹部が親分になっていて、若い衆に迎えに来させました。びっくりしましたね。『おまえには人をまとめる力がある、組に入らないか』と誘われましたが、組織に縛られるのが嫌で断りました。『そうか、分かった。一晩ゆっくりして行け』と、あっさりした人でした」

「広島に帰り、しばらくおふくろの店を手伝っていました。おふくろは店を継いで欲しかったようですが、私は違う仕事をしたかった。新聞広告で家のリフォーム会社が営業職を募集しており、そこに採用されました」

「この仕事は私に合っていたんですね。訪問販売の営業で、入社して3か月で売り上げがトップになった。月に100万稼ぎました。営業で使う喫茶店で知り合ったウエイトレスの吉江と付き合い、彼女の年が16歳と分かったときにはすでに妊娠しており、吉江の父親に土下座して謝り、結婚を許してもらいました」

「吉江は緑が生まれると2度浮気をし、私は激怒しました。おふくろは赤ん坊のためにも辛抱しなさいと諭しましたが、我慢できなくて吉江を家から追い出しました。おふくろは吉江のために家を借りてやりました。緑の世話は吉江の姉、洋子がすることになり、いつの間にか洋子と気心が通じるようになって、洋子と再婚しました」

「おふくろは吉江も洋子もかわいがり、そして緑も大事にしました。リウマチの手が痛いのに赤ん坊の緑を抱っこして幸せそうでした。洋子との間に二人子どもが生まれましたが、おふくろは分け隔てなく、みんなをかわいがりました。しばらくして吉江はヤクザと再婚しましたが、吉江の行く末を心配したおふくろは、その後も吉江に金銭の援助を続けていました」

「リフォーム会社から独立して、仲間3人で新しく有限会社を設立しました。時期的に良かったんですね。安芸灘地震や台風被害で、屋根や壁の修理依頼が相次いだ。年商5億を稼いだこともありました」

「朝鮮人の集落で訪問販売の営業をしていたら、家の奥にどこか見覚えのあるおばあさんが座っていました。向こうも私に気付いたようで、オマエ、ヤマサキトコノセガレカ?ときいてきました。その喋り方で、50年前のことが甦りました。おじいさんにどぶろくを売りに来ていた、あのおばさんだったのです。ココ、アガレと言われ、商売のことも忘れて昔話です。おばあさんは屋根の修理を頼み、帰りにはキムチの漬物をみやげに持たせてくれました」

「景気がいいときに豪遊し、不景気になると借金だけが膨らみました。借金取りから逃れるため離婚し、大阪に出てきました。炊き出し公園で稲垣さんに声をかけられ、炊き出しを手伝っています」

「おふくろは10年前に73歳で亡くなりました。4回姓が変わって、最後は病院の検査技師と暮らしていましたね。亡くなる前の日、珍しくおふくろから電話があり、お好み焼きを食べに行こうと誘われました。家族総出で食事をした後、『今日のお好み焼き、おいしくなかったねぇ』と言ったのが気がかりでした。おふくろの大好きなお好み焼きです。泊まっていかないのかと言われましたが、仕事があるので帰りました」

「次の日の夜、おふくろが死んだと連絡がありました。なんで？昨日は普通だったのに…とにわかに信じられなかった。どうしてすぐに連絡してくれなかったんだ、と電話口で怒鳴りました。朝起きてこないので2階の寝室に行ってみたら、ニトロの錠剤がベットの下に散らばっていて、すでに息絶えていたと言うのです。検死があったりで、連絡が遅くなったということでした」

「心臓の悪いおふくろはいつもニトロを身につけ、発作がおきそうになると飲んでいました。発作がおきたとき、リウマチで曲がった指では、薬のびんを開けるのに手間取ったのでしょう。あの日の晩に泊まっていれば、おふくろ助けることができた…」

「10代のころ、遊ぶ金欲しさにおふくろの貯金通帳から金を引き出しました。『働かざる者、食うべからず』と言われ、リウマチの足が痛むというおふくろを、フロ場で突き飛ばしたこともありました」

「どんな事件を起こしても、おふくろは私を見捨てなかった。緑が吉江と暮らし始めて思春期になってぐれたときも、裕福な生活に時間をもてあました洋子がパチンコに溺れてしまったときも、息子や嫁や孫たちの生活を見守り、黙って家事や育児を手伝っていたおふくろ」

「東京から胸はずませておふくろと電車に乗ったこと。流川のお好み焼き屋から、おふくろに手を引かれて夜道を歩いたこと。記憶が次から次へと甦ってきました」

「おふくろが亡くなって、初めておふくろの懐の深さに気づきました。通夜の日、棺桶のおふくろの顔に手をあてて『ごめんね』『ごめんね』と大泣きしました。翌日、火葬場に着いても棺にしがみついて号泣しました。もう10年は長生きしてほしかった」

「私は新緑が好きで、女の子が生まれたら緑と名付けようと決めていました。いろいろあって、緑の親権を吉江から私に戻す裁判も行いました。黄色く染めていた髪を元に戻させるため、2回美容院に通わせました。自己破産の手続きをしている最中のことで、出費は痛かった」

「その緑にやっと働き口が見つかったと連絡がありました。緑は今年21歳。緑に落ち着いた生活をさせることと。それがおふくろへの供養だと思っています。そして、もう一度営業の仕事で生活を立て直したい。これは私の夢ですね」

162号（2014年11月10日）

旅路の果てに

安藤さん
大正９年生まれ
77歳
福岡県小倉市出身

「父は祖父の経営する鉄工所に勤め、母は専業主婦でした。４人兄弟の二女。姉、弟、妹がいました。父は、碁、将棋、花札などの賭け事が好きで、いつも借金を抱えていたんですね。祖父が汗水流して働いて貯めたお金も、みんな持ち出してしまう。母はその気苦労と流産が原因で、私が小学校２年の時に亡くなりました。祖父がお金を工面して入院させようとしたときには、もう手遅れだったんですね」

「小学校の頃の思い出と言ったら、登校の途中で男の子たちがネコをいじめているのを見て、『かわいそうだから逃がしてあげて』と言ってネコをひきとって逃がしてあげたことを綴り方に書いて表彰されたことかしら。動物が大好きでしたね」

「それと、東郷元帥が亡くなるのと前後して、今の天皇がお生まれになって、提灯行列がとてもきれいで晴れやかだったのが印象に残っています」

「小学校を卒業すると同時に、父は私を東京に連れていきました。借金を返済するために知り合いの周旋屋を訪ねて上京したんですね。渋谷、赤坂、道玄坂あたりの周旋屋で手相を見てもらったのですが、『この娘には、才能が無い』と断られたんです」

「浅草の周旋屋でも断られました。背が低すぎるとか器量が悪いとか言われましてね。父は少しでも高く、娘の私を売りつけようと思って焦ったようですが、偶然、能登から来ていた周旋屋の男の人が、『俺についてくるか』と言ってくれて、その人がとても優しそうな人だったので、能登に行くことにしたんです。父はまとまったお金を受け取って福岡に戻り、私は横山さんという、人の良さそうな周旋屋と一緒に金沢に行きました」

「金沢の芸者置屋で三味線の稽古をしたんですけど、屋上の寒い所で習わされるんです。寒いとこにおれば、それが辛くて早く上手になるって言われて。一人前になったらお座敷に出るわけですが、私には芸の才能もなくて、練習の辛さに泣いて2か月半で逃げ出しました。でも、子供のことですから4～5時間ですぐに捕まってしまい、また練習です」

「芸者としても物にならないので、今度は一杯飲み屋の従業員として働かされました。働いた分のお金は父が直接取りに来るか、使いの者をよこして取り上げていきましたが、給料が安くて父は不満だったのでしょう。能登の小木港の遊郭に連れて行かれました。私が16歳のときです」

「遊郭に私を売っていくらのお金を手にしたのか知りませんが、当時の私は、あぁ、もう二度と田舎には帰れないなと覚悟したものです。お客をとるという意味もあまりよく分からないでしょう。周りの女の人も、皆、似たような境遇の人たちばかり。初めてお客をとった時は、恥ずかしくて、ハンカチを顔にかぶせて泣きました」

「最初のお客の印象がとっても悪かった。女のあなたにも口で言えないほど恥ずかしいことをされました。

毎日、毎日、泣いて暮らしました。ラジオからその当時の流行歌で『5年の年季、300円…』というのが流れていて、私と同じ境遇だわと涙を流しながら聴いていました」

「父を恨みました。生活苦で家族の病人を助けるためとか、妹たちの生活のためというのならまだ辛くても我慢できました。でも、父の道楽のための借金でしょう。辛くて自分の身が情けなくて、北陸のどんよりした雲の下で、毎日毎日、死ぬことばかり考えていました」

「悪い星のもとに生まれた身を嘆いて、入水自殺を図ったこともあります。砂浜にひざまずいて、少しずつ沖の方に向かってはっていきました。両腕を前に伸ばしてうつ伏せになって、このまま潮が満ちてくれば死ねる、と思っていたとき、地元の漁師に助け出されました。凍てつく冬の海でした」

「漁師の家に連れて行かれ、囲炉裏で服を乾かしてもらい、『自分の命や。大事にしなよ』と言われたとき、声をあげて泣きました。父の借金を踏み倒して逃げようと思ったことも何度かありますが、すぐ捕まることも目に見えているでしょう。でもね、命を助けてくれた漁師のおじさんの顔を見ているうちに『そうだ、あんな父親のために自分の命を捨てることない』って思うようになりました」

「能登での年季が明けると、今度は敦賀へ売られていきました。敦賀では雨の日でも傘をさしてお客を引っ張りに出なくてはならないの。泊まりのお客をとれなかったら罰を与えられるんです。冷たい廊下に素足で2時間は立たされました」

「一度逃げ出そうとしたことがあったのですが、やはりすぐに捕まりました。平手で殴られ、額をゴンゴン廊下の壁に押しつけられ、『謝るのかどうか』と怒鳴られました。ちょうど、そうやってお仕置きを受けている時に、姉の婿が『父からの命令や』と言って金を取りに来たんですが、さすがにお店から金を借りづらかったんでしょう、1銭も持たずに帰っていきました。父がお金を取り上げるのはその日が最後となりました」

「敦賀の遊郭で働いていた人が、ある日、大阪の飛田というところは、ここのように厳しく辛いことはないそうだよという噂をどこかから聞いてきて、その話を聞かせてくれたんです。それで、年季が明けてから、知り合いの善良そうな周旋屋に相談して、飛田に連れてきてもらったんです」

「飛田は話に聞かされた通り、敦賀の遊郭と比べたら、天国と地獄の差がありました。住み込みでしたが自由もきくし、なぜもっと早くこちらに来なかったのかと思ったくらいです。今から半世紀も前のことですね」

「何年かして、お客の中の1人と同居して生活するようになりました。京都出身の木村さんという男性で、優しい人でした。20年近く一緒に住んでいましたが、胆石で亡くなりました」

「木村さんが亡くなる少し前に飛田の仕事をやめ、それまでに貯金していたお金で細々と生活してきました。これまで、男の人にはずい分といじめられてきました。私はどちらかというとグズな方ですから、女というだけで理に合わないことでものしられ、たたかれてきたでしょう。でも、木村さんだけは違っていた。いじめられることが無かった。気持ちの安らいだ年月でした」

「貯金も底をついてきて、アパートの家賃も払えなくなり、とうとう昨年の暮れ、アパートを追い出されてしまいました。途方にくれて、稲垣さんのとこへ相談に行ったんです」

「私、こんな年でも働きたいんですよ。清掃でもなんでもいい、使って下さいって、いくつか頼んだのですけどね。『おばあちゃん、大丈夫か？掃除やってる最中に倒れたら困るしな』って、みんな断られてしまうんです。体はいたって丈夫ですのに」

「1日も早く、健康保険が欲しいんです。そして歯を入れたい。上も下も無いから喋りづらいし、物を咬めないでしょう。それに昨日から目ヤニがすごいんです。目も開けられないくらい。お医者にかかりたいんです。今、こうやって、薬局で買った眼帯しているの。年をとるとこんなことばっかりで…」

「一番楽しかった頃と言ったら、母が亡くなるまでの小学生時代ですね。小学校が、母が、最近無性に懐かしくなって、JRバスの夜行で福岡に行ってみました。1週間前のことです。実家はもう無かったですけど、小学校のグランドをずっとずっと見つめてきました。家のあった周りもぐるぐると何度も歩きました」

「敦賀の遊郭に売られたとき、その日のうちにヤミ医者に連れて行かれ、陰部を白い薬で焼かれ、子供ができない体にさせられました。もし木村さんとの間に子供ができていたら、私の人生も変わっていたかもしれません。辛いことの方が多い一生でした。テレビや本は、涙を誘う哀れな物語ばかり好んで見ます。自分の人生を重ね合わせて、涙を拭うんです」

71号（1996年1月26日）

自らの意志で更生の道歩む

櫻井さん
昭和 23 年生まれ
59 歳
栃木県出身

「兄、妹がいる3人兄弟でしたが、親父は兄と妹を引き取って、おふくろは私を引き取って離婚しました。兄は小学校1年生のころ結核で死んでいます。親父も同じ時期にやはり結核で死んでいます」

「日雇いの仕事をしていたおふくろは放浪癖があったようで、私を置いて蒸発してしまった。物心ついたときには施設にいました。親父は呉服屋の息子で裕福な家庭だったのですが、女遊びで財産を食いつぶして勘当されたという話ですから、どっちが悪いとも言えないですね」

「小学校に上がる前から、施設を抜け出しては、上野の花屋敷で靴磨きをして、もらったお駄賃で食べ物を買ったり、遊園地で遊んだりしていました。施設に帰らず野宿することも多かったですよ」

「町の中をうろうろしてはよく補導されたものです。中学卒業までは千葉の施設で育ったんですが、施設を集団で脱走して新聞沙汰になったり、少年院に入るような事件ばかり起こしていました」

「少年院に入れられても、房の中でまたけんかするから懲罰房にぶちこまれてね。バカにされると許せなかった。メンツがあるでしょ。とにかくけんかっ早かった。でもね、弱い者いじめだけはしなかった。それだけは大人になっても絶対しなかったですね」

「高校は九州の小倉に住むおばさんの家から定時制の商業科に通いました。住友金属に就職しましたが、中卒では本工になれないからです。見習いですから給料も安い。小遣いが欲しいからどこかでアルバイトしたいとおばさんに言ったら、知り合いの工務店に口を利いてくれたんです」

「家を建てるのに、縦柱、横柱を組み立てて、梁を入れて骨組みを上げていくのですが、『高いところ経験あるか』ときかれ「無いです』と返事したものの、地上から3メートルの高さの幅15センチの横柱の上を平気で歩くので『こいつ見込みあるわ』と親方がえらく感心しましてね。それからは週1～2回は声をかけてもらうようになりました」

「日当が1日700円、昼は折り詰め弁当、家が完成すれば祝儀…。当時、高卒の給料が1万2000円の時代ですよ。住友金属を辞めてこの工務店で働きたいとおばさんに言ったのですが、将来の保障がないからと良い顔をしませんでした」

「4年間で高校を卒業して東京に出てきました。住友金属は辞めましたから、なんとなくおばさんの家にはいづらかったですからね」

「東京で工務店に勤めましたが、少年院時代の友達と付き合うようになり、稲川会の事務所にも出入りするようになりました。当然まともな仕事には就けなくなって、テキヤ、呑み屋の電話番などをするようになりました」

「そのうち高田馬場から現金仕事に行くようになり、山谷や寿にも出入りするようになったんです。酒を飲んで相手を殴っては傷害で何度も捕まり、覚せい剤に手を出したことがあります。25歳くらいまでそういう無茶苦茶な生活をしていましたが、ある日ふっと、こんなことしていたらダメだと思いましてね。それからは悪い道から抜け出して、真面目に働くようになりました」

「川崎で築炉の解体の仕事に就きました。川崎製鉄、ブリヂストン、住友金属、旭硝子…。アルミホイルを作るアルミ釜、セメントを作るセメント釜、鉄を溶かす鉄釜。ガラスを溶かすガラス釜。全国にある工場を1年間に50箇所くらい回りました」

「夕張炭鉱が閉山になって焼却炉の解体にも行きましたし、熱処理をする汚水処理場の炉の解体、火葬場の炉の解体もやりました。釜は30トンの重さ。キャスターをエアーコンプレッサーではつって、はつったものをだるまスコップですくって台車で運び出す。手元を入れて15～16人で組む仕事ですね。人を集めて連れて行くのも私の役目でした」

「炉の解体工事は温度との闘いですね。ガラス釜は１６００度くらいまで上げてガラスを溶かします。炉の運転を止めて４００度になったら人間が入って作業します」

「最初に釜の上のパイロットを少しずつ緩める。次に生地をレンガの口からかき出す。そのあと重油のバーナーで傷んでいる一番下のレンガを交換する、レンガと言っても一つ８００キロくらいあるんですよ。最後に1日４００度ずつ温度を上げて4日で１６００度までもっていくのですが、その間にパイロットを少しずつ、５センチくらいかな、締めていくんです」

「作業は釜の中に1分入って30分休みます。パンツ1枚、シャツ1枚、仕事着を着て消防隊員が着るアルミの服を着て、体にはドライアイス10個をくくりつけてね」

「水分と塩分の補給が大事です。塩分補給には梅干を食べました。自慢じゃないですが、築炉の仕事仲間で『櫻井』と言えば、知らん者いないくらいでしたよ」

「20年近く働いていましたが、ある日、同僚が高所から落ちて死にました。金に困っていた社長は、その同僚に架空の嫁さんを書類で作って、労災の金を受け取ったんです。『いくら金に困っているからってそんな汚いことするな』と社長と大喧嘩して仕事を辞めてしまいました」

「そのあとは山谷から仕事に行くようになって、内装関係の日雇仕事につきました。木造の解体、ＲＣの建物の解体。解体工事の前の屋内、屋外のバラシですわ。この仕事は余禄が多くてね」

「市営住宅の内装工事では小判が出てきたし、倒産して夜逃げした会社の事務所からは1万円の収入印紙がどっさりと出てきた。豪邸の解体工事では、作業員が天井を壊していたら缶がストンと下に落ちてきて、社長が何気なく開けてみたら1万円札がびっしり。３０００万円ですわ」

「『オオッ』とでかい声を上げたものですから、たまたま居合わせた家主の目に入ってね。それからが大変。作業が進まないんですよ。家主が『ちょっと待って。その入れ物の蓋を開けてくれ』『あれをどかして中を見てくれ』…」

「家主に『仕事にならんから向こうへ行っといてくれ』とも言えなくて、言われた通りに動かざるを得ない。少しも仕事が進まなくて、内装工事を10日、１００万円で請けたのに、２週間かかって１４０万円の支出。結局３０００万円見つけたお札は酒2升で終わり（笑）。社長が真剣な顔で怒っていましたわ」

「８００坪の豪邸を全部処分してくれと言われたときもすごかったですね。人間国宝井上万治の白磁の壺。

1個50～60万円はするものが桐の箱に入ったまま置いてあるし、ツバのところに桜の徽章が3つ彫られた軍刀が7～8本あるしね。将校クラスの人が住んでいたんでしょう」

「ビル丸ごと解体工事の内装にも入りましたが、これまたすごいんですよ。地下から7階まであるビルの屋上にトランスがあるんです。このトランス市場では1個150万円で売っているのですが、『70万円で買ってくれないか』と売って、4つで280万円儲けました」

「ビルを解体したとき、スクラップを選別せずに出すと産業廃棄物として4トン車1台で4万円かかるけれど、プラスチックや銅、ベニヤ、鉄筋などを取り除いて出すとガラとして1台3000円で運んでもらえるんです」

「内装会社の社長は韓国人で金儲けが上手でした。配電盤の銅線、鉄筋コンクリートの鉄などをあらかじめ取り除いておき、それを売るんです。故郷に家族が待っているんですね。日本で5年働いて1000万円持って帰りましたわ。日本での食事はウーロン茶と白飯と朝鮮漬けだけ。生活も質素でしたね」

「そのうちだんだん体がしんどくなってきて、結核と言われて2年ほど入院しました。昔ハンセン病患者が隔離されていたという清瀬の病院です」

「退院してからは関西に出てきて、釜ヶ崎から作業員宿舎に行きました。やはり内装関係の仕事が主です。そのうちまた咳や寝汗の症状が出てきましてね。医療センターでレントゲンを撮ったあと『結核専門の医者が更生相談所に来るからそこで診てもらいなさい』と言われたので更生相談所に行きました」

「そうしたら専門医が『結核は治っているよ。働いても大丈夫だ』と言うので、その言葉を信じてずっと働いてきたんです。半年後に十二指腸潰瘍になって医療センターに入院したとき、『結核の疑いがありますよ』と言うので『半年前に結核の専門の医者からどこも悪くないと言われましたよ』と答えたんです。『そのときガウスの検査をしましたか?』ときかれ『いいえ、レントゲンだけ』と返事したら『それはひどいな』とあきれていましたわ。そして『もう一度そこで診てもらってください』と言われましたが断りました。役所から来ている偉い先生かなんか知りませんけど、信用できませんからね」

「十二指腸潰瘍が良くなって退院してからは、国民健康保険を使って、毎日近くの医院で点滴をしながら仕事を続けてきました。でも体力の限界でしたね。3日働いて2日休む、2日働いて3日休むという状態になって、会社に迷惑かけることが多くなってね。そのうち簡易宿泊所に泊まる金にも困るようになってシェルターで寝泊りするようになりました」

「2年前、アスベストのことが問題になって私も検診を受けたんです。そのとき西成労働福祉センターの相談員が港区の松浦診療所を紹介してくれました。松浦先生は私の職歴とレントゲン写真から『アスベストはないけどじん肺ですね』と言いました」

「じん肺の検査のために肺活量も測るでしょ。看護婦に言われたとおり、一生懸命に息を吐き出すのですが余りに低い数字。看護婦は私が仮病を使っているんじゃないかと疑うほどでした。でもCT検査の結果、肺が肺気腫で穴だらけと知ってやっと納得してくれました。『先生、肺気腫って治るんですか』ときいたら『治らない。これ以上悪くならないようにするしかない』と言われショックでした。それでも気をとりなおして、点滴受けながら仕事を続けました」

「点滴しながら8年間働き、同僚や社長から金を借りたりしてぎりぎりまで自分でがんばりましたがダメでした。生活保護はいらない。病院にかかる医療費だけ面倒見てほしかった。釜ヶ崎の医療センターなら無料で診てもらえることを知っていましたが信用できないんですよ。前のことがあるから」

「恥を忍んで民生にかかったのに、アパートを訪ねてきた自分の息子くらいの若い福祉事務所の職員に見下された物の言い方をされて煮えくり返るほど腹がたってね、思わず近くにあったナイフを障子に投げつけた。ほら、まだそこに突き刺さっている」

「銭が欲しいんじゃない。病院にかかりたいだけなんや。ええかげんにせえよと怒鳴りました。おとなしくしていれば調子に乗りやがって。馬鹿にされたことだけは絶対許せないです」

「ほら、これ見てくださいよ。押入れにしまっている充電式のインパクトドライバー。マキタの工具は品が良いんですよ。これは安全帯。全部で5万円。仕事するのに道具がなかったら話にならないでしょ。そのうちまたバリバリ働けるようになったら、とそれを期待して大事にしまっています」

「でも今は自転車を10分こぐだけで息切れして一休みです。風邪を引いたら2週間も治らない」

「夢ですか。今は早く生活保護から抜けたいということですね。仕事をしていると心に張りがあるでしょ。お寺参りや温泉回りが好きでね、ビデオカメラ片手にのんびり歩くのが夢でした。でもその夢も働いていてこそ持てる夢。もう一つの趣味は音楽です。中島みゆきが好きでね。ほら、この押入れの中の箱、全部レコード盤ですよ」

「ずっとおふくろを探していましたね。おふくろとこの駅で降りた、家族でこの遊園地に来た…。かすかな記憶を頼りに、おふくろのにおいのする場所を探し回った。施設の生活はやはり寂しかった。すぐ施設を抜け出してうろうろしたのもおふくろを探すためでした」

「成人してから交通事故にあい意識不明の重体になったことがあります。そのとき病院が家族を探してくれて、おふくろの居所が分かったんです。奇跡的に意識が戻ってから、その住所を訪ねました」

「山谷の近くの小さなアパートに一人で暮らしていました。あれほどまでに探し求めていたおふくろと会えた。第一印象は『小さいなぁ』でした。『お母さんって、こんなに小さかったのか』って」

「感極まって『息子の輝夫です』と言うのがやっとだった。それなのにおふくろは戸惑った顔で『ちょっと…』と言い残して外へ出て行ったんです。トイレかな、それとも菓子でも買いに行ったのかなと、しばらく待ちましたが、いつまで経っても戻ってこなかった」

「もう来ないから、と書き置きして、住所と電話番号も書いて部屋を出ました。おふくろからはそれきり何の連絡もありませんでした。やけっぱちになって悪い道に入ったのはそれからです」

「でもね、おふくろにも事情があったのかなと思うようになった。そう思うことで気持ちの整理をするしかなかった。悪い道から抜けようと思ったのも、気持ちの整理ができたからです」

132号（2007年3月1日）

おふくろの後ろ姿が泣いていた

亀井さん
昭和29年生まれ
57歳
東京都練馬区出身

「橋のたもとで鼻緒が切れて困っているおふくろに親父が近づいてきて直してくれた、おふくろはその優しさにほれて親父と付き合い始めたそうです。親父は理髪師でしたが遊び人であることをすぐに見抜かれたんでしょう、おふくろの両親が結婚に大反対し、駆け落ちしたそうです」

「大阪のおふくろの実家ではおふくろを引き戻そうと総出で行方探し。おふくろと親父は全国の炭鉱を転々とし、その中で姉3人と兄が生まれました。両親があきらめておふくろを勘当した頃東京で私が生まれたそうです」

「賭け事に生きた親父は私が生まれる少し前、家の金目の物を全部持って失踪しました。長女、次女は養護施設に預けており、お腹の大きいおふくろは三女、兄との3人でバラックの共同住宅に住んでいました。おふくろは親父の失踪を知って、真っ先に出産費用のことを案じたそうです。院長に『分割で必ず払いますから』と頭を下げたら『そんなこと心配するな、何十年かかってもいい』と言われ涙が止まらなかったそうです」

「おふくろは男の人にまじって日雇いの土木作業を始めました。後に三輪明宏が歌う『ヨイトマケの唄』がはやりましたが、まさにおふくろの世界を歌ったものと同じですね。1日働いて254円の日当、当時ニコヨンと言ってさげすまれていました。ニコヨンで稼いだ金で練馬から保谷市まで歩いて1把50円のワカメを仕入れに行く。電車賃も無いんですね」

「擦り切れたぼろ服をまとって行商するおふくろに同情してワカメを買ってくれる家もありましたが、見下げた態度であからさまにピシャと戸を閉める家もありました。雨が降るときにはボロボロの傘を差してね。私の体が濡れないように破れてない方を私に回して、自分の体はずぶぬれ。少し大きくなるとおふくろに手を引かれて行商に付いて行きました。手を引かれながら、おふくろの後ろ姿が泣いているように見えて、それが悲しくて泣き出したこともあります」

「学校に上がったころ『赤ん坊がそんなこと覚えているはずねえだろ、誰にきいた！』とおふくろがものすごく怒ったことがあるのですが、カンカンカンと踏み切りが鳴って、遮断機の向こうで警察官が何か叫んでいる、おふくろに背負われた赤ん坊の私は火がついたように泣き出す。場面が変わって交番でおまわりさんに『子供の幸せを奪う権利はない』と説教されてうなだれるおふくろ。記憶と後年聞かされた話がごっちゃになっているのでしょうけれど、おふくろが貧しさに追いつめられていたことだけは事実だと思います」

「物心ついた頃から、目を覚ますといつもおふくろは出かけた後でした。朝4時には起きて始発の電車で池袋まで求職に行ってたんですね。ご飯も毎日食べられるわけじゃない。米は通帳で買う時代だったのですが、米穀店に『つけのお金を回収しないことには売れません』と言われることもありました。近所の人に頭を下げて米を借りに行くおふくろの姿を何度か見ています。子供心に見てはいけないものを見てしまったという罪悪感を持ちました」

「小学校時代は孤独でした。いつの頃からか生活保護を受けていたんですね。学校の給食費は払わなくてよかった。『ただ飯食ってる』『ニコヨンの子』といじめられました。仮病つかってでも学校には行きたくなかったけれど、おふくろが怖い。男勝りの体力ですから怒ったら迫力あるんですよ。口より先に手が出る」

「『ただ飯食いと学校で言われた』とおふくろに言ったら次の日、ものすごい形相で授業中の教室のドアをバーンと開けて入ってきた。『ただ飯食いと言ったのはだれだ！』と怒鳴った。先生が『今授業中ですよ』と制してもきかない。おふくろの気持ちはうれしかったけれど、恥ずかしいという気持ちのほうが強かった。そのことがあってから『あいつのおふくろは怖い』と、なおさら級友が私に近づかなくなりましたね」

「中学に入ったとき、親父がひょっこり家に戻ってきました。でも親父は相変わらずギャンブル三昧。兄や姉が働いた金もギャンブルにつぎこむ。地獄のような生活が始まりました」

「ある日親父と口論になり『お前のような親は要らない』と出刃包丁を向けました。『親に包丁向けるのか』と親父も包丁を取り出した。『子供に包丁向ける親がいるのか、やるか、こりゃ！』と向き合ったとき、おふくろが外出から帰ってきた。とっさに二人とも包丁を隠しましたが、その場の空気を瞬時に察したおふくろは、生まれてはじめてきくドスのきいた声で『おまえら何やってた！』と怒鳴りました」

「そんなことがあってから後、私はおふくろに『あの男、家から出してくれ』と言いました。『そんなこと言うなよ』とおふくろ。『あの男を取るのか俺を取るのか』と私はおふくろに詰め寄りました。苦渋の選択だったと思います。おふくろは親父を追い出した。それからのおふくろは寂しげでね、俺は悪いことをしたのかなあとしばらく悩みましたよ」

「私は小学校の頃から音楽が好きでした。長姉がウクレレと教本を買ってくれたので、自作の詩にメロディをつけて弾いたりしていました。友達もいなくて孤独でしたから寂しさを音楽で紛らわしていたんですね。中学になると三女がギターを買ってくれましたが譜面を買うお金がなかったので、テレビで音を拾いながら独学でギターをマスターしていきました」

「中学を卒業する頃には池袋のサテライトスタジオに通うようになりました。高校生になると音楽仲間ができましてね。家にドラムがある友達がいて、その子の家に行ってはドラムも叩いた。サテライトスタジオに通ううちに歌手やマネージャーと顔見知りになってきましてね。『試しに演奏してみて』と言われドラムをたたいたら『けっこういけるじゃん』と感心され、それからギャラをもらうようになったんです。小遣い稼ぎができるようになって服装も派手になった。おふくろは変わっていく私を見て、値の張る服を買う金がどこにあるのか、何か悪いことをして金を稼いでいるんじゃないかと疑っていたようです」

「ある日、ドラムをバーンと鳴らしてからボーカルが歌い出す曲があって、ほんの一瞬ですが私の顔がテレビでアップになった。それを偶然にもおふくろがテレビで見ていたんですね。『星治良だ』と叫んだ。一緒にテレビを見ていた姉と兄は『人まちがいだろ』と笑ったそうですがおふくろの勘は鋭い。帰宅するなり『芸能界はダメだと言っただろ』と殴られました」

「おふくろは地道に働く公務員になれと兄を公務員にさせ、私にもそれを望んでいたんですね。おふくろに隠れて音楽活動に夢を描いていた私ですが、結局命が惜しいので（笑）音楽の道はあきらめました」

「音楽に魅せられ高校も中退していた私は19歳のときレコード針の制作会社に就職しました。しかし数年するとレコードは時代遅れとなるんですね。ソニーがCDを研究しているという話も耳にするようになり、レコード針の時代は終わると判断して退職しました」

「そんな頃、同居していた兄と口論となって家出したことがあります。住み込みの仕事が見つかるまで池袋や新宿で野宿しました。パチンコ店に住み込んだとき、面接した店長から『本名使ったのはおまえが初めてだ』と言われました。晩飯を食べる馴染みの食堂もできて、そこで『お母さんが心配しているから一度顔を見せに帰ってあげなさい』と諭された。兄のいる家に戻るつもりはありませんでしたが、おふくろにだけは会って今の居場所をきちんと教えておこうと思ったんです」

「久しぶりに見たおふくろは、信じられないくらい元気がなかった。弱々しく震える声で『星治良、帰ってきてくれたんかい？』と言われ、とても『違うよ』と言える雰囲気ではなかった。『あんなに明るかったお母さんが、あんたがいなくなってからふさぎこんでね、挨拶をしても言葉が返ってこないんだから』と近所のおばさんに言われ、これは家に戻るしかないなと決心しました。パチンコ店の店長は辞める私に送別会を開いてくれました」

「数年後、腰痛持ちのお袋から『腰が痛いから揉んでくれ』とよく頼まれました。若い頃の仕事がたたったのでしょう。マッサージ師の資格を持っていた私はマッサージしながら、おふくろの腰の痛みはコリからくるものじゃないと思った。どこかから引っ張られている感じだったんですね。仰向けにさせてお腹のあたりに指をおいたら『痛い、ひどいことする』と飛び上がって怒った。やはり悪い予想が的中して胃がんでした。それから1か月で亡くなりました。『さんざん心配かけて、おふくろを早死にさせたのはお前だ』と兄になじられました」

「32歳のとき、合鍵や靴の修理をする会社に就職しました。配属されたスーパーの店舗で仕事をしているとき女房と知り合った。実はそのときすでに付き合っている彼女がいたのですが、同じスーパーでアクセサリーを販売していた女房に妙にひかれましてね」

「一目ぼれとは違うんです。付き合っていた彼女に本当のことを言いました。彼女は『告白してもダメかも知れないでしょ。私たち今すぐに別れなくてもいいんじゃない?』と寛大でしたが二股かけるなんて私の性分でできない」

「彼女と別れて1か月後、女房に交際を申し込みました。『あなたを好きになれる自信がありません』と言われ、『なんと正直な人なんだろう』とますます好感をもった。『3か月お試しで付き合って下さい。それでダメだったら言って下さい』と食い下がりました。3か月後『好きという感情はわきません。でもこのままサヨナラしたくない』と言われました。うれしかったですね」

「結婚はスムーズにいきませんでした。女房は3人姉妹の末っ子。親父さんは大の酒好きで働かない。女房は中学の頃から親の面倒はおまえがみるんだと言われ続けていたんですね。2人で新居というわけにはいかなかった。結局私が養子に入って女房は専業主婦となりました。ところが親父さんは『金は俺が管理する』と言って女房から金を取りあげて酒代に変えてしまう」

「結婚して10か月したころでしょうか、女房の表情がおかしくなってきた。目がうつろで言葉がうまく出てこない。『最近ちょっとおかしいんじゃないかい？』ときいても『いえ、いつもと変わらない』と答える。自覚がないんですね。病院に連れていったらウツだと言われました。親父さんと私との板ばさみになっていたんですね。これでは女房がつぶれてしまう。私としては女房を守りたかった。嫌がる女房を連れて無理やり家を出たんです」

「ところが女房の病気は一向に良くならない。それどころかひどくなるばかり。朝ごはんを食べているとき手首に傷を見つけました。私は女房をひどく叱った。でも私自身が自責の念にかられました。あんな親父さんでも女房は家に戻りたかったんですね。私が無理やり引き離したようなもの。私も悩みましたが女房の病気をこれ以上悪化させることはできない。離婚を決意して女房と一緒に実家に戻りました」

「彼女の実家で離婚の話を切り出したら、親父さんが離婚に反対したんですね。この家で今までのように一緒に暮らしたらいいじゃないかと言う。私たちの仲のことを思いやっての親父さんの言葉に心を動かされました。でもゆっくり話をしていくうちに、親父さんは私の収入をあてにしているだけだと分かった。失望しましたね。女房の失望はもっと大きかったようです。『家を出ましょう』ときっぱり言い放った。このとき女房は初めて親父さんに見切りをつけたようです」

「再び2人での生活が始まりました。幸せでしたね。子供はできなかったので老後のことを考えてローンを組んで家を買いました。ところが40代半ばでリストラされたんです。40歳過ぎると面接に行っても次の職場がなかなか決まらない。ある日、目が覚めたら腕が動かせなくなった。四十肩でした。病院通いが始まり、仕事は決まらずたちまち生活に窮することになりました」

「女房がコツコツと貯めていた貯金を切り崩して生活することになったんです。女房に生活の面倒をみてもらうなんて、あれほど忌みきらっていた自分の父親と同じじゃないか、と自分自身が許せなかった。自分の生命保険を女房に、との思いが頭をよぎったことも何度かあります。不思議ですね、普段鈍い女房なのに『買い物に行く』と言うと『へんなこと考えないでね、すぐ帰ってきてね』と言うんです」

「そんな頃女房がまたおかしくなった。1日中カーテンも雨戸も閉めっぱなし。お早うと言っても返事がない。無理やりカーテンを開けようとすると怖がる。『死にたい、殺して』と口走る。毎日、毎日そのくりかえし。ウツには怒ることが厳禁だと分かっていても、つい女房を叱り飛ばしてしまう。一度役所に相談したことがあるんです。役所からの紹介で女房を病院に連れていきましたが医者に『ウツなんて病気じゃない！』と語気を強めて言われた。女房は『私が悪いんだ』と自分を責め、私自身も追いつめられていった」

「『今すぐ死んだら他の人に迷惑かかるだろ。身辺整理してから一緒に死のう』と女房に言いました。そのときはじめて女房はニッコリ笑いました。弁護士を頼むと金がかかるので自分で裁判所に行って書類をもらい、自己破産の手続きをとることにしました」

「おととしの10月25日、役所に出かけて用事を済ませ家に戻りました。『ただいま』と言っても返事がない。…首を吊っている女房を発見しました」

「急いで紐をはずして心臓マッサージをした。ふーッと風船の空気が漏れる音がした。必死で心臓マッサージを続けました。部屋にはズタズタに切られたアルバムがあった。紐は私のおふくろの形見の着物の帯だった」

「女房の姿をだれの目にもさらしたくなかった。なかなか救急車を呼べなかった。帰りの遅い私を、もう帰ってこないんじゃないかと恨んで死んでいったのです」

「おふくろの死を早めたのも女房を死に追いやったのもこの自分。今度は私自身がカーテンを開けることができなくなりました。このとき初めて女房の気持ちが分かったような気がしました。一周忌を終えた後おふくろの墓参りをすませ、熱海、琵琶湖、若狭、名古屋とネットカフェをねぐらに、飛び込んでも浮かんでこない場所を探しました。最後にたどりついたのが和歌山県の白浜でした」

「2日間かけて下見をして、三段壁から飛び降りようとしたとき、飛び出してきた相撲取りのような警察官に両脇をつかまれました。武道の経験もあったので警官ともみあいになった。警官を押し倒して海に飛び込もうとした直前、もう一人の警官に足をタックルされました。『早まるな、なんでそんなに死にたいんや。もう一度やりなおそうという気にならんのか』と怒鳴られました。『ほっといてくれ』とあらん限りの抵抗をしました。自殺の名所です。地元の警察官が常時パトロールしていたんですね」

「警察に一晩保護されました。身分を証明するものはすべて処分していましたから警察も親族に連絡することができない。翌朝出勤してきた刑事課長から『ここでは自殺なんかさせない。二度とここへ戻ってくるな』と言われました」

「三段壁でもみあいになった刑事係長が田辺の駅まで見送ってくれました。刑事係長は自分の財布から3000円を出して和歌山までの切符とパンと缶コーヒーを買い、周りを気にするように他所の方向を向いたまま残金を手に握らせ『早く行け、死ぬなよ』と言いました。悪態ついて取っ組み合いになったその警官に手をギュッと握られたとき、相手の感情がじんわりと伝わってきた。閉ざされていた心の奥底の琴線に何かが触れたような気がしました」

「警察官に教えられたとおり和歌山駅まで行って、駅員に方向をきいて大阪目指して4日間、夜通し歩きました。一度は死のうと思った人間なのに、山越えの夜は野生の動物に襲われたくないと思い、また岸和田に着いたころにはガードレールの継ぎ目が動いて見える幻覚に襲われた」

「空腹に耐えかねて通りすがりの人に『何か下さい』と一番大きらいなことを言っている。国道沿いに大阪市目指して歩き、人にききながら西成に到着しました。釜ヶ崎で親切なおじさんが期限切れのコンビニのお握りをくれ、4日ぶりの食糧に感動して食べました。そのおじさんが炊き出しをやっている公園や釜ヶ崎解放会館などを案内してくれたんです。私にとって2人目の命の恩人でした」

「稲垣さんと出会い、居宅保護の申請をしました。役所では自殺未遂の原因をしつこくきかれました。『それをきかないと受理できない』と言われ、呼吸が苦しくなって倒れてしまった。他の職員が『救急車を呼ぼうか』と言ってくれましたが断りました」

「生活保護の申請をしたあと長姉から電話がありました。おふくろの遺影がうっすらと濡れたことがあると言うんです。『そんなバカな話、あるはずねえだろ』と言いましたが、それが奇しくも三段壁に立った日なんですね。電話を切った後しばらく、体を動かせませんでした」

「女房のお骨はいっときも離しません。今も朝起きると女房のお骨に『お早う』、外出から帰ると『ただいま』と手を合わせます。精神のバランスコントロールがうまくとれない日が続きます。稲垣さんに紹介してもらった荒川診療所の先生に『頑張なくていいんですよ』『我慢しなくていいんですよ』『しばらくゆっくり休みなさい』と声をかけてもらい、信頼できる医者に巡り合うことの大切さをしみじみと感じています。女房もこういう先生に診てもらっていたらと思うのです」

１４９号（２０１１年５月29日）

支え合う心と心

後藤さん
昭和 32 年生まれ
57 歳
石川県金沢市出身

「生まれてすぐに施設に入れられたのでしょう。記憶にあるのは施設での生活です。男の人が時々、僕に会いに来ていましたが、その人が父親であると理解したのは、かなり後のことです。ずっと施設生活でしたから、この世の中にお父さん、お母さんという存在がいるということすら知らなかった」

「一度だけですが、おじいちゃんやおばあちゃんがたくさんいる所に連れて行かれました。お風呂でみんなが円を描いて座ってね、隣りの人の背中を洗ってあげるんです。しばらくすると、今度はみんなが反対側を向いて、反対隣りの人の背中を洗う」

「僕の着替えがなくて、おばあちゃんの下着を着せられたのですが、『嫌や』と渋る僕に、笑いながら着せてくれたことを覚えていますよ。女物ですからエリに飾りが付いていて恥ずかしかった。陽気なおばあちゃんでしたね。そのおばあちゃんが父方の祖母であることを理解したのは、ずっと後のことです。おばあちゃんは当時、老人ホームにいたんですね」

「ある日突然、施設に三輪車が横付けされて、僕とおばあちゃんが助手席に、男の人は後ろの荷台に座って、駅に向かいました。あれは犀川だったのか浅野川だったのか。大きな川に沿って車が走って、駅に着きました。今度は長い時間、汽車に揺られました。三輪車で向かった駅が金沢駅で、降りた駅が京都駅であったことも、後で知ったことです。僕が小学校に上がる前の記憶です」

「京都での生活が始まってしばらくしてから、僕はその男の人をお父さんと呼ぶようになりました。それからまたしばらくすると、女の人が家に来て、その人をお母さんと呼ぶようになりました。お父さんは再婚したんですね。4人での生活が始まりました」

「お父さんは反物の染物工場で働いていました。学校が終わると、お父さんの働く染物工場の空地に遊びに行ったものです。ピンと張られた反物を木枠で押さえて、樽に入った染料を色むらが出ないように木のヘラで丁寧に塗っていく。終わると木枠をずらして、次に進む。その作業を見るのも面白かったし、工場の空地で一服するおじさんやおばさんたちと、世間話をするのも楽しかった」

「ところが僕が小学校3年生のとき、おばあちゃんが認知症で入院してしまいました。おばあちゃんが家にいなくなった途端、お母さんは偉そうな態度をとるようになりました。お母さんはことあるごとに僕をたたき、飯を抜くようになりました」

「お腹がすくから家の財布からお金を取るようなった。お母さんは僕に分からないように僕の背後でいろんな所に財布を隠すのですが、耳が良いから、どこの引き出しを開けたか音ですぐ分かる。悪さをするから飯を抜かれたのか、飯を抜かれるから悪さをしたのか。どっちにしても僕にとって、家は楽しい所ではなくなりました」

「だからと言って、友達を作ることもしなかった。同年代の子とは、あまり話が合いませんでした。学校でも休み時間は、担任以外の先生と話をしたり、用務員のおじさんと話をしたり…。スポーツが苦手でしたから他の子たちとドッジボールやサッカーをすることもなかった。学校では給食の時間だけが楽しみでした」

「お腹がすくから、家の金をちょろまかす。みつかれば『出ていけ』と言われる。家にいることが面白くないから、家出をくり返す。『部屋が狭いからおまえの寝るところはない』とも言われました。学校にも行かず、家にも帰らない」「市内を循環する市電に乗って時間をつぶしました。電車に乗ることと空を見上げることが好きでした。町の中を目的もなくぶらぶら歩きまわり、警察官に補導されたこともあります。夜になれば、どこにでも寝ました。子どものころからホームレス生活でしたね」

「小学校5年生のとき、京都の児童相談所に入れられました。施設でも人間関係が嫌だった。施設には自分の支配下に置こうとするボス格がいるでしょ。意地悪をされるから、そのたびに施設を飛び出しました。中学は下鴨中学に入学し、2年生までこの施設から通いました。下鴨中学はノーベル賞を受賞した湯川秀樹博士が通った学校です」

「学校の授業は社会や国語が好きで平均点をとっていましたね。施設をよく飛び出すので、京田辺の寺に預けられました。同じ施設の子のお兄さんもそこに預けられていましたね。でも、その寺も飛び出して、大阪の町を放浪しました」

「南海電車に乗って岬町まで行き、港をうろうろしていたら、おじさんに呼び止められました。親切なおじさんでしてね、家でご飯を食べさせてくれ、風呂にも入れてくれました。もてなしてもらう経験なんてなかったから、ほんとにうれしかった。そこの家に僕より少し下の娘さんがいて、下着姿の僕を見て、キャーッと驚いて布団を頭からかぶったのを覚えていますね（笑）。一乗寺から電車を乗り継いで米原まで行ったこともあります」

「何から逃れようとしていたのか、何を求めていたのか、今でもよく分かりません。飯さえ食べられれば、それで良かった。最後は児童自立支援施設に入れられ、16歳まで過ごしました」

「そこにいるとき、テレビは浅間山荘事件や、よど号乗っ取り事件、万博の太陽の塔占拠事件などを放映していました。どのチャンネルをひねってもそればかり。施設の先生から、こんな本があるよと勧められたのは、カフカ、太宰治、芥川龍之介、スタンダール。難解でしたが、本は読みましたね」

「16歳になるとそこを出なければならず、京都市内の和菓子店に住み込みで働き始めました。小豆を運んだり、配達の助手席に乗ったりの仕事でした。入社式にはゲストとして歌手のあおい輝彦が来ましたね」

「仕事は長続きしなくて、すぐに東京に出て行きました。東京では新宿のベッドハウスに泊まって、高田馬場から日雇仕事に行きました。１日働いて３５００円の時代で、一泊３００円から３５０円の部屋代でした」

「年末になると仕事がなくなるので山谷に行きました。20歳のころです。たき火にあたって暖をとりながら年を越しました。それが山谷の越冬闘争だったんですね」

「山谷に労働組合を作ろうという活動家の人たちが、明治大学で準備会を開いていました。僕も誘われるまま学生に混じって、三里塚や狭山の学習会に参加しました。中学出の僕には知識の下地がない。頭の上から小難しい話をされても理解できないことが多かったですね」

「山谷の労働組合なのに学生ばかりの組織じゃ説得力がない。労働者が前面に出なければならないと言われ、山谷の越冬闘争のパンフレットの原稿を書かされたり、ガリ切りを手伝わされました」

「上野公園で野宿しているときに警察官の職質にあい、荷物の中を調べられたこともあります。荷物の中から共産党宣言が出て来たものだから、若い警官が驚いて上司に連絡をとるという場面もありましたね」

「臨時無料宿泊所を大井収容所と呼んで、収容所の仲間と連帯するんだと、宿泊所に潜り込んで、待遇改善の闘いを働きかけることもしました。越冬闘争のメンバーに労働者を紹介する役目です。ところがこれは警察に察知されて、機動隊が導入されました。活動家が次々と逮捕されましたが、僕は通りすがりの通行人みたいなかっこをして、機動隊の横をすり抜けました」

「活動は面白かったけれど、『闘争』とか『革命』とか高邁《こうまい》な思想に執着できませんでした。働いて、稼いで、一杯飲んで寝るだけ。主義主張は二の次という感じでしたね」

「20代半ばで釜ヶ崎に来ました。大飯原発3号機、4号機の建設現場でも働きました。毎日毎日、コンクリ打ちでした。木枠の中に流し込まれるコンクリをスコップで平らにならす仕事でしたが、冬は雪が多くて、宿舎の周りや現場周辺の雪かきをしたものです」

「バブルがはじけてからは、簡易宿泊所に泊まれず野宿することが多くなりました。コンビニで期限切れのパンやドーナツなどが廃棄されるから、それを目当てに出かける事もありました。リヤカーを引いて、アルミ缶や段ボールを集めたお金で食糧品を買いました」

「夜は四天王寺の境内で寝ることが多かった。当時は境内にたくさんの人が寝ていましたね。天王寺公園や天王寺の商店街で寝ることも多かったです。野宿していても、あまり友達はつくりませんでしたね。人見知りする方だし、相手がどんな人か分からない。やはり警戒しますよ」

「センターで野宿しているとき、60過ぎの男の人が『ここで寝て良いかい？』と話しかけてきました。少しずついろんな話をするようになりました。鹿児島出身で、子供のころ家のお金３００円持ち出して博多に出てきたこと。博多で靴磨きをしていたら、金持ちの客から上等なセーターをもらったこと。悪いグループに誘われて、スリ仲間に入ったこと。人間関係で人を刺し大村少年刑務所に入れられたこと…」

「おじさんは体調を崩したのかしんどそうにしていたので、医療センターに連れて行きました。肺に水がたまっている、結核ですと医者に言われ、阪奈病院に搬送されました。僕は月に1回面会に行きました。おじさんは僕の面会を心待ちにしてくれ、福祉でもらう日用品代で、パンや菓子を買ってくれました」

「退院したあと、おじさんは生活保護でアパートを借りました。おじさんの家に居候するようになって10年の月日が過ぎ、80歳近くなったおじさんを、僕はいつの間にかおじいちゃんと呼ぶようになりました」

「おじいちゃんは酒もギャンブルもやらず、近くの古本屋で文庫本を買ってきて読むのが趣味でした。僕もたまに現金収入があると、おじいちゃんとの生活費に回しました。質素で落ち着いた暮らしでした」

「たまに電車に乗って、遠出しました。橿原神宮、東大寺、比叡山、ＰＬの花火、造幣局の通り抜け…。子どものときから、いつも一人であてもなく電車に乗って街をさ迷いましたが、おじいちゃんの手を引いて、おじいちゃんの歩く速さに合わせて、同じ景色を見、同じ音を聴き、同じ街の空気を吸う。そして一緒に帰る場所がある。旅の楽しさを初めて知りました」

「掃除、洗濯、公共料金の支払いは僕の役目。歯の悪いおじいちゃんのために、ご飯はいつも柔らかめに炊きました。正月には京芋、金時人参、大根、かしわで煮しめも作りました。レンコンや棒ダラは固いので使いませんでした」

「おじいちゃんは力が入らないから手拭いを絞ることも上手にできない。銭湯では、自分の体を洗う前に、おじいちゃんの頭から背中まで洗いました」

「外出して公衆トイレを見つけたとき『そろそろおしっこ、ええか?』と声をかけるのですが、『まだいい』と言う。そして公衆トイレからかなり遠ざかったころ、必ず『おしっこ』(笑)。便秘がちのおじいちゃんは、夏の暑いときにアイスや冷たいジュースを飲むと腹具合を悪くし、電車の中で失禁したこともあります。便で汚れたドロドロのズボンの上から僕の上着を腰に巻かせて家に戻り、玄関で服を脱がせました。すまなそうにするおじいちゃんでしたが、居候の僕がお世話するのは当たり前。少しも苦になりませんでした」

「一度、胃潰瘍になって僕自身が入院することになりました。おじいちゃんは雪の中を、電車を乗り継いで面会に来てくれ、僕の顔を見るとぽろぽろと涙を流しました。たまらなくなった僕は一言『帰ろう』と言って、その場で点滴の針を引き抜きました」

「3年前、おじいちゃんは家で脳梗塞の発作をおこして倒れました。すぐ救急車を呼んで富永病院に運ばれましたが、半身不随で寝たきりになりました。目も不自由になり、言葉もままならない。僕のことを分かっているのかどうかも定かでない。それでも3日に一度は面会に行っていましたが、知らないうちに転院してしまいました。転院先の病院を教えてもらうことはできませんでした」

「再び野宿の生活が始まりました。仕事があるときにはセンターから現金仕事に行き、簡易宿泊所に泊まることもありましたけどね。シェルターはシラミがいるし、隣りにどんな人が寝るかも分からない。利用しません」

「体力も落ちて結核になり、和歌山の神田病院に入院しました。退院後、生活保護でアパートを借りましたが、金を無心にくる友人が嫌で飛び出してしまいました」

「今は南海電車の恵比須町駅の構内で夜を過ごし、明け方になるとセンターに移動します。昼間はセンター3階のあいりん職安の前で、段ボールを敷いて体を休めています」

「今年3月にセンターに来るレントゲンバスで結核検診を受けました。また悪くなっているみたいですね。咳は出ないけれど体がだるい。鼻の下から横隔膜にかけてしんどい。つい先日も、8月6日の広島行動にバスで参加しましたが夜行バスでしたからしんどかったですね。特に寝ていない日が続くと体がしんどい」

「おじいちゃんとの生活が一番楽しかった。楽しくて幸せだった思い出はあの10年間だけですね。昔の闘争仲間に会ったら『おまえ何やってんだ？』と軽蔑されそうだけど、そう聞かれたら『ご覧のとおり、地べたをはって土に還《かえ》るだけ』と答えるでしょうね」

161号（2014年8月21日）

ばあさんに呪《のろ》われとるんじゃ

小田さん
昭和27年生まれ
52歳
長崎県対馬市出身

「天気が良いときには朝鮮半島が見えます。カツオ、アジ、エビ、サザエ、アワビ、タコ…なんでも獲れます。潮の流れが速くて、それを利用して真珠の養殖もやっています」

「父は漁師でしたが炭焼きもやっていました。母親の顔は知りません。私を生んですぐに死んだようです。私はずっとばあさんに育てられました。5人兄弟の末っ子です」

「ばあさんは腰が折れ曲がっていて、目が悪く、耳も遠かったですが、世話好きで優しかったです。末っ子で甘やかされて育ちました。駄賃をせびっても、もらえなかったりすると家に石をぶつけたり、障子にマッチで火をつけたりして、今考えると信じられないようなことをしていました」

「学校に上がる前のことですから大騒ぎするほどの事件にはならないのですが、兄がそれを知って木刀で殴ったり、大きな石を頭に投げつけたりして怒りました」

「小学校も中学校もまともに通っていません。ランドセル背負って家を出ても、途中で山に上がったり野原で遊んだりして、夕方になると家に帰るんです。ばあさんは、読み書きできんと大人になってから困るぞと何度も言っていましたが、友達ができないんですよ。たまに学校へ行ったって、いじめられるだけだし、退屈な授業を受けているより一人で遊んでいる方が良かった」

「そのころはまだ、じいさんが生きていて、じいさんが静岡から自転車を取り寄せて、私に与えてくれました。この自転車が中学卒業するまで、ずっと私の友達でした。自転車そのものが好きだったんじゃなくて、寂しさをまぎらわす格好の友達だったんですね」

「運動会だ、卒業式だと言っても、家の者が来てくれることは一度もなかった。中学にあがるときの制服も親戚が金を出し合って買ってくれたんです。父親もばあさんも生活に追われて、学校行事どころじゃなかったんでしょうね」

「長男は根は真面目で、私なんかとちがって頼もしい兄貴でしたが、中学を卒業して働くようになってから、酒を飲んでの失敗が多くなりましたね。スナックに行ってもツケで飲むんでしょう。借金だらけになっていました」

「私は中学を出ると親戚の紹介で地元の自転車店に勤めました。でも読み書きが満足にできないから、パンク修理以外のことはできないんです。注文を受けた自転車は自動車で配達します。運転免許を取るには筆記試験があります。でも問題を読むことができないから免許は無理。1か月3000円の給料で、バカにされたりどやされたりで、長続きしませんでした」

「友達が1人もできない田舎を離れて、都会で一旗揚げたいと思いました。嫁さんをもらって家庭を持ちたいという気持ちがそのころからずっと胸にありました。私にとって、一旗揚げるとは所帯をもつことだったんですよ」

「田舎を離れるときには、家にはばあさんと兄貴と私の3人しかいなかったんです。兄貴は結婚したものの酒癖が悪くなっていて、離婚されて家にいました。父親とじいさんは、私が中学3年のとき、ほとんど同じ時期に死にましてね。姉たちはみんな結婚して家を出ていましたから、兄貴に何度も頼んだのですよ。『視覚障害者のばあさんを一人にするわけにはいかんから、兄さんは家に残ってくれよ』って」

「何のあてもなかったですけど、船で博多に出ました。博多の駅でぼんやりしていたら、手配師に声をかけられました。いくつかの作業員宿舎を転々としたあと、住み込みでラーメン店で働いたり、ストリップ劇場で照明の仕事もしました」「小倉でアサヒガラスの下請で働いているとき、兄貴がひょっこり訪ねてきました。兄貴は私が家を出たあと、すぐに同じように家を出たと言うことで、びっくりしました」

「私の居場所が分かったのも驚きでしたが、ばあさん一人にしてきたって言うでしょ。兄貴は、ばあさんの心配より金が目当てだったんですね。田舎の家が誰のものになっているか、この私に見に行ってくれと言うんです」

「3年ぶりに田舎に帰りました。家は壊れかかっていて誰も住んでおらず、ツタが壁中を覆っていました。部屋の中に入ったら真っ暗で、まるで冷蔵庫に入ったように体の芯からぞくっとして、スーッと何かに引き込まれるような不気味さでした。墓にはヘビが巻きついていました。呪《のろ》われとる、ばあさんに呪われとるんじゃ、と膝がガクガク震えました」

「親戚の者から話を聞いたら、ばあさんの姿が見えないんで付近を探したら、山で死んでいたそうです。目が見えなくて、足も弱っていて、転んでそのまま助けも呼べず、死んだんやということでした」

「『お前の兄さんは借金たくさん作って、先祖代々の山を全部売ってしまった』『おまえたち男兄弟はそろって親不孝者だ。ばあさんをほったらかしにして家を出て、お前らは人間じゃない』とさんざん怒られました」

「ちょうど対馬空港ができるときで、山は良い値で売れたそうですが、『もう二度と帰って来るな』とどやされ、それでも兄貴と私にと、それぞれ5万円ずつ渡してくれました」

「小倉にいる兄貴にそれを手渡すと、『たったこれだけか』とつぶやいていましたけど、私はばあさんの祟《たた》りが気になって仕方なかった」

「兄貴と別れて、私は一人で大阪に出ました。大阪は万博の仕事があって働き口に困らないと聞いていたからです。彼女もできて、アパートで一緒に暮らしていたのですが、またもや兄貴が訪ねてきました」

「『田舎に帰って働こうと思うから、おまえも一緒に帰ろう』と言うんです。『南港から船に乗るから、アパートは解約して、家財も始末して、体ひとつで来い』と言うから、彼女を連れていくわけにもゆかず、事情を話して彼女と別れ、南港に行ったんです」

「ところが兄貴は解約した金や冷蔵庫などを売った金を受け取ると、どこかへ行ってしまいました。またもや金が目当てだったんですね。この時はさすがに兄貴を恨みましたよ」

「京都にいた時には自衛隊にも入りました。公園のベンチに腰をかけていたら、手配師みたいな人が話しかけてきて、『自衛隊に入らないか』と言うんです。ベトナム戦争のころだったなぁ。宇治から大津に移って、

45連隊でした」

「地べたをはう訓練とか鉄砲撃つ訓練とかしました。撃つと言っても、一つも当たらんのですわ（笑）。訓練が終わると銃をばらして油を塗ってね。暴発を防ぐためもあったんでしょう。ばらすのも組み立てるのも30分くらいはかかります。あるとき、『過激派が入ってきて機関銃を盗まれた』って言ってましたね。いったい、どこから侵入したんでしょうかね」

「自衛隊は男ばかりの社会でしょ。ふわっとした温かみがないんですよ。仲良くなった友達と二人で、何度も脱走を試みました。だってね、行進ひとつとっても、他の者は前に進むのに私一人だけ反対方向に進んでしまったり、鉄砲も当たったためしないし、いつも『とろいであかん！』と怒られてね」

「そんなとろこい私ですから、脱走だって成功するわけない（笑）。何回も捕まりました。最後は『あんたは国家公務員になる資格が無い』と言われ、やっと辞めさしてくれました（笑）」

「頼まれれば嫌とは言えない性格なんですよ。友達を無くしたくないという気持ちもありました。釜ヶ崎の一杯飲み屋で知りあった行きずりの名前も知らない男に『見張っておれや』と言われ、家の前の玄関で立っていました。男は部屋の中に入って時計を盗んできましたね」

「そんなことしてもいいのか？との言葉が喉まで出てましたが、何も言えませんでした。隣の住人が気づいて、『本人が帰ってくるからやめとけ』と見張り番の私にも忠告していたんですけどね。警察に捕まって、刑事に『あんたは利用されただけやけど、同罪や』と言われ、3年の執行猶予がついて保護観察処分となりました。その男は前科20犯とのことでした」

「ばあさんが昔、『人のもの盗ったら、首つって死ね』と言っていたことを思い出しました。そしたら、墓石に巻きついていたヘビや、ヒンヤリとして吸い込まれていきそうな恐怖に襲われたあの家のことが頭に浮かんで、ゾッとしました」

「兄貴も西成に出てきていたんですね。どこで聞いたのか私の居所を調べて、相変わらず金を貸してくれとせがみました。飲んで歩いていて自動車事故に遭い、頭を割る大けがもしています。見舞いに行きましたが、珍しく兄貴は弱気で『ばあさんのバチが当たったかな』と言っていましたね。その後も酒でトラブルをおこして、今は刑務所ですわ。でも、どんなにワルの兄貴でも、心底からは憎めないですね。まじめだったのに、酒が体も考えもボロボロにしてしまった」

「去年からテント暮らしです。大阪城にテントを張ろうかなと思って行ったんですが、ものすごい数のテント。いじめられるのは嫌だから、もっと人の少ない所に行こうと、今の大川の河川敷に住むようになったんです」

「ばあさんと知りあいになって、一緒に生活していました。『娘が福祉のお金を全部取ってしまう、主人がいじめる』とのことで、家出してきたと言っていました。京都の出身で、脳卒中をおこして、少し体も不自由でした」

「ばあさんのためにラーメン炊いたり、お茶を沸かしたりして、一時は私も幸せでした。話し相手ができてうれしかった。でも1か月もすると、ばあさんは自分から家に連絡してテントを去りました。『また来るかもしれんからな』と言って出ていったんで、ここのテントから動きたくないんです」

「そんなとき、稲垣さんと知り合いになりました。テントを守ろうという闘いをやっている人だと知りました。ギュッと握手してくれた。その手の温もりが忘れられません。一人前の人間として扱ってくれる人に初めて会ったような気がしました」

「恥ずかしい話だけど、私は女の人にだまされっぱなしですわ。釜ヶ崎で簡易宿泊所に住んでいるときにもね、知りあいになった女の人が『泊るところも無い』と言うんで、自分は1000円の簡易宿泊所に泊まって、彼女には1500円の簡易宿泊所に泊まらせて、飯は食堂に連れて行って食べさせてね。彼女が一緒に暮らしたいと言うから、私も張りきって仕事に行ってたんです。ところがいつの間にかいなくなっていました」

「せめて一言くらい何か言って出て行くのなら、あきらめもつくのですが。ひょっとしたら、また戻ってくるかも…と期待もするし未練も残るでしょ。人に話せば『おまえはだまされただけや』と笑われるんですけどね」

「悲しいテレビを見れば自然に涙が出てくる。血も涙も無い人間だと親戚中に言われて、その通りだなと思っていたんですが、こんな俺でもまだ涙が出るんだと思うんです」

「ばあさんの墓参りもしたいんですけど、戻って来るなと言われてますからね。夢ですか。田舎を出た時と変わっていません。所帯をもつことです。まぁ、ばあさんが生きていたら『おまえにはそんな資格ない』と、どやされるだけでしょうけどね（笑）」

113号（2003年6月10日）

母と息子の終わりなき旅

浜田さん
昭和24年生まれ
60歳
佐賀県佐賀市出身

「両親とも役場の建設作業をしていました。3人姉妹の長女です。親は朝7時前に家を出て、帰ってくるのが夜7時頃。一家5人が12畳一間で生活していました」

「妹二人が生まれるときには、おばあちゃんの指図でお湯を沸かしたりして手伝いました。私は病院で生まれています。心臓が悪かったんですね。子供の頃は、走るな、水に入るな、と運動を禁止されて、体育はいつも見学。友達もできなくて、いじめられました」

「せっかく友達ができても、家に早く帰らなければならない。思春期になると、いろいろ友達と話をしたいこともあるでしょ。『家に泊まっていって、ゆっくり話をしようよ』と誘われても、それができないんです」

「風呂の水をくんで、石炭燃やしてお風呂を沸かす。両親が帰ってくるまでに米をといで、ご飯も炊かなくてはならない。たまには妹がやってくれたらいいのにとけんかになったものです」

「家は貧しかったですから、制服もカバンも買ってもらえなかった。妹たちはさらの服を買ってもらったので、そんなことも母への憎悪になりました」

「早く家を出たいと思っていましたから、中学を卒業すると愛知県の紡績工場に就職しました。九州から遠い土地で、不安はありましたけどね。でも働き出して1年くらいで病気になって、大阪に住む兄のところでやっかいになりました。母は父と結婚する前に兄を産んでいるんですね。そのことを知ったのは、私が中学になってからです」

「いつまでも大阪にいないで佐賀に戻ってきなさい、と母から手紙が来ましたので、佐賀に戻りました。佐賀に着くと、父が迎えのタクシーを呼んでくれました。久しぶりに見た父はガリガリに痩せて、顔色も悪かった。酒を飲んで仕事にも行かなくなっていたんですね」

「骨と皮だけになって酔って毎日寝ている父を、父の兄さんが怒りに来た。嫌な予感がして、母に言ったんです。『お母さん、今日だけは家にいてあげて。お父さんを見てあげて』って。それなのに母は父を置いて仕事に行ってしまった。私が用事でちょっと留守にしている間におじさんが、『仕事に行け』と棒で父を殴ったらしいです。私が家に戻ると父の姿はなく、血の付いた布団が目につきました」

「親戚の者に言われて病院に行ったら、医者から『棒で殴られたのが致命傷でした』と言われました。父のことは大好きでしたから、母を恨みました。妹とけんかして包丁を振り回したのはその頃です。手に負えなくなった母が市役所に相談し、私は児童相談所に送られました。そのことでまた母を恨んだ」

「児童相談所の施設から軍手をつくる工場に働きに行きました。そこで瓦職人の吉井と知りあいました。10代で長女、長男を出産しましたが、吉井は車、バイクに金を使い、生活費として渡されるのは1日1000円だけ。途方にくれました」

「長女はてんかん持ちで、よく発作を起こしました。ある日、発作がなかなかおさまらないので、仕事場の吉井に連絡したのですが通じない。慌ててアパートの隣の住人に助けを求めたんです。そしたらその男の人が自分のバイクで長女と私を医者に連れて行ってくれました」

「吉井はアパートの隣人に感謝して礼を言うべきなのに、逆に私が彼と浮気しているんじゃないかと勘繰ってきたんです。酒を飲むたびに絡んで、私に暴力をふるうようになりました。やきもちをやいて、外出も禁止するようになった。それでいて自分の趣味の車やバイクにはいくらでも投資する。いつしか隣人にひかれるようになりました」

「隣人も失業中で無職。私も無職。子供は施設に預け、吉井の暴力を逃れて二人で逃避行しました。しかし、住み込みでホテルのまかないの仕事をしているところに吉井が乗り込んできて、吉井を見た彼は私を置いて逃げだしてしまいました。その後、彼の居所は分かりません」

「吉井は、もう一度やりなおそうと言いました。子供たちと親子4人での生活を始めた頃、身ごもっていることが分かりました。直感的に彼の子だと思いました。吉井は何も言わず次男の幹夫も籍に入れましたが、幹夫への虐待を恐れた私は、幹夫を養子に出すことに決めました」

「幹夫は生後半年になっていました。長崎から子供のいない40代の夫婦が来て、幹夫を引き取っていきました。今後、一切子供には会いに来ないこと、親であることを名乗らないことを約束させられました。これが一番良い選択なのだと自分に言い聞かせて、お願いしますと頭を下げました。でも、いざ、幹夫が抱きかかえられて玄関を出た時、気持ちが大きく揺れました。今すぐにでも追いかけて奪い返してきたかった。養子にあげなければ良かったと声をあげて泣きました」

「吉井が仕事に行っている留守の間、私は何度も長女と長男の手を引いて、幹夫の姿を見に行きました。駅のすぐ前に家があって、ホームからその家の玄関が見渡せるんです。お母さんに見守られて、幹夫が三輪車に乗って家の前の道路や空き地で遊んでいるのが見えました。一人で遊んでいるときもありました。知らない女性とお母さんが立ち話をしていて、それを見上げながら三輪車をこいでいることもありました。幹夫、幹夫…と心の中で呼びかけました」

「吉井の姉は、吉井に見合いの話を進めていました。姉には逆らえない吉井は離婚を切り出しました。吉井は私が働くことを許さず、それでいて相変わらず自分の趣味のバイクや車に散財し、1日1000円の生活費を渡すだけ。何べんやり直しても変わらないだろうとあきらめていましたから、離婚には応じました。子供二人を引き取って、ふっきれた気分でした」

「とにかくお金を貯めることを考えました。昼は飲食店、夜はキャバレーで働きました。同居していた母が、給料日になると借金を申し込んでくるので、だんだん険悪な仲になり、子供たちを施設に預けて働くことにしました」

「キャバレーの店長に見込まれて、佐賀から広島に転勤。施設に預けた子供を盆と正月に佐賀の家に呼んで、つかの間の家族水入らずの生活を楽しみました。その長女から『お父さんが知らないおばさんと一緒に面会に来たよ』と聞いたときには複雑な気分でした。ありがた迷惑のような、吉井も自分の子供は可愛いんやなと思ったり。かつて夫婦であった者にしか分からない気持ちですね」

「広島のキャバレーで客として来ていた浜田に気に入られて、お付き合いするようになりました。浜田との間に子供が二人生まれました。三男と二女です。『おい、これから行くぞ』と言うなり車で向かったのが浜田の実家のある因島。『えっ、これからご両親に会うの？お土産も買ってないのに』と言いましたが『そんなの、どうでもいい』と強引でした」

「長女を因島に呼んで、新しい家庭生活を始めました。長男は独立して働いていましたからね。浜田は優しかったです。部落解放同盟の活動をしていました。二人目の子を産むまで、なかなか籍を入れてくれなかった理由が分かりました」

「幸せな生活だったのに、同盟員とのいざこざで刺されて倒れました。享年38でした。下の娘がハイハイしながら、寝ている浜田の顔をパチパチとたたいた。それで目を覚ました浜田は、夜遅くに支部の会合に行きました。そのときの事件です。もし、あのとき娘が浜田を起こさなかったら、と何度悔やんだことか」

「再び母子家庭になって、市のくみ取りの仕事で生計を支えました。長女の協力が有り難かったです。でも三男は問題児で、学校からよく呼び出しが来ました。お小遣いは十分とは言えないまでも人並みに与えていたのに、万引きを繰り返す。学校を抜け出してゲームセンターに入り浸る。家出をくり返す。警察に捜索願いを何度も出しました」

「今でもはっきりと覚えています。尾道の警察から連絡があって三男を引き取りに行ったときのこと。警察官が肩からマイクのようなものを提げて、無線で『よしいみきお、昭和○年○月○日』と話しているのです。一瞬、体が硬直しました。自分が今どこで何をしているのか、分からなくなりました」

「警察に事情を話し、幹夫が今どこにいるのか教えてもらいました。日を改めて、刑務所に面会に行きました。25年ぶりの幹夫。どんな顔していたっけ。私に似ていたっけ。三輪車で遊んでいるのを遠くから見る事しかできなかった幹夫。その幹夫と会える。引き裂かれた恋人に会えるように震えました」

「面会室でガラス越しに幹夫と対面しました。言葉を失いました。私に似ている、そう思ったことだけ覚えています。『お母さんを探していた』と言われたとき、緊張が解けて涙が止まらなくなりました。『ごめんね』と言うのがやっとでした」

「幹夫も因島で生活するようになりましたが、三男と幹夫がうまくやっていけない。幹夫を気遣う私に我慢ならなかったんでしょう。三男の非行はさらにひどくなり、とうとう行方不明になってしまいました。家庭が崩壊しました」

「育ての親に会ってみたいという幹夫に同行し、自転車で因島から長崎に向かいました。その後は幹夫と一緒に、兄の住む大阪の寝屋川を目指して自転車をこぎました」

「『お母さんは僕を捨てた』と、決して許されることのない幹夫の不信と怒りを鎮めるための、長い、長い旅の始まりでした。あるときは自転車の前後で、あるときは自転車を並べて走らせ、いろんな話をしました。時にはけんかもしました。夜は公園や駅の近くで野宿しました」

「兄を頼って大阪に着いたものの、兄には相談に乗ってもらえませんでした。大阪城公園の片すみで野宿生活を始めました。雨が降ってきたら公園のトイレの軒下で過ごしました。捨てられているガスコンロを拾ってきて、野菜やうどんを煮炊きしました。収入はアルミ缶集めです。2人で集めて1000円にも満たなかったけれど、何とか生活できました」

「公園のベンチでの生活が3か月くらい続いた頃、役所の人が回ってきて『ここにいると他の人に迷惑だから施設に入ったらどうですか』と言われました。『息子さんとは別々の施設になります。お母さんは母子寮、息子さんは自立支援センターです』とも言われました。お互い連絡は取れると言うことでしたので、お世話になることにしました」

「今は幹夫と別々に生活しています。心臓だけでなく近頃は腰も痛くて、自転車に乗るのもしんどいです。年金をもらえる年になりましたが、それだけでは生活できないので、生活保護で補ってもらっています」

「幹夫も失業中なので生活保護を受けていますが、時々友達と一緒に家を訪ねてきます。心根の優しい子なんですね。友達が困っていたら黙って見過ごすことができない。同じ境遇の人達と助け合って生活しているようです」

「幹夫の友達からお母さんと呼ばれたら悪い気はしませんよ。みんな自分の息子のようなものです。今の私の夢は、幹夫がちゃんと仕事をみつけて、そして所帯を持って落ち着いた生活をして欲しいということですね。もちろん、幹夫だけでなく、幹夫の仲間たちもそれぞれ落ち着いた生活と取り戻してほしい」

「自転車にこそ乗っていませんが、幹夫との旅は今もずっと続いていると思っています」

2010年

もう〝組〟には戻らない

栗垣さん
昭和28年生まれ
50歳
高知県物部村出身

「中国山地のふもと、永瀬ダムの近くです。岡ノ内はもみじの名所ですよ。冬には雪が積もりますが、米と麦は二毛作。ワラビ、ゼンマイ、シイタケ、ニラ…と山の幸は豊富でした。川ではアユ、アマゴが釣れるし、ちょっと山に入っていくとイノシシやクマもいました」

「最近は山を削って道を作ったりしているから、イノシシやクマが食べ物を探して民家のふもとまで下りてくるようです。考えたら動物もかわいそうです。人間の勝手で振り回されてね」

「親父は木を伐採して、山から山へ、吊るしたワイヤでふもとまで下ろす仕事をしていました。伐採した木は水に吸わせて割れないようにしなければなりません。川の水は凍るからダムまで運んで、ダムの湖面で木を転がすんです」

「私は4人兄弟の末っ子。長兄と長姉は親父の先妻の子でした。親父は厳しかったですね。長兄、長姉は既に成人して家にいませんでしたから、次男と私と両親での生活でした」

「親父は食事途中で目があっただけでちゃぶ台をひっくり返えすんです。親父とまともにしゃべることができなかったですね。おふくろも私たち兄弟も小柄ですが、親父は185㎝の大男。弟は親父の気性を知ってるから、決して目を合わせないようにしていましたね」

「真冬に素っ裸で電信柱にくくりつけられたり、押入れに放りこまれたりね。叩かれるのは日常茶飯事で、おふくろはその度に体を張って私たちをかばってくれました」

「親父は酒を飲まないのですが、パチンコと野球に目が無くて、私たちがお年玉やお駄賃を貯めていた貯金箱を割って、甲子園球場まで出かけるというざまでした。あのころ生活保護を受けていたのですが、保護費も全部そっちにつぎ込んでしまう。おふくろは泣いていたと思います」

「小学校に上がる前ですね。死んでもいいと思って、初めて親父に向かって『親父はいらん、いらんから出て行け』と言いました。おふくろは慌てて『そんなこと言うたらアカン』と私をしかりましたが、親父はそのとき、何も言わなかったし、手も出しませんでした。翌日から親父の顔を見ていないですから、その一言で出て行ったんでしょうかね」

「未熟児で生まれたからなのか、体も弱くて耳も少し遠くてね。中学まで特別支援学級でした。漢字もあまり書けません。おふくろは体を鍛えるためにと、私に空手を習わせました」

「学校ではよくけんかしました。親父とおふくろを見ているから、男が女を泣かすのは許せなかった。いじめっ子の男の子が女の子を『汚い、くさい』などとからかって泣かせているのを見ると、すぐ殴りに行きました」

「そのかわり、学校の帰り、仲間を連れて待ち伏せされ、コテンパンに仕返しされました。相手は集団、こっちは一人。翌日学校に行って先生にケガを問い詰められると『ちょっと、こけました』と見え透いたうそを言ってね（笑）」

「けんかするたびに『罰として職員室の前にバケツを持って立ってなさい』と言われる。それを見た、関係ないやつが『あほか』と笑うでしょ。ムカッとなってバケツの水をそいつにぶっかけて、今度は先生に『1日中立ってなさい！』と怒られる（笑）」

「やられたらやり返せで、こっちから手を出すことはなかったですが、仕返しは徹底しました。相手の家のガラスを割ったりで、そのたびにおふくろは詫びに行っていましたね」

「中学も終わりごろになるとけんかも集団になってきました。グループ同士のけんかですわ。一番ひどかったのは卒業式の後、近くの公園にお互い集まっての乱闘。30人対40人くらいかな。けんかはそれまで素手だったんですが、相手が木刀持ってきたんで『こんなもん持ってきて、叩いたらどないなるか分かってんのか』と、その木刀を取り上げて殴ってやった。空手は『絶対に攻撃に使ったらいかん』と先生に厳しく言われていましたから、受け身にしか使いませんでしたけどね」

「卒業後は、左官、とび職、板前などの仕事に就きました。アルバイトで焼き芋やアイスクリームを売っているとき、そこの親父さんが山口組の親分だったので、組が借りているアパートに住みこむようになりました」

「親分は面倒見が良かったんですが、兄貴分が性質悪くてね。けんか相手の組に顔見知りがおったりすると、どうしてもこっちは手加減してしまう。それが兄貴に分かると、『なんで逃がしたんや』となる。それと、組の人間は数を頼んでけんかする。1対1のけんかならなんぼでもするけど、相手が2～3人、こっちが10人とかなるとね、こういうのはどうしても性に合わないんです」

「でも、完全に組から抜けるまでにはいろいろありました。呼び出しを受けて出かけたところ、相手が日本刀で切りつけてきてね。こっちは近くにあった鉄パイプで応戦したんですが、日本刀が肺と肝臓を突きぬいて、背中から突き出ていたそうです。救急車が到着するまでの間に自分で日本刀を抜いてしまったものですから出血がひどくてね」

「運び込まれた病院の院長が『あんたな、運ばれてきたとき死んどったよ。血が全然、無かった』と後で言っていました。４８００ミリリットル輸血したそうです。院長はもう死ぬからとサジを投げていたようですが、２週間後に意識が戻ったそうです」

「その間、私はうわごとで『おふくろが生きている間は死ねん。神様、助けて下さい』と言っていたようです。院長は『ワシはここで50年近く医者をやってるが、こんなに生命力のある人間を見たことがない』と感心していましたね。この院長には今も感謝しています」

「このころにもう、組から遠のき始めていたのですが、親分がすぐに相手の組に日本刀を持って仕返しに行ったそうです。相手は逃げた後だったそうですが、私が鉄パイプで反撃した男は再起不能になったという話をあとで聞きました」

「そうこうしているときに、山口組と一和会の抗争が激しくなって、ある日、山口組が高知競輪場で一和会の組員を襲撃し、２人死亡、１人重傷というニュースをテレビで見ました。重傷の男は暴走族時代に杯を交わした兄弟分でした」

「自分の立場も相手の立場も忘れて、入院している病院に駆けつけました。もちろん山口組の代紋は机の引き出しにしまってですけど。元兄弟分は一和会では幹部になっていて、病院は組員で厳重態勢でしたが、そんなこと眼中になかった」

「病室の入り口で友人だと名乗って、ボディチェックを受けたあと、久しぶりの対面をしました。元兄弟分は私が山口組であることは知っていたんですね。ベッドの上で、人差し指を自分の唇と胸に素早く当てて、組のことはしゃべるなとジェスチャーしました。廊下で警備する部下に聞かれたら私の命はないですからね」

「昔、杯を交わした兄弟であっても、組織が違えば殺し合いになる。組織優先で動かなければならないことがだんだん虚しくなってきましてね。金を積んで正式に組を抜けました」

「それからしばらくして一和会が解散して、元兄弟分は私の属していた山口組傘下の組に入ってきました。私と一緒にやろうと思って来たのですが、入れ違いに私は組を抜けました」

「組を抜けてからは、大阪で日雇いの仕事をするようになりました。6年前に作業員宿舎から関空近くの煙突の掃除の仕事に行ったとき、健康診断で血圧が227あるのが分かって、仕事は断られました。医者が『よくそんなで、これまで生きてこられたな』とあきれていましたよ」

「仕事にも就けなくなって、野宿生活になり、世間の冷たい視線を浴びたりすると、もう一度組に入ろうかなと思うこともありました。でも組織に拘束されることを考えると、やっぱり戻るのはやめようと思い直しました。自分は自由に生きたいんです」

「町中で因縁をつけられたり、暴力を受けることもありますが、『すいません』とペコペコ謝ってね。けんかになりそうでも防衛しかしません」

「天王寺公園でテントを張って生活している時、青空カラオケの店主から声をかけられ、店員として働くことになりました。店の中で寝泊りできたから助かりましたよ。カラオケ店は私の生活の糧を得るところであり、しかも居住の場でもありましたからね」

「おふくろは昭和63年に亡くなりました。奈良の少年刑務所に入っている時に面会に来てくれたし、どんな事件を起こしても最後まで私を見捨てないでくれましたね。そんなおふくろに何一つ孝行できなかったことが心残りです」

「亡くなった後、自宅で3日間、おふくろと過ごしました。葬式の喪主も務めました。でも、兄貴が埋葬許可書をなくしてしまい、お骨は姉が預かったままなんです」

「姉は最近、痴呆が出てきて、電話でも話にならんので、今年の盆には田舎に帰って納骨の手続きを取ってあげたいと思っているのですが、このところ体の調子が悪くて、帰ることができるかどうか…」

「刺されたとき、肝臓の中に肺が食い込んで、その後遺症で横隔膜ヘルニアになっているんです。一昨年、手術のために1年半、入院しましたが、肝臓をやられているから体がだるい。最近は自分のいびきに目が覚めたり、冷や汗や手のしびれ、めまい、ふらつきもあります」

「医者に働きたいと言ったら、死ぬつもりかと怒られました。働くのはあきらめました。どうも脳梗塞の前触れのようで、ちょっと不安ですね。おふくろも脳内出血で死んでいますから」

「カラオケ店が強制撤去されて、住むところも職場もなくして、おまけに体の調子も悪いので、生活保護を受けたいと稲垣さんに相談しました。稲垣さんのおかげで生活保護を受けることができるようになって、ほっとしています」

「私の夢は一緒に生活してくれる女性を見つけることです。そうして、自分の子孫を残したい。子供が欲しいですね。自分の子供でなくてもいい。私は子供が好きなんです」

「田舎にいたときは、甥や姪が私の胡坐のなかに競って来ました。親戚連中も、あんたはほんとに子供に好かれるねぇと感心していました。子供は純真でしょ。人をばかにしたりしないから安心して接することができるんです」

「動物も好きで、カラオケ店に雇われるようになったのも、そこで飼っているネコがえらく私になついて、店主に認められたからなんですよ（笑）」

118号（2004年5月1日）

いとしき者たちへ

上野さん
昭和6年生まれ
64歳
京都市出身

「父は上京区知恵光院で織屋を営んでいました。母は専業主婦、兄弟は兄が2人いて、末っ子の三男です」

「父の先祖は京北町の炭焼きだったそうですが、父は小学校を出てからすぐ西陣の織屋へ丁稚奉公に出て、成績が良かったために、のれん分けしてもらったということです。10人の従業員を使って、地道に商売していました」

「私は紫野小学校に入学し、戦争が始まりました。食糧難の時代ですから開墾作業に従事して、その時に石のかけらが右眼に入り化膿しましてね。右眼は現在もほとんど視力がありません」

「兄2人は立命館中学、高校、大学と進み、私も同じように高校までは進んだのですが、勉強は嫌いな方でしてね、大学には行きませんでした。ちょうどそのころから、父の糖尿病も悪化して寝たきりの生活が始まっており、父がしきりに家業の跡取りを私に強く要望しだしたんです。兄たちは最初から跡を継ぐ意思はなかったものですから、末っ子に望みを託したんでしょうね」

「でも、私は今ひとつ踏ん切りがつかず、高校卒業後もしばらくブラブラしていました。職にも就かず中途半端な私を見て、学校の先生が『とりあえず、就職しなさい』と、京都地方簡易保険局を紹介してくれましたが、お役所仕事でしょ。上司へのへつらいがどうしても我慢できなくて、半年で辞めてしまいました」

「どちらかと言うと文学青年タイプで、宗教、文学、思想、哲学の本を好んで読むほうでしたし、反骨なところはありましたね」

「退職したあと、家業を継ぐ決心をしました。小さい会社ながらも一応株式会社で、その代表者として経営に携わりました。紋屋で図案を受けとり、図案に合わせて糸を染めてもらい、工場に運び込む。織った製品を問屋に持っていく。簡単に言えば社長の仕事はそういったことですが、細々ながら操業は続けてこれました」

「織屋はどこでも、みんなそうですが、織子《おりこ》さんをとても大切にします。織子さんがおってこそ、会社が成立する。毎月1日と15日が給料日なのですが、この日にはすき焼きをごちそうしますし、普段の日でも昼食は織子さんに先に食べてもらい、家族の者は残り物ですませるんです。私は25歳で織屋の娘と見合い結婚しましたが、妻と母は食事の支度や織子さんの日常生活の相談など、屈託なくこなしていましたね」

「父は昭和40年に、母は昭和48年に亡くなりました。母の死がショックでした。所帯をもって、一人娘にも恵まれておりましたが、脳卒中で倒れた母を2週間病院で見舞っている間、何度もこの母と心中しようと思ったものです」

「母無くての人生など、考えられなかった。『このエプロンかけて台所に立っていた』『このしゃもじでご飯をよそっていた』と母の身につけていたもの、母が使っていたもの、一つ一つを見ては泣けてきました。いくつになっても、男というものは、母親に対して、そんなんじゃないですかね」

「父は非常に厳格で、食事のときにカチッと音を立てるだけでも叱り飛ばされましたし、熱いご飯にお茶漬けなどもっての外。箸の上げ下ろしにまで口出しする方でしたが、母はその分、包容力があって、いつでもそっと抱き込んで安らぎを与えてくれる人でした」

「母も亡くなり、失意のどん底にいるころからですね。オイルショックの影響で、家業も下降線になりました。東洋レーヨンがナイロン系統の着物を売り出し始めたころです。手織りから機械織りが主流となって、時代の流れですね、製品が売れなくなったんです」

「自動車で帯の質屋に反物を運び込んでは運転資金を作り、それまでは従業員3人にだけ残ってもらっていたのですが、どうしようもなくなって、昭和51年、全員辞めてもらいました。不動産も処分しましたが、それでも借金を抱えた状態で、翌年、閉鎖しました」

「ナイロン系の着物は洗っても縮まない、色が落ちない、簡単に洗える、とあって、しかも値が安いでしょう。これに対抗しようと思ったら、先見の明のある人でしたら、モダンな図案で勝負するとか、時代にマッチしたものを開拓できるのでしょうが、私にはそんな才覚もありませんでしたし」

「知恵光院の織屋の工場はほとんどが家内工業でしたから、似たような状況で倒産しましたね。よほどの資金力があるところだけが、高級織物として残っただけです。歌手の都はるみさんのお父さんも織屋でしたね。織屋の寄合で会うこともあり『娘さん、有名になりましたな』と話したこともあります。そのお父さんも、今はどうしてますかねぇ」

「昭和54年、残務整理も終えて、借金から逃れるようにして大阪に出てきました。家族ともバラバラです。

このときから死ぬことばかり考えてきました。ビルの屋上に上がり、線路に立って、川をみつめて。でも死ぬ勇気すらない、情けない人間です」

「大阪駅のベンチでボストンバック一つで寝ていたら、全部盗られてしまいました。どうしようかとベンチでうつむいていたら『おっちゃん、日払いの仕事あるで。ガラス屋の下請けやけど、行かんか?』と声をかけられて、身分証明無しで、雇われることになりました」

「でも、慣れない力仕事で腰のヘルニアをおこし、働くことができなくなりました。そこのガラス屋で一緒に働いていた人が釜ヶ崎のことを教えてくれ、日払いアパートがあることも教えてくれたので、こちらに来たんです。腰を痛めているので軽作業しかできず、自分に見合った仕事を探しては働いてきましたが、不景気でだんだんそういう仕事も減ってきて、野宿することも多くなりました」

「とにかく職に就きたくて、職安をあちこち見てまわったんです。梅田の高齢者用の求人も見てきました。自分にできそうな仕事があっても野宿生活では面接することもできませんでしょう。昨年の暮れ、思い余って、浪速区の福祉事務所に相談に出かけました」

「とりあえずアパートを借りる権利金と家賃1か月分、それと生活費1か月分、これを前借りできないかという相談です。約20万円は要りますよね。働き出したら月々返すという約束で相談したのですが、『おっちゃん、気持ちは分かるけど、規則でそれはできないんや。アパートに住んでおったらなぁ。生活保護いけるんやけど。悪いけど、アパート借りてから来てくれんかな。そうしたら、その日のうちにでも、福祉にかけてやれるさかい』と言われました」

「規則を盾に断られたら仕方ありません。20万円、どうやって用意しようかと考える一方、息をして、眠って、食べて…というただ動物本能だけで生きている今の自分は、人間ではないなと思いました」

「死にきれないという諦念とは裏腹に、多額の債務を抱えて生き別れた妻や娘に今一度会いたい、一緒に生活したいという気持ちが交錯して、不安定な精神状態が続いています」

「今年に入って炊き出しのお世話に3回なり、ご恩返しにと解放会館に寝泊りして炊き出しを手伝っております。今の状態で、妻に会うことはできません。とにかく生活を自立させてからでないと。生きていこうという積極的な支えはこの一点のみですね。そのために何とかして、働いてお金を貯めなくては」

「負債が大きくなって織子さんに辞めてもらわざるを得なくなったときが本当に辛かったですね。日本人5人、韓国人5人を雇っていたのですが、人間、窮地に追い込まれた時に、その人の真の人間性が出てくるんですね。まるでメッキが剥がれるような感じで」

「日本人より韓国人の方が好きですね。20年間、人を使ってみて良く分かりました。言葉の意味がよく分からなかったり、ということはありましたが、本当に一生懸命、まじめに働いてくれました。家族的なつきあいも情があって、キムチ持ってきたり、韓国の祭りがあるからと招待してくれたり。いよいよ工場を閉鎖せざるを得なくなった時も、『また、機会があったら雇って下さいよ、待ってますよ』と言ってくれましたね」

「それにひきかえ、株主である親戚の者は、いったん経営が悪化してくると手の平を返すように冷たくなって離れていく。血のつながりなんて、そんなものなんでしょうね。人間の裏表を嫌というほど見せつけられてきました。兄2人は専売公社の職員と警察官でしたが、兄貴たちに頼る気も一切ありませんでした」

「工場が潰れかかった頃から、写経にも興味を持つようになりました。私なりに織屋は全魂かけた仕事でした。倒産したときが、意思ある私自身が死んだ日なのだと思っています。一服飲めばコロリと死ねるようなそんな薬、ないですかね。生きてゆくことも死ぬこともできない宙ぶらりんの生活の中で、それでも早く、働くための環境を整えたいと思っているんです」

72号（1996年3月19日）

心は今も古里の海にたゆたう

瀬脇さん
昭和18年生まれ
57歳
鹿児島県笠沙町出身

「薩摩半島の西端、半農半漁の田舎町です。浜辺の片浦集落には700戸くらいの民家があり、狭い山裾を利用して畑を耕していましたね。父は漁師、母は裏山のだんだん畑で、麦、イモ、サトイモ、雑穀を作っていました。私は4人兄弟の長男です」

「学校へは、海を見ながら通ったものです。父は厳しかったですよ。生一本の性格で、特に酒を飲むと怖かったです。私が母親を困らせたり文句を言ったり、遊びに行ったまま帰ってこなかったりすると、床の下に置いてある薪で殴られそうになる（笑）」

「私らが子供のころの手伝いと言えば、畑仕事では麦踏み、それから水くみですね。水道が引かれていないから桶でくみに行くんですけどね。家から50ｍほど下の坂の上の高台まで、1日4回往復するんです。1つの桶が20キロ、これを両肩につるしてね」

「遊びに夢中になって手伝いをすっぽかすでしょう。そうすると気の荒い父はすぐ床下の薪ですわ。親父は飲んでるし、こっちはクラスでも1、2を争う走り。母が止めに入り、一度も直撃されたことはありませんがね（笑）。そのかわり、止めに入った母が逆に殴られたりね。母はとにかく優しくて、気丈だった」

「その親父は私が中学3年のとき死にました。漁から帰ってきた父が網を取り込んでいるとき、櫓《ろ》をこいでいた人の櫓がはずれて海へ落ちたのを見て助けに行き、その人にしがみつかれて2人とも死んだということでした」

「親戚の人が学校に知らせにきましたね。私が家に帰り着いた時にはすでに検死も済んで寝かされていました。心臓マッサージもしたけどダメだったと聞かされました。せめて、この私が学校を卒業するまでは生きていてほしかったと親戚の人たちが泣いていました」

「母の生活の苦労は大きかったと思いますよ。長男として、死んだ親父の代わりに家族を養っていかなければという気持ちがありましたから、中学を卒業すると、すぐ船に乗りました」

「親父の姿を見ていて、僕も大人になったら漁師になって網を引きたいとずっと思っていました。漁師の生活は活気があって華やかな時代でした。遊び仲間とも『ぼくはどこそこの船団に乗るんや』『おまえなんか、あそこの船に乗れるもんか』と競いあってそんな話をしたものです」

「サバ、イワシ、ウルメ漁ですね。1船団が6隻、夕方5時頃出港して沖合に進むんです。私は新米ですから飯炊きの仕事です。魚群探知機を積んだ親方の船が2時間ほど魚の群れを探して進み、発見したら集魚灯を点《とも》して漁の開始です」

「照明をつけて海面を照らすと魚が寄ってくるでしょう。なかなか魚が見つからず、一晩中、探すときもありますよ。10月から5月にかけては、カタクチイワシ漁ですね。3メートル四方のカゴにいっぱい積んで、マグロ船に売るんです」

「野間岬をぐるりと回って枕崎港にまでカタクチイワシを売りにいきました。枕崎はご存知の通りカツオ船の基地です。漁で獲れたカタクチイワシは地元の港で1週間ほど活かしておいて、それから売るんです。あの当時は枕崎に50〜60隻のカツオ船がいました」

「私が船に乗って4、5年もした頃、めっきり漁獲量が減って、親方が廃業してしまいました。乗組員はタンカー船に乗ったり、またはマグロ船に移ったり、それか鹿児島市内で働いたりと、散り散りになりました」

「私はマグロ船に移りました。船に一度乗ったら1か月は家に戻れません。東シナ海の方まで行きましたね。1巻100mのロープに20m間隔で針をつけて、冷凍したサンマを餌にするんです。ロープを海に下ろすときは100mごとのロープをつなぎながら、時速15キロのスピードで放り投げていきます」

「ロープは10キロの長さまでつなぎますから、下ろし終えるのに2時間かかります。そしてロープを取り込むときは時速5キロのスピードで行いますから、5、6時間はかかります」

「その途中で、マグロがひっかかっていればマグロを取り込まないかんのですから、けっこうキツイですよ。焼津港のマグロ船は300トン級の大型でかっこいいですが、片浦港のマグロ船は80トン級で10〜12人乗り。それでも張り切って船に乗っていましたね」

「東シナ海は波が高いんです。3メートルくらいの高波は普通で、80トンの船はよく揺れました。『腹が減っては戦にならんからな』と冗談言いながら船尾で飯を食っていたとき、船体が横波をくらって45度くらい傾いて、一緒に食事をしていたコック長の目の前で海へ放り出されました。あっという間のできごとでした」

「転落したことをコック長が走って船長に知らせに行ったんですが、船がUターンして戻ってくる時間が本当に長く感じましたね。波が高すぎて波に乗り切らんのですよ。あのときは死を覚悟しましたね」

「そうやって、船から転落して死ぬケースをいくつも聞いたり見たりしてますからね。船の上ではどこへ行くにも2人で行動すること。これが鉄則でした。一人が落ちた時のためですね。もしコック長が一緒でなかったら、だれにも気付かれずそのままだったでしょうね」

「マグロ船は楽しかったんですが、親方の金払いが悪くてね。たまりかねて談判に行ったこともあるのですが、約束の半分しかもらえない。家に仕送りしなければならない身としては長く続けるわけにはいきませんでした」

「2年くらいで辞めて、その後はタンカー船に乗りました。タンカー船は3000トン級。国内に重油を運ぶ船ですから、マグロ船のように横波受けて大揺れということは全くないですね。岩国、四日市、根室、気仙沼を回って、1か月か2か月で戻るんです」

「私の仕事は重油を注入するバルブを開けて、ゲージで測って、線の中心まできたら『ストップ』と言ってバルブを閉めること。一等航海士がそのゲージをごまかして、1、2センチ多いところまで注入させるということもありましたね。次の港で規定の量だけおろして、底に残った油を小さな港で夜こっそりと小売りの船に売って、月5、6万の収入にする。こんなことするのかぁとびっくりしましたよ」

「タンカー船の次は石川県輪島市でサバ漁の船に乗ったり、東京で貨物船に乗ったりしました。しばらくしてから田舎に帰り、親戚の船でチヌやタイの一本釣りで生活しました」

「大阪に出てきたのは20年ほど前ですね。東大阪の協立工業と言って、東芝電機の下請企業への派遣会社みたいなところです。フランスベットの組み立て、蛍光灯、スタンドなどをつくる工場でベルトコンベアでの流れ作業に就きました」

「ところが協立工業の専務が独立するということで社長との間で争いがおきて、会社は解散したんです」

「仕方ないから、今度は職安からの紹介で鉄工所に勤めました。大阪市平野区に工場があり、トランジスタのケースを製作しており、景気が良かったのですが3年くらいでダメになり、またまた失業です」

「西成に行けば建設作業で金になると知人から聞かされて、釜ヶ崎で働くようになりましたが、ここ2、3年、ほとんど職に就けない状態です。2年前から炊き出しを手伝って、こうやって、お世話になっています」

「現在、二男が実家を民宿にして他人に貸しています。妹は母が宮崎の老人ホームにいるので近くに住んでいます」

「笠沙はね、海の青さがまったく違うんですよ。群青色と言うんですか、水がきれいだから目を開けたままでも潜れるんです。春と夏が特に良いです。野にはレンゲやタンポポ、山へメジロを捕りに行って、海でカニやウニを獲って…。子供の頃、町内の遠足で大浦の海岸へアサリを獲りに行ったことも思い出します。郷愁と言ってしまえば、それだけのことなのでしょうけど」

「鳥ではないですが、帰巣本能みたいなものですね。生まれ育った土地へ戻りたい。できることなら海の近くで生活したい。浜育ちですからね、海のある生活が懐かしい。見るテレビ、読む本、新聞は釣りに関するものばかりです。心が落ち着くんですよ」

「夢は船を一隻借りて、魚を獲って生活することですね。その日食べられるだけの収入があればいい。これまで病気らしい病気をしたことがないのも、魚をいっぱい食べて病気に勝つ体を作ってもらったからだと感謝しています」

99号（2001年1月25日）

されど、断ち切れぬ思い

上野さん
昭和37年生まれ
50歳
和歌山市出身

「物心ついたときから天王寺の養護施設にいました。施設の寮母さんは優しかったし、小学校に上がってからは学校の友達も施設に遊びにきたりして、あまり寂しい思いはしていないですね。お母さんは時々面会に来ました。少年ジャンプの漫画が大好きだったので、月に一度の面会の度に少年ジャンプをまとめて持って来てくれました。毎号買い置きしていたようです。僕はお母さんの面会よりその漫画の本がうれしくてね、顔を見るのもそこそこに、漫画を抱えて自分の部屋に駆け戻ったものです」

「お母さんは僕が小さい時から西成の屋台で酒を飲んでいました。施設に迎えにきたお母さんに連れられてジャンジャン横丁の前にある屋台でラーメンを食べたことを覚えています。僕が6歳のとき再婚しました。義理のお父さんはとび職人で、直行で金子組に行っていました。お母さんも西成で日雇仕事をしていたことがあるようで、そこでお義父さんと知り合ったみたいです」

「学校が休みになる夏休みや正月には施設から家に帰って両親と過ごしました。家は釜ヶ崎の近くの花園町にあり、それぞれの両親の実家によく連れていかれました」

「僕が9歳のとき弟が生まれた。お母さんがいないときはおむつの交換からミルクを作って飲ませることまで世話をしました。お義父さんは厳しかったですね。テレビを見ながらご飯を食べていると『テレビを見るなら茶碗を置いて見なさい』とよく叱られました」

「中学1年のとき1年間だけですが、施設を出て家で生活しました。お母さんに放浪癖があるのを知ったのはそのときです。お義父さんは高速道路の舗装工事の仕事に夜出かけることも多くて、そんなときお母さんは家を空けていましたね。何日も帰ってこないときもあった。それでも何食わぬ顔して家に戻ってくるんです」

「お母さんは他に男の人がいたようです。僕が4歳の弟とお父さんのご飯の用意をしました。朝、ご飯を炊いて、スーパーでできあいのおかずを買ってきました。遊びたい盛りでしょ。友達の家に遊びに行くときは、弟の手を引いて連れて行きました。弟は僕を慕って、どこへ行くにも後をついてきましたね」

「お義父さんは口数が少なくて、仕事が休みのときはクラシックのレコードを聴いていました。レコードは500枚くらいあったと思います。部屋は二部屋しかなくて、シューベルトやバッハの音楽を1日中聴かされるのが嫌でした」

「家出を繰り返しましたね。ジャンジャン横丁のラーメン屋の屋台のおじさんから『また家出してきたのか。ここで飯食ってけ』とご飯を食べさせてもらったり、廃車の車内や空き地で寝たりしました」

「阿倍野警察に補導されてお母さんが迎えにきたとき、トイレに行くふりをして警察署から逃げ出したこともあります。家に戻りたくなかった。お義父さんに気をつかい、弟の面倒をみなければならないことも苦痛だった。施設の生活の方がずっと楽しかった」

「中学2年のとき施設に戻りました。今度は東大阪の施設でした。中学3年のときお義父さんが面会にきて、お母さんが家に戻ってこなくなった、離婚することになったと言いました」

「お義父さんは、弟がお母さんについたらまた養護施設に入ることになるから俺が引き取ると言い、お前はどうする？ときいてきました。僕はお母さんにつくと答えました。放浪癖があって母親としては失格かもしれませんが、それでも僕にとってはたった一人のお母さんです」

「高校は市立の工業高校電気科に進学しました。施設から通いましたが、周囲の友達に影響されて万引き、窃盗を繰り返し、パトカーで学校に連れてこられることもありました。それでも退学にはなりませんでした。就職試験はシャープを受けましたが不合格。学校からの紹介で三菱電機の下請けに就職しました。施設は18歳になったら出なくてはならない規則になっていたので、寮のある職場を探していたんです」

「プレス工として配電盤の穴を開けたり枠を作ったりする仕事でした。当時は景気がよくて50人の工員のうち10人が新規採用でした。でも3年もすると景気が悪くなって、慰安旅行もボーナスも無くなりました。これではいつ会社がつぶれるか分からない、今のうちに見切りをつけようと同期入社の3人、一緒に辞めました」

「電気関係は不景気でしたが、飲食店は景気が良かった。居酒屋の養老乃瀧で社員として就職しました。社員寮に入って昼1時から夜中2時まで働きました。バブルのころはお客さんでいつも満員。店長の下で働くようになり給料は30万円、1回のボーナスは50万円と高給でした」

「ところが勤めて15年くらいしたときでしょうか、突然お義父さんが職場に訪ねてきたんです。ちょうど仕込みをしているときでしたが、ふらりと訪ねてきたその初老の男の人の顔を見て、すぐにお義父さんだと分かりました。病気を持っていて入院するから金を貸して欲しいという話でした」

「お金を渡しましたが、それからしばらくして今度は暴力団員風の男が訪ねてきて100万円返せと言ってきました。お義父さんの借金の返済を求めてきたんです。お義父さんは律儀で固い人間ですから、おそらく誰かの保証人になったのでしょう」

「金貸しは威圧的で、身の危険を感じました。どうしたらいいのか、なぜお義父さんは借金をつくったのか……いろいろ考えているうちにパニックになって、気がついたら南港に来ていました。とにかく借金取りの男が職場をうろうろしている間は帰れないと思いました」

「カプセルホテルやサウナに泊まって身を隠していました。職場にも連絡しませんでした。居場所を知られたら追われると思ったからです。1か月ほどしてから職場に顔を出し、事情を話しました。店長のはからいで復職でき、再び働きはじめました」

「それから数年。いつの間にか若い子がメインの職場になりました。居酒屋のチェーン店は養老乃瀧がはしりだったのですが、あちこちに同業のチェーン店ができて客が取られるようになりました。自分の給料は上がらないのに若い子が上司となって、立場が逆転する。だんだん嫌になって辞めてしまいました。45歳のときです」

「カプセルホテルに泊まりながら仕事を探しました。調理の仕事を探していましたが、なかなか採用されない。昼間なんばを歩いていたら手配師に声をかけられ、大正区の人材派遣会社の寮に入ることになりました。寮と言っても作業員宿舎のことです」

「いろいろな現場に行きました。泊まりがけの出張仕事は1日1万5千円。日帰りの仕事は８０００円。日帰りが多かったですね。寮費は２６００円でしたから1日働いたら５４００円手元に残ります。４・５畳の個室で寮費の中に食費は含まれていますが、風呂は無いから銭湯の４１０円が要る。夏は冷房を使うと1時間１００円が要りました」

「コスモ石油のタンクの掃除は暑い時期は大変でしたよ。石油のかすをスコップでかき出すわけですが、１時間も中にいられない。耐震工事の現場にも行きました。トビの助手、配管の助手、溶接の助手、土木作業…となんでもやりました。現場監督から会社に『だれそれはもう来させないでくれ』とか『だれそれをまた頼む』という連絡が入ると寮の番頭がそれにあわせて手配するんです。ほとんど声がかからない人もいました。仕事の声がかからなければ、１日２６００円の寮費が毎日借金として膨れていきます。幸い僕は月20日ほど仕事があって貯金も少しはできました」

「ところがだんだん仕事がこなくなって、最後には1か月まったく失業状態になりました。借金ばかりが膨らんでいくので、番頭に黙って寮を出ました。今から2年前のことです」

「住むところもなくなり、道頓堀あたりで野宿することになりました。夏に入る前で寒くはありませんでしたが、何か仕事はないかと焦りました。知り合いになった60歳くらいの男の人が自立支援センターに入ったことがあると言って、2人組の人を指さして『あの人たち、巡回相談員やで』と教えてくれました。巡回相談員に声をかけられ、事情を話すとアルファ米をくれ『朝8時にここに来て下さい』を言われました」

「僕の場合は直接、舞洲に連れていかれました。自立支援センター舞洲1は求職活動ができないんですね。歯の治療をしたりしながら1か月過ごしたころ、どこの自立支援センターを希望しますか?ときかれましたから、西成と答えました。小さいときから西成で過ごしていますから、勝手が分かりますからね」

「西成自立支援センターでやっと求職活動ができるようになりました。長年居酒屋で働いていたので調理の仕事がしたいと思い、ハローワークに行ってかたっぱしから住み込みで働ける飲食店関係を探しました」

「ところがなかなか決まらない。年齢が50近いでしょ。40歳を超えると難しい。病院の給食センターの募集に望みをかけましたが、『女性を希望しています』と言われました。自立支援センターの入所期間は6か月。焦りましたね。ハローワークにもずいぶんと通い、大阪府の下請けで国道に止まっている車の台数を調べる仕事もやりましたが、短期の仕事で1か月だけでした」

「自立支援センターの掲示板にハローワークからの夜間パトロールの求人が貼られたので、さっそく応募しました。夜10時から朝5時まで、緑色のジャンパーに腕章、帽子で4人一組となって黒門市場、道頓堀、高島屋などの繁華街、飲み屋街を巡回する仕事です。ピッキングの会社が警察から落札したとききました」

「事故やけんかを目撃したら、すぐに携帯電話で上司に報告します。決してけんかの仲裁に入ったりしてはいけない。ただ報告するだけです。酔って寝ている人には『大丈夫ですか』と声をかけます。非行少年たちにとっては犯罪の抑止効果があるんでしょうね」

「夜間パトロールは4か月の契約でしたから、センターの入所期間の6か月をオーバーしてしまいましたが、契約終了まで働きました。センターの職員から『アパートを借りたらどう?』と声をかけられましたが、次の仕事がみつからないのに貯金していた金を敷金にしたらたちまち生活に困る。どうしようかと思案していたとき、自立支援センターを出て居宅保護を受ける道があると教えてもらい、釜ヶ崎解放会館のお世話になりました」

「今はアパートで生活保護を受けながら働いています。ハローワークでみつけた求人で、夜間のビルの清掃の仕事です。なんばにある10階建てのビル、アパートから自転車で15分くらいです。警備員の服を着るのは嫌なので、炊き出しの会にカンパで届いた作業服を着て働いています。ビルは１階がコーヒー青山の喫茶店、10階が事務所。２階から９階まではスナックや焼き肉店などのテナントが入っています」

「夜８時に出勤して、まずは事務所に掃除機をかける。そのあと10階から順に１階までホールと表玄関の掃き掃除。それが終わると各階の手すり拭き。８時30分から９時30分まで休憩。そのあと再びホウキとモップを持ってホールの掃除。１時間おきに汚れていないか確認と掃除を繰り返します」

「一番嫌なのはゲロですね。マジックリンとバケツ、モップを持ってキレイにかたづけなければならない。ゴミ回収の契約を結んでいるテナントの階には３時と５時に台車を持って行ってコンテナに入れて回収します」

「朝６時で仕事が終了。単価は８０００円です。一人での仕事ですから他人に気を使わなくていいので気に入ってます。でもこの仕事はアルバイトなんです。生活保護を受けずに安定した給与が得られる仕事があれば一番いいのですが…」

「28歳のとき、突然弁護士から連絡がありました。弟が強盗傷害事件を起こして裁判にかかっているので情状証人として出廷してほしいということでした。裁判所で弟の顔を見たのは15年ぶりでした」

「おむつを替えてやったり、ミルクを飲ませたり、歩けるようになると手を引いて買い物に行ったり、もう少し大きくなると僕の後ばかり追いかけて慕ってきた弟。法廷で弟の顔を見たとき、小さかった弟の一つ一つのしぐさが一気によみがえってきました」

「出所してから今度は自動車事故をおこして入院しているとの知らせがあり、見舞いに行きました。借りた車で相手にケガさせた、友達が金を払ってくれたから金を貸して欲しいと言われ、これで終わりやでと20万渡しました。そのときですね、弟からお母さんは死んだときいたのは。中学2年で僕が再び施設に戻ったことをお母さんはとても寂しがっていたそうで、酒量も増えて肝臓を悪くして死んだということでした」

「弟は退院後も何度か事件をおこし、そのたびに弁護士が僕のところに来ましたが、最後は断りました。弟は中学卒業後、お父さんの働く金子組で一緒に働いていたそうで、ヤクザに入ったとのうわさも聞いていますが今どうしているやら。穏やかに平穏に暮らしたいと思って突き放してしまったけれど、それでも、もし助けを求めてきたら、やっぱり放っておくことはできないでしょうね」

152号（2012年3月1日）

この地にて救われる

野中さん
61 歳
佐賀県武雄市出身

「家は武雄神社のすぐ近くで、魚屋でした。７人兄弟の末っ子で三女です。２歳のとき階段から落ちて頭を打ったそうです。この子、少しおかしいなということに気づいたのが小学校２年生になったときだそうで、そのときから特別支援学級で授業を受けています」

「お店の竹輪を黙って持って行って食べたりすると、そんなときはお父さんにひどく叱られましたが、普段はお父さんもお母さんも優しかった。学校での記憶はあまり無いですけど、うしろかわ先生という若い女の先生が大好きで、小学校を卒業したあとも、先生の家に泊まらせてもらったりしました」

「中学に上がったころには、両親と長男夫婦と私が家に住んでいました。お母さんは転んで足を骨折してから身体が弱って、お父さんが看病するようになりました。そのお父さんも看病疲れから倒れてしまい、お嫁さんが両親の面倒をみるようになりました」

「長男は何かあるとすぐに私をポカポカ殴って叱りました。怖かったですが、それ以上にお嫁さんが怖かった。身体がこわばり何も言えなかった。長男には子どもが二人いましたが、一人は障害のある子で施設に入れていました」

「お兄さんは家を売って博多に新しい家を買い、お父さんとお母さんを博多の老人ホームに入れました。両親が家にいなくなると、お嫁さんがもっと怖くなりました。早くこの家から逃げたいと思いました。必死でした。どうやって家出したのか覚えていません」

「名古屋の紡績工場で働きました。寮は6人部屋で、同じ年頃の女の子がたくさんいました。夜間の高校に行く子が多く、その子たちは朝9時から昼過ぎまで働きました。午前中に学校に行く子は午後2時ころから夜7時まで働く。私は普通に朝9時から午後5時まで働きました」

「毎月お給料を積立していて、社内旅行が楽しみでした。休日には商店街の駄菓子屋でお菓子を買ったり、同僚とおしゃべりしたりで楽しかった。創価学会の人が多くて、宗教の話をよく聞かされました。寮には一人一人のロッカーがあって、その上に小さな仏壇を置いている子もいました」

「ここで働いているとき、どこで知ったのか、長男が訪ねてきました。会社の人に私の写真を見せて、会わせてくれと言ったそうです。会社の人から『フジオさんに会いますか?』ときかれ、『フジオさんて、だれですか?』とききに返しました。『お兄さんだそうですよ』と言われて、初めて長男であることを思い出しました」

「お兄さんは、私の顔を見ると『勝手なことしやがって』と怒りました。そして『お父さんが死んだ。東京や川崎にいる兄弟たちが新幹線で九州に向かうから、すぐ出かける支度をしてみんなに合流するんだ。新幹線の名古屋駅でホームの真ん中に立っていろ。俺は車でみんなの後を追うから』と言いました」

「老人ホームのお父さんとお母さんは同じ部屋で生活していました。お母さんはお父さんが死んだことを教えてもらっていなくて、『お父さんは？』と何度もきいていました。お父さんの葬式を終えて1週間後、お母さんも死にました。若い時から仲の良いおしどり夫婦でした」

「紡績工場で働きだして何年かすると、咳き込むことが多くなりました。綿のホコリがもうもうとしていて、マスクをして仕事をしましたが、マスクの横から綿ボコリが入ってきます。息が苦しくなって働くのも大変になって、会社から紹介された病院に行ったらぜんそくと言われました」

「医者から、ぜんそくは体質だからこの病気は仕事を変わらないと治らないよと言われました。でも私はこの工場で他の仕事につくことはできませんでしたから、同じ仕事をしました」

「最後はぜんそくの発作をおこして救急車で病院に運ばれました。会社の人が給料を病院に持ってきてくれましたが『退院したら戻ってこんといて』と言いました」

「お金をもらって東京に出ました。どうやって東京に行ったのか覚えていません。浅草の観音様の前でぼんやり座り込んでいたら、男の人が『どうしたんだ？』と声をかけてきました。『ワシも一人や。俺の所に来ないか』と誘ってくれました。心臓が悪くて生活保護を受けていて、隅田川の近くにアパートを借りて住んでいる、ということでした」

「そのおじさんは横井さんと言いました。酒も飲まない優しい人でした。横井さんはいろんな所へ連れていってくれました。しばらくすると妊娠しました。横井さんはとても喜んで、私が住む簡易宿泊所を探してきました。横井さんは生活保護を受けているので、一緒に住むことは難しかったのです」

「私の妊娠を知って、川崎に住む姉さんや市川に住む兄さんが、『障害者が子供を育てるのは無理。金を渡すから堕ろしなさい』と何度も言いにきました。でも横井さんは『金は要らない。堕ろさないでくれ』と私に言いました」

「お腹が大きくなると横井さんは、毎日のように訪ねてきてくれました。ところが妊娠8か月のときトイレで出血してしまいました。横井さんが救急車を呼んでくれました。お医者さんから『今度出血したら赤ちゃんを出さないとダメですよ』と言われました。入院して4日後に再び出血して、緊急に帝王切開しました」

「生まれた子は未熟児の女の子でした。へその緒が巻き付いていて、助かっただけでも幸運と言われました。赤ちゃんはすぐ日赤病院に運ばれ、私は乳を搾って看護婦さんに凍らせてもらい、それを横井さんが日赤病院に毎日運んでくれました」

「子供を産むことに大反対した兄さんや姉さんも、いざ赤ちゃんが生まれるとお祝いのモチを持って訪ねてくれました。『赤ちゃんはどこ?』ときかれ、簡易宿泊所の押入れの中に寝かされている赤ちゃんを見てびっくりしていましたが、すぐに『わぁ、かわいい』と喜んでくれました。子供が生まれたので横井さんと籍を入れました。34歳のときです」

「病院代を支払うことができず、親子3人逃げるようにして鈍行で大阪に出てきました。西成区役所で相談したら、駆け込み寺のような一時保護所に3人がバラバラに入れられました。横井さんはアパートを借りて生活保護を受け、娘は空港の近くの児童相談所に入れられました」

「私は2人部屋の寮に入り、そこで作業をして工賃をもらいました。『なかよし』や『リボン』の雑誌の付録を作る仕事です。紙で作った車のタイヤやピンやゴムをビニールの袋に入れてふたをする仕事でした」

「横井さんは娘会いたさに、面会に行ったときに何回か連れ出そうとして失敗し、とうとう出入り禁止になってしまいました。私も施設の娘のところへは何回も面会に行きました。七五三の写真を得意げに見せてくれたりして、素直でかわいらしかったです」

「頑固者で気が短く、言い出したらきかないところがあって離婚しました。娘の親権をめぐって家庭裁判所で裁判になり、生活保護を受けている横井さんより私に親権があることが認められました」

「私は障害者の年金をもらっていたので、障害者の枠で平野区の市営住宅に応募しました。2回目の応募で当選し、娘と一緒に住むことになりました。市川に住む兄さんが保証人になってくれたんです」

「娘もぜんそくで幼稚園は休みがちでした。発作がおこると夜も眠れず、苦しそうで見ていられませんでした。横井さんは離婚した後も娘をかわいがりました」

「娘は西成高校に進みましたが、ほとんど学校に行かず留年しました。夜遅くまで遊びまわるから朝起きられないんです。鼻や唇にピアスを入れた男の子と一緒に寝ていることもありました。注意すると娘に殴られました。娘は横井さんの家で過ごすことも多かったのですが、学校から呼び出しを受けると横井さんは『おまえが行ってやれ』と言いました」

「娘はなんばで靴や下着や装飾品を販売する店で働きだしました。家ではほとんど口をきかず、ちょっと話をすれば暴力をふるわれました。家の中のふすまや柱は傷だらけ。他人様に見せられない状態になっています。恥ずかしくて情けないです」

「施設に入れたのが悪かったかと悔やみましたが、面会したときのかわいらしい笑顔もよみがえってきました。頼みの綱の横井さんは娘に甘く、相談にのってもらえませんでした」

「大阪に来てから肺気腫の診断を受け、酸素ボンベが離せなくなって障害者手帳をもらいました。障害者の手帳を二つ持つことになりました。そんな頃、釜ヶ崎の近くにある教会の礼拝に参加して祈り続けました。するといつの間にか酸素無しで生活できるようになりました。肉体も精神も辛さがピークのとき、祈ることで私は救われたのです」

「神様を信じることで、娘への憎しみも、横井さんへの恨みも薄らいでいきました。自分の周囲の人たちを慈しむようになりました。自分自身が変わりました」

「釜ヶ崎のおじさんたちと心を通わすことができるようになりました。三角公園でテント生活しているおじさんと親しく話をするようになり、読み書きできない私はそのおじさんからいろんなことを教えてもらいました」

「病院きらいのおじさんは結核になって阪奈病院に運ばれましたが、退院するまでの1年間、私は見舞いを続けました。神様に導かれたのです。今でもそのおじさんと心の交流が続いています」

「横井さんとの交流も続いています。浅草で声をかけてもらって、今の私はあるのです。流産しかかったときに助けてくれたのも横井さんです。金は要らない、子供を堕ろさないでくれ、と言ってくれた横井さんの真剣な顔が浮かんできます。全て神様に導かれていたのだと思います」

「横井さん…お父さんは高齢になって、今はヘルパーさんのお世話になっています。物忘れや判断力もなくなってきて、おしっこをもらした股引をストーブの上で乾かそうとして焦がしてしまったり、ガスをつけっぱなしにしていたり、たばこの吸い殻をベランダに投げ捨て、ボヤをおこしたり。心配でたまらないので、電磁気の調理器具に変えました。石油ストーブもファンヒーターに変えました」

「時々、家で作ったおかずを持ってお父さんを訪ねます。タンスの上に箱があって、お父さんの写真と線香とローソクが入っていました。『これはワシの墓だよ。死んだらここに線香あげてな』と言われました。不吉な話に思わず『嫌や』と叫びました。身よりのないお父さんを最期まで面倒見るのは私。少しでも長生きしてほしい」

「娘との関係は相変わらずですが、辛いときはじっと祈ることにしています。祈っていたら神様が解決して下さると信じています」

「4年前に特掃（高齢者特別清掃）に登録しました。釜ヶ崎のおじさんたちに混じって、輪番で府内の公園の草刈や掃除の仕事をしています。鎌や熊手などの道具を使って作業するのですが、おじさんたちはみんな親切で、分からないことを教えてくれます。危険な仕事や場所は進んで変わってくれます。優しいおじさんが多いです」

「私は糖尿病で毎日インシュリンの注射を打っているんです。お腹とか太ももに注射しなければなりません。特掃の現場の近くにトイレがあることが第一条件なんです。そういう希望もきいてもらいながら、特掃で働いています」

「釜ヶ崎で医者として働いていた矢島祥子先生が殺されました。先生は特掃から帰ってくるおじさんたちを待って、親切に診察してくれました。私も顔や手の白斑を相談したら『これは身体の中に菌が入っているの。飲み薬で治療しましょう。でもね、少しも恥ずかしがることないのよ』と励ましてくれました」

「祥子先生は夜回りにも参加されて、食べ物を持って行ってあげていました。医者だからと言って威張るところがまったくありませんでした。釜ヶ崎には必要な存在。あの先生が自殺したなんて信じられない。1日も早く犯人がつかまることを祈っています」

「川崎に住むお姉ちゃんとは時々、大阪で会います。祥子先生のことで私も何回かテレビに出て、そのテレビをお姉ちゃんたちが見たよと言ってくれますが、川崎にも釜ヶ崎みたいなところがあって、お姉ちゃんはそこにいる人のことをあまり良く言いません。お姉ちゃんの子供が『お母さん、そんなこと言ったらいけないよ。みんな好き好んでああいう生活してるんじゃないよ』と言ってくれます。親戚に分かってくれる人がいるから、私は幸せなのだと思うようになりました」

「でも親戚の結婚式や法事に私が呼ばれることはないんです。『みっちゃんはお金の段取りも大変だろうから』って。私が障害者で釜ヶ崎にいるということが世間にかっこ悪いんですね。そうとしか思えない」

「長男の子供も施設に入っているのに、それは別。私だけが親戚でのけ者なんです。『お金をいくら出すかは私の勝手。法事や結婚式の連絡だけはして』と言うのですが…。障害があるからって、人にばかにされるのが一番きらい。障害があっても自分で生きていこうという気持ちはあるんです」

「釜ヶ崎のおじさんたちに、私から宗教の話は絶対しません。きかれたら話しますけど押し付けるのは嫌ですから。これまでも牧師さんと一緒に公園や路上でホームレスのおじさんたちに伝道活動をしてきました。沖縄にもホームレスのおじさんたちがいて、牧師さんと一緒に3か月かけて伝道してきました。東京には1

泊でよく行きます。交通費や泊まる所は全部自腹ですよ」

「私の夢は韓国に行ってみたいということ。韓国は教会が多いんです。日本でもおじさんたちが助け合って励まし合って生きているよ、ということを話してあげたい。そして、祈ることで私自身が救われたことを教えてあげたい。釜ヶ崎のおじさんたちに私は元気をもらった。救いを求めている人たちにその恩返しをしたいんです」

159号（2014年2月17日）

そのあと、奇跡が起きた

吉田さん
昭和18年生まれ
61歳
香川県坂出市出身

「両親とも長男長女で農民出身ですが、2人とも農業が嫌で、家を出て玉野市に住むようになりました。ですから私は坂出市出身と言っても玉野で育っています。坂出の町のことはあまり覚えていませんが、神社の近くに映画館があって、入江たか子主演の四谷怪談を見て怖かったのは記憶にありますね。映画館と言っても、昔のストーブが置いてあって、むしろの上に座って観るんですけどね」

「私は5人兄弟の三男ですが、350gで生まれた子とか養子にあげた子もいるし、何度か堕ろしているようですから、ほとんど毎年のように子供を作っていたんだと思います」

「親父は戦争で満州に行ったそうです。3200人行ったうち、帰ってきたのは1人か2人。親父はそのうちの1人だそうですよ。親父は戦争の話になると、戦争どころじゃなかった、腹が減って腹が減って、倉庫目がけて盗みに行く毎日だった。トカゲ、ヘビ、何でも焼いて食ったぞとよく話していましたね。小さいときの母親の記憶は、南京一つ買うのに母が私を背中におぶって一里も歩いたことですね」

「親父は酒飲みで、宇野の駅裏にあった闇市に行っては朝帰りをしていました。金使いが荒くて、給料はほとんど酒代と女遊びに消えていました。母の方は子供を産んだらすぐに稲刈りやイグサ刈りに出ていました」

「親父の仕事は塩田の浜子《はまこ》でした。小学生の頃から私もよく手伝っていました。遠浅の海に粘土で固めた固い土を作って、そうですね、広さは甲子園球場より大きい、向こうの端が見えないくらい。そこに1番から9番までの番号が振ってあって、それぞれ親方がいて、その下に弟子が2、3人いるんです。親父は弟子として働いていました」

「海との間に堤防と水門を作って、満ち潮のときに水門が開くように調節されていて、海水が溝を通って塩田に引き込まれるようになっているんです。塩田にはその溝がいくつもあって、ところどころには大きな溝が掘られている」

「沼井《ぬい》と言うんですが、親父たち浜子は朝3時から沼井の周りに積み上げられた砂を塩田に敷いていくんです。そのあと、大きな熊手で筋を入れて行きます。砂に日をよく当てるためですね」

「その上からひしゃくで海水を振るんですが、海水をくむのも浜子は上手で早いですよ。両足を踏ん張って、ひょいと体を斜めに傾かせて、沼井からリズミカルにくんでいく。くまれた海水は天秤棒で両端につって、目的の場所に運びます。子供の肩では天秤棒が食い込んで、生血がでるほど重くて痛い」

「海水を振るのも、これまた大きなひしゃくで行うんですが、平均にむらなく振るのは難しい。僕らがやるとドスンと海水を落とすだけで、ちっとも広がらない」

「砂の上にばらまかれた海水は日中の天気で蒸発して、塩がふいてきます。午後2時ころ、天気の良いときを見計らって、この砂を鉄の歯のついた木製の大きな板で寄せ集めて沼井に運んでいくんです。これは寄子《よせこ》の仕事ですね。この仕事を一番よく手伝わされました」

「塩田は堅いでしょ。鉄の歯のついた板に柄がついていて、その柄を握って砂を集めていくんですが、沼井のあるところは坂道になっているから、方向転換するときに自分のふくらはぎあたりにうっかりと鉄の歯を当ててしまう。血がポタポタ落ちて、そりゃ痛くてね。生傷が絶えなかったです」

「塩田には番号が振ってあると言ったでしょ。塩は同じ塩田でも場所によって出来具合が違うんですよ。近くに山があったり大きな木があったり煙突があったりすると陰ができるでしょ。太陽の光が十分に当たるところは良い塩ができます。同じ番号の塩でも、その日によって出来がちがう。今日はあんたのとこの塩は良くなかったという話になるんです」

「でもいつの間にか製塩も工業化されて、私が中学を卒業したころには3億円で売られたという話を聞きました。製塩が中止になった後しばらくは、水門を開け放しにしていました。浅い塩田の上や沼井の中には海の魚がたくさん入ってきて、つかみ取りをしたらしいですよ」

「この跡地には西武デパート、警察、うどん屋、魚屋ができて、昔の面影はなくなりましたけどね」

「浜子は給料が良くて、普通の人が1万円の月給をもらっているとき、3万円はもらっていましたね。私のような子供が手伝いに行っても、1時間100円もらえました。でも、親父は私の金もすべて酒と女につぎこんでいましたから、いつも貧乏のどん底でした」

「小学校で遠足があるでしょ。遠足と言えば塩田の近くにある中山という山でした。山の頂上で昼飯なんですが、私はいつもみんなから離れて下の方に降りて隠れて食べました。弁当の中身を見られるのがイヤでね。だって、いつも大根の葉っぱの漬物なんですよ」

「クラスの子はそれを知ってるから上の方から私を呼んで、ポンと卵焼きを投げてよこすんです。かじりかけの卵焼きですよ。ハトや雀にエサをやるのと一緒じゃないですか。屈辱でした」

「小学校3年生の時のことも良く覚えています。算数の時間、問題を出されて、できた生徒から提出して正解だったら帰っていいと言われ、私も終わったから先生のところへ持って行ったんです。そしたら、お前、待っとけと言われたんです」

「私の横の席が学級委員長で、その子より先に提出したから回答を見たんじゃないかと疑ったんですね。私は言い訳もせず黙って待っていました。しばらくして学級委員長が提出した回答が間違っていたんですね。それでやっと信用してくれ、悪かったと謝ってくれました。先生を恨む気持ちより、学級委員長が間違っていて良かったと心の底から思いましたよ。この先生は女の子にいたずらをしたとかでクビになったと、後になって噂で聞きました」

「勉強は国語と算数が好きで、走るのが速かったからリレーの選手に選ばれたりしてうれしかったですが、友達にはいじめられてばかり。あまり良い思い出はありません。バス停でバスを待っていて前の扉が開く。そしたらバスの中に首だけ突っ込んで、奥に乗客が10人くらい乗っていたらそのバスには乗らない。運転手が変な顔をして見ていましたけど、とにかく引っ込み思案でした」

「中学に上がると親父が、学校なんて行かなくていい、それより家の手伝いをせえと怒るんです。母親が病気になって家事ができなくなり、4歳年下の弟の面倒をみたり、ご飯の用意や洗濯をしました」

「そのうち母が宇野の日赤病院に入院することになりました。付き添い代が1日700円かかるからおまえが付き添えと親父に言われました。あの当時の病院は2段ベッドになっていまして、私は上の段に寝て母親の寝巻の洗濯をしたり下の世話をしました」

「そんなですから中学2年の途中から学校へは行っていません。校長先生から、卒業の1週間前だけ学校に来てくれ、そしたら卒業させると言われ、その通りにして一応卒業できました」

「母の病気は血の道の病気ということでしたが、中学を卒業した年にいったん家に連れて帰りました。ミイラのように痩せて寝たきりの状態でしたが、ある日突然起き上がり、気がふれたように火鉢を持ち上げて投げつけたり、急に笑い出したりしました。それから何日かして亡くなりました」

「小学生のときから新聞配達、牛乳配達、塩田の仕事…といろいろ働いてきましたが、給料は全部親父が持って行きました。子供なりに親父の酒代に消えているのが分かるから、つい近所のおばさんに話をするでしょ。すると親父の耳に入って顔色変えて怒り、タンスの隅に押しつけられてどつかれたり、鉄の火ばしでたたかれたりしました」

「中学を卒業してから地元の自転車店に勤めました。他のみんなと同じように並んで給料袋を手渡されるのを待っていると『吉田さん、あんたの分はもう親父さんが10日前にもらいに来てるよ』と言うんです。やっぱりと思いました。何年か働いて、大阪に出たいと言ったら『親父さんに前借りで1万円貸しているから返して欲しい』と言われました。前借りまでしていたのかとあきれかえり、おとなしい私もさすがに社長さんに、それだけちょっと待って下さいと頼みました」

「大阪に出てきてからは造船所に勤めました。奈良のドリームランドを造るのに山を崩す段階から働いています。造船所とドリームランド、どういう関係があるかって?ジャングル船、オショロ丸、竜宮城行きの亀、海賊船。こういう船は造船所で作っていたんですよ」

「大きな船は半完成の状態で、2トン車で山まで運び、現地のドッグで組み立てました。ドリームランドが完成して祝いの日に橋幸夫が来ましてね、僕らも一緒に記念写真を撮りました。わしらも週刊誌に載るぞと言って喜んでいたのですが、発売された雑誌を見ると、ものの見事にカットされていました(笑)。作業着姿のわしらが一緒に載っているわけないわなとみんなで大笑いしましたよ」

「私はこれまで5つの会社で合計24年働いていますから、当然年金はもらえるだろうと思っていたんです。厚生年金のお金は天引きされていましたから、年金もらえるにはあと何年働かなくてはいけないのかなと社会保険事務所に聞きに行ったんです」

「そしたら、ほとんどの会社が保険料を納めてなかったんです。ショックでしたね。だまされたのと同じじゃないですか」

「ここ4~5年、失業続きで野宿するようになりました。結婚はしていませんが自分の子供は欲しかったですね。子供が大好きだから萩之茶屋小学校の近くでずっと野宿していました」

「生徒が登校する前に路上をきれいに掃いて、夏には周囲の雑草を刈り取ってね。毎日やっているから先生や子供たちと顔見知りになるでしょ。子供も先生も、おはようと挨拶してくれる。うれしいですよ。子供たちの顔を見ているだけでこっちも幸せな気分になる」

「ほうきがちびてきて使い物にならなくなって、『すいませんがほうきを買うお金がないんです』と先生に言ったら、すぐに新しいほうきを持ってきてくれました」

「つい最近、突然意識を失って倒れて救急車で病院に運ばれました。2日間意識不明で脳外科病院に2か月入院しました。他の患者が『吉田さん、あんた、霊安室の傍の病室まで下ろされて、危ないとこやったんやで』と教えてくれました。左の脳に血の塊があったと医者に言われました」

「今でも左の頭がズキンズキンと痛みます。とくに雨降りや曇りの日ね。左の首から下、腕の付け根、膝も痛いし、左足の裏にはこぶができてるんです。医者に労働不能と言われ、生活保護の申請をしています。中田さんがいつも付き添って行ってくれるんで助かっています」

「私は子供のとき、ひどい顔面神経痛だったんです。首と顔が曲がる。口が勝手にゆがむし、左目からは自然に涙が出る。意識して、なんとか普通の顔でいようと思っても、意識すればするほど緊張して顔がくしゃくしゃにゆがむんです」

「学校では後ろの席の子に鉛筆で背中をつつかれ、振り向くと私の顔の真似をして笑う。横の席の子も同じように真似をして笑う。母が心配して病院に連れて行きましたが、先生からこの病気は背中の筋からきているから治りませんと言われました」

「引っ込み思案の性格もこの病気のせいだったんでしょうね。学級委員長の答案用紙を見たんじゃないかと先生が疑ったのも、体を斜めにして顔をしょっちゅう動かすから、その動作からカンニングしてると思ったんでしょう」

「左の顔から左の首、肩…と下の方にだんだん強張りと異常をおぼえるようになったときの不安。たまらなかったですよ。みんなに笑われ、いじめられているのに、その上さらに自分一人で何もできなくなるんじゃないかと思うとね。そんな辛さ、不安、みじめさ分かってくれる人も周囲にいない。心の最後の支えであった母までも、病に伏して気がおかしくなってくる」

「ところが母親が死んで2週間ほどしたとき、本当に突然、この顔面神経痛が無くなったんですよ。医者からも治らないと見放されていたのに。信じられませんでした。兄たちは、時期が来たから治ったんや言いましたが、私は死んだ母親が元の体に直してくれたと今でもそう思っています。お母さんが治してくれたんやって」

「自分は運の良い幸せな人間だと人生に感謝しています。こういう話はめったに他人にしませんけど、話し始めると必ず辛かった子供時代思い出して涙が出てきます。そして、今もお母さんに守られているんだと感謝するんですよ」

121号（2004年12月6日）

あの幸せだった時代よ

幸さん
昭和15年生まれ
58歳
東京都品川区出身

「品川区と言っても、私が子どもだった頃は、家の周りは田んぼや畑ばっかりでしたね。父は大工が本職でしたが、左官の仕事もやっていました」

「酒癖の悪い父で、飲んでないときには虫一匹殺さないような小心者なのに、酔うと家の外でも内でも大暴れですわ。ちゃぶ台はひっくり返す、障子は蹴破る。私は6人兄弟の4番目で二男ですが、兄や姉は父の酒が始まると家の外へ逃げ出しましたよ」

「大工仕事は、仕事があるときと無いときの収入の差が激しいのですが、母は明るくて、やりくり上手な女性でした。でも、全体的には貧しい生活でしたね」

「兄や姉は高校を卒業すると、父から逃れるように寮のある大学に入学して家を出ていきました。頑張り屋で勉強もよくできましたけどね」

「父は私が高校生のときに脳卒中で亡くなりました。晩年は酒びたり。朝から飲んでいましたから、満足な仕事ができるわけありません。苦情が入って、それが原因でまた飲む。この繰り返しでしたから、体もボロボロだったと思います」

「父が亡くなって、正直言ってホッとしました。これでやっと、夜ぐっすり眠れるって。父の死をきっかけに、高校を中退しました。私の下には弟と妹がいまして、母が経済的に大変だろうという気持ちと、勉強があまり好きでないということからです」

「自分で勤め先をみつけて、神田にある特許事務所に勤務しました。従業員が50〜60人くらいの会社で、新案があるとすでに特許申請されていないか、資料を調べる仕事ですね。本とにらめっこの毎日が楽しかったです」

「でも大学卒が次々に入社してくるでしょう。後輩に偉そうにされるのがだんだん嫌になって、25歳のとき辞めました。会社の慰安旅行で関西に行ったことがあり、京都や大阪に魅かれていましたから、迷わず大阪に出てきました」

「アパートを借りて、新聞広告で仕事を探し、会社への面接を始めたのですが、地元に身元保証人がいないでしょう。言葉も関東弁ですしね。会社が全然相手にしてくれないんです」

「仕方ないので会社はあきらめて、土木作業の仕事に就くことになりました。3年ほどして結婚しました。嫁さんはしっかり者で陽気な女性で、食堂の店員をしていました」

「生まれたばかりの娘と文化住宅での生活が始まりました。娘が小学校に上がった頃ですね、妻が『世間体もあるから、会社勤めをして欲しい』と言いだしたんです」

「嫁さんの実家が保証人になって、運輸会社に営業事務として就職しました。大手電気メーカーの製品をコンテナに積むのが会社の主な業務でして、私の仕事は船が出るたびに、出張で来ている検数会社に容積を計算してコンテナの中に何個積めるかの見積もりの送り状を作成することでした」

「従業員20名の小さな会社でしたが、取り扱う製品が大手メーカーでしたから、業績は安定していましたね。やりがいのある仕事で、私は十分満足して毎日幸せに暮らしていましたが、50歳で定年退職となりました」

「定年と言っても大学出や高卒でしたら60才過ぎても働いていましたから、形だけの定年ですね。私と同様の中卒で、コツコツと働いていて、大卒の何も仕事が分からない新入社員に、手取り足取り仕事を教えていた同僚が50歳になるやクビを切られていましたから、『次は自分の番やな』と覚悟はしていましたけどね」

「社長に『退職は、希望退職ということにして欲しい』と言われまして、別に深くも考えず、『分かりました』と答えましたが、希望退職か解雇かで、失業保険の支払いも違うということは後で知りました」

「会社の思惑どおり、体よくクビを切られたなという感じです。この2年前に前社長が急死して、息子が若社長となったわけですが、人件費削減のために、古くから勤めている、あまり将来性のない者を辞めさせていく方針だったのでしょう。ここでも学歴社会の非情さを感じました」

「退職金200万円と失業保険で生活しながら仕事探しを始めましたが、無いんですね。妻と子どもを養っていけるだけの給料をもらえる会社って。1年契約の嘱託で給料が12～13万。社会保険を引かれたら手取り10万」

「自分1人の生活でしたらこれでもやっていけますけど、家族は養えません。妻も働きに出ると言ってスーパーの売り場に立ちましたが、1日中、立ち仕事でしょう。帰宅すると足がパンパンにむくんで、毎日のように医者通いで医者代の出費の方が多くなるんです」

「『おまえ、ちょっと、やめとけ』と言わざるを得ないんです。私はフォークリフトの免許は持っていましたが、それくらいじゃ何の役にもたちません。たちまち、生活に窮することになりまして、妻と子どもは山口県の実家にとりあえず帰ることになったんです」

「私一人で身軽になって、とにかく家族を養える仕事をみつけようと思いました。フォークリフトの免許を活用して、作業員宿舎に入ってまとまった金をつくろうと思ったのですが、これがまた、思うように金がたまらない。それどころか、借金が増えるだけですわ」

「仕事が少ないから、何日に1回の割でしか、仕事の順番が回ってこない。作業員宿舎で生活している限りは、たとえ、その日仕事にありつけなくても、1日の食事代3000円は払わなければならんでしょう。気がついてみたら、借金だけが膨らんでいる。逃げるようにしてそこを出ざるを得ませんでした」

「ここ2、3年、現金仕事もままならない。妻や子どもに仕送りどころじゃなくて、自分から離婚を申し入れました。妻は『山口に住んで、こちらで仕事を探して』と言ってくれましたが、どんどん年がいくばかりで、家族を養うだけの収入を得る自信がありませんでした。嫁さん、子どもも養えないなんて、男の沽券《こけん》にかかわることです。離婚には娘も反対しましたが、無責任な自分をどうしても許すことができなかった」

「その後は野宿生活が多いですね。更生相談所にも生活の相談に行きましたよ。『野宿生活で体のあちこちが悪いんで、生活保護をして下さい』と。でも『あかん』の一言ですわ。若い担当者が『あんたよりもっと悪い人がたくさんいるし、年寄りもたくさんいる。兄弟と連絡とって、面倒みてもらいなさい』と偉そうに言うんです」

「兄たちも60歳過ぎて、所帯もあって、とても、そんな老人たちに面倒みてくれなんて言えませんよ。二度と更生相談所には行くまいと思いました」

「母は15年前に亡くなりました。単身、大阪に出てきて土木建設会社に勤めていたころは、『お金あるの？大丈夫？』と心配して、よく手紙や電話をくれました。会社に勤めるようになってからは、盆、正月には母に仕送りできるようになりましたけどね。母は長男家族と、品川の実家で余生を幸せに暮らしたようです」

「今の私の夢ですか。とにかく、働きたいですね。炊き出しの列に並んでいて小林さんに声をかけられ、炊き出しを手伝うようになりましたが、どんな仕事でもいい、働いて収入を得たいです」

「結婚して子どももできたころ、大きな水槽を買いました。ピラニアやアゴアナなどの熱帯魚を育てるのが楽しみでした。仕事もやりがいがあったし、希望に燃えていた時代です。妻は底抜けに明るい性格でしたが、私は暗い方。スザーナのステレオを聴きながら、ゆったりと泳ぐ魚たちを眺めていると気持ちが安らぎました。」

「仕事に就けてアパートを借りることができたら、熱帯魚を飼いたいですね。稚魚から成長させていくのに水温に気を配ったり、エサを選んだり、水槽の掃除をしたり…。そんなふうに、手を惜しみなくかけてやることに張り合いを感じてきました。熱帯魚は一番幸せだった時代を思い起こさせます。妻や娘に会いたいですよ。会える日が来るんでしょうか」

85号（1998年6月1日）

人間はなんで生きていると思う？

小椋さん
昭和29年生まれ
56歳
鳥取県三朝町出身

「家の裏は人形峠で、ウランの採掘が行われていました。ウラン鉱山のある町は栄えて裕福でしたね。僕らの町でもウランが出るんじゃないかと、僕が小学校1年生の頃からボーリングしていましたが、結局出なかったようです。九州からたくさんの作業員さんが働きに来ていて、僕の家でも5〜6人泊めていました」

「親父は山仕事をしたり鉱山で働いたり出稼ぎに行ったりで、僕が中学卒業する頃には家に戻ってこなくなりました。お母さんは鉱山の作業員宿舎で調理。お母さんも作業員宿舎に住み込みでしたから、ほとんど家にいませんでした。僕と妹はおじいちゃん、おばあちゃんに育てられたようなものです」

「おじいちゃんの話によると、家の先祖は山から山へ良い木を探して集団で移動していく木地師だったそうです。木地師の始祖は惟喬親王《これたかしんのう》で琵琶湖の蛭谷に政所があって、木地師のお札を持っていると全国どこの山の木を切っても天下ごめんだということでした。小椋という姓は山の中にしかない、とききました」

「けやきの木の根っこを採ってきて池の水に10年くらいつけると、柔らかいところは腐ってみんな取れていく。それを池から出して火鉢をつくる。直径80センチくらいの大きな火鉢を作って売るんです。『ケヤキの木は磨けば磨くほどきれいに木目が出て値打ちが上がるんや』とおじいちゃんはそんな話をしてくれました。おじいちゃんは臼も作っていましたね」

「冬の間は炭焼きとムシロやカマス作り。春は米、ハクサイ、豆などの畑仕事。3年に一度は五右衛門釜で大豆を茹《ゆ》でて味噌も作っていました。小指でつぶれるくらいまで豆を柔らかく茹でて、米麹と塩を入れて作ります。『旨くなるのは3年目や』と教えてくれたのはおばあちゃん」

「小学校は分校で、5年生になったらバスで20分くらいの本校に通いました。学校が終わると近くの川でヤマメ、イワナ、ドロバエ、ウグイを獲りました。夕方、腹が減ってきたら獲った魚を焼いて食べてね。家に帰るのが嫌だったんですよ。お母さんもおばあちゃんも理詰めで説教するから逃げ場がなくて」

「宿題をやってないと学校で残されるでしょ。宿題終えてから帰りなさいと。他の子は夕方遅くなってくると当直の先生に『帰らしてくれ』と泣き出すのに、僕は時間を気にしない。当直の先生の方が『もう帰りなさい』というまで帰らないいんです。最終バスでも帰ってこない僕を心配して、おばあちゃんとお母さんが歩いて迎えに来ました」

「お母さんは参観日のとき校長先生に『あなたの子供は特殊な子供だ』と言われて涙が出たと言っていました。僕は小さいときから自分の気持ちを曲げない頑固なところがありました」

「中学でも問題の多い生徒と思われていました。すぐ家出するんです。3年生のときには仲のいい下級生と2人で九州に行こうとしました。九州は暖かくて生活しやすいだろうなと思ったんです。お母さんの財布からお金を盗って、島根まで行ったところで警察に保護されました。このときもお母さんに泣かれました」

「学校ではゆっくり考えることができる授業は好きでしたが、計算問題みたいに早くしなければならない教科は苦手でした。体育は得意で成績は5でした。自分のことを理解してくれる先生は好きでしたが、だからと言って自分だけひいきする先生はきらいでした」

「中学を卒業すると親戚の叔父さんが専務をしている東大阪市の工場で働きました。松下電器の下請けで、自動車やミシンの部品を作る会社です。当時は金の卵と言われていた時代で、沖縄や九州から出てきた人がほとんどでした。従業員は100人くらい。仕事は忙しかったです。定時制高校に通っていましたが、仕事を終えてから勉強するのがしんどくなって2年生のとき辞めてしまいました」

「僕ら15～16才の子に仕事を教えるには時間と手間がかかるでしょ。工場では現場の責任者に『お前らなんかにさせんでも、下請けにさせた方が安くつくんや』とよく怒られました。その話を社長にすると『自分の会社を育てていかねばならない。人材を育てていかねばならない。それが経営者の使命なんや』と経営者の立場で僕の疑問や悩みに答えてくれました」

「そのうちおじいちゃんが亡くなりました。ちょうどその頃、小学校の分校が廃校になって、そこにも工場ができたので転職することにしました。お父さんは行方不明、お母さんも家を出て行ってしまった。家にはおばあちゃんと高校2年生の妹だけになったからです」

「田舎ですから、働いているのは僕の親父くらいの年代ばかり。僕が一番年下でした。『若い者は都会に出て車買ったりして楽しく暮らしているというのに、長男は大変やな』と同情してくれ、飲みに誘ってもらうことが多くなりました。酒を飲むようになったのはそれからですね」

「21歳のとき、おばあちゃんが交通事故で亡くなりました。バスから降りてすぐに道路を横断しようとしてタクシーにはねられたんです。保険会社から1000万円の金が出て、それの取り分をめぐってまた争いになりました」

「親父は行方不明だから死んだことにして妹と2人で半分。僕は4分の1ということになったのですが、おばあちゃんの兄弟は『お前は家の長男だし家も守ってきたのだからお前が全部もらって親父の兄弟には50万ずつでも出しておけば良い』というのです。ところが親父の兄弟は『法律があるのだから法律どおりにする』と譲らない。僕は年が一番下だから言いたいことも言えないし、板ばさみになってどうしていいか分からなくなりました」

「解決のつかない問題につきあたると酒に逃げ、親戚同士の争いごとに嫌気がさして田舎を飛び出しました」

「大阪に出て新聞広告で見つけた運送会社で大型トラックの助手として働きました。西濃運輸の下請けで夜専門。夕方5時に積み込んで夜10時出発、東京に朝6時到着です。トイレ休憩以外走りっぱなし。都内で荷を降ろし終わるのが朝8時ごろ。次の積み込み場所の近くで酒を一杯飲んで仮眠。午後3時に起きて午後5時に積み込み場所へ行き、夜10時出発。大阪に朝6時到着です。これを1週間続ける。人間のやることではないですよ」

「『後ろで寝とけ、そこなら安全やから』と運転手に言われますが、居眠りでジグザグ運転してるのが分かるから寝られたもんじゃない（笑）。命がけです。それでも感心するのは、明らかに目は開いているけど神経は寝ていると分かるときでも、前の車のブレーキランプがつくと勝手に体が反応してブレーキを踏む。

もっともこれができるのは10年選手ですけどね」

「とにかく月曜日が一番怖い。若い子は日曜日に一週間分思いっきり遊んで、もうろうとした頭で『配車、どこですねん？』と行きますからね。月曜日に休むと安い運賃のところへ回されますから無理をしてでも出勤するんです。大事故を起こす原因ですね」

「25歳のとき米子の自衛隊に入りました。自衛隊は階級社会ですから上官の命令には絶対服従。18歳の子に命令され、あごで使われるんです。まだ若かったからプライドも高くて、あれが精神的に一番きつかったです。4年間勤め、最後の年には中隊長に認められて師団長から個人的にネクタイピンをもらいました。それ以降は誰も僕に対して何も言わなくなりましたけどね」

「給料はあるし寝る所もある。だけど、ただ上官に命令されるだけで一生を終わるのかなぁと虚しくなってきました。こんなことでいいのかなぁと罪悪感さえ覚えるようになった。自分の体を鍛えるだけで、何かの役に立っているという実感がない。戦争があって、日本の国を守っているという使命感があったら、多分ずっと自衛隊に残っていたと思います」

「虚しさを酒で紛らわすようになって、いつの間にか借金漬けになっていました。お金になるような仕事はないかと知り合いに相談したら、紹介されたのが整理屋の仕事」

「1階はラウンジ、2階3階は身内でやっている会社。裁判所と法務局、警察を回る生活でした。1階のラウンジで世間話しながら会社を経営している人の情報を拾って言葉巧みに金を引き出す。法律はあるけれど法律は無いという世界ですね。巧妙なやり口に空恐ろしさと嫌気がさして1年足らずで辞めました」

「40歳の頃から放浪の旅に出るようになりました。17歳のとき、僕の疑問に何でも答えてくれる21歳の職場の先輩がいました。いろんな話をしました。鬱屈《うっくつ》した僕の心を理解してくれるただ一人の人でした。その先輩がある日『人間はなんで生きていると思う？』と僕に尋ねたんです。僕はその答えをずっと考えていました。僕のホームレス人生はその答えを見つけることとでした」

「枚方の橋の下で生活しているとき、マンションのゴミ置場に日本の名著という本が束ねて捨てられていました。聖徳太子、源信、永井荷風、西田幾多郎。僕は片っ端からその本を読みました。難しくて理解できない文が多かったけれど必死に読みました」

「善とは何か、それは真の自己を知ること。またソクラテスが『人間はただ生きるのではなく、よく生きることが大切だ』と言ったことなどを知って、私なりに生きていくことの回答が見出せるんじゃないかと思ったものです」

「枚方の橋の下で、おじいさんと知り合いになりました。田んぼと畑の持ち主で、川から水をくんだり畑の手伝いをしながらおじいさんの話をききました。若い頃は浄水場の公務員をしていたというそのおじいさんは、法華経の世話役をしているとのことで、いろんな哲学の話をしました」

「99年の4月、世紀の変わり目には富士山に登ろうと静岡に向かいました。大井川から赤石山脈に登りましたが、いざとなるとなかなか死ねるものではない。牧の原の川原で野宿しているとき、川でお茶を入れる袋を洗っているおばあさんと知り合いになりました」

「カヤや草を刈ってお茶畑の肥やしにするため根元に置いていく。僕は川原のカヤを刈るのを手伝いました。おばあさんには中学生の孫がいて、インタビューを受けました。いろんなことをきかれまして、僕は最後に『生きていて、どうしようもなくなったら西田幾多郎の本を読んだら、何か分かるかも知れないよ』と言いました」

「東海からびわ湖を経て、今度は四国に渡りました。生口島、伯方島、大島、今治、西条と歩き、西条で川原に野宿しました。ちょうどその年は台風が10個くらい来て、その被害で新居浜では4人が亡くなったんです。ボランティアで復旧工事を手伝いながら1年ほど生活しました」

「そのあとは行者の真似をして香園寺の奥の院で滝に打たれる修行をしました。12月10日から1月末まで毎朝、滝に打たれて般若心経を唱えました」

「川之江の川原で野宿しているとき、10メートル先もぼやけて見えなくなりました。見えなくなれば食料を探すこともできない。断食を続ければ死ねると思いました。『願わくば花の下にて春死なん』という西行の歌がふっと脳裏に浮かびました」

「公園に水をくみに行ったとき警察の職務質問を受け、母親から捜索願いが出ていることを知らされました。坐骨神経痛で歩くことも困難なお母さんが、再婚した親父さんと一緒に迎えにきました」

「お母さんの顔を見たとたん、これまでのお母さんへの恨み、怒りを思い出し『迎えになんか来なくていい。頼ろうなんて思っていない』とお母さんの髪を引っぱって叫びました。警察も親父さんもびっくりして止めに入ったくらいです。白内障の手術を受けて目が見えるようになると、すぐにお母さんの家を出ました」

「木津川のほとりで野宿しているとき巡回相談員に声をかけられ、自立支援センターに入りました。その後、舞洲自立支援センターに送られました。今はアパートで生活保護を受けています」

「物心ついた頃から、おばあちゃんとお母さんはうまくいってなかった。どっちも気が強くて折れることをしない。お互い悪口を言い合い、親父は間に入って悩んでいたんだと思います。おじいちゃんも親父も手におえない。親父が家を出て行ったのもそれが原因でした。僕が幼い頃から家出を繰り返す問題児だったのも家の中がいつもギスギスしていたからです」

「妹が高校2年の時、お母さんは僕に『家を出てもいい?』とききました。僕の返事をきいてお母さんは家を出て再婚しました。僕は妹の学費を出し、おばあちゃんの農作業を手伝ってきました。長男として当然のことだと思っています」

「でも、おばあちゃんの保険金をめぐって、またもや争いごとがおきた。もめごとの原因は僕。僕がいなくなったらもめないだろうと思いました。二度と実家に帰らないつもりで家を出ました。人の邪魔になってまで生きていくことない」

「長男なんてこりごり、どうせ自分も結婚したら同じようになる。結婚なんて絶対しない。自分の子どもは作らない。そう思って生きてきました。自殺はずっと考えていました」

「でも、今となったら済んでしまったこと。ときどき、お母さんの顔を見に実家に帰っています。お母さんは僕が香園寺で修行していたときの白衣《びゃくえ》をお守りのように家に飾っているんです」

「白衣には僕が創った俳句『白滝の生死《しょうじ》をこえる寒行《かんのぎょう》』が和尚さんの手によって記されています。老子は自然に任せなさいと説きました。この世に縁があって生きている。お母さんとの縁もその一つ。後から来る人に、自分の経験してきたいろんなことを教えてあげることで、その人にとって少しでもよりよい生き方ができるならと願っています」

「水は一番低いところに居て一番大切なもの、と説いたのも老子。人間ぎりぎりになったとき、一番大切なものが分かる。苦しんだからこそ苦しい人の気持ちが分かる。今朝も四天王寺で般若心経を唱えてきました。僕の日課です」

144号（2010年3月5日）

人生もう一度やり直せるかも

佐藤さん
昭和 49 年生まれ
37 歳
大阪市出身

「生まれは大阪ですが物心ついたときには東京にいました。親父は今原発で騒がられている福島県で漁師をしていたそうですが、結婚後は建築の仕事に変わっています。母は親父とお見合いで一緒になったそうです」

「私は東京の墨田区で育ちました。姉との2人兄弟です。親父は月に一度家に帰ってくる程度でした。子供の時はあまりよく分かりませんでしたが、家の外に女の人がいたようです。油脂工場に勤める母は朝9時に工場に出勤し、午後4時過ぎに帰宅すると今度は清掃の仕事に出かけ、帰ってくるのは午前様でした」

「両親ともに怖かった。箸の持ち方一つでも叱られました。宿題をやってないことが分かると母に木の物差しで太ももを思い切りたたかれ、物差しが割れてしまったこともあります。母はそれをセロテープでぐるぐるに巻いて使っていました。たたかれた太ももは、みみずばれになった後に青あざに変わって、半ズボンだった私は隠すこともできず恥ずかしかったものです。躾けというよりは虐待だったと思います」

「小学校に上がる前、葛飾区に引っ越しました。痩せていじめられっ子だったので強くなりたいと思いました。小学校3年から少林寺拳法を習い、けんかに使ってはいけないと言われていましたが、けんかをふっかけられたら先生の教えを忘れましたね」

「両親の仲はずっと悪かった。母の私への暴力は相変わらずでしたが、親父が蒸発してからは家でも酒を飲むようになりました。ある日、知らない男の人と家で酒を飲んでいるのを見てしまいました。会社の同僚だと説明していましたが、たとえ蒸発したとはいえ、父がいるのに他の男の人と付き合っている母を許せなかった。姉が家出して番長風を吹かすようになったのも、その頃からです」

「強くなりたいという思いは、けんか相手に対してだけではなく、親に対してでもあったんですね。体力的に親を超すようになった頃、母の虐待はやみました。でもこの家には自分の居場所がないという気持ちに変わりはなかった。昼間からでも酒を飲んでからんでくる母が嫌で、平日も朝5時には家を出て、土日は一日中家にいませんでした。母をお母さんと呼んだことは一度もありません。『あんた』と呼んでいました。夜はヘッドホンで音楽を聴いて、自分の世界に閉じこもりました」

「中学を卒業すると1年制の調理師専門学校に入学しました。姉は都立の商業高校に通っていましたし、お金が要ったと思います。私達の学費は母が保険を解約したり、借金したりして捻出していたようです。そういう事情は分かっていても早く家を出たかった。職場は自分で探して弁当屋に決めました。1年で貯金がたまり17歳のとき実家の近くにアパートを借りました」

「うれしかったですね。入社して1か月で正社員になりました。社長は私より一回り上で、弁当屋、ラーメン屋などいくつかの店舗を経営していました。この社長にはずいぶんとかわいがってもらいました。午後3時から終電まで働いて、片付けが終わった頃に社長から電話が入るんです。今から飲みにいくぞ、飯食いに行くぞという誘いです」

「飲みに行っても私はすぐに仕事の話をする。『めんたいのり弁ってのは、どうでしょうか。温かいご飯にめんたいこを敷いてその上に海苔を置くんですよ、絶対おいしい、売れると思いますよ』『そんなの売れるはずねえだろ、だめだ』『なんでダメなんですか。期間限定でやらせた下さいよ』。ああでもない、こうでもないと議論が始まる。めんたいこを弁当に使うなんて、当時はなかなか受け入れてもらえないメニューだったんですね」

「『とんかつ弁当も注文を聞いてからその場でパン粉をつけて揚げた方が食感がいい』『忙しい時間帯にそんなことやってられない。無理だ』『どうしてですか、やってみないと分からないでしょ』とかね。『社長、給料上げて下さい』なんて直談判もやった。『俺にかみついてくるのはおまえだけだ。おまえは俺の若い頃にそっくりだ』と言われました。ふざけて社長にボクシングの格好で横っ腹を殴ったりすることも平気でやりましたから、怖いもの知らずでした。他の社員から嫉妬されましたね」

「仕事に一生懸命だったんですね。社長に『今日は仕事の話は抜きだぞ』とよく言われたものです。当時はポケベルから携帯電話に変わる時代で、社長から『おまえはいつもどこにいるか分からんから、これを持て』とその頃はまだ高価だった携帯電話を持たされました。『若い時に思いっきり遊んでおけ』とキャバクラ、ギャンブル、パチンコとあらゆる遊びを教えてもらいました。でも遊びの方は22歳の頃ピタッとやめました。あきてしまったんです」

「20歳のときラーメン店の店長を任されました。体を動かすことは好きでしたが、今度は頭を使わなくてはならない。10人の従業員のシフトを決める、給料計算、売上、食材費の原価計算…と慣れない作業にストレスがたまりましたが、それもまた充実した忙しさでした」

「『ベースは取っ払って、おまえの好きなようにやれ』と社長に言われ、本を読んだり、食べ歩きをして研究しました。これは良いと思った盛り付けやメニューは頭にインプットしておいて、自分の店でそれをアレンジした。おろしニンニクを各テーブルに置いて、客が好みで自由に使えるようにしました」

「スープは奥が深い。毎日試行錯誤でしたね。『スープは生き物』だということがよく分かりました。天候によって火加減によって変わる。透明な透き通ったスープを作るため、毎日火加減とのにらめっこでした」

「26歳のときインターネットで知り合った大阪の看護学生とつきあうようになりました。彼女は20歳でした。月一度の遠距離交際では我慢できなくて私が大阪に住むことを決めました。辞めるという私に社長は『おまえはこうと決めたら止まらない男だからな』と言い、反対はしませんでした」

「大阪では運送会社に勤めました。日雇派遣で見つけた職場ですが、そこの上司が私を気に入ってくれ、直で雇ってくれましたから収入は安定していました」

「彼女と一緒に生活を始めると、最初のうちは気にならなかったことがいろいろと目につくようになる。ほんとに些細なことなんですよ。納豆にラップをしないまま冷蔵庫に入れる彼女。『臭いがつくだろ』『それくらいええやん』とかね。私は何事もきっちりしないと気がすまない性分なんです。部屋の隅のゴミ、台所の油、魚焼き器の生臭い臭い…。小さい時から家の掃除は隅から隅までやっていたし、整理整頓されていない部屋が苦痛でしたからすぐ片付ける。彼女との衝突が続きました」

「けんかすると頭を冷やすためによく家を出ました。夜遅くにけんかしたときは『おまえは家にいろ』と言って、私が外に出て頭冷やすことになる。いくらけんかしていても女の子を外に出すわけにはいきませんからね」

「一度は米原まで歩いたことがあります。東京に行こうと思ったんです。丸1日歩いて、明け方、米原駅前のベンチにぐったりと寝ていたら警官が来ました。どうしてこんなところで寝ているのかと聞かれ、事情を話すと『東京に行くなら金を貸さないが、大阪に戻るのなら電車賃を貸す』というんです。結局大阪に戻りました」

「どうしても彼女を束縛してしまう。自分は結婚には向いていないなとつくづく思いました。一人の生活の方が楽だと思った。5年間、一緒に生活しましたが別れることにしました」

「32歳のとき東京に戻りました。人材派遣会社の仕事で貯金をため、ラーメン店に就職しました。店長から店の鍵も預かるようになり再出発が始まったんです。ところがある日定時の午前9時に出勤したら、店に何も無い。店長は朝4時に店を閉めて自宅に帰っていますからわずか数時間のうちの出来事です。駆けつけた店長、従業員らと一緒にぼうぜんとただずみました。社長が夜逃げしたんですね。今から2年前のことです」

「この頃になるとグッドウィルも無くなっていて、他の人材派遣会社に登録しましたがたちまち生活に困るようになりました。砂糖水とイトーヨーカドーの試食で飢えを満たし、家賃を2か月滞納しました」

「ラーメン店の倒産はかなりショックでした。生活不安も重なって眠れない日が続きました。大阪の運送会社の元上司に『区役所で相談してごらん』と言われました」

「葛飾区役所で生活保護を受けながら飲食店関係の面接を次々と受けましたがすべて不合格。40件くらい受けましたね。焦りと不安でますます精神状態がおかしくなった。眠れないから酒を飲む。毎日飲んだくれる生活になりました。心療内科を受診するとうつと診断されました。苦しくなると元上司に電話しました。『とりあえず酒をやめろ』と何度も忠告してくれました。話を聞いてくれる相手が欲しかった」

「近くに相談できる人がいなかった。医者もケースワーカーも自分の胸の内の苦しさを分かってもらえる対象ではなかった。話を聞いてくれる元上司だけが頼りでした。34歳の9月、何もかも捨てて、元上司の住む大阪に出てきました」

「保護費の残りがあったので、西成の簡易宿泊所に泊まって仕事を探しました。でも仕事が見つからない。最初は1週間分の前払いで簡易宿泊所に泊まっていましたが、残金が少なくなると1日1日の支払いに変えました。食事も弁当からカップラーメンに変えました。ハローワーク、求人誌、新聞とあらゆるものを探しました」

「求人紹介をするジョブカフェというのが天満橋にあると知って、電車賃が無いので簡易宿泊所から歩いて通いました。履歴書の住所を書くのに困りました。簡易宿泊所ということが分らないように部屋番号は書きませんでしたが、地名で分かってしまうのでしょうか、採用されるところは1件もありませんでした」

「10月の末、いよいよお金が無くなって簡易宿泊所を出ることになりました。ジョブカフェは無料でお茶、麦茶、白湯が飲めるので、その近くの橋のたもとで野宿しました。その頃は携帯電話がまだ生きていたので、元上司が大東市から食糧やパンを運んでくれました。新品のヨットパーカーも持って来てくれました。

「野宿していた天満橋の近くでは京阪モールが光の祭典をやっていました。にぎやかで明るい光景が嫌だった。簡易宿泊所に泊まっていても就職できなかったのに、野宿で住所が無ければ就職できるはずない。すべてのことがどうでもよくなって、何かをするという気力がわいてきませんでした」

「元上司が『飯食いに行こう』と誘ってくれました。『このままでは凍死するぞ。どこかに相談に行きなさい』と言ってくれました。毎日通うジョブカフェの5階で相談を受け付けていることを知って、そこで相談したら中央区役所に行くようアドバイスされました」

「巡回相談員の面接を受けて三徳寮に入れてもらい、そこから舞洲の自立支援センターに送られました。三徳寮で食事をして風呂に入った瞬間、『これでなんとか生きていける』と思いました。でも誰とも話をしたくなかった。友達は作りませんでした。いつも一人で行動していました」

「居宅保護が決まって仕事探しを始めたのですが、やっぱり仕事が見つからない。ケースワーカーに『飲食店関係とは違う職種も探してみたらどうですか』と言われ、銭湯の清掃の仕事に応募しました。ところが競争率20倍。求職活動をどんなにやっても採用されない。同じように生活保護を受けている仲間の人たちから『だれそれさんが保護を打ち切られた』という話を聞かされ、さらに焦りました」

「去年の5月頃からまた眠れなくなりました。近くの精神科に通いましたが医者はあまり私の話を聞いてくれない。『眠れないならもっと体を動かしなさい、もっと外へ出なさい』というだけ。『なんで僕の話を聞いてもらえないのですか』と思わず訴えたら『医者を変えてもらっていいよ』と素っ気なく言われました。違うクリニックを探してそこに通院しましたが、そこの医者も病状を問い合わせてきたケースワーカーに『普通に働けますよ』と答えています」

「誰にも自分の気持ちを分かってもらえない。部屋に閉じこもる生活が続きました。楽になりたかった。10月、市販の睡眠導入剤を180錠飲んで自殺を図りました。救急車で運ばれ、胃洗浄のために鼻から入れられたゼリー状のものが痛苦しかったことだけ覚えています」

「舞洲の仲間が助けてくれたのです。外へ出るのが怖い。夕暮れ時になると孤独感に襲われる。夜になると涙が止まらない。電車に乗ったり、人ごみに出ると過呼吸になる。生活保護を切られたら、また橋の下での生活が始まるのだろうか。そう思うと不安から抜け出せませんでした」

「クリニックの先生から処方してもらった睡眠薬を飲むと必ずおもらしをする。自尊心までずたずたにされる思いでした。稲垣さんに相談したいけれど獄中。女性の梅澤さんには恥ずかしくて言えない。舞洲の仲間に迷惑をかけたくない…」

「クリニックの先生が『普通ですよ、働けます』と診断しているのですから、引きこもりたい気持ちにむち打って就職活動を続けました。面接しても受からない。どんどん気持ちが落ち込んで行く」

「一人で大晦日の紅白歌合戦を見て、除夜の鐘がテレビに映し出されると孤独感ともの悲しさが急激に襲ってきました。クリニックで処方してもらって飲まずにためていた睡眠薬を一気に飲みました。もうろうとした頭で舞洲の仲間に電話していたんですね」

「普段は二重に鍵をかけているのに、その日は鍵をかけていなかった。死にたいという気持ちと助けて欲しいという気持ちが入り混じっていたのだと思います。電話の様子がおかしいと感じた仲間がすぐに部屋に駆けつけてくれたようです」

「出所した稲垣さんも駆けつけてくれました。稲垣さんから荒川先生を紹介してもらい、通院することになりました。先生はじっくりと私の話を聞いてくれました。クリニックで処方された薬の名前を知ると『随分と強い薬を飲んでいたんですね。おもらしをするのは当然ですよ』と言いました。そして『焦ってはいけません。この病気に焦りは禁物ですよ』と静かな口調で言ってくれました」

「できちゃった婚で男の子を生んだ姉は、酒乱の夫とすぐに離婚しました。母親と同居して働きながら子育てをしていた姉は、母とうまくやっていけなかったんですね。そのうっぷんを子供に向けるようになりました」

「子供の背中にみみずばれができているのを学校の先生がみつけたのでしょうか、結局子供は施設に預けられた。その甥っ子が小学校4年生の頃、施設に面会に行ったことがあります。『ぼくのお母さんは一人しかいない。お母さんに会いたい』と泣いていました。どんなに虐待されてもお母さんを憎んではいない、それどころかお母さんを叱らないで、と訴えるのです」

「まじめで成績の良かった姉の夢は警察官になることでした。もし普通の家庭環境だったら、私も姉も違う人生があったかもしれない。私も姉も甘える場所が無かったんですね。もちろん母もまた、夫を信じられなくなって寂しく辛い思いを子供に向けていたのかもしれません」

「遠距離交際に我慢ができなくなって、ラーメン店の店長の職を投げ打って大阪に出てきたときが私の人生の分岐点でしょうか。でも自分で選んだ人生です。後悔はしていません」
「長渕剛の歌が好きでした。人生もう一度やり直せるかもしれない、そう自分を励ましてくれる歌でした。追いつめられて、何もかもが終わりだと思ったとき、彼の歌に何度も助けられました。もう少し体力もついて荒川先生から『仕事をしてもいいよ』と言われたら、フォークリフトの免許を取りたいと思っています。自分ひとりが生活できる収入を早く自分の体で稼ぎたいのです」

151号（2011年11月25日）

瀬戸大橋建設に従事する

高橋さん
昭和18年生まれ
70歳
大阪市出身

「生まれは大正区千島ですが、すぐに泉南郡阪南町に引っ越しています。歩いて5分で海、反対向きに10分で山。農業と漁業の町です。6人兄弟の4番目で二男。僕と一回り上の兄貴以外はみんな女です」

「親父は港南造船の職長で漁船をつくる船大工でしたが、昭和19年の空襲で造船所は焼けてしまい、いっぺんで生活が苦しくなったそうです」

「B29が家すれすれに通った。焼夷弾が草むらに落ちて、海岸べりの松の木や漁船が炎をあげて燃えた。不思議なことに2歳の頃のその光景を覚えているんですよ。よっぽど怖かったんでしょうね」

「職場を失った親父は戦後、若い人を2~3人使って、木造の漁船を作っていました。発注された漁船を完成させても代金をもらえないことがあったようです。漁師も貧乏。網を作る材料も無い時代です。体よくだまされただけなのに、これでこらえてくれと魚をぶら下げて来られたら、口下手でおとなしくて、人の良い親父はそれ以上何も言えなかったようです」

「3歳下の妹が生まれた頃、おふくろは結核になって、寝たり起きたりの生活になりました。妹は口減らしのため兵庫県養父市にあるおふくろの実家に預けられました。生活が苦しいなら子どもつくらんかったら良いのに、と親戚が陰口たたいているのを聞きました。お母さん子だった僕は、お母さんが悪口言われているのを聞いてひどく傷ついたものです」

「海から少し小高いところに小屋を建てて、親父はそこで黙々と漁船を造り続けました。兄貴も学校を終えると手伝っていましたね。僕はたいてい一人で遊んでいて、小屋を見下ろせる小さな公園から親父の働く姿を見ていました。親父の手や足は傷だらけ。僕も何かせなあかんなぁと思いましたよ」

「貧乏のどん底でしたね。麦を買うお金も無くて、草とメリケン粉を混ぜたものを焼いて食べました。靴は麦わらで編んでもらったワラジを履きました。昔の八百屋は魚や雑貨も何でも売っていましたから、八百屋に借金して買い物をしました」

「背中に僕をおんぶして南海電車に飛び込もうとしたこともあるとおふくろから聞いたとき、産んでくれなかったら良かったのにと、このときはおふくろを恨んだものです」

「小学校は子どもの足で40分。3時間目に脱脂粉乳のミルクが出るのが楽しみでした。弁当を持ってこない僕に、時々若い担任の男の先生が自分の弁当をくれました」

「そんなに貧乏だったのに、クラスのみんなが持っているんだからと13色のクレヨンを買ってくれた。うれしかったですよ。授業では図工と音楽が得意でした。写生の時間は山に登って、目の前に広がる海に浮かぶ漁船や岸壁の灯台、町はずれに立つ工場の煙突、蒸気を上げて走る機関車を描きました。音楽の授業で習った『みかんの花さく丘』が大好きでした」

「おふくろは体調が良いときには3つ上の姉が勤めるタオル会社に働きに行っていましたが、地元の広崎病院で痔ろうの手術をしてから入退院を繰り返すようになりました。神経が侵されて、寝返りもうてなくなった」

「2つ上の姉は病院に寝泊りしておふくろの面倒をみました。僕が中学に入った頃、親父も働きすぎで腰を痛め、寝たきりになってしまいました」

「姉は中学1年の10か月ほど学校に通っただけで、両親の面倒をみるためほとんど登校していません。昔のことですから、それでも自動的に卒業証書をもらえたようです」

「親父は5人兄弟で、親父の長男は播磨で会社の役員をしていましたが、金を借りることは男の恥としていたようです。おふくろが入院して金が必要になっても親戚に助けを求めることはしませんでした」

「おふくろ思いの兄貴は、犬好きなおふくろが元気になることを願って、友達からオスの子犬をもらってきました。名前はエス。私がエスの世話係になりました。腰が立たなくなって歩けなくなったおふくろは、エス、エスと呼んでかわいがりました。エスは家族の宝になりました」

「エスは賢い犬でした。ある日、夜中に池が決壊して、家の近所一帯が床上浸水したことがあります。エスが家族の枕元で吠えて教えてくれ、そのあとも吠えながら近所に危険を知らせてくれたのです」

「水が引いたあと、エスの姿が見えないことに気づきました。池に落ちておぼれて死んでしまったのかと嘆いていたら、ひょっこり現れましてね。家族だけでなく、近所の人たちも歓声をあげました。お手柄エス、ありがとう、とね」

「兄貴は名村造船で設計の仕事についていました。僕も兄貴の職場で一緒に働きたいと思いましたが、神経を使う仕事で大変だから止めなさいと言われ、中学を出ると、和田ボタンという会社に就職しました」

「ボタン工場へは家から自転車で40～50分。金属のボタンや貝殻の形をしたプラスチックのボタン、ベルトのバックル等を製造して一般の商店や洋服屋さんに納品していました。プレス工、旋盤工、型枠工がボタンを製造し、30人くらいの女の人が網の上にそのボタンを並べます」

「ボタンにエアホースで塗料を吹き付け、機械に通して乾燥させると、女の人がそのボタンを裏返して、また同じ作業を開始する。今はすべて機械がしますが、昔は一つ一つが手作業でした」

「働き出して3年くらいした頃、エスが突然いなくなりました。『エスは私の生まれかわり』『エスが元気だから私も元気になる』とエスを生きる励みにしていたおふくろが、最後の入院をしたときのことです。それからしばらくしておふくろは亡くなりました」

「戦争で親父の会社が焼かれ、いっぺんで貧乏になった。おふくろが病気になって早死にしたのも、親父が体を無理して寝たきりになったのも貧乏が原因。世の中、戦争でみんなぐちゃぐちゃになってしまった」

「ボタン会社には5年勤めました。朝7時に家を出て、2時間残業して帰宅。給料は安いし、働く時間が長い。1円の金でももったいないと思っていたのに、会社から給食をとるよう言われる。周りはおばさんばかり。手に職をつけたい、学校に行きたいと親父に訴えました」

「親父の弟が加古川で住友鉱山の系列の会社の役員をしていて、そのつながりで、播磨の溶鉱炉で働くことになりました」

「新居浜からトラックで鉱石が運ばれてきます。それを溶鉱炉にいれ、溶けて筒から出てきたらタンクで受ける。最初はアルミ、そのあと鉛、スズ、銅、最後は金です。炉は10基ほどあって、僕の仕事は筒が詰まらないように鉄の棒で異物を掻き出すことでした」

「作業は1時間交替。暑いけど給料は良かったです。入社して3か月した頃、3〜4回の大きな爆発音がありました。溶鉱炉の天井が雨漏りするので作業員が天井クレーンで修理していたんですが、安全帯をしていなくてね、足を踏み外して炉の中に落ちてしまった」

「人間は水分があるでしょ。高温の炉の中で一瞬に溶けて、そのときの爆発音だったんです。怖いと思う以上に、人間って弱いものなんだなぁと思ったものです」

「叔父さんは呉に住んでいて、仕事が休みの時は叔父さんの家に遊びに行っていました。4歳下の従妹《いとこ》は喋れない、聞こえない、の二重の障害がある娘でした。ある日、従妹が僕の服を洗濯してくれて、パンツとシャツの姿で寝転がっていたら、叔父さんが『兄貴の顔で就職の世話をしたのに。出て行け』と怒りました」

「従妹はずい分と僕になついてくれていましたが、手も握ったことがなかった。従妹もそんなことはない、と否定しましたが、叔父さんは聞き入れない。叔母さんだって知っているはずなのに、叔父さんの剣幕に押されて僕をかばってくれなかった。当時、少し言葉の出だしが遅い僕は、上手に説明できなくて誤解を解けないのが悔しかったです」

「親父に相談したら、大阪に戻って来いと言われました。職安からの紹介で東洋製鋼に就職しました。今の東京製鋼です。仕事に慣れた頃、養子の話がありました。金持ちやけど偉そうにしない娘やでと言われ、美容室を経営している3人姉妹の長女と結婚しました」

「新居は新築でしたがお義父さんから、土地も家も名義は娘のものだぞ、と最初にくぎを刺されました」

「東洋製鋼は三交替で忙しかった。橋を架けるときのワイヤーロープを製造しており、アメリカ、オーストラリア、中国などにも輸出していましたが、製造が受注に追い付かない状態でした。もっと稼働をあげてくれと言われ、僕は班のリーダーとして、仕事に追われる毎日でした」

「巻き取ったワイヤロープの端がはねて、それが鼻にあたってケガをした作業員がいました。安全メガネをせずに仕事をするからだと、工場長から僕が注意を受けました。汗と暑さでメガネが曇ったら前が見えにくい。稼働をあげるためについメガネをはずして仕事をしてしまったと部下に釈明されたら、リーダーとして叱責する言葉に詰まってしまうのです」

「休みの日くらいは身体を休ませたかったのですが、彼女の実家は和歌山に田畑を持っており、お義父さんから農業を手伝うよう言われると、イヤとは言えませんでした。慣れない農作業だけではなく、地域の会長をしているお義父さんの代わりに田舎の行事、お寺さんの行事や法事、防災訓練などに参加するよう言われました」

「おっとりした彼女との仲は悪くなかったのですが、無理がたたって背中から腰を痛めてしまった。でも男だから腰が痛い、背中が痛いなんて言えない。休みの日に寝ている僕を見てお義父さんは怠け者だと叱り、言い訳もできず、不愉快な関係になりました」

「あれほど飯が食えない生活は嫌だと思っていたのに、お金に不自由しなくても、もっと辛い生活があることを知りました。毎朝お義父さんと顔をあわすのが苦痛だった。そのお義父さんは子供が生まれると孫を溺愛しました」

「離縁されたとき、肩の荷が下りた気がしました。結局、後継ぎが欲しかっただけなのかな、とも思いました」

「離婚後、岸和田の作業員宿舎に入りました。瀬戸大橋の仕事にはそこから80人くらいが坂出に行きました。ユンボが整地したところに金具を取り付けて、10メートルくらいの鉄骨を刺したところが動かないようにハッカーで止めていきます」

「陸地の次は橋の上で鉄筋組立の仕事です。海に落ちないように足場を固定して、ゆらゆら揺れるところで安全帯をして作業をします。鉄筋と鉄筋を結束線でしばるのですが、足場の両サイドは鉄板で覆われていますから、電気を点けても薄暗い。結束線の先が見えないんです。結束線が通っているか通っていないのか確認するだけでも大変でした」

「夏の暑いときは鉄が焼けるように熱いし、冬は凍るように寒い。もう行きたくないと思っても、『行く者がいないから頼む。体がよっぽどえらかったら交代出すけど』と言われたら断れない。大阪に戻っても、すぐとんぼ返りでした」

「この時期、所帯を持とうとしたことがあります。24歳と18歳の息子がいる女性と一緒に生活しました。彼女は4t半のトラックに青果を積んで店舗に卸す仕事をしていましたが、交通事故を起こして免停になっているということでした」

「亭主面できたのは、彼女が免停になっていた時期だけでしたね。再びトラックに乗るようになると、夜中に帰ってみたり、酒を飲んで帰ってきたり。食事は店屋物ばかりになるし、その上、長男は勝手に行動して家に帰らなくなる」

「それでもしばらくすると長男は結婚して落ち着きましたが、やれやれと安心する間もなく、今度は二男がグレて他人様に暴力をふるう。そのたびに謝りにいく生活になりました」

「まっすぐ、いい方向に向かってほしいから、母親が言いづらいことも、彼女に代わって、自分の子だと思って厳しく叱ってきました。ところが母親も二男も逆に僕に反発してくる。これではいくら金があってもダメだと思い、別れました」

「センターからの紹介で大飯原発にも行きました。関西電力の下請けとして炉の配電盤の取り換え作業です。専門の人がパイプをはずし、トビがそのパイプを30本の束にすると僕らが鉄の階段を使ってリレーで5階から下へ降ろしていくんです。安全帯をしているから、作業がやりづらかったですね」

「タンクの中へは酸素マスク、防護メガネ、防護服で入りました。ガラス製品の防護服は重たくて暑い。人間の体温でびしょびしょになります」

「モーターが回っている付近は枯れ葉やゴミや水がたまっているので、それをスコップで取り除く仕事ですが、このタンクはいついつまでに仕上げてくれ、という指示があるから、規定では40分で交替となっていても2時間くらい作業するときもありました。同僚は『ええ加減にして、次の人に任せたらええんやと』と言うんですが、僕の性分としてはそんなことできない」

「60歳過ぎた頃、滋賀県水口町の作業員宿舎で働きました。5年ほど経ったとき調理のおじさんが病気になってしまい、社長から代わりにやってくれないかと頼まれました」

「朝3時に起きて飯を炊き、弁当を作ってみんなに持たせる。8時からは部屋や事務所の掃除、夕方は夕飯の用意と風呂の用意。夜11時に風呂の片づけをして寝るのは12時過ぎ。雑用に追われる毎日でした」

「現場で働いていれば1日5000円の手取りがあったけれど、調理になったらその半分。社長は中古自転車を仕入れて販売する副業を横でやっており、1台売ったら500円やるからという条件で店番を僕に任せました。自転車の仕入れに付き合ったり、商品になるよう修理したり、磨いたりして売り上げを伸ばし、手取り収入は現場で働くときと同じくらいになりました」

「ところが代が代わって息子が社長になると、その500円を惜しむようになった。早朝から夜中まで働き詰めでも給料は人の半分。やってられないなと思い、そこを辞めて釜ヶ崎に出てきました」

「今は簡易宿泊所に泊まって特掃の仕事に就きながら、土曜・日曜・祝日は釜ヶ崎の中の古着屋の手伝いをしています。朝5時に出勤して店を出す準備をし、8時30分まで店番。昼は近くで昼食をとって、12時から3時まで再び店番です」

「社長は『ぼーっとした人間では万引きされてしまう、賢い人間は売上を自分のものにしてしまう、高橋さんは10円の金でも落ちていたら戻す』と言って重宝してくれています。信用されていることがうれしいですね。時給にしたら400円くらいなんですが、僕自身楽しんで仕事しているから、まぁいいかと思っています」

「3歳まで歩けませんでした。このことは恥ずかしくて他人に言ったことがありません。知的障害の子だと思われていました。僕の口下手は親父譲りですけど、しっかり仕事をすれば他人はちゃんと見ている、ということを教えてくれたのも親父でした」

「姉に『あんたは人が良すぎてだまされる口やで』とよく言われました。振り返ってみれば、僕の人生、くじ運の悪い人生だったのかなぁと思います（笑）。それでもね、この年になっては無理かもしれないけれど、話し相手になる相棒が欲しい、そういう夢があります」

158号（2013年11月15日）

古里への道…帰ろうかな

向井さん
昭和24年生まれ
48歳
鹿児島県徳之島出身

「夏場は漁、冬はサトウキビの収穫が主な産業ですね。米は二期作で作っていますが、あまり美味しくないないです。我が家も10反くらいの畑があって、サトウキビを栽培していました。父は仕事一筋。半農半漁で田舎ではごく普通の暮らしでしたね」

「兄弟は8人。男5人、女3人で私は4男でした。小学校1年のとき、父が脳卒中で亡くなりました。酒をよく飲んでいましたから、血圧も高かったんだと思います。当時、すでに働いていた姉が学校に走って知らせに来ました」

「家から2キロほど離れたところに診療所があったのですが、兄が医者を呼びに行っている間に死んでしまったようです。私には父の死がピンときませんでした。死の意味がよく分からない年でしょう。小学校3年生くらいになって、やっと理解したという感じです」

「幸いにも当時、すでに上の兄や姉が中学を卒業して家業を手伝っていましたので、生活に困ることといったことはなかったですね。私も小学校の高学年になると、母や兄たちと一緒にサトウキビ畑に入って、葉を切り落とす仕事や、束ねたキビを畑から運び出す仕事を手伝ったものです」

「中学を卒業すると捕鯨船に乗りました。漁の仕事が好きだったんで、軽い気持ちで乗り込んだわけですが、さすがに厳しい仕事でした。インド洋に向かって約1年。現在のように魚群探知機があるわけではないし、船長の経験と勘だけを頼りに、クジラを求めて広いインド洋を西へ東へと航行するんです。船の冷凍室がクジラでいっぱいになるまでは日本に帰れません」

「80人くらいが乗船していて、私の任務は雑役係。一番年が若いですから、みんなの服の洗濯やご飯の用意です。単調な毎日のくりかえしで、食事のときと、先輩の話を聞くのが何よりも楽しみでしたね」

「海が毎日凪ということはないでしょう。インド洋での嵐には何度も出合いました。波の高さが日本海とちがいますわ。もうこれで最期かと思うことが何回もありました。台風が来るというので慌てて岸のほうに避難しようとしても間に合わず、10メートルの高波を受けて、転覆寸前になったこともありました。インド洋の嵐と暑さ、これには参りました」

「一年ぶりで徳之島に戻ったときには心底うれしくって、そしてホッとしました。もう二度と捕鯨船には乗るまいと思ったものです」

「その頃、兄が大阪の西成で大工仕事をしていましたので、兄から大阪に出てこないかと誘われました。田舎の若者はみんな、都会に出ていきますでしょう。近場での漁はそれほど危険でないし魚も豊富なのですが、都会への憧れの方が強いですからね。私も迷わずに大阪に出てきました」

「兄は大工をしながら手配師も兼ねていました。寺田町に一緒に住んで、仕事を紹介してもらいながら働きました。仕事はたくさんあって、さすが大阪だと感激したものです」

「20歳で結婚して新居を持ちました。13年間、彼女と生活しましたが事情があって離婚しました。子供はいませんでした。この頃に一度、賃金不払いの件で稲垣さんの組合に相談に行ったことがあり、業者と交渉してもらって無事に賃金を送ってもらったことがありまして、その当時から稲垣さんの活動は知っていましたね」

「今年の3月、現場で大けがをしたんです。みさき公園近くの府の公園を造っていたときでしたね。コンクリをうつため仮枠の木を切断していたんです。電気のこぎりを使って端を切断していくわけですが、ちょうど切断された仮枠の木が、下で働いている仕事仲間の頭の上に落ちそうになったんです」

「『あ、危ないぞ!』と仲間に声をかけることに神経を集中して、自分が手にしている電気のこぎりが作動中だということを一瞬忘れたんです。ホントにあっという間のことでした」

「下の仲間には幸い、落下したものが当たらず、良かったんですが、自分の太腿を切りこんでしまったんですわ。かなり深く切ってしまいました。一瞬のことで何が何だか分かりませんでした」

「あまり出血はしませんでしたが、刃物ですっと切るのとちがって、のこぎりですから、ギザギザに肉がえぐれましてね。外科の小さな診療所でとりあえず縫合してもらい、その日は作業員宿舎に戻ったんです」

「ところが翌日から耐えきれぬほどにズキズキと痛み出して仕事にならないので釜ヶ崎に帰りました。友人が救急車を呼んでくれ、外科病院で再度、処置をしてもらいました。医者から『神経も一緒に切ってしまっているから、これはもう一生治りませんよ』といわれたんです」

「私自身はけがを軽く考えていまして、治ったらまた同じ所で働こうと思ってました。作業員宿舎の親父も

『現場でけがをしたということは病院でいわないでくれ、あとの面倒はちゃんとみるからな。退院したらまた働いてくれ』といってくれてましたから、足のしびれも我慢して、働けるようになったらまた働こうと思っていたんですよ」

「ところが、突然親父の態度が変わって『元請もつぶれてしまったし、自分のところも３００万円の赤字で、もうやっていけない。あんたの面倒もみられなくなった』というんです。ところが、これはうそだったんですね。元請もつぶれていなかった」

「私は治療が済んだら、また現場に復帰するつもりでしたから、親父といさかいをおこしたくなかった。だから、親父にいわれる通り、仕事中のけががといわずに救急車を呼んで入院したんです。その結果が切り捨てでしょう。邪魔者扱いなんですわ。情けないやら腹が立つやら」

「友人と『最初から労災で治療しとけばよかったんやな』と後で話をしましたが、今後の生活のこともあるんで、組合の稲垣さんに相談したというわけです。今、労災の申請をしている最中です」

「それにしても電気のこぎりを使うのが初めてというわけでもなく何十年と同じような仕事をしてますのにね。これまでにも何回か電気のこぎりでけがをしている同僚は見てきましたが、まさか自分がこんな目に遭うなんて、思ってもみませんでした」

「ここ数年、西成も仕事が少ないでしょう。私のように若い者でもあぶれることがよくあります。特に6月から8月にかけては、毎年仕事が減るでしょう。西成には人が多すぎるんですかね。私が大阪に出てきたばかりの頃は活気があって、仕事はなんぼでもあった。毎日、いきいきと働きましたよ。仕事あっての西成、大阪です。仕事がなくなってきたら、西成の魅力はなしですよ」

「西成に住んでからの楽しみは仕事仲間数人で、年に2、3回キャンプすることですね。魚釣りが一番、気持ちが和みますね。ギャンブルには全く興味ありません。海を見にいくことがやはり多いです」

「去年でしたか、みさき公園の近くで釣りをしていたら、目の前で5～6歳の男の子が波にのまれましてね。母親が泣きながら悲鳴をあげているんです。浮き輪からスポッと体が抜けたようでした。泳ぎには自信ありますから、とっさに服のまま飛び込んで助けました」

「母親にはずい分と感謝され、お礼をといわれましたが、もちろん断りました。困ったときはお互いさまと思っていますからね。仲間と海辺でキャンプ張って、酔った同僚が寝込んだまま海にゴロンと落ちてしまって、それを慌てて救い上げたり…と、まぁ私の役目は仲間内でもそういうところですわ（笑）」

「今、こうやって入院中の身ですが、最近、田舎が恋しくなりましてね。田舎に住む弟が、戻ってこないかと声をかけてくれるんです。帰ろうかなと真剣に考えています」

「徳之島はね、夏が一番いいですね。海に沈む夕日、海に架かる虹、サンゴ礁の白さ…。住んでいるときには当たり前に見ていた風景が、どんなに大切な美しいものであるのか、つくづく思うんです」

「楽な暮らしがしたいと思うわけではありませんが、小さな舟で、近場で、サザエ、アワビ、カニ、クエ、カワハギ等を獲って、その日その日の生活がつつましく成り立てば、それが最高の暮らしだと思うようになりました」

80号（1997年7月27日）

大阪万博や千里ニュータウンの造成工事に携わる

増永さん
昭和18年生まれ
69歳
兵庫県尼崎市出身

「親父は尼崎で鉄工所の工員として働いていて、同じ職場で働く気立てのいい事務員とつきあうようになり結婚したということです。鉄工所の社長は鹿児島出身で、親父もおふくろも社長と同郷だったのです」

「戦争が激しくなったけれど、親父は体が小さいため招集されなかったそうです。おふくろは逆に背が高くて大柄。バレーボールの大林選手に似たところがありました。鉄工所は焼夷弾にやられてダメになり、私が3歳のとき一家で鹿児島に戻りました」

「薩摩半島の先端、指宿と岩本の中間くらいのところです。私は5人兄弟の下から2番目。郷里の集落に戻ると、近所の人たちが材料を集めてきて、家族が住める家を建ててくれました。あばら家ですが屋根にはトタンをはって、十分住めるものでした」

「弟が生まれた頃から家の手伝いをしています。集落占有の井戸があって、くんだ水を小さい桶に入れてね、天秤棒で担いで家まで運ぶんです。子供ですから桶も子供用の小さい物。水をためているかめの口は子供にとって高すぎましてね。踏み台の上に登っても届かない。背伸びして瓶の口へ水を入れるのですが、上手に入らなくて半分以上こぼしてしまう。それでもおふくろの手伝いをしている、ということが誇らしかったですね」

「家では子牛を飼っていました。2年くらいで大きくなるのでそれを市場に売りに行きます。売ったお金でまた子牛を買うんです。エサやりも私の仕事になりました。刈ってきた草とダイコンの葉っぱを小さく切る。イモの小さいのを細かく切って大きな釜に入れて炊く。葉っぱとイモを混ぜて子牛にやるんです。おふくろが菜切り包丁を使って菜っ葉を切るのを横で見ていましたから、自然に私の仕事になりました。牛小屋の掃除もおふくろの傍でいつも見ていましたから、いつの間にか牛の世話も私の日課となりました」

「親父は農業のかたわら、1年の半分は山に入って家にいませんでした。ショウノウを取りに行くんです。30年から100年くらい経った大きなクスノキを倒して、ワイヤを張って下の製材所まで下す。2メートルくらいの旋盤で木を小さくして、大きな釜に入れて蒸します。汁が出てくるからそれを乾燥させて、コンクリで作ったタンクに入れて1~2年置くと粉になるんです。馬車を使って工場に運んでいましたね。もうだいぶ昔のことですが、大隅半島のショウノウ取りがラジオ大阪で紹介され、親父が取材を受けたこともあります」

「戦後は食糧難だったと言いますが、子供の私には実感できませんでしたね。米は1年に2回作っていたし、豆や麦も豊かに実っていた。でも魚は貴重でしたね。町まで下りていくと雑貨と鮮魚を兼ねた店があって、そこでサバの骨をただでもらってくるんです。ダイコンといっしょに1日かけて煮ると、骨から味がしみ出てダイコンは旨くなるし、骨は丸ごと食べられるほど柔らかくなる。安くてカルシウムたっぷりのおかずのできあがりです」

「集落では共同で味噌を作っていました。おばあちゃんとおふくろは、近所の人たちと一緒ににぎやかに味噌作りに加わっていました。作った味噌で商売もしていました。私は小さい頃からおふくろに手をひかれて味噌作りを見ていました。学校に上がると弁当はいつも味噌。ご飯の真ん中に味噌が突っ込まれているだけの弁当でしたが、それがまたおいしかった」

「どこの家も一家族10人くらいいました。家にはカマドが7つあって、イモは1日1回必ず炊いていましたね。タライの中にイモと水を入れて、1メートルくらいの長さに切った松の枝を組ませた洗い棒を左右に動かしてイモの泥を落とす。その後ブイの上にイモをこぼして上から水をかける。きれいに泥が落とされたら釜に入れて、15センチほど水を入れて蒸すんです」

「小さいときから、おふくろの傍を離れたことがなかったですね。おふくろが行くとこ、行くとこ、どこへでも後ろから付いて行った。いつも近くにいるから、おふくろの仕事をじっと見ている。水くみも、イモ洗いも、牛小屋の掃除も、釜炊きも、そうやって自然に覚えて手伝ってきました。おふくろの手伝いをしているということが子供心に誇らしかった」

「夜になるとおふくろは、私に肩や足をもんでくれと言いました。子供の小さい手で揉まれるのが一番気持ちよかったのでしょう。そう頼まれることもまた誇らしかったですね」

「小学校は歩いて30分のところにありました。かけっこしたり、寄り道したりしながら通いました。4年生のとき、学校に行く途中で突然上級生が『思い出をつくろう』と言い出し、集落の全員が1日山の中で過ごしたことがあります。学校にも家にも秘密にするという約束で、夕方何事もなかったかのように家に帰りました」

「でも、あくる日の朝礼で先生にきかれました。集落の者1年から6年まで全員登校しなかったのですから当然ですよね。結局私が本当のことを言いました。言い出しっぺの6年生と私の2人が先生に引っ張られて体育館に連れて行かれました。畳をとった板敷の床に足技掛けられて投げ飛ばされましたね。主犯格の6年生の呼びかけに逆らうことはできなかったんです。逆らったらひどい目に遭わされますからね」

「子供のときから焼酎を水で薄めて飲んでいました。中学のとき悪さをして怒られ、牛小屋の中に放り込まれたことがあります。1週間くらい入っていたかな。小屋の板を1枚はがして、そこから出入りして、カマドにあるふかしたイモを食べて過ごしました。一升瓶に水と焼酎を入れてね」

「子どものころは小遣い稼ぎも兼ねてメジロをよく獲りました。ナイフで竹を細く切って仕掛けのカゴを作ってね。友達のお父さんが理髪店をやっていて、獲ったメジロを持っていくと200円で買ってくれるんです。おじさんはメジロが好きで、店の窓や天井にカゴをいくつもぶらさげて、メジロを飼っていました」

「毎年7月15日頃が子供の相撲取りの日。7月に入ると稽古を始めて本番に臨みました。お祭りみたいなものですね。勝っても負けても参加賞のノートと鉛筆がもらえる。終わったら綱引き。たまに鉛筆やノートが余ることがあって、それをもらえることも楽しみでした」

「中学に上がっても勉強はあまりしませんでしたね。でも社会の授業は面白かった。地理や政治経済の授業は一切やらず、講談が始まるんです。木造の校舎だから板塀から声が漏れる。先生が入って来ると生徒は教室のカーテンと窓を一斉に閉めます」

「舞台設定が整うと、豊臣秀吉や武田信玄の軍記物の講談が延々と続くんです。興に入ってくると声の調子も大きくなる。台本も無いのにしゃべりだしたら止まらない。話は面白くて、毎回引き込まれましたね。川畑先生と言って、20年くらいこの中学にいて、授業では講談しかやらなかった。学校の伝統みたいになっていましたが、今ならきっと社会問題になっているでしょうね（笑）。おおらかな時代でした。中学3年生になると指宿から佐多岬まで鹿児島湾を泳ぐ行事もありました」

「中学を卒業して名古屋のメリヤス工場で働きました。卒業式の次の日に鹿児島を出発しました。寝ている間におふくろが荷物を用意してくれていました。朝7時、おふくろといっしょに駅へ行くと同級生30人ほどが待合室で待っていてくれました。汽車が出るときには、友達が『万歳！』と言って見送ってくれましたね。この日、鹿児島を発ったのは私と同級生の友達の二人でした」

「指宿枕崎線で鹿児島駅に出て、1日かけて名古屋に到着しました。中学の先輩が名古屋城近くのメリヤス工場で働いていたんです。図面描いて、ミシン踏んで、できあがった肌着を自転車で問屋に配達する。会社が自転車に乗れる人を探していて、先輩が私を紹介してくれたというわけです」

「働きだして1週間したころ、大阪、泉佐野の紡績工場で働く姉さんから電話があって、おふくろが農薬を飲んで死んだと知らされました。当時まだ15歳。衝撃が大きすぎました。今で言うマザコンでしたからね。悲しみより怒りの方が大きかった」

「死んでやる、と思った。お城の反対側に貨物列車の通る線路がありました。自転車を土手に乗り捨て線路に横たわりました。どのくらい時間が経ったか分からない。道を歩く人が土手に放られた自転車を見つけて、土手に上がってきたらしいです。線路から引きずりだされ、自転車に書かれた会社の名前と電話番号で、会社に連絡が行ったようです」

「助け出されても精神状態がバラバラでした。配達の仕事もできなくなった。結局、大阪で働く兄貴に引き取られました」

「兄貴は大阪の自転車店で働いていました。2年近く一緒に働きましたが、小遣いもくれないし、収入も増えないので鹿児島に戻りました。20歳のころまで親父の手伝いや農業をやっていました。湖の水を浄水場まで掘っていく仕事もありましたね。このころ郷里もやっと上水道が完備しました」

「水道工事が終わったあと、関東で人をたくさん募集しているときき、集団で埼玉に行きました。すでに70人くらいの人が先に行っているということでした」

「東京まで汽車に揺られて行くのも大変でしたが、埼玉はもっと先。まだこれから電車に乗るのか、と言いながら向かったものです。さすが遠いと思いましたね」

「僕らのような若い者はビルのコンクリ打ちの仕事。一輪車で生コンを運びました。年配の人は掃除や片付けの仕事。ビル、道路、病院…と次から次に仕事がありましたね。コンクリートポンプ車を初めて見たのは東京オリンッピクのあとくらいかな。『へぇ、これでコンクリ打てるんか』と感心しながら見上げたことを覚えています」

「埼玉の大宮で団地を造りに行ったとき、セメントを入れている小屋を整理してくれと言われました。セメント袋が破れているし、きれいに積みなおしてくれというのです。終わったら1・5日分やるという約束でしたから3人で必死にやって3時頃終わったんです。ところが1日分の日当しかくれない」

「話が違うじゃないかと、夜、現場の事務所に入って、椅子や机をめちゃくちゃにしました。所長を呼んで抗議したら、『お前らが怒るのも無理はない、悪かった』と謝り、怒りが収まったものです」

「僕らは手に職がない土木作業員。職人に対抗するには、目いっぱい働くしかない。現場ではいつも目いっぱい働いてきました。だからこそバカにされたり、約束を平気で破ったりされたら、腹の底から怒ってしまう。ましてや若いときですからね。感情がストレートに出てしまったんですね」

「埼玉で納豆を覚えました。作業員宿舎の炊事のおばさんのだんな、毎朝、丼ご飯に納豆かけて食べていた。頭に鉢巻締めてね。本場の納豆で臭いもきつかった。興味あるなら食べてみな、と言われ、ちょっともらって口に入れてみた。それからですね。やみつきになりました」

「関東での仕事が一区切りすると、先輩が大阪に行くと言いました。大阪万博や千里ニュータウンの造成工事があるからです。当時の千里は、それはそれは広い竹やぶでしたね。ユンボやブルドーザーで整地するのに何年かかったか。仕事は忙しかったです。休みは2週間に1日あるくらい」

「その後は高速道路の舗装の仕事。安全靴の皮のごっついのを履いてね。このころは西成のセンターから仕事に行きましたね。作業員宿舎に入ることが多かったです。昭和天皇が死んだのを、釜ヶ崎の公園のテレビで見たことを覚えています」

「作業員宿舎に入るときは必ず1万2～3千円の金を持って行きました。そうしないと毎日前借りしなくてはならない。そこを出るとき清算したら借金しか残らない、というのは嫌ですからね。作業員宿舎に入ったら6～7万の金は持って帰りましたね」

「ところがだんだん仕事が少なくなってきた。仕事にあぶれた日はセンターや釜ヶ崎の中の公園で過ごすようになりました」

「センターに腰を下ろしていると、センター周辺の掃除や警備をする人たちの顔ぶれがよく変わるから、いったいどうなっているのかなと不思議に思いました。話をきいてみたら特掃（高齢者特別清掃事業）の仕事だと言うことでした。どうやったらその仕事につけるのか教えてもらいました。教えてもらった『ふるさとの家』で顔写真を撮って、登録の申し込みをしました。特掃の仕事は6年くらいやりましたね」

「シェルターにも泊まったことがあります。でもシラミに全身かまれて、一晩で泊まるのをやめました。これなら野宿の方がマシだと思ったんです」

「センターで段ボール敷いて、毎朝の稲垣さんの演説をきいていました。仕事にあぶれたからと言って、毎日寝ていてもしょうがない。体を動かしたいと思っていました。演説の終わった稲垣さんの所へ行って、『何か仕事ないですか』と尋ねたら『炊き出しを手伝ってもらえますか』と言われました。3年前の夏のことです。それからずっと釜ヶ崎解放会館に寝泊まりしています」

「夜明け前の3時からラジオ番組をやっているので、それをききながら毎朝4時に起きます。朝7時30分からのセンターでの情宣活動を終えると部屋で一服。11時に午前の炊き出しがありますから、1時間前に炊き出し公園に行きます」

「10時20分に公園の近くにゴミの回収車が来るんです。車が来る前に公園の周囲の自転車をきれいに除けたり、作業員の人がゴミを持っていきやすいように整理したりします。ゴミの積み込みのとき、ゴミ袋が風で飛びそうになったりするから、それをパッと手で押さえたりね」

「回収車が出て行ったあと、今度は鳩のフンの掃除です。電線に鳩がとまっていて、洗い場の周辺にフンを落とすんですね。炊き出し公園の中にある公衆トイレの水道の蛇口からホースを引っ張って、鳩のフンを洗い流します。2～3日放っておいたらカチンカチンに乾燥してアスファルトの地面をこすってもなかなか取れない。毎日掃除していたら、すぐに取れるんです」

「酔っぱらいがゲロしていることもあります。炊き出しに並ぶ人は200人300人という大人数。食器や箸やずん胴を洗う場所が不衛生では困ります。洗い場をキレイにしておくことは大切なんです。夕方5時の炊き出しの時も、30分前には公園に行って洗い場を掃除しています」

「子供のころから、キレイに食べるように育てられてきました。弁当箱のふたにちょっとでもご飯粒がついていたら嫌。食べ物を粗末にしたらあかんと思います。きれいに平らげたお椀を洗うのは気持ちいいですね」

「炊き出しが始まる前の洗い場の掃除。これは私の日課です。生活保護を受けたら？と言われることもありますが、まだしばらくこの仕事を続けたいですね。自分で段取り取って、毎日同じペースでやる。子どものとき、牛の世話を任されて、やはり自分で段取りとって毎日同じペースでやってきた。あのときも楽しかった。嫌だと思ったことは一度もないです。今の活動も楽しいです。自分にあっていると思います」

154号（2012年11月15日）

今が一番幸せかも

今村さん
昭和18年生まれ
54歳
佐賀県千代田村出身

「1歳のとき大阪に出てきているので、田舎のことは全く分かりません。6人兄弟の3男です。父は新聞記者みたいなことをやっていたようですね。浪商高校の職員としても働いたようですが、私が小学校5年のときに脳溢血で死んでますので、あまり詳しく知らないんです」

「父はとにかく厳格で怖い存在でしたね。尾野賀流という字の先生もしていたらしいです。正月の書き初めのとき、上の兄2人は身を正して父と一緒に筆を握っていたのを憶えています」

「いたずらをすると、イチジクの木にパンツ一つでくくりつけられました。イチジクの木にはアリが多いんです。裸の体にアリがはい上がってきて、むず痒《かゆ》くても掻《か》くことができない。あの辛さは忘れられませんね」

「それから昔は薪で風呂をわかしたり、ご飯を炊いていたでしょう。あの薪の三角の切り口の上に正座させられ、動かないように太腿の上にはレンガのブロックを載せられる。薪の切り口が痛いからと、ちょっとでも腰を浮かそうものなら、かえって切り口があたって、痛いのなんのって…。スパルタ式の父に比べて、母はおとなしくて優しかったですね」

「父が亡くなると、それまで押さえつけられていた反発からでしょうか、長男は急にグレ出しました。麻雀店に出入りし始めて借金地獄になり、そのうち、家出してしまいした。二男は会社勤めで、やはり家を出たので、母が働くようになりました。母は足が少し不自由でしたが、十三の職安で日雇いの仕事をみつけ、朝4時半には出勤の毎日でした」

「妹や弟の世話は私の役目でした。薪を割ってご飯を炊くにも火加減が分からんから、上の方が真っ黒に焦げたりね。洗濯板を使っての洗濯も、子供には結構大変でしたよ。学校から帰ったら、すぐに妹たちを保育所に迎えに行かなくちゃならんしね」

「中学を卒業すると、家のすぐ近くの十三防水に就職しました。テントや布団袋の防水工場ですね。給料も良かったですが、就職して5日目から夜10時まで残業させられました。中卒で入社した者が5人いましたけど、帰りの遅い子供たちを心配して、全員の親が会社の門の前で待っていましたね。私の仕事は染色。注文を取った会社から、サンプルをもとに同じ色に染めるための調合をするんです」

「この頃、家出していた長男が結婚して、嫁さんと家に戻ってきました。前後して、母が胃がんで阪大病院に入院しました。その当時、実験段階という薬で治療を受けたんです。治療費が無料なんですね」

「長男の嫁さんが病室に付き添ってくれましたが、母がコップに水をくんでおくれと頼んでも邪魔くさがるとかで、見舞いに行った私の前で、母がよく泣いていました。長男の嫁さんのことをあまり悪くいいたくはないのですが、妹や弟の世話についても、『それは春ちゃん（わたしのことです）がやってね。同じ家にいても世帯は別やから』と食事、洗濯、全てが私の役目でした」

「妹たちに朝飯を食わせて、学校に行かす段取りをして、洗濯をしてから出勤。入社5日目以降、残業をしなかった日は一度もありませんから、夕食の時間は社長の特別の計らいで、妹たちを会社の食堂に呼んで食べさせて、ついでに風呂も会社で入浴させてもらって…という生活でした」

「そんな中、母がとうとう亡くなりました。私が18歳のときです。でも母の葬式に、嫁さんの両親や兄弟、誰一人として来てくれなかった。両親も兄弟もいないのかもしれないなと良い方に解釈していたのですが、母が亡くなって何日もしないある日、いつものように夜遅く自宅に戻ったら、ワイワイとドンチャン騒ぎなんです」

「『春、お前も挨拶せえ。みんなが出て来てるんや』と、長男が呼ぶので顔を出してみたら、嫁さんの母親、兄弟が勢ぞろい。さすがにプッツンと切れましてね。私はおとなしい方ですが、母を侮辱されたという怒りで体が震え、嫁さんの髪を振り回して大げんかになりました」

「その後しばらくして、私も家を出ました。妹は少し前に家出して、いまだに行方不明です。6歳下の弟のことが気にかかっていましたけど、とにかくもう、耐えられなかった」

「家を飛び出し、十三防水も辞めて、あてもなく天神橋の商店街を歩いていたら、喫茶店に従業員募集の貼り紙が目に入りました。話を聞いてみたら、港区市岡のシネマで従業員を募集しているとのこと。住所を頼りに市岡に向かいました」

「支配人と面接すると、身元保証人が要ると言われました。仕方無いから家の事情を話しました。断られるのを覚悟していたのですが、支配人はしばらく考えた後、働いてくれと言ってくれたんです」

「住み込みでフィルムの運搬、切符のもぎり、看板張り、掃除、何でもやりましたよ。市岡シネマは洋画専門で、上映するフィルムの受け取りに行くのが主な仕事でした」

「九州方面から大阪駅止めの荷物で到着するのを、到着時間に合わせて自転車で駅に向かうのですが、たまに着いてないことがあるんです。上映まであと1時間とか30分という中で、駅の倉庫にごったがえしている荷物の中から探し出すのですから、焦りますし、責任重大ですわ。フィルムの入った薄っぺらい箱のラベルがはげかかっていて、英字も見づらい。暗い倉庫で目をくっつけて、一つ一つフィルムを確認してね」

「その点、フィルム制作会社に直接受け取りに行くのは楽でした。フィルムが無いということはありませんからね。夏はランニングパンツとシャツの姿で梅田オフィス街のビルの階段を駆け上がり、フィルムを受け取ると再び自転車にまたがって会社に全力疾走。時間との闘いの毎日でしたが、けっこう楽しかったです」

「ところが3年ほど経った頃、どこで私の居所を知ったのか、長男が訪ねて来ましてね。電気工事の仕事を請けてやるようになったから、おまえも手伝ってくれないかというんです。会社に心残りはありましたが、長男が今度こそ心を入れかえてまじめに働くというので実家に戻ることにしました」

「でも長くは続かなかったですね。儲けは相変わらず兄の遊びに消えてしまい、給料は無いに等しいのです。見切りをつけて他の電気工事会社に住み込みで働くことにしましたが、今度はそこの社長が急死して、閉鎖」

「新聞広告でホテル雑役の仕事をみつけて、やはり住み込みで働くようになりました。番頭としての仕事の他、掃除、シーツの洗濯、糊付け、乾いたらアイロンがけ、ドアのノブみがき…。それこそコマネズミのように働いて、給料は女の人より安いんです」

「女の人はリネン交換とお客があった時に応対するだけで、あとはテレビの前でタバコをふかしているんです。その傍らで、こっちは汗だくになってシーツのアイロンがけ。働くことはきらいではないですが、屈辱的でした。数年で辞めてしまいました。28歳のときです」

「その後、釜ヶ崎に住むようになりました。釜ヶ崎のことは電気工事の仕事に就いていたときに知りました。簡易宿泊所に泊まって、主に作業員宿舎に入りました。それからは、ずっと日雇いの生活ですね」

「冬になると仕事がなくなり、大阪市の越年対策で施設に入所することができましたが、正月明けるとすぐに退所させられる。仕事もなくて途方に暮れているときに炊きだしの世話になりました。それを機に、炊き出しを手伝うようになって、越冬闘争にも参加するようになりました」

「稲垣さんと同じ中学出身ということも後で知りました。今から20年以上も昔のことです。懐かしいなあ。梅田の地下街にカンパ活動にも行きました。あの頃、一緒に炊き出しのリヤカーを引いていた仲間はほとんど死んじゃいましたね」

「組織の分裂なんかもあって、結局、私もいつの間にか炊き出し活動から遠ざかり、再び日雇い仕事に戻りましたが、稲垣さんはずっと活動を続けているんですね。大変だなぁと思います」

「私は5年前に結婚しました。彼女と知り合ったとき、彼女はすでに身重でしたが、私は旦那とも知り合いで、3人がそれぞれ友人だったんです。ところが彼女の出産の頃には、もう彼女たちの夫婦関係は希薄になっていたんですね。子供が仮死状態で生まれて、集中治療室に入っていた時期も旦那は一度も病院に足を運ばない」

「心配になった私が、『子供、見に行かなくてもいいんか?』ときいても、ウヤムヤの返事なんです。まあ、年も私より10歳以上も上で、簡易宿泊所の番頭をしていましたから忙しいということもあったんでしょうけどね」

「彼女は精神的に情緒不安定なこともあって、病院側としては子供の引き取りは責任ある人をということで施設に預けることになり、彼女だけ退院したんです。彼女が正式に離婚してから、施設の赤ん坊は私が身元引受人となって引き取りました」

「彼女との家庭生活は5年目になりますね。今は6歳の娘と3歳の息子の4人家族です。家内は30歳ですが、糖尿病がありましてね、去年7月から入院中なんです」

「家内がいなくては、私も働くわけにはいかない。生活保護を受けることになりました。娘はこの春から小学校。下の坊主は『パパ、パパ、抱っこ、おんぶ』と甘えん坊。朝早くから家の中を走り回るから、隣近所に迷惑やろうと気になって叱るんですが、全然こたえませんわ」

「子供たちにメシを作って、掃除、洗濯、買い物に走り回っています。坊主を保育所に送り出したらホッとしますわ（笑）。でも、かわいい子供達が私の生きがいですね。騒ぎ疲れて布団に入った娘と息子に添い寝して、2人の寝入る姿を見ていると、今が一番幸せなときかなぁって思うんです」

83号（1998年2月7日）

おっかあに会いたい

佐藤さん
昭和29年生まれ
43歳
大分県前津江村出身

「2歳の時、大阪に出てきていますから、生まれ故郷のことはほとんど分かりません。前津江村はおっとうの出身地で、おっとうは若いころから浪曲をやっていて、料亭で知り合ったおっかあと結婚したそうです」

「おっかあは和歌山出身で旅館の仲居をしていたそうですが、三味線が上手で、結婚してからは夫婦で漫談師みたいなことをしながら全国を転々としたそうです」

「僕は6人兄弟の4男。長男は囲炉裏に誤って落ちて、火傷が原因で死んだということですから、実際には5人兄弟です」

「両親は子供が生まれてからは旅芸人の仕事を辞め、大分に落ち着いてしばらくしてから、一家で岸和田に出て来たということでした」

「おっとうは憲兵あがりで、厳しかったですね。いたずらをして叱られるときには正座した太腿の間に割り箸を入れられてね、痛いのなんのって。自分のズボンのバンドで、顔を叩かれたこともあります。おっかあも厳しい人でしたね」

「僕が小学校に入学したころ、両親は別居しています。おっかあは兄2人、姉1人を連れて家を出て、泉佐野市の大きな旅館で仲居として働きました。おっとうは貝塚市の鋳物工場に勤め、僕と妹はおっとうと3人で暮らすようになりました。3交替の仕事をしながら、僕らの世話をしてくれた」

「おっとうは職人としての腕を上げ、勤務もまじめ一筋だったようですが、酒癖が悪くて暴力をふるうことも多かった。兄や姉がたまに遊びに来てくれましたが『おっかあは僕と妹を捨てたんや』という反発と寂しさの方が強くて、おっとうと妹に対する情の方がずっと深かったです」

「僕は中学を卒業した後、おっとうの勤める工場に就職しました。この工場は三井金属の下請で、三池炭鉱出身の労働者がたくさん働いていました。同僚のほとんどが九州人。言葉もよく分からなくて、友達はあまりできませんでしたね」

「おっとうは僕が20歳のとき、結核で亡くなりました。おっとうの葬式の時にはおっかあも来ました。おっとうが死んで、緊張が一度にとれたという感じでしょうか、しばらくしてこの工場を辞めました」

「おっとうから自由になったという解放感で、堺市にアパートを借りて、水商売の仕事に就くようになりました。キャバレーのボーイです。華やかな世界に憧れていましたから」

「キャッシュカードの時代になって、ついつい少しずつ出金を続け、いつの間にかアパート代も滞るようになりました。仕事は楽しかったけれど、周囲の同僚もその日暮らしの考えの人が多く、どうしても生活が宙に浮いてしまうんです。お客にすすめられて酒を飲み過ぎ、ボーイの仕事も務まらなくなる」

「住み込みの条件のあるキャバレーを転々としているとき、次男の兄が仕事を手伝ってくれないかと声をかけてきました。兄は調理師の免許を持っていて奈良の旅館で働いていたんです。この旅館で皿洗いとして6

年ほど働きました」

「旅館の親方は、老人ホームを作って一儲けしようと考え、東京の政治家の所へ話を持って行ったりしていたようですが、結局、警察の手入れを受けてつぶれてしまいました。実はその旅館、売春宿だったんです」

「兄の紹介で、今度はパチンコ店に勤めるようになりましたが、国道沿いのへんぴな所でしてね。休日や給料が入ったときに、遊びに行ったり飲みに行ったりすることができない。安易な気持ちで辞め、新聞広告で求人案内を見ていたのですが、いつの間にか年齢制限でひっかかる35歳を超えていました」

「兄から話を聞いたおっかあが、かなり心配したようです。ブラブラしているとろくな事ないからと、おっかあの知り合いの人の紹介で工務店に勤務することになりました。もちろん、住み込みです」

「建築の足場を貸出しするのが会社の仕事でしたが、貝塚の山中の小屋での寝泊りでした。電気は通っていますがプロパンガスで自炊し、水道は通っていませんでした。ガソリンスタンドでもらった水をタンクに貯めておいて、一度沸かして飲料水として使いました」

「従業員は10人くらいで、皆、自宅から通勤していましたが、昼飯はその小屋で食べるんです。半分壊れかけた洗濯機が1台あって、洗濯したらいっぺんに水がなくなるから気をつかいましたね。タンクの水は1週間で無くなりました。フロは歩いて15分くらいのところの銭湯に行きました」

「それでも仕事に就けるだけありがたいことでしたが、ある日、現場でけがをしてしまいましてね。4メートルくらいのコンクリの枠が足に落ちてきて、左足が動かなくなったんです」

「同僚に『今日だけ、ちょっと休ませてくれんか』と頼んだのですが、『あかん』のひと言。足をけがしているのも分かっているはずなのに、いくらなんでもひどいと思って、それからしばらくして辞めてしまいました」

「おっかあは怒りましたね。せっかく仕事を紹介してもらったのに！って。でも言い訳しなかった。『あかん』と言った同僚は、実はおっかあに僕の仕事を紹介してくれた人だったんです」

「しばらくカプセルホテルで過ごしましたが、いよいよお金に窮して、釜ヶ崎で働くようになりました。釜ヶ崎のことは人から聞いて知っていました。怖いところというイメージがあって、足を一歩踏み入れるのに勇気がいりました」

「釜ヶ崎から作業員宿舎に入り、土木関係の仕事に就きました。10日契約が主で、日当は1万2千円。満期まで働いて5～6万円は手元に残りました」

「ところが、去年の3月ころから仕事に全く就けなくなり、生まれて初めての野宿生活に入りました。今宮中学の横の路上にテントを張ったのです」

「最初は毛布1枚から始めました。道に捨てられている布団を運び込んできたら虫が湧いていました。ぞっとしましたが寒いよりはマシ。雨のとき布団が濡れないように床面を工夫したり、雨よけ用のビニールシートも張りました。少しずつ家らしくなりました。とにかく『自分の家』を作るのに必死でした」

「家づくりの合間にも、朝5時には起きてセンターに通いました。ひょっとしたら今日こそは仕事にありつけるかも、と期待を抱いて行くんですが、全くダメなんですね。ここまでピタッと仕事がなくなるとは思いませんでした」

「夏から秋にかけては野宿生活もそれほど辛くなかったですけど、栄養状態が良くない。炊き出しの雑炊をよばれたり、三角公園の丼ものをよばれたりしていましたが、だんだん体力も落ちてきて、足もとがふらつく日もありました」

「こんなになってくると、逆にセンターに仕事を探しにいくことが不安になりました。もし万が一、仕事にありつけても、1日まともに働く自信がない。栄養失調でふらつきながら肉体労働はできません」

「冬になって、木枯らしが身に突き刺すようになると、この冬を乗りきれるのかと、ますます不安になりました。そんな年の暮れ、12月28日に大阪市による強制立ち退きにあいました。せめて温かくなる春まで待ってほしかった」

「路上から追い立てられ、目の前の花園公園の中に逃げました。こうして排除から逃れた人たち34人が、公園で生活を始めたのです。テント村と呼ばれ、僕は世話人の一人として、炊き出しの段取りをとったり、公園内の掃除をしたり、たき火の管理をしたりしています」

「この頃、妙に咳が出るんです。おっとうが結核で長いこと入院して亡くなっているでしょ。そのことがふっと頭をよぎります。体力が回復するまで生活保護を受けたいと思っています」

「おっかあに『おっとうとどうして別れたかは、おまえが大きくなったら分かることだからね』と言われたことがあります。おっかあは、おっとうと別れたあと創価学会に入って、熱心な信者になりました。そのおっかあは今、目が見えなくなっているらしいです」

「この前、新聞記者の取材に応じて、ほら、テレホンカードをもらったんです。これでおっかあに電話しようと思えばすぐできます。おっかあにも、一つ違いのしっかり者の妹にも会いたいと思いますよ。でもね、テント暮らしの身では連絡とれません。テレホンカードを取り出しては、また気を取り直してポケットにしまう。そんな落ち着かない毎日です」

＊佐藤さんはその後、結核病院に入院となりました。

89号（1999年2月1日）

対人恐怖症を克服だ

岡島さん
昭和55年生まれ
33歳
山口県下関市出身

「お父さんは石屋に勤めていて、墓の製造販売を行っていました。転勤が多くて僕が3歳になるまで1年ごとに引っ越しをしていたそうです。僕は3人兄弟の長男です」

「岩国で幼稚園に入りました。山側には錦帯橋、岩国城。海側は米軍基地。岩国城では白蛇が飼われていまして、市役所の職員が毎日餌を与えていました。神様みたいに祀られているんです」

「お母さんはパートでダスキンの仕事をしていました。各家庭を回ってモップの交換と集金です。自分の時間が空いているときに出勤できるから、幼児3人抱えていたお母さんには向いていたんでしょうね。3歳下の弟と手をつないで、集金に出かけるお母さんの後をついて行ったのを覚えています。お客さんは近所の人なので、同級生の家だったら、そのままお母さんと別れて、友達の家で遊んでいったものです」

「小学校に上がると野球のチームに入りました。酒販店のおじさんが監督で、学校の授業が終わる放課後の4時から5時半まで毎日指導してくれました。4年生から試合に出してもらい、最初は外野でしたが最終的にはショートを受け持ちました」

「5年生になったとき、6年生が僕をキャプテンに指名してくれました。監督が指名すると公平でなくなる、ということで何人かキャプテン候補を挙げて、6年生がその中から選挙で選ぶというやり方に変わったんです」

「でも中学では野球部に入るのをあきらめました。僕らが小学校のころは野球ブーム。PL学園の桑田、清原選手が野球少年のあこがれの的。中学に上がる前に入部を希望するクラブの調査があって、130人の6年生男子のうち100人が野球部を希望したんですね。あまりに多すぎて、これじゃ試合に出るどころかクラブの練習に参加できるかどうかも分からないぞと先生に言われたんです」

「結局陸上部に入りました。基礎練習を3か月やる中で先生が見極めて、僕はハードルをやるように言われました。冬は駅伝、長距離です。ハードルと100メートル走は、県大会で共に準優勝しました。1位もハードルと100メートル走が同じ子でした」

「岩国市で5キロ走の大会があって、1000人近くが挑戦しました。15位までが山口県主催の駅伝大会に参加できるとあって、僕も参加しました。10位まではレギュラーとして、11位から15位までは補欠です。どういうわけか10位に入賞しましてね、岩国市代表として県大会に出場しました。結果は惨たんたるものでしたけど（笑）」

「この頃、両親が離婚しています。お父さんは仕事が休みのときや暇さえあれば本を読んでいましたね。いったい何の本を読んでいるんだろと思って、ページをめくってみたこともあるのですが、難しすぎてよく分からなかった。朝7時には仕事に出かけ、帰宅は夜10時過ぎ。朝食は家族そろって食べましたが、食べ物の好ききらいを言うと厳しく叱られたものです。でも学校の成績が良くない僕に対して、勉強しなさいと叱ることは一度もなかった。お母さんも同じですけどね」

「両親の様子がなんかおかしいな、というのは何となく分かりました。テスト勉強のため夜11時ごろまで起きていたときがあって、仕事から帰ってきたお父さんとお母さんの間にほとんど会話がないのに気付いたんです。ある日、テーブルの上に無造作に置かれた書類を何気なく見たら、離婚届けの用紙でした。当時、離婚届けの意味が分からず辞書で調べたことを覚えています。別れる理由は性格の不一致ということでした」

「姓はそのまま岡島を名乗りましたが、学校に提出する書類の保護者欄が母親の名前になる。中学に上がっていた僕はありませんでしたが、弟たちには夏休み中の保護者への連絡票というのがあって、保護者欄に母親の名前が書かれていることを知った級友が弟たちをいじめたようです」

「お母さんは僕たち3人を育てるために、清掃の仕事につきました。お母さんの実家は徳山で農業をやっていて、JAに納めてもまだ十分残るほど広い田畑を持っていましたから米、野菜は実家が送ってくれました。それでも生活は厳しかったと思います」

「高校は陸上部からの推薦で私立高校に入学しました。推薦入学なので入学金はゼロ、授業料も半分。公立高校並みでした。アルバイトは原則禁止なのですが母子家庭のため許可されました。授業料を稼ぐため、部活をしながら弁当屋でアルバイトを始めました。高校生は午後10時以降働くことができませんので午後7時から9時59分ぎりぎりまで働きましたね。時給800円で月4～5万の収入になりました」

「陸上をやっていたら靴やウエアがどうしても必要になるんです。靴一足でも1万5千円近くかかる。授業料の支払いは月1万円ですみましたが、残りはほとんど部活の費用にあてました。部活の先生は僕が母子家庭なのを知っていて、困ったことがあったら相談にのるよ、とよく声をかけてくれました」

「学校が休みの日には弟2人を連れて徳山に行き、田植えや田んぼの周りの草むしり、大根引きなどの手伝いをしました。岩国から徳山まで電車で1時間、そこからバスで15分。おじいちゃん達は孫の顔を見られるからうれしいし、農業手伝ってもらえるから助かる。僕たちはお小遣いをもらえるのが楽しみ。バスの窓から見える田園風景が都会育ちの僕には珍しくて新鮮でしたね」

「成績の良かった弟は吹奏楽に励んで警察や自衛隊の吹奏楽隊やオーケストラを希望して芸大を受験しましたが不合格。東京でアルバイトしながら警察学校に通っていましたが、結局翌年、広島大学に入り直しました。弟も母親からの仕送りは一切受けませんでしたね」

「高校3年になって進学か就職かを決めなければならなくなりました。併設の女子短大があって僕たちの年から男女共学になったんです。保育士、幼稚園の先生、福祉、商業科の4コース。行きたいなと思うコースがなくて、学校に貼り出された求人案内を見ていました。結局、地元徳山に本社がある道路工事の会社が気に入って願書を出しました」

「お母さんに会社の名前を言うと、『もしかして面白いことあるよ』と笑うんです。入社式を迎えたとき、お母さんの言ったことが分かりました。中学の部活の1年先輩のおじいちゃんが会長、お父さんが社長の会社だったんです。挨拶のとき先輩と顔を見合わせて、お互いがびっくりです。先輩のお母さんと僕のお母さんは知り合いで、友達だったんですね。でも親の口利きで入社できたわけではないです」

「従業員数は1000人。大卒30人、高卒20人が採用されました。前田道路の関連会社従業員だった会長が若いころ、前田道路の社員に現場の仕事のアドバイスをしていて見込まれたそうです。前田道路の役員に『自分で会社を作らないか、金がなければ出資してやるから』と言われ、会社設立のノウハウを教えてもらい今の会社を立ち上げたということでした。社長が学生の頃の話だそうです」

「上水道、下水道、ガス配管などの工事をした後の道路の舗装や復旧をする会社でした。新しく道を作る仕事や高速道路の仕事もありました。国土交通省や市役所からの発注工事ですね。作業部、管理監督部、工場部、運搬部と4つの部門に分かれていて、僕は管理監督部に配属されました」

「見習いですから何でもやらされましたね。市が決めた基準に沿って仕事がなされているか証拠写真を撮ったり、測量したり、数値をコンピュータに入力して書類を作成したり。道具や材料の名前を覚えることから始めなければならない。頭と体の両方使う仕事でした。慣れるまではしんどかったですね」

「工場部は徳山の山側にあって、石ころと砂を熱で溶かして、特殊な油で焼いてアスファルトを作ります。工場を出るときには170～180度の温度。熱気が取れないよう特殊なシートで覆って現場に運ばれてきます」

「作業するときのアスファルトの温度は140～160度と決められていて、平均150度ないといけない。5センチとか10センチとか決められたアスファルトの厚みを証拠写真に撮りながら舗装が進められていきます。35度の炎天下でアスファルトの熱気を浴びながらの計測と写真撮影です。1年目の夏は脱水症状をおこしましたね」

「入社2年目の春、会社が人員削減と4月からの賃上げはないと言ってきました。不況だから仕方ないとあきらめる社員もいれば、子どもが生まれたのに生活できない、断固反対だと憤る人もいました。会社には労働組合があって、人員削減反対、給料、ボーナスカット断固反対！と激しい闘争が始まりました」

「そんな中で組合のことはほとんど知らない僕に、60歳前の組合委員長が社長と話をしてくれと言ってきたんです。僕が先輩と友達だから、そのお父さんとは話ができるだろ、と言うわけです」

「先輩のお父さん、おじいちゃんや、会社の役員数人を相手に、会社と組合との交渉に僕も加わることになりました。先輩と相対する立場は理屈では分かっていても辛かった」

「社長からは組合を抑えてくれと言われ、上司からは会社を追及するよう背中を押されるんです。社長は先輩のお父さんだし、一方、仕事を始めてまだ1年足らずの僕は上司から仕事をいろいろと教えてもらう立場で上司に気をつかう毎日」

「板挟みになって悩んでいたのは僕だけではなく、先輩も同様でした。神経が高ぶって夜眠れなくなりました。そのうち人と会うことに圧迫感を感じるようになってきました。先輩も同じでした。インターネットでこっそり精神科の病院を探して、二人で診察を受けました」

「うつとの診断を受け、気持ちを楽にしなさいと言われ、薬を処方してもらいました。お母さんには精神科に通っていることを隠していました。薬は車の中に隠しておいて、タバコを吸うふりをして家の外に出て飲みました」

「会社は人員削減を断念し、僕が21歳のときから新規採用をぐんと減らしました。組合と会社との板挟みは続き、不眠からイライラしてスピード違反、信号無視を何度も繰り返し、免許取り消し処分になりました。

お母さんにこっぴどく叱られましたが、本当のことは言えませんでした。22歳のとき会社を辞めました」

「その後、この会社で働いていた時に知り合った人から三重県の警備会社を紹介してもらいました。ちょうど平成の大合併のときで、庁舎の新築や改築があちこちで行われていました。土木とは別に病院の案内係や庁舎のガードマン、工事現場の交通整理など総合警備を請け負っており、仕事は大忙しでした」

「最初の半年は仕事を覚えるのに必死でしたが、もともと徳山の会社で経験している業務でしたから、いったん覚えてしまうとやりやすかった。徳山では現場を管理する側として、作業員さんが作業しやすくて、しかも歩行者が安全に通行でき、住民からも苦情が来ないように、どうやって工事区域を設定するかを徹底的に教え込まれてきましたからね、その経験を活かすことができました」

「取引先から一目置かれるようになって、仕事には必ず指名されるようになりました。忙しいときには1か月に50日働くこともありました。昼勤務してそのまま夜勤に入るんです。芸能人を地元の祭りに呼ぶイベントでは、ボディガード役として指名されました。屋台船に乗る安達由美が揺れて転倒しないように足を支えたり、天童よしみのコンサートの舞台の隅で警備のために待機したり…」

「雨で仕事が休みのときでも、取引先から直接僕の携帯に電話が入るんです。『今日休みだろ、こっちの仕事に来てくれないか』って。昼の仕事をしている最中でも携帯に電話が入り、『夜勤頼めないか』とかね。『今日は無理です』と一度は断るのですが、『緊急なんや、助けてくれ』と言われたら断りきれない」

「ところが働き出して数年したころから仕事が少なくなりました。テレビで東京の派遣村の報道を見て『大変やな。あんなになったら首つらなあかんな。何がなんでもこの会社にしがみついておらなあかんな』と同僚と話をしていました」

「それでも僕を入れて5人には、そこそこ生活していけるだけの仕事がありました。仕事が回ってこない古株の先輩たちは僕をやっかみ混じりの白い眼でみるようになりました。その先輩たちから麻雀を誘われれば断ることができない。仕事の無い先輩たちは夜更かしで麻雀に興ずる。それにつきあいつつ、僕は仕事に出かける。仕事が休みの日も昼間から麻雀に誘われるようになりました」

「寝不足と疲労で体調をくずしたある日突然、圧迫感に襲われました。徳山で会社と組合の板挟みになったときと同じ症状でした。動悸、不安感につきまとわれる。そのうち眠れなくなってきました。市販の風邪薬でごまかしていましたが、仕事も休みがちになり貯金も底をついてきました。会社では保険に入っていませんでしたから、病院に行くこともできない」

「逃げるようにして宿舎を出て、西成に来ました。日払いの仕事があると聞いていたからです。センターで仕事を探しているとき、宿舎で知り合った人から偶然声をかけられました。生活保護を受けて、組合の情宣活動でビラまきをしているということでした」

「その人から稲垣さんを紹介してもらい、今は生活保護を受けながら精神科と整形外科に通院しています。医者から対人恐怖症と言われました。腰の痛み止めと睡眠薬を飲んで寝るため、夜中はまっすぐ歩くことができず壁伝いや四つん這いになってトイレに行っています」

「一日も早く病気を治して働きたいです。職種は問いません。介護の仕事もいいですね。でも前もって資格を取ってないと就職は難しいと聞いています。雇ってくれるとこならどこでもいい、仕事に就きたい。それが僕の夢ですね」

155号（2013年2月17日）

老犬クロ、逝く

（語りは寅谷さん）

——会の一番の古株は小林さんでしょう。小林さんが炊き出し活動を始めたのが今から15年前ということですし、その時すでにクロは解放会館にいたということですから、クロは16歳で死んだことになりますね。人間で言ったら90歳。老衰ですね。

「解放会館の隣りの二見旅館に住んでいた飼い主から、現場仕事に行くのに面倒見きれなくなったから預かってくれと言われ、解放会館で飼うようになったそうです。その頃は子犬でコロコロしていて、本当にかわいかったそうですよ」

「私が炊き出しを手伝うようになったのは今から2年4か月前。このときクロはすでに老犬ですよね。クロはよく3階の踊り場で丸まって寝ていました」

「クロとは別にネコのミーがいましてね。私は動物が大好きなんで、クロやミーにエサをやっていたんです。そしたらすっかりミーが私になついて、3階の私の部屋を自分の居場所と決めたんですね」

「ミーは夜になるとどこかへ出かけ、朝方、私が起き出す時間になると戻ってくるんですが、そのとき、必ず踊り場に寝ているクロをわざと踏みつけてくるんですね（笑）。『キャウ！』というクロの声が聞こえるとミーが姿を現すといった具合でね（笑）」

「解放会館の向かいのカメヤ旅館で働くおばちゃんが、やはり動物好きでしてね、自分でも2匹のネコを飼っているということですが、ミーにキャットフードを毎日あげてかわいがってくれるんです。フロントで働くこのおばちゃん、動物には優しいですが、泊まり客には厳しくて、宿泊費が1日でも遅れると追い出してしまうんです。社長は『まあ、ええやんか』と言うのに、待ったなしですわ（笑）」

「近所の野良ネコや野良犬にもエサを与えるから、『1日のエサ代だけで3000円や』って嘆いていますが、それがまたうれしいらしくて、おばちゃんの生きがいなんですね」

「ミーはタマが生んだネコで3歳です。私が来たばかりの頃は、そりゃもう、手の上に乗るかわいいネコでしたよ。その当時はネズミがあちこちにいましてね、寝ている足元をネズミが走るといった状態で、私の部屋も1階の事務所も炊事場もネズミ天国だったんですが、ミーが大きくなってネズミ退治をするようになってから、めっきりネズミが減りました」

「カンパで届いた米の袋はかじられるわ、電話線をかじって電話が不通になるわで、稲垣さんが困り果てていたんですけど、ミーのおかげで今のところ安泰ですわ。ネズミを捕ったら、口に加えてわざわざ見せにきてくれます。『あと、殺すのはたのむよ』ということですかね」

「クロは元気な頃は出歩くのが好きで、私や坂本さんが買い物に行くときには必ず付いてきましたね。出歩けば屋台のおっちゃん、おばちゃんたちからホルモンを投げてもらったり、向かいの酒屋の息子にエサをもらったりで、この近辺でクロのことを知らないと言ったらもぐりやでって言われるくらい、みんなにかわいがられていました」

「元の飼い主も飯場仕事から釜ヶ崎に戻ったら、必ずクロの顔を見に来ます。そうすると喜んで尾っぽを振って走っていったものです。いつまでたっても主人のことは忘れないんですね」

「私の母もネコ好きでしたよ。買い物に出かけたと思ったらすぐ戻ってくるんですよ。『市場に行ったら捨てネコが鳴いていた』と、買い物かごにネコを入れて帰って来る。次々と捨てネコを拾ってくるものだから、家には最高で12匹のネコがいたことがあります」

「一番の年寄りネコは18歳。人間で言えば100歳くらいと違いますか?歯が1本も無くて目もほとんど見えない。母がそのネコにだけは雑炊を作って自分の手の平にのせて食べさせていました。その年寄りネコ、朝起きたら死んでいました」

「不思議なことに、そのネコの分だけ位牌があるんです。親父もおふくろも兄貴も死んで、命日にお寺さんがお参りに来るでしょう。母たちの位牌の横にそのネコの位牌も並んでいるんです。やはり動物好きの叔母が『姉さんがかわいがっていたネコの位牌も作ってあげよう』と作らせたようですが、坊さんは『こんなの初めてじゃ』とびっくりしていたそうです(笑)」

「クロの話に戻りますが、クロが急に弱ってきたのは去年の8月5日、交通事故にあってからですね。大阪市の清掃車に右手をひかれたんです。夏の暑いとき、クロはたいてい軽4トラックの下で昼寝をしているんですが、右手が道路側に出ていたんでしょうね。ギャウンという異様な鳴き声にびっくりして見に行ったときには、もうひかれた後でした」

「飼い犬であるのに鎖をつけていなかったということで、治療費は大阪市とこちらで半々ということになりました。稲垣さんが車で病院に運びました。前足の骨折でギプスをさせられて通院治療が始まり、最初の5日間は毎日通院しなさいと言われました」

「稲垣さんに『寅谷さん、頼むわ』と言われたものですから、私が責任もって世話することになりました。リヤカーにクロをのせて、片道15分の病院まで2か月間、通いましたね」

「右手を骨折してからは、3階の踊り場まで上がることができなくなり、1階の階段下の横に毛布を敷いてやって、そこで寝るようになりました。稲垣さんが心配して犬小屋を買ってきたのですが、そこに入ろうとしないんですね。クロが入らずミーが入って寝たりするものですから、犬小屋はすぐに片付けてしまいました」

「医者から『若い犬やったら1か月で治るけど、年寄りやから治っても歩行障害になります。覚悟しておいてください』と言われましたが、ギプスを取ってもそんなに障害がなくて、医者も年の割にきれいに治ったと喜んでくれました」

「でも通院も終わった頃から、あれほど好きだった散歩もしなくなりました。元の飼い主が姿を見せてもあまり喜ばなくなり、弱ってきたなぁというのがよく分かりました」

「死ぬ1週間くらい前から水しか飲まなくなりました。立ち上がることもできなくなって、毛布の上に横たわっているだけでした。クロ、クロと呼ぶと、顔をわずかに上げるだけ。おしっこで毛布が濡れているなと分かると、そっと交換してあげました。飼い主が来ても、全く反応しない。12月16日の木曜日、眠るように死にました」

「『クロは木曜日に縁があるなぁ』って、飼い主と話をしているんです。飼い主のおじさんが子犬のクロをもらってきたのが木曜日、事故にあったのも木曜日、死んだのも木曜日。長生きしてみんなにかわいがってもらって、クロは幸せ者やなあ、クロには楽しませてもらったなあって、稲垣さんとも話をしています」

「保健所に連絡するのは明日にしような、一晩くらい解放会館に寝かせてあげような、ということになり、その日は通夜となりました。カメヤのおばちゃんが泣いていましたね。飼い主も駆けつけて、線香代ですと稲垣さんに渡していました」

「クロが死んで1か月。カメヤのフロントの足元には青いポリバケツが置いてあるんです。カメヤの社長が『このポリバケツの水は毎日、きれいな水に換えておけよ。クロが生まれかわって、また水を飲みにくるかもしれないからな』って、フロントのおばちゃんに言いつけているということです」

94号（2000年2月21日）

酒が恨みの人生なれど…

尾嶋さん
昭和39年生まれ
52歳
東京都江戸川区出身

「男、女、男、女、男、女の6人兄弟で私は三男です。私が物心ついた頃には兄弟4人、目黒区の施設でした。長男、長女はすでに働いていました。千葉に住む親戚から、両親は死んだときかされていました」

「最初は新宿の児童相談所に入れられ、そこでおたふくかぜにかかった私だけは兄弟たちから1か月遅れて、目黒若葉寮に移りました」

「子供の頃、私はおとなしくて引っ込み思案でした。でも運動神経だけは抜群で、体育の通信簿はいつも5。ある日、寮に新入りが入ってきて、けんかをふっかけてきました。中学生の寮の先輩に『あいつと闘え』と指令され、決闘になりました」

「先輩は寮の隣にある大学のボクシング部からグローブを盗んできて、練習していました。練習相手はいつも私。『明日のジョー』がはやっていた時代です」

「新入りとの決闘が始まりました。先輩から『殴られろ!』と指令され、抵抗せずに殴られ続けたあと『行け!』と指令され、一気に反撃。相手を完全に打ちのめしました」

「番長風を吹かしていた新入りは、学校で『あいつは強い』と言いふらし、私に逆らう者がいなくなりました。内気な私がいつの間にか、番長になっていました」

「この寮の先輩、かなりの不良でしたが、私にとっては面倒見のいい先輩でした。小学生は自分でお小遣いを管理することができませんが、中学生になると小遣いを自分で使える。インスタントラーメンを買いに行かされ、残りの汁を飲ませてくれるんです。サッポロラーメンのスープ、あれは美味かった。忘れられない味です。先輩は結局、規律の厳しい施設に送られました」

「中学3年の夏休み、寮では職場体験学習がありました。将来の職業を決めることが目的です。寮の先生は、長男が働く現場で左官の手伝いをするよう指示しました」

「他の職人と一緒に住み込みで、朝5時に起きて7時から仕事。朝から晩まで舟の中のセメントをこねる。錬ったセメントを長い棒で左官に渡す。きつい仕事でした。野球部で鍛えていたし体力には自信があったのに、食欲がなくなり、飯がのどを通らなくなりました。長男がジュースだけでも飲めと缶ジュースを買ってくれたものです」

「1か月の体験を終えたときにはヘトヘトでした。でも他の寮生は訓練に行って金をもらうことはなかったのに、私は7万円もらい、時計も買ってもらいました。寮の先生が『えっ、こんなにもらったの？』とびっくりしていましたね。先生はその金を貯金してくれました」

「左官の仕事に就くのは嫌だと思いました。働くより高校へ行く方が良いと思い、が然、受験勉強を始めました。一度決めたら、とことん突っ込むタイプ。分からないところは友達に食いついてききました。優しい友達で、一生懸命教えてくれました」

「これまで勉強らしい勉強をしてこなかったですから、学校の先生にお前の偏差値では都立は難しいぞと言われていましたが、必死でした。滑り止めに私立も受けました」

「自動車が好きでしたから第1志望は自動車科。第2志望を機械科にしました。滑り止めの私立は自信がありましたが、寮の先生が真顔で『落ちたぞ。どうする?』と冗談を言いました。本命の自動車科は落ちてしまい、機械科に合格しました。それでも自分の番号を掲示板に見つけた時はうれしかった。『すごいぞ』と先生の方が私以上に興奮して喜んでくれました。奨学金をもらって高校に通うことになりました」

「高校に入っても野球がやりたくて『入部したい』と言いました。でも、先輩はリーゼントの頭を見て『頭を坊主にして来い』と言い、さらに白いベルトを見て『白いベルトはダメだ』と言いました」

「私は『分かりました!』と、その場でベルトをバシッとはずして投げ捨て、翌日は丸刈りに黒ベルトで、再度、入部を願い出ました」

「高校は部活で明け暮れました。朝5時に寮を出て、小田急線の成城学園前で降り、6時からマシンを使って練習。1年生3人での自主的な朝練です。夜7時からも練習。不良仲間と付き合う時間もなくなりました」

「でも部活を終えて帰るとき、腹も空くから皆で店に入ってパンやジュースを買います。寮のお小遣いは3000円。とても間に合わない。1人だけみじめな思いをするのが嫌で、寮の先生に高校を辞めたいと言いました」

「先生は心配して、長男に連絡してくれ、送金を依頼したようです。長男からの仕送りでユニホームを買うこともできました。高校のOBには巨人軍に入った人もおり、OB戦のときは必ず巨人のユニホームで参加していましたね」

「中学のときから付き合っている娘がいました。その娘の友達から『好きなんだって。付き合ってやって』と言われ、交際を始めました。おとなしい娘で、野球の試合や目黒区の陸上競技大会のときには、弁当を作ってくれました」

「高校になっても交際していましたが、映画代も出せない。お金が無いから彼女に何もしてあげられない。それが辛くて会う機会もだんだん減って、自然消滅となりました」

「3年生の夏で部活も終わり、その後は寿司店や内装会社でアルバイトして金を貯めました。卒業のとき、その金で奨学金も全額返済し、自動車の運転免許も取りました。トラック野郎の菅原文太に憧れていて、トラックの運転手になりたかったのです。トラックのあの装飾、きれいだなぁとため息をついて観ていました」

「寮の先生が就職先を探してくれ、東京ガスの下請け、関東配管に決まりました。入社式には2500人が参加。小金井の寮から中野営業所に通いました」

「朝5時半起床。寮のおばさんがつくってくれた朝飯を食べて、中央線から丸の内線に乗り換え、営業所には7時に到着です。朝礼が始まる前の30分、作業車の掃除やワックスがけをします。車が好きだったから、この作業も楽しかったです」

「二人一組になって、スコップとつるはしで穴を掘って配管を伸ばしていく仕事です。ガス管をつなぐところは、ねじで締めてテープを巻いて終わりなのですが、新式になるとゴムみたいなシールで巻く。きれいに巻かないとガスが漏れるんです。けっこう難しい」

「営業所の壁には、どの班がどれだけ配管を伸ばしたかが一目で分かる表が貼り出されていて、班ごとに競いあいました。4つほど年上の先輩と組んで、営業所でトップの成績をとり、旅行に招待されました」

「当時は忙しかったです。営業所が次々と増えて、同じ建物の1階に西中野営業所ができました。東京ガスに出向して、緊急にガス管の復旧工事をしたこともあります。給料は安いけれど、やりがいがありました。自分は出世コースに乗っていると思いました。定年まで勤めるつもりでした」

「ところが、ガス機器設置の国家資格をとるための研修に行っていて、最終日に後輩と飲みに行って、試験に遅刻してしまったんです。目が覚めた時は朝の10時。肝心の試験に遅刻だなんて、みっともなくて恥ずかしくて、1週間無断欠勤してしまいました」

「庶務係長が寮を訪ねてきてくれましたが、それでも恥ずかしさと自己嫌悪から抜け出せず、寮を飛び出してしまいました」

「中学の後輩の家でしばらく居候し、引越し屋の運転手のアルバイトで金を貯めて、川越にアパートを借りました」

「川越に住む中学の後輩が内装の仕事をしており、そこで働くことになったんです。関東配管との違いは給料の良さでした。バブル全盛の頃です。受注はいくらでもあり、同僚は仕事を終えた後、酒を飲みながら花札、ばくちの毎日でした」

「あるとき渋谷で仕事をしていたら、カンパイ（関東配管）の黄色い車が見えました。車の屋根に管を積んでいました。絶対、自分の知っている人間がいると思うと、懐かしさと恥ずかしさが入り混じって、とっさに隠れました。案の定、知り合いの顔でした」

「アーチに下地を張るのは難しいけれど、難しいからこそ挑戦意欲がわく。ここでもやりだしたら、とことんやる性格で、負けず嫌いの根性で仕事をしてきました」

「働きだして3年で内装2級の資格。5年で1級の資格を取りました。1級の資格は10年の経験がないと取れないのですが、15歳から働いていることにしました。技能検定では軽量鉄骨部門で金賞を受賞し、表彰式にはスーツを着て出席しました。他人に評価されることがうれしかった」

「バブルの頃、会社は株式会社になりました。社員は15人ほど。古い者が親方として独立し、若手を育てることになりました。仕事は次から次にあって、大忙しでした。私も独立して後輩の指導に当たり、1人、2人と一人前に育ててあげました」

「この頃、結婚しています。同僚と海で遊んでいるとき、筋を痛めて手が上がらなくなり、病院でリハビリを受けたのですが、そのとき患者と職員の関係で知り合いになったんです。9歳下の富山出身の女房で、夜中に歌を歌いながら掃除する、音楽好きな明るい娘でした」

「働いた金は女房に全部預けました。二人で貯めた金を頭金にして家を購入しました。女房には、子供が生まれるときには立ち会ってねと頼まれていました。仕事先に破水したとの電話が入り、現場から病院に直行しました。分娩室に一緒に入って、お産を待ちました」

「赤ん坊の頭が出たり入ったりするのを見て、正直言って気持ち悪かったです。やっと生まれて産声をきいたときにはホッとしました。女房が働いていた病院で、分娩費用は無料ということでした。職員が赤ん坊を真ん中に3人一緒の記念写真を撮ってくれました。平成6年のことです」

「子供の名前は二人で考えてつけました。オムツを替える、乳を飲ます、抱いてあやす。最初はこわごわでしたが、日増しにかわいさが募っていきました。母乳が余ると哺乳瓶に入れて、それを私が飲ませる。お風呂はさすがに怖くて、一人で入れることはできませんでした」

「ヨチヨチ歩きだすと、かわいさが増しました。寝るときにはいつも私の布団で寝ました。帰りが遅くなっても、起きていて待っている。2歳、3歳となると、ますます母親より私になついてきました」

「ところが皮肉なことに、娘が生まれた頃から、不景気になっていきました。収入が減ってくると、女房が『お酒を飲まないで』とうるさく言うようになる。うるさいから隠れて飲む」

「あちこちの内装会社で働きましたが、どこも酒で失敗して辞めざるを得なくなりました。車に酒を積んで出勤し、『機械の調子悪いから帰るわ』と口実作ってUターンすることが重なりました」

「女房があまりに口うるさいので、思わずカッとなって首を締めたことがあります。けいれんを起こしたのでびっくりして我に返り、ひたすら謝りました。この頃から女房は離婚を考えていたようです」

「突然、女房は娘を保育所に預けてキャバクラで働き出した。どこのキャバクラだときいたら、私がよく行っていた店。やめとけ！と言いましたがききませんでした。着々と離婚に向けて資金を貯めはじめていたんですね」

「富山から出て来たお義父さんに、なんとか離婚を思いとどまらせて欲しい、自分も反省して生活をやりなおす、と言ったのですが、女房の決心は固かった。娘が小学校に上がる前に離婚しました。それ以来、娘とは会っていません。自分の人生、これで終わったなと思いました」

「酒をやめようと思っても、体が言うことをきかない。コンビニでレトルトカレーを盗んで、警察に突き出されました。すみませんと謝って金を払っても店長は許しませんでした」

「アパートの家賃を滞納して、荷物を取りに行ったら鍵がかかっていました。空き部屋で休んでいたら住居不法侵入で捕まりました。刑務所で報奨金をもらって出所し、その金で酒を飲んで、盗んだ車を運転して事故をおこしました。長野刑務所、高知刑務所、神戸刑務所…と刑務所生活が続きました」

「刑務所に入ると禁断症状が出ました。幻覚、幻聴におびえました。虫が体をはう。虫が天井から襲ってくる。逃げても逃げても、襲ってくる。『女房が迎えにきたんだ。早く出せ！』と叫ぶ。地獄でした」

「出所と同時に生活保護を受け、アルコール専門病院にも入院しました。断酒会にも参加しました。断酒専門のクリニックにも2年間、通いました」

「大阪刑務所で知り合った男から、西成のことを教えてもらいました。4か月前、因縁ふっかけられて3人の男に殴られ、救急車で病院に運ばれました。硬膜外血腫とのことで、今でも1か月に一度、頭の水を抜きに行ってます」

「ケガのせいで、階段の上り下りも難しい。酒をやめようと思っても相変わらずやめられない。炊き出しは手伝えるときに手伝っています」

「ときどき、女房と娘が『ただいま』と家に帰ってくる夢をみます。女房の顔ははっきり夢に出てくるのに、成人した娘の顔はぼんやりしている。『おい、出かけるぞ』と家族3人で、どこかへ出かける夢もみました。夢から覚めて、しばらくは身体が重たい。一生懸命、夢の中の娘の顔を思い出そうとするのですが思い出せないんです」

「娘に会いたいです。そして、もう一度内装の仕事をしたい。バリバリ働いていた頃の自分に戻りたい」

170号（2016年11月15日）

阪神・淡路大震災後の復旧工事で奮闘

斉藤さん
昭和16年生まれ
74歳
神奈川県伊勢原市出身

「親父の実家も母の実家も大地主でした。親父は分家でしたが、かなりの土地をもらっていて、本家がそれを返せと言ってきたので裁判になったそうです。親父は、裁判に負けて落ちぶれたと子供の僕に話していました」

「僕は7人兄弟の4番目、戸籍上は二男ですが、物心ついたときには一番上でした。僕の上に3人兄弟がいたことは後で知りました。小学校に上がったころ、母が小高い丘に連れて行って、手で掘ったという防空壕を指さして、これに入ったんだよと教えてくれました。大人が10人くらい入れる穴でした。兄たちは戦争で死んだのかもしれません」

「家では野菜や米を作っていました。都会から大きな風呂敷に着物を包んでおじさんやおばさんが物々交換に来ました。晴れ着や着物を、要らないから持ってきたんじゃなくて、米やカボチャ、イモなどを手に入れるために、仕方なく置いていったんですね。しかも帰る途中に憲兵に見つかって取り上げられたという話も聞かされていましたから、僕らは恵まれて幸せな方でした」

「どの家でも田んぼや畑を耕してくれる赤茶色の牛を飼っていました。僕らの代わりに仕事してくれるんだもの、農家の人はみんな牛を大事にしていました。我が家では豚も4頭飼っていて、学校に行く前に牛と豚に飼葉を与えるのが僕の役目でした。牛は飼葉だけでは足りないから、近くの堤防に連れて行って、草を食べさせました」

「親父は牛の糞を集めて乾燥させ、それを堆肥にして野菜を作っていました。牛がわらや草を食べ、その糞で作った野菜を人間が食べる。命あるものは何でもぐるぐる回っているんだなぁと子供なりに思ったものです」

「野菜の出荷のときには、日が昇る頃に畑に行かされました。ハクサイ、キャベツ、ダイコン、ネギ、ホウレンソウ。台秤《だいばかり》に載せて長ネギを一束800グラムにまとめてわらで束ねます。作業が終わって学校に行くから眠たくてね。小学校5、6年生のときの担任の先生は僕の叔父さんでしたが、居眠りしていると容赦なくチョークや黒板消しが飛んできました（笑）」

「親父は朝から晩まで働いていましたが、仕事の合間に木にロープをくくりつけてブランコを作ってくれたり、おさがりの三輪車ももらってきてくれたりして、僕ら兄弟を喜ばせてくれました」

「物が無い時代です。教科書もおさがりで、学校に弁当を持って来られない子もいました。裁判で土地を取られたと言っても、そこそこの土地はありましたから、食べるものに苦労したという記憶はありません。僕の弁当のおかずと言えば、鮭を焼いたのや味噌漬けでした。中学の修学旅行は二泊三日で大阪、京都、奈良でしたが、生徒は米持参。宿に着くと旅館に米を預けたものです」

「中学に入ったころから村に不動産店の看板が目につくようになり、土地を手放す農家が多くなりました。

畑や田んぼは、商品や塗装材料を入れる工場の倉庫になり、農地を手放した農民の中には、倉庫の作業員として働く人も出てきました。親父も土地を売って、平塚の水道工事会社で働くようになりました」

「僕も中学を卒業すると、親父が勤める会社に自転車で一緒に通いました。穴を掘って水道管を埋める工事や、建物の中の配管工事、洗面所や便器の取り付け工事などで、仕事は忙しかったですね。ところが親父が体を壊して仕事を辞めたものですから、僕も一緒に辞めたんです」

「地元で友達に声をかけられ、建材店の運転手の仕事を始めました。丘を切り崩して砂利、砂、砕石を4トンダンプで平塚や藤沢の建築現場に運ぶ仕事です。砕石はそのまま公園の敷石として使われ、砂利や砂は生コンの材料になって、学校や住宅や工場が次々に建てられていきました。生まれ故郷も隣町も、あっという間に変わりました。母が教えてくれた、防空壕のあった小高い丘も無くなりました」

「仕事は人一倍働きましたが、飲酒で自動車事故を起こしてしまいました。車同士の事故で人身事故にはなりませんでしたが、大きな事故でした。親父が補償金を全額支払ってくれましたが、田舎にいることができなくなりました。屋根葺きでも葬式でも祝い事でも、田舎では助け合いますからね。噂もすぐ広がる。自分自身に嫌気がさして、親兄弟に行き先も告げず、逃げるように横浜に出てきました」

「寿に行けば仕事があると聞いていました。寿に職安があって、建築ブームで仕事はたくさんありました。会社ごとに運転手、トビ、土木作業員、雑役などの職種別の募集人数と単価が書かれた札が下がっていて、行きたい会社の札の前に行くと、職安の職員が『ここは埋まりました』とか『喫茶店の○○で待っていて下さい』と教えてくれます」

「30代のころ東京の山谷に行きましたが、宿泊施設も少ないし水が合わなくて、すぐに釜ヶ崎に出てきました。運転免許の切り替えをしていなかったので、土木作業員、雑役として働きましたが、釜ヶ崎でも仕事はたくさんありました」

「主に築炉の出張仕事に行きました。積んである煉瓦を全部壊して、新しい煉瓦を積む仕事です。溶鉱炉の火は止まっているけれど耐火煉瓦は熱いし、周囲は高温でむんむんしている。その中での煉瓦交換ですから重労働です。でも待遇が良い。食事付きのホテルや旅館に泊まって、ビール1本無料サービスのところもありました」

「センターから契約の仕事に行ったら、食事代、宿泊代を3000円くらい引かれますが、出張仕事は1円も引かれない。そのうえ、作業員宿舎だと毎日仕事があるとは限らないけれど、出張仕事はあぶれることがないんです。そのかわり、納期が終わるまで休みはありません。1か月間休み無しということもありました」

「新日鉄、神戸製鋼、役場のゴミ処理場。規模の大きいところでは1か月、小さいところは10日。トラックに道具を積んで、人間はマイクロバスに乗って、神戸、加古川、高松、福岡…と全国を回りましたね」

「阪神・淡路大震災のときは、工事用車両の看板ステッカーをつけた車で、毎日現金仕事に行きました。一般車両は通行禁止。大阪から車が入れるところまで行って、とりあえず到着できたところから道路を片づける。車が入れるようにするためです」

「24時間体勢での仕事でした。まずは幹線道路を通すこと。それが一番の目標でした。上の人が、今日はここまで片付けたら終わりにしよう、と言うんです。電柱が倒れ、ビルが倒れ、高速道路も傾いている。食料を買うところも無いし、トイレも無い。自動販売機も使えない。そんな中で、ボランティアの人たちが炊き出しをやっていて、僕たち作業員にもコーヒーやおにぎりの差し入れをしてくれました」

「人の声や何かを叩く音がしたら、すぐ作業を中止するようにと言われました。生存者がいる可能性があるからです。ただ片付け作業をするだけでなく、救助も兼ねていましたね。雨水や消防の水を飲んで生きている人もいました。ちょっとでも物音が聞こえたら、すぐ消防、警察に連絡したものです」

「震災の片付けの作業が終わったら、今度は仮設住宅の建設です。基礎工事から電気、ガス、水道をつけることまで、大忙しでした。毎日残業でしたね」

「仕事を終えて釜ヶ崎に戻ると、一人で飲みに行きました。知り合いと連れ立って飲むことはしなかった。気をつかうし、ろくなことないもの（笑）。仕事を終えて、一杯飲む酒は美味かった。その楽しみがあるから、どんなキツイ仕事も苦にならなかった」

「テレビで交通公社の旅行の宣伝をみると、そのツアーにも参加しました。もちろん一人です。ガイドさんが歴史や地理の説明をしてくれる。それが面白いんです。ノートと鉛筆を必ず持って行って、聴いた話をメモしたり、境内に書かれた説明文を書き写したりしました。稼いだ金は、ほとんど酒と旅行に使いました」

「震災の仕事のあと、結局、体を壊してしまいました。仕事に行けなくなると、簡易宿泊所に泊まる金も無くなります。野宿してアルミ缶や段ボールを集めて生活するようになりました」

「鉄骨ビルの吉田商店はアルミ缶や鉄の買い取りをしてくれる業者で、アルミ缶や段ボール回収用に赤いリヤカーを貸してくれるんです。1階は作業場、2階から上が一泊200円で泊めてくれる部屋でした。今は無料かな」

「3畳一間で電気があるだけ。部屋には何んにもない。炊事場とトイレは共同です。僕はそれで満足でしたが、ただ一つ困ったことは、炊事場や廊下で宿泊者同士が大声張り上げてけんかを始めること。ちょっとしたことでも、酒が入っていれば、もめごとも大きくなる。じっと我慢して7年ほどいましたが、辛抱しきれなくなって飛び出しました。争いごとは一番きらいです」

「自転車で八尾や松原の方までアルミ缶を回収に行きました。1キロ115円。20キロ積めば2千~3千円になる。荷物は貸しロッカーに預けて、夜のうちに自転車を走らせ、朝、吉田商店に持って行って換金すると、一泊800円の簡易宿泊所に泊まることができます」

「歩き方がおかしいって？石切神社近くで下水本管工事をしているとき、シートパイルでせき止めていた土が崩れてきて、体が土に埋まってしまったんです。ユンボが土をかきわけて助けてくれたけど、病院で医者に鎖骨がずれていると言われました。腰の骨も痛めたようで、それからずっとこんな歩きかたですわ」

「簡易宿泊所に泊まるお金がなくなると、公園や路上で野宿しました。京都駅で夜を明かしているとき、『おじいちゃん、コーヒー飲むか？ごちそうするで』と若い男の人に声をかけられました。生活保護を受けることができると言われ、伏見区のアパートに連れて行かれました」

「ところが、生活保護費から3食の弁当代を引かれると僕の手元に入るお金は月2万5千円。これでは生活できません。貧困ビジネスにひっかかったんです。何か月か辛抱したあと、逃げ出して大阪に戻ってきました」

「炊き出しに並んでいるとき、『だれか、釜を持ってくれる人いませんか？応援お願いします』と言われ、解放会館の炊事場に何度か手伝いに行きました。ガスコンロから2人がかりでコンクリの床に下ろし、今度はそれを掛け声かけて、また2人でリヤカーに移す。確かに力の要る作業です。雑炊、ごちそうになるだけじゃなくて、僕でできることならお手伝いしなくちゃ、と思ってね」

「しばらくすると、稲垣さんが炊き出しの列に向かって『だれか炊き出しを手伝ってくれる人いませんか？』と呼びかけました。すぐに『ハイ』と手を挙げました。稲垣さんは野宿していた僕に不動産店を紹介してくれ、そこで重要事項証明を書いてもらって生活保護の申請をしました」

「すぐに生活保護が決まりました。今は炊き出しやセンターでの情宣活動に参加しています。じっとしているのが苦手で、体を動かしていないとダメな性分。慌て者で、入居してすぐ、アパートの風呂からあがったときに足を滑らせ、こけてしまった。腰を打撲し、コルセットを手放せなくなりました」

「役所の人は親切ですよ。一人住まいは何かあったとき心配だろうから、福祉電話をつけたらどうですか？と教えてくれました。でも電話を取り付けるには保証人がいる。稲垣さんが保証人になってくれました。市大病院で白内障の手術もしてもらいました。入院するのに、これも保証人が要る。稲垣さんが二つ返事で保証人になってくれ、病院まで車で送ってくれました」

「親父は土地を売って金は持っていたけど、働くこと自体に価値があるんだという考えでした。そして人を差別したり、人に偉そうにしたらいけないと言い、福沢諭吉の学問のすすめ第1章『天は人の上に人を造らず』を何度も声に出して読んでくれました。おかげで今でも空んじています」

「人と争ってはいけない。困っている人がいたら助けてあげなさい。非をとがめる人がいたら、たとえ自分が行っていなくとも『はい、私が悪いです』と率先して謝りなさい…。親父は理科や数学は苦手で教えることはできませんでしたが、僕が国語や社会の宿題をやっていると、その横でいろんな歴史の話や偉人の話をしてくれました。今思い起こせば、人のあるべき道を親父なりに説いていたのかもしれません」

「子供のころから、皆といっしょにワイワイガヤガヤの世界が苦手でした。嫌なことがあると、神社仏閣を詣でます。気持ちが落ち着き、心が休まるんです。親父の影響は大きいと思いますね」

「自動車事故を起こしていなければ、親父のそばで生活していたかもしれません。違った人生があったかもしれない。家庭を持っていたかもしれません」

「田舎を捨てた僕は、天涯孤独の身。家族があるっていいなぁとつくづく思います。でも自分のことを不運とは思っていませんよ。稲垣さんが家族同様に入院や電話設置の保証人になってくれた。赤の他人の保証人になるって、なかなかできないことです。うれしかったですね」

「生活保護を受けて、お金の心配をすることがなくなったし、親切なケースワーカーは介護のことまでアドバイスしてくれる。今が一番幸せですね。生活の不安から来る迷いがないもの」

165号（2015年9月5日）

夢叶わず、悔恨の涙

上野さん
昭和 27 年生まれ
63 歳
鹿児島県薩摩町出身

「親父は山や畑を親から相続していましたが、サイコロバクチで家も山も全部取られ、私が生まれた頃にはわらぶきの粗末な家に住んでいました。兄弟は5人、兄2人、姉2人の末っ子です」

「私が物心ついたころ、親父は自分で弁当を作って、役場が募集している失対事業に行っていました。おふくろは近所の畑仕事を手伝っていましたが、仕事を終えたあと焼酎を飲んで酔っ払っていることが多く、親父に言いつけられて、よく迎えに行ったものです」

「おふくろは焼酎を飲んで親父の愚痴を言うことが多かったですが、遠足や運動会のときにはとびきり美味い煮しめを作ってくれましたね。洗濯板で洗濯しているおふくろの姿、よく覚えていますよ」

「親父は酒を飲まず無口でしたが、おふくろは公民館で三味線弾いておはら節を踊る陽気な性格でした。親父は親兄弟とほとんど付き合いが無かったですが、おふくろの周りにはいつも親戚が集まってにぎやかでした」

「豊かな生活が一転して、生活苦にあえいでいたんでしょう。おふくろは親父とけんかすると『クビつって死んでやる』と裏庭のミカン畑に駆け出したものです。ボンタンの木が倒れないようにくいとボンタンをひもで結びつけているんですが、そのひもで首をくくろうとするんです」

「親父は私に『かあちゃん、止めてこい』と言う。泣き叫びながらおふくろの足にしがみつきました。毎回繰り返されることとは言え、幼い子どもにとっては張り裂けんばかりの辛さでした」

「小遣いかせぎに山に入って竹の皮を拾い集めました。カゴにいっぱいになるまで集めると200円くらいになりました。当時小遣いが5円のころですよ。竹の皮はチマキをつくるのに重宝されていたんでしょう。業者が買い取った竹の皮は鹿児島市内の料理屋で高く売れたようです」

「勉強はきらいでしたが学校は1日も休まず通い、卒業のとき表彰されました。友達も多かったです。中学では陸上部に入りました。本当は野球部に入りたかったんですが、ユニホーム、スパイク、グローブと揃えるにはお金が要る。走るだけなら金かからんですからね。野球部の友達がうらやましかったです」

「戦国時代の本はよく読みましたね。貧しい百姓が出世してはい上がっていく物語。今に俺だって…と歴史の英雄に自分の生活を重ねて、夢をみたものです」

「中学を卒業するころには両親と私だけになりました。高校は野球の強い鹿児島実業に行きたいと思いました。親父は私の気持ちを察して、高校に行きたければ親戚に金を借りると言ってくれましたが、兄弟の中で自分だけが高校に行く、それも親戚に金を借りるとなれば、親戚にも負担をかけることになる…と思うと気が進みませんでした」

「当時、中卒は金のタマゴと言われ、引っ張りだこでした。静岡から耕運機のクボタが求人に来ていて就職が内定していたのですが、鯖江に住む次兄から『福井に来ないか』と声がかかりました。次兄は鯖江のメガネ工場で働いていて、すでに愛知で働いていた姉も呼び寄せていたのです」

「最後の子供が家から離れていく。胸の内は寂しかったのでしょう。親父は突然、『魚釣りに行くか?』と言い出しました。久しぶりに親父と二人、夜のうちに仕掛け、翌朝、川に向かいました。相変わらず親父の釣りは上手かったですね。ウナギがたくさん獲れました」

「出発の日、後輩たちと先生が宮之城駅で見送ってくれました。両親とは川内駅で別れ、寝台特急で大阪に向かいました。大阪から雷鳥に乗り換えて鯖江に到着しました」

「鯖江の駅前には田んぼが広がっていて、工場に続く道は砂利道でした。従業員は120人。この年の新入社員は15人で、そのうち中卒は3人でした」

「機械で裁断してセル枠をつくります。プレスを回して、フレームにレンズをはめこむための溝を掘ります。真ん中にまっすぐ溝を掘るためには、内枠をキレイに磨いておかなければなりません。ゴツゴツしていたら、プレスを回したとき手が振動で動きますからね」

「プレスを回しながらセル枠を固定するには、かなりの指の力がいります。指の力をつけるために、腕立て伏せならぬ、指立て伏せをするくらいです。セル枠職人の指はみんなごっついですし、指にセルの跡が付いているからすぐ分かりますよ。メガネ作りの全行程を習得して一人前になるには最低でも6年かかります」

「眼鏡組合ではそれぞれの会社に野球のチームを作り、眼鏡杯《がんきょうはい》を企画していました。私の職場でも野球好きの20人くらいが県大会優勝をめざして練習していました。野球の楽しみがあったから仕事も頑張れました」

「眼鏡杯の大会で他の会社のチームの応援にきていた女性と交際を始め、27歳のとき結婚しました。この頃にはすでに両親も次兄に呼ばれて鯖江に移り住んでいました。全て、次兄の計画通りです」

「メガネ産業は上り調子でした。どこの会社も腕のいい職人を欲しがっていました。20年勤めたころ他の会社に引き抜かれ、部長になりました。その後、メガネを納品していた問屋の社長と仲良くなって独立を強く勧められ、43歳のとき独立しました」

「作れば作るだけ売れる時代でした。中古の機械と洗浄機を500万円で購入し、アルバイトと内職を雇い、嫁さんにも手伝わせて徹夜で仕事をしました。受注に追い付かない日々でした」

「ところがある日、土曜日までに1500枚納品してくれとその問屋の社長に言われて納品し、月曜日に訪ねると外に問屋の従業員らが何人か立っているんです。鍵があかないという。出勤してきた専務が鍵をあけたら、商品が一つもありませんでした」

「計画的な夜逃げでした。取引のある会社にそれぞれ土曜日までの納品を依頼し、大量のメガネを持って、逃げたのです。被害総額は甚大でした。個人でやっているメガネ会社は被害が特に大きかった。裁判をおこしましたが、問屋自身も借金漬けだったんですね。ほとんど回収できないことが分かりました」

「昼間は郵便局の配達、夜は高速道路のサービスエリアでうどん店の店員。掛け持ちで借金返済のために働きました。嫁さんは運送会社で箱詰めの仕事に就きました。そのころ、すでに親父は亡くなっており、おふくろは畑で野菜を作って、少しでも家計を助けようとしました。借金については調停で、利子は一銭も払わず1000万円を返済するということになりました」

「長兄は鹿児島にいるときからフーテンの寅さんみたいに、ふらっと家に顔を出すと、またいなくなる。鯖江にもふらっと顔を出して、娘らに小遣いをあげたり、おふくろに食事をおごったりしていました」

「その長兄が鯖江で所帯を持って、今度こそ落ち着くのかと思ったら、またどこかへ行ってしまった。長兄が久し振りに鯖江に顔を見せたとき、私は借金返済に追われていました」

「『あとどのくらい借金あるんや』と聞かれ、『100万ちょっと』と答えると『俺が働いている赤坂組へ来ないか』と誘われました。『長男の俺がおふくろの面倒みなあかんのに、おまえにみさせてごめんな』と言っていましたから、借金返済に走り回っている弟を見て、なんとかせなあかんと思ったのでしょう」

「赤坂組の社長はポンと100万円を出し、『給料から天引きやで』と言ってくれました。信じられませんでした。薩摩のフーテンの寅さんは、武生出身の社長とウマが合っただけでなく、働き者で信用されていたのです」

「しばらくの間、長兄と一緒に現場に出ましたが、『俺の弟だからと言って、ちやほやしないでくれ』と事あるごとに社長や番頭に言っておりました」

「3年くらいすると職長になりました。現場の責任者です。危険予知の略字KY用紙に労働者のフルネームを自筆で書いてもらい、体調管理に関するチェック欄に自分でチェックし自己申告とします。血圧はその場で測り、異常値の場合は働けません。『上が180もある。今日の作業中止』となるんです」

「KY用紙に記入した後は、本日の作業の注意事項と段取りを労働者に周知させ、『あわてるな。ゆっくりと。足元よいか、手元よいか』と唱和し、『本日もご安全に』の言葉で仕事にかかります」

「コンクリを打つとき、30㎝間隔の格子で鉄筋が組まれています。足がその間に入って、こけて骨折した人がいました。本人の不注意ですが、ケガをすると現場の仕事がストップするので職長が大目玉をくらいます」

「現場でのケガは労災です。2日後くらいに現場確認のため労働基準監督署から監督官が来て、たいていは『こんなやり方してたら、ケガしますよ』と注意されます」

「大津市民病院の建築工事で、コテを使って土間のコンクリをなおす作業をしていたら、『ポンプ屋が落ちた！』という叫びが聞こえました。すぐに駆けつけましたが即死。安全帯をしないで9階部分のコンクリ打ちをしていたんですね」「ホースを持って、コンクリを流しながら移動していくのに、安全帯を外したり付けたりしていたら間に合わない。あのころは、邪魔臭がって付けない人が多かった。この時は半月ほど作業がストップしました」

「55歳のころ鯖江に戻りました。経験があるからと高をくくってメガネ関係の仕事を探したのですが、大手のメガネ工場は土地代も人件費も安い海外に移っており、鯖江の町はさびれていました。足元を見下すように『給料12～13万で良かったら使いますよ』と言われ、それ以上探す気になれませんでした」

「鯖江での職探しは無理だと思い、再び赤坂組に戻りましたが、ここでも仕事は減っていました。長兄はすでに建退協からと赤坂組からの二つの退職金をもらって赤坂組を辞めていました」

「宿舎に泊まっている者が交代で仕事に行くようになり、宿泊費と食事代を引かれたらほとんど手元に残らない。若い番頭が、早く出て行ったらいいのにという顔を露骨にする。ここでも屈辱をかみしめ、自分から身を引きました。60歳になる手前のことです」

「おふくろが死ぬ2年前、おふくろの顔が無性に見たくなりました。嫁さんたちには黙って、こっそりとおふくろの暮らす施設に面会に行きました。おふくろは視力が落ちて私の顔が見えませんでした」

「車イスに座ったおふくろは、談話室で『あのフーテンどこ行った?』と聞いてきました。長兄と私は性格も顔もそっくり。バナナの皮をむいてやり、カップのコーヒーを一緒に飲んで、なんということもない会話をしながら、心がゆるんでいく不思議な時間を過ごしました。おふくろがふっと、『鹿児島にもういっぺん行きたいなぁ』と言った言葉が今も耳に残っています」

「大津のハローワークから、河のゴミ拾いの仕事に行きました。公共事業です。腰まであるウエットスーツに、腕までのゴム手袋をして橋げたの近くまで行きました。作業前に自分の近くに杭を打ちこみ、安全帯とつなぎます。杭と岸との間にロープを張って、ゴミ箱を行ったり来たりさせるんです。山の木の伐採、草取りなど、単発的な公共事業で働きました」

「ハローワークの少し手前に貼り紙があって、土木作業や雑役の現金仕事の募集がありました。日銭が欲しいので電話して『明日、瀬田の唐橋の入り口で待っています』と約束して手配師の車に乗りました。しかし毎日仕事があるわけではありません。いよいよアパートの家賃も払えなくなりました」

「長兄を西成で見たという話が耳に入っていましたし、西成に行けば日雇仕事もあると聞いていました。朝5時にアパートを出て、1号線沿いに歩いて西成に向かいました。途中、空腹に耐えかねて、枚方あたりで栗の実を失敬し、公園の水道水を飲みながら歩き続けました。あべのハルカスが見えたときにはほっとしましたね。到着したのは午前1時でした」

「西成に来て、真っ先にあいりん職安に行きました。ところが窓口に立つ職員は『うちは仕事の紹介はしていません』と言うのです。耳を疑いました。『えっ、仕事の紹介をするのが職安でしょう?』と聞くと『そうですね。でもここではやっていません』とすまして答えるのです。仕事を求めて大津から歩いてきたのに…。あのときのショックは忘れられません」

「炊き出しに並んでいたら、雑炊のお椀を渡している人が赤坂組の元同僚でした。思わず声をかけました。稲垣さんとここで生活保護の申請をお願いして、保護の決定がおりるまで手伝っているということでした。私も稲垣さんにお願いすることにしました」

「嫁さんの両親には、『娘を借金づけにさせて。だから独立に反対したんじゃ』と、さんざんののしられました。そしられて当然です。でもそれ以上に辛かったのは、高校生だった長女を中退に追い込んだことです。男であれば一国一城の主になってみたい。戦国時代の武将の気分で冒険に挑んだ結末は、最愛の娘たちへの悔恨の涙でした。土下座して謝りました」

「赤坂組で働いている時、おふくろが死んだという連絡が次兄からありました。すでに長兄は赤坂組を辞めていましたが、社長は『カネあるんか』と聞き、『息子に金を預けるからそれを持って行け』と言ってくれました。おふくろの葬式に行けたのも社長のおかげ、いや、もっと言えば長兄のおかげです」

「釜ヶ崎には赤坂組の同僚がたくさんいます。長兄については、『ここ2~3年見てないなぁ』と誰もが言う。入院しているのか、もうこの世にいないのか。それとも、またフラっと旅に出たのか」

「長兄におふくろが死んだことを教えてあげたい。そして社長が旅費を出してくれたことも教えてあげたい。まだ探すのをあきらめていません」

「今は離婚して独り身。65歳になれば年金が満額もらえます。平凡なサラリーマン生活が一番いい。つくづく、そう思います」

167号（2016年2月25日）

心残りは愛犬ピンコ

高橋さん
昭和４年生まれ
70歳
北海道室蘭市出身

「4歳のとき養子に入ったんです。兄弟は6、7人おったと思いますが、私は末っ子でしたから、あまりよく分かりません。養父母にはかわいがってもらいました」

「養父は仙台出身で、5人兄弟の末っ子。兄弟親戚みんな固い職業に就いとったそうですが、養父だけは風来坊で定職に就くのをきらったそうです。反骨者で他人に指示されるのが大きらい。北海道に渡って、戦争中は港の荷役会社で責任者として働いたそうです」

「私が養父母に預けられたとき、すでに養父は50代でしたから、『じじ、ばば』と呼んでいました。ずい分と甘やかして育てられたようです。小学校に上がっているのに、銭湯へは養父におんぶされて通ったそうです。『あんたはね、腰のまがった親におんぶされて銭湯通いをしていたんだよ』と、親戚に教えてもらいました」

「小遣いも、他の子なら1銭だったころ、穴の開いた5銭銅貨をもらって駄菓子屋に通ったものです。酒飲みの養父でしたが、愛情いっぱいに育てられて幸せでした」

「室蘭で小学校を卒業して、戦争中は埼玉の親戚の家で過ごしました。終戦と同時に中国人や韓国人が続々と本国に引き揚げて行きました。米や麦が全く手に入らない。上野駅の近くの喫茶店では、1杯のコーヒーの代金はサツマイモでした。韓国の人は商売が上手で、ジャガイモのまわりに薄くご飯を塗って、『大きな握り飯』として闇市で売っていましたね。みんなが生きていくのに必死だったんです。あのころは、金はあっても物が無い時代でしたからね」

「終戦後2～3か月して、私も北海道に戻りました。男手は兵隊にとられて人手不足でしたから、働き口はいくらでもありました。鉄道員をやったり林業の仕事に就いたりしましたが、養母も死んで年老いた養父との二人暮らしになりました」

「働いた金は養父に渡して、それなりに生活していたんですが、近くに住む姉が『じいちゃんの面倒はみてやるよ』と言ってくれたんで、平塚の方まで出稼ぎに行ったんです」

「ちょうど新幹線工事が始まったころで、現金収入が北海道よりずっと良い。関東で働きながら養父への仕送りを続けました。昭和39年の東京オリンピックの年まで、工事現場で働きました」

「オリンピックの後は大阪の万博工事です。万博景気で忙しかった。朝8時から夕方まで、気持ちいいほどに身体を動かした。黄金時代でしたね」

「50歳になったころ、知り合いに『ホテルの夜警の仕事に就かないか』と声をかけられました。ホテルのフロント係が出勤するまでの間、泊まり込みで警備する仕事です。月収9万円。ボーナスもあるし、毎年1万5千円ずつ月収も上がるということで、9年間1日も休まず働きました」

「たいていの者は何か月もしないですぐ辞めてしまうそうですが、私は年もくってるし、そのおかげで、客同士のトラブルも穏便にすますことが得意でした。もちろん客とのトラブルをおこすこともありませんでしたから、けっこう貴重がられました」

「部屋に財布を忘れた泊り客がいればフロントに財布を預ける。当たり前のことですが、ほとんどの夜警は自分のポッケに入れてしまうそうで『高橋さんは正直者で信用できる』と言われました。養父から『だれの人生でもない、自分の人生や。好きなように生きたらいいが、他人に迷惑だけはかけたらいかんぞ』と言われて育っています」

「10年目、ホテルのマネージャーに何度も引き留められましたが、高収入に魅かれて土木作業の仕事に戻りました。働けば月35万は稼げる時代でした」

「ところが一昨年の夏、突然、右手が動かなくなったんです。医者の説明では、骨が伸びる病気ということで、骨を削る手術をしました。そしたら箸も持てなくなった。一時は失望しましたね。こんなになったら、働くことはおろか日常生活もままならない。死んだ方がいいとまで思い詰めました」

「施設には、私のような生活保護で入所している者とそうでない人がいて、職員の対応が違うんです。見下した物の言い方は屈辱的でした」

「今年の春まで施設でリハビリ治療をして、訓練の甲斐あって指が動くようになりました。68歳でしたが、引き続いて老人ホームのようなところに入所する気はありませんでした。まだまだ現役で働く自信がありましたし、老人ホームに入ってまで、ずっと職員に差別的な対応をされるなんて、考えただけで嫌でしたからね」

「西成に戻って簡易宿泊所に住んで働き出した1週間後、傷害事件をおこしてしまいました。地下鉄の終点で降りてホームを歩いていたら、体格のいい若いサラリーマンが50代の男と口論していて、その男を殴り飛ばした。殴られてひっくり返った男は、2、3日前に西成で見たことのある労働者だったんで、『そんな年寄りに何をするんや』と止めに入りました」

「若いサラリーマンは、電車の中でタバコを吸っていたその男を正義感から注意したようです。でも、酔っている年寄りを殴りつけることはなかろうと思い、私は二人の間に入ったんです」

「そしたら、サラリーマンは私を男の相棒と思ったんでしょう、今度は私に殴りかかってこようとしたから、思わずズボンのポケットにあった果物ナイフで相手を2カ所刺してしまった。駅のホームでの出来事ですから、すぐに駅員が走って来て、取り押さえられました」

「裁判で実刑2年6か月、執行猶予4年の判決を受けました。警察では『なんで見ず知らずの者が殴られているからって、止めに入ったんや』と何度も聞かれましたけど、同じ日雇仲間が大きな若い男に殴り倒されているんですからね、黙って見ているわけにはいきませんよ」

「前科がないし、年も年やからという理由で、執行猶予つきになりました。『高橋さん、あんたの行為は正当防衛には当たらんのだよ。相手は殴りかかってこようとしただけで殴ってはないやろ。それなのに刺したら、これは完全にあんたが悪いんや』と言われました」

「私は『やったことに対して、刑を受けろというのであれば受けます』と答えました。たばこを吸っていたその男の人？あれから会うこともありませんから分かりません」

「釈放されて、いざ働こうと思っても仕事が全く無い。若い者でも仕事にあぶれているんです。ましてや保護観察の身。稲垣さんに相談したら、生活保護の申請をしてくれまして、おかげさんで生活保護を受けることができました」

「解放会館に寝泊りして炊き出しを手伝っています。朝4時に起きて散歩がてら釜ヶ崎を一周して、それから炊事場に出ています」

「若い頃には、いずれ年いって働けなくなるということを想像していなかった。年いったらどうやって生活していくのかということを考えずに生きてきたことが、私の人生の一番の失敗です」

「あと、ピンコのこと。柴犬の雑種で、ホテルの夜警をしていた頃に飼っていました。子犬のときから育てて、家族の一員でした。3日おきにシャンプーしてやり、どこへ行くにも一緒。作業員宿舎生活をするようになると、アパートの住人にドッグフードとお金を少し渡し、ピンコをお願いしてから、出かけたものです」

「仕事が少なくなって自分の生活すら厳しくなってくると、手放さざるを得なくなりました。保健所に連れて行けば殺される。悩んだ末『だれか育てて下さい』と紙に書き、ドックフードを添えて住之江公園に置いてきました」

「だれかに拾われたとしても、もう老犬になって死んでいることでしょう。せめて写真を撮っておけば良かったと悔やんでいます。心残りはこのピンコのことだけですね」

「70年、自由気ままに生きてきました。今は生活も落ち着いて、100才まで生きてやろうと思っています。炊き出しを手伝うのは、今までの人生への恩返しですね」

92号（1999年9月7日）

シェルターにもの申す

小川さん
昭和39年生まれ
50歳
京都府福知山市出身

「男ばかりの3人兄弟の次男です。親父は兵庫県西脇市の出身で、同郷のおふくろと結婚して福知山に移りました。親父はトラックの運転手、おふくろは紡績会社に勤めていました。親父はより給料が高いところを目指して近鉄バスの試験を受けました」

「筆記試験もありましたが、新卒と肩を並べて見事合格。親父の両親も大喜びしたそうですよ。身体検査ではお尻の穴まで調べられた、と聞きました。親父は大型2種をはじめ、車に関係する免許はほとんど持っていましたね」

「親父が近鉄に入社したため、家族は福知山から東大阪に引っ越して社宅住まいとなりました。私が2歳の頃です。当時の近鉄バスのメインは石切から上六までの路線で、親父はそこの定期バスの運転手になりました」

「親父は厳格で近寄りがたい存在でしたね。仕事はまじめでしたが酒癖が悪くてね、飲むと暴れました。夫婦げんかも絶えなかったし、私たち兄弟も蹴られたりたたかれたりしました」

「私は3歳から幼稚園に上がるまでの間、親父の実家に預けられています。この頃、おふくろはつりバンドの留め具をつくる内職をしていたことを覚えています」

「私が小学校に上がる頃、おふくろはミシンの部品をつくる会社にパートで働きだしました。親父の酒が原因でしょうか、生活は苦しかったようです。その頃親父は近鉄バスを辞め、トラックを購入して、紙文具流通センターから印刷店に紙を運ぶ商売を始めています。こちらの方がバスの運転手より収入が良かったんでしょうね」

「小学校時代は、長嶋選手や王選手に憧れて草野球に熱中しました。走るのは早かったですね。中学では野球部に入りましたが1年で辞めました。後輩をいじめる先輩が多くて、弱い者いじめがはびこっていた。意味もなく尻をバットで殴ったり、グランドを走らせたりね」

「中学1年のとき、好きな子ができました。小さいけれどバスケット部で活躍する、おとなしくてかわいらしい子でした。一緒に生駒の山を登ったり、映画を観たり」

「中学2年からは新聞配達のアルバイトを始めました。親から小遣いをもらうのが嫌だったし、暴力をふるう親父とは話もしたくなかった。朝4時に起きて、5時までに120軒回りましたね。当時はエレベーターがなくて、新聞抱えて団地の階段を駆け上がる。自転車を降りたら走りっぱなしでしたが息切れはしなかった。若かったですからね。アルバイトしたお金で、山口百恵のレコードを買いました」

「普通科の高校に進学し、就職先として学校からいくつかの会社を紹介され、受けた会社は全部受かりました。東大阪は中小零細企業が多いんです。バブル景気でどこの会社も活気がありました。鉄工所や土木会社などを見学し、一番きれいな職場だった印刷会社に決めました」

「カレンダーやポスター、パンフレットを印刷する会社で、印刷、裁断、製本と一連の流れを習得しました。インクの調合は難しくて、一人前になるには2~3年かかりました」

「21歳のとき高校時代の同級生と結婚。2年後に娘が生まれました。男ばかりの兄弟でしたからね、生まれる前から女の子だったらいいなと思っていました。めっちゃうれしかったですよ。子供はこの子だけで十分だと思いました」

「結婚して子供が生まれた頃から、親父との関係は少しずつ良くなりました。私自身がこれではいかんなぁと思うにようになり、おふくろも足しげく孫の顔を見に来るようになりました。休みの日には遊園地、動物園へと出かけました。仕事は充実していたし、娘中心の生活は、にぎやかで幸せでした」

「仕事は毎日が忙しかった。午後5時が定時でしたが、夜8時、9時までの残業は当たり前。時には日付が変わることもありました。給料は手取りで35万から40万。残業代で稼いでいました」

「ところが娘が小学校高学年になった頃から、会社が傾きかけた。毎年決まって受注する得意先からの依頼が、ぽつん、ぽつんと来なくなる。あれ、今年はあの仕事なかったなぁと後で気がつく。定時で帰る日が多くなり、当然給料も減っていきます」

「そのうち、残業は全く無くなり、ボーナスも出なくなる。カラーコピーやパソコン全盛となって、小さな印刷会社は太刀打ちできなくなっていったんですね。同業の会社は次々と廃業に追い込まれていきました。職場の同年代の同僚は会社がつぶれる前にと、見きりをつけて退職していきました。残ったのは再就職先が見つからない年配の社員ばかりでした」

「魔が差したというんでしょうか、初めて競馬に手を出しました。減った給料を補うことができれば、との思いでした。会社が倒産し、失業保険をもらいながら求職活動をしましたが、バブルがはじけた後ですから、以前と同じ給料を出す会社がみつかるはずありません。焦りの中、いつの間にかギャンブルから抜け出せない生活になっていました」

「娘の手前、昼間、ごろごろと家にいるわけにいかない。仕事に行くふりをして、日中は外で過ごしました。そのうち、夜も家に帰らなくなりました。35歳で離婚し、オールナイトの映画館や喫茶店で過ごしたり、サウナで過ごしたりしました。そしてサウナで知り合った人から、住み込みで働ける作業員宿舎のことを教えてもらったのです」

「スポーツ新聞の求人欄に会社名と電話番号が書いてあって、そこに電話をすると『門真の駅まで来て下さい』と言われました。車で連れて行かれたのは、3階建ての宿舎でした。初めての作業員宿舎です」

「1階に食堂があって、個室を案内されました。明日の現場名を言われ、翌朝5時30分に起きて食堂に行くと、黒板に現場名がいくつか書かれており、前日言われていた現場名のところに自分の名札がかかっていました。教えられたとおり、その名札をひっくり返してから朝食をとりました」

「現場に向かう車内でも、現場に着いてからも、誰とも話をしませんでした。土木作業は初めてです。分からないことだらけ。相方にちょっとしたことでドヤされる。私は感情を表に出さず身を引くほうですから、私が大人しいとみると意地悪や暴言を吐かれる。やり場のない憤まんを抱えて宿舎に戻り、メシを喰ったら早々に寝るという毎日でした。あの頃のことは思い出したくないですね。私の人生で一番辛い時期でした」

「あちこちの作業員宿舎での生活が10年くらい続きました。大正区の作業員宿舎に入っているとき、西成に行けば日払いの仕事があると教えてもらいました。新今宮の駅を降りてセンターの前に初めて立ったとき、町の臭いにびっくりしましたね。今から5年前のことです」

「センターには長い行列ができていました。何も分からないまま並んでみると、それはシェルターの整理券をもらう行列でした。整理券をもらった人は、シェルターを目指して、黙々と歩いて行きます。初めてシェルターに泊まりました。翌朝、突然明かりがついて、ベッドに寝ていた人たちが次々とシェルターの外に出されました。私も一緒に外へ出て、みんなの歩く後をついていきました。たどり着いたのは、前の日に整理券をもらうために並んだセンターでした」

「しばらくするとセンターのシャッターがゆっくりと上がりました。シェルターを出された人たちはセンター1階の噴水近くに腰をかける人、段ボールを抱えて3階に上がっていく人など、いろいろでした。求人のマイクロバスや乗用車がセンターの構内に入り、手配師が『仕事あるで』と声をかけていました」

「こうやって現金仕事やシェルターにも慣れた頃、公園の周りに長い行列ができているのを見つけました。それが稲垣さんとこの炊き出しだったんですね。仕事が少ない5月6月には、雑炊をよばれることもありました」

「いつの頃からでしょうか、体がだるくて、息切れもするようになりました。動悸もするし、せきが止まらない。特に夜中にせきき込んで眠れなくなりました。不眠が続くから昼間の仕事が辛い。朝起きることができず、仕事に行けなくなりました。酒は飲みませんがタバコを吸うので、肺がんかもしれないと不安になりました」

「病院で診てもらいたいけれどお金が無い。施設に入れてもらえれば医者にかかれるだろうと思い、浪速区役所に相談に行きました。福祉事務所の職員は、『施設に入りたいのなら、その前にレントゲンを撮ります』と言って市立更生相談所への紹介状を書きました」

「更生相談所で胸のレントゲン写真を撮ったあと、医者に『結核の疑いがあります』と言われ、救急車で阪奈病院に運ばれました。病室は6人部屋で、住之江区や西成区、中央区から来ている人たちが、退院間近になるとアパートを探すために外出していきます。役所からアパートの敷金を出してもらい、医療保護から居宅保護へと保護変更の手続きをしているのです。居宅保護という言葉もこのとき初めて知りました」

「私もできることなら施設ではなくアパートを借りてもらい、ぼちぼち体をならして仕事を見つけたいと思いました。ところが私の担当者は『あなたは施設に入りたいと最初に言ったのですから、施設に入って下さい』の一点張り。自彊館に連れていかれ、高齢者が内職している作業現場を見学させられました。『ここで月7000円ほどの収入を得られます。それを貯めてアパートを借りる敷金にしなさい』と言うのです」

「敷金を貯めるのに2年以上かかりますし、貯めたお金を全額使って敷金を払ったら、その月の家賃すら払えません。もちろん食べていくこともできません。『3か月でいいですから、居宅保護をして下さい。その間に仕事も探します。同じ大阪市で、どうして浪速区は居宅保護を認めないのですか』と抗議しました」

「結核は治りましたが、ケースワーカーとの押し問答が続き、最後は『早く退院して下さい。お金がかかってるんですよ』と高飛車に言われました。屈辱的でしたね」

「居宅保護が難しいと分かって、私は入院している間に福祉から支給される日用品代を貯めることにしました。半年間の入院で貯めたお金を持って、釜ヶ崎に戻りました」

「釜ヶ崎での仕事は波があり、仕事がないときには全く無い。簡易宿泊所に泊まることもできず、そんなときは炊き出しとシェルターを利用しました。シェルターを利用していて、一番困ったことはシラミですね。毛布にシラミが付いているんです。それを知っているから、私は毛布を使いませんでした。でも冬は寒さに負けて毛布をかぶってしまう。そしたら全身、あちこちシラミにかまれてね、かゆいのなんのって」

「釜ヶ崎に二つのシェルターがあって、古い方のシェルターにはベッドに仕切りがありません。体を起こすと、四方に顔が見えます。プライバシーはありませんね。夏は扇風機が回るのですが、広い空間に申し訳程度の数で、風が当たらない人の方が多い」

「朝は4時40分に電気を点けられ、早く出て行きなさいと追い立てられる。夜が明けてない暗い道を、荷物を担いでセンターに向かいます。大雨や台風、みぞれ混じりの雪の日なんか、ほんとにみじめですよ。5時にセンターが開くから仕事を探せということでしょうが…」

「センターに求人に来ている車には乗りません。安心して働けるという保証がないですから。労働者3人に声をかけて連れていき、現場に着くとおとなしそうな1人の労働者をターゲットにしていじめたおす。怒って帰ってしまうように仕向けるのです。労働者3人分の賃金を預かって、途中で帰った人の賃金は自分のポケットに入れる、そういう光景も見てきました。そのターゲットに自分がならないという保証はないですからね。知っている業者の求人車にしか乗りません」

「仕事にあぶれたときには、センター3階のあいりん職安の前で、稲垣さんの演説を聞いていました。稲垣さんは月曜から金曜まで毎朝、あいりん職安の前で演説しているんですね」

「『シェルターは大阪市が建てたもの。あの劣悪な環境のシェルターに市長の平松さんも1回寝てみたらいい』と演説しているのを聞いて、この人は自分たちのような弱い者の味方なんだと思いました」

「去年、吹田市のマンションの配管の改修工事の現場で、土壁の塊が突然、頭から右肩にかけて落ちてくる事故にあいました。右腕に激痛が走り、腕をあげることができなくなった。現場監督がすぐ病院に連れて行ってくれ、医者から神経損傷の疑いがあるから専門医に受診するよう勧められました」

「尼崎に事務所があるこの会社は3～4年前からなじみにしていて、仕事があると真っ先に私に電話をくれました。仕事は真面目にこなしていましたので信用されていたんだと思います。そんなですから、労災の手続きをしたら会社に迷惑かかるんじゃないかなと思って、通院はしなかったんです」

「ところが、この事故にあってからピタッと仕事の依頼がこなくなった。『仕事が無いのかなぁ、そうなら仕方ないな』と、ずっと電話を待ち続けているうちに1年が過ぎました。ようやく、自分は会社から切られたんだと気づきました。今も右腕を胸より高くあげることができません」

「今年4月、釜ヶ崎解放会館で無料法律相談をしていることを知って、弁護士さんに相談しました。稲垣さんにも協力してもらって、労災の手続きをとる準備をしているところです」

「娘は結婚して子供が生まれたそうです。娘に会いたいと思いますが、もう所帯を持っていますからね、なかなか会いに行きづらい」

「娘の誕生を喜び、娘を抱いてお守りもしました。オムツも変えました。少し大きくなれば娘の手を引いて、いろんな所へ遊びに行きました。振り返ってみれば、ごくごく平凡な生活が一番幸せなのだと思います。これから先、できることなら穏やかに平穏に暮らしたいですね。それが私の夢です」

164号（2015年6月4日）

親方の教え今も生きる

山本さん
昭和 23 年生まれ
51 歳
高知県土佐山村出身

「山の中ですからね。農業や林業で生計を立てている人がほとんどでした。父も農業の合間に炭を焼いていました。私は6人兄弟の4番目。小学校の5年生くらいから姉たちに混じって炭焼き小屋の手伝いに行ったものです」

「山を買って、1年ごとに場所を変えながら木を伐採し、炭を作るんです。土を水で錬って窯を造ります。切った木を窯の中に垂直に立てるのは大人の仕事ですが、木を窯まで運ぶことや、できあがった木炭を担いで麓まで下ろすことは子供の仕事。子供なりに大人の手伝いをしているということが誇らしかったですね」

「窯の中に木を杭のように立てて、枯れ柴に火をつけて焼き始めるです。弱い火で1週間くらいかけて、じっくり焼くんですね。白い煙がだんだん青くなって最後には消える。窯の木が全部燃え終わった頃に青い煙になりますから、煙の色で判断するんですね」

「出来上がった炭は木の種類にもよりますが、青白い色をしていて、叩いたときにキーンという金属音のする炭は上等です。火を消さないように、じっくりと時間をかけて焼く、この技術が一番難しいようですね。それぞれの人が工夫していましたね。村の8割ぐらいの人たちが炭焼きの仕事をしていましたよ。カシワの木が多かったかなぁ」

「父は優しかったですね。叱られた記憶は全くありません。学校ではソフトボールが得意でした。近くに川があり、岩場に潜ってイダやハヤを槍で突いて獲ったりね。獲った魚は夕飯のおかずにもなりました。それもまた、誇らしかったですね」

「中学に入ると、農業の時間というのがありまして、楽しかったですよ。学校の畑に大根や白菜を作って、それを売りにリヤカーをひっぱって行くんですよ。そのお金を修学旅行費用に当てたり、貧しい子の援助費用にしたりね。夏休みの間は、当番で水やりに行ったものです」

「中学を卒業して、1か月くらい家にいました。ちょうどそのときに隣家の新築工事があって、左官の親方が私にやってみないかと声をかけてくれたんです。親方は隣り村に住んでいて、住み込みで働くことになりました」

「私より年上の人ばかり、4人が住み込んでいましたね。最初の5年間は見習いです。朝4時半に起きて玄関の掃除をして、みんなで朝ご飯を食べて、それから現場に向かう。親方はでっぷりと肥えた、温和な人でしてね。今でも顔を覚えています」

「現場に行けば、大工やトビの職人もいるでしょう。そういう人たちとの共同作業ですから、ちょっとしたことでけんかになることもあります。そんなときの親方の仲裁の仕方も上手でした。何よりも自分の弟子たちを信じて愛してくれているのが分かり、尊敬できる親方でした。仲間同士、助け合わないといかんよということを、身をもって教えてくれた人です」

「左官の仕事も5年はしないと一人前になりません。平均的には、砂3、セメント1の割合でこねたモルタルを壁などに塗りつけます。左手に板、右手にコテを持ってモルタルを塗るわけですが、これが難しい」

「コテにモルタルを載せることをコテ返しというのですが、この技術を身につけるのに1年かかります。やっとモルタルをコテに載せても、壁に持って行くまでの間に自分の足元に落としてしまう。傍で見ているぶんに簡単そうですが、やはり一にも二にも練習、練習です」

「5年間は親方の家に住み込んで、小遣い銭をもらう程度でした。見習いですからね、当然のことです。その後、3年間お礼奉公をして、独立しました」

「高知市内にアパートを借りて、左官で使ってくれないかと自分から仕事を探しに行くんです。最初のうちは、けっこう仕事もあったんですけどね。時代の移りで機械化されてきて、職人もあまり必要とされなくなってきました」

「今は、モーターを使ってモルタルを吹き付けるでしょ。コンクリの中の空気穴のデコボコをつぶしていくのさえ機械でするのですからね。それはそれで別の技術の要る仕事で大変だと思いますけどね」

「30歳のとき、大阪に出てきました。大阪に事業所を持つ会社で働いていたとき、大阪に出てみないかと誘われたんです。茨木市の寮に入って、左官や仮枠大工の仕事で働きました」

「ところが4年くらいして会社がつぶれてしまいました。西成に行けば仕事があるという話は人から聞いていましたので、西成に来ました。確かに仕事はありましたが、2年前に肺の病気になりまして、入院生活後、港区の寮に入りました。そこで高橋さんと知り合いになったんです」

「寮でリハビリを受け、再び働こうと西成に戻ったのですが仕事が全くないんです。朝3時に簡易宿泊所を出て、センターに仕事を探しに行っても全然ダメ。一度だけ、滋賀県の山奥の道路の舗装の仕事に就けました。20日間、作業員宿舎にいることができましたが、それっきりです。それから先、1日も働いていません」

「持ち金もだんだん無くなる。生まれて初めての野宿を経験しました。センターで野宿したこともあります。毛布を貸してもらって寝たんですが、毛布にダニが付いていたんですね。眠れませんでした。あれだけ多くの人たちが寝るのですから無理もないことですが、ダニにだけはまいりましたね」

「とにかく現金が欲しいでしょう。友人たちとアルミ缶集めに自転車で走り回りましたよ。役所の地区別の資源ごみ回収日を調べて、早朝、回って歩くんです。あまり早く行きすぎても、まだゴミが出されていないでしょう。だからと言って、ぎりぎりの時間で行くと、もう他の人に先を越されてしまっている。何分おきかにぐるぐる回って、ゴミが出されたらすぐ回収するんです」

「アルミ缶をごみ袋一袋分集めて、だいたい5キロ。これで400円です。1人だいたい30キロから40キロは集めますね。大型ごみの日には、テレビやトースターなどを自転車にくくりつけて、西成まで持って帰ります。西成で売ると何ぼかになりますからね」

「高橋さんの紹介で炊き出しを手伝うようになりました。解放会館に寝泊りでき、炊き出しを食べることもできますからね、ありがたいと思っています。炊き出しの会のメンバーは年配の人が多くて、お互いに助け合っている様子で、左官見習いの頃のことを思い出します」

「作業員宿舎に入っていた頃は、必ず4時には目を覚まして、宿舎の前のゴミを拾ったり、掃除したりしていました。早く目が覚めてしまう、ということもありますが、左官の親方の教えでしたね。人より早く起きて玄関を清める、そういう生活が身についてしまっているんです」

「人に嫌がられることはしたくない、自分が嫌だと思うことは人にはしない。当たり前のことですが、そんなところが高橋さんと気が合うところかもしれません」

「大阪に出てくる前に、女の人と同居していましたが、結婚はしませんでした。もし、彼女との間に子供ができていたら、大阪に出てくることはなかったでしょうね。酒は好きですが、今、二人部屋での共同生活でしょ。相手の人に酒の臭いをぷんぷんさせるのは気がひけますので飲んでいません。テレビもあまり見ません。西村京太郎が好きでよく読みますね」

「夢はやはり、仕事ですね。左官の仕事は時代の流れからあきらめるとしても、どんな仕事でもいい、定期的に収入があって、アパート生活が送れたら、それに勝る幸せはないですね」

93号（1999年11月13日）

万博の仕事に行かないか

加藤さん
昭和 21 年生まれ
56 歳
北海道夕張市出身

「父は炭鉱夫、母は専業主婦。兄弟は5人で、私は長男です。炭鉱住宅で、中学3年まで過ごしました。今でこそ夕張市の人口も1～2万人なのでしょうが、私が育ったころは全盛時代ですからね。多い時には8～9万人の人口でしたよ」

「小学校児童が1000人くらい。10クラス以上あるんですよ。札幌で一番児童数の多い小学校を超したことがあります」

「小学校も中学校も、歩いて1時間くらいのところにあるんですが、学校帰りの道草が楽しかったですね。小川に入って魚をとったり、桜山をみつけては登って遊んだり、喉が渇けば小川の水を手ですくって飲んだりね」

「冬はスキーで通学するんですが、帰りはボタ山に積もった雪山が子供達のちょうどいい遊び場になり、雪まみれになりながら走りまわったものです」

「小学校に入学した直後、あいにくと母が病院に入院していたものですから、父が私の手を引いて学校に連れて行きました。1年生にとって1時間の道のりは長くて遠い。他の子たちより甘えん坊だったのしょう、父は仕事があるのに、1週間は登校に付き添っていました」

「担任の先生が見るに見かねて、『お父さん、泣いても私が面倒みますからお帰り下さい』と言っていましたね。優しい女の先生だったなぁ。島田先生と言ってね、40代か50代のモンペをはいた先生でね（笑）。まるで二十四の瞳に出てくる大石先生みたいな雰囲気の先生でした」

「父は無口で、酒が入ると少しおしゃべりになる人。母は肝っ玉母さんみたいなあっけらかんとした明るい女性でした。両親にこっぴどく叱られた経験は一度もありません」

「子供の時の生活は、ボタ山を走りまわったりメンコやビー玉で遊んだり…と、ごく普通の幸せな生活だったのですが、中学に入った頃からですね、石炭産業にも陰りが出てきた。ポツンポツンと近くの炭鉱が閉山されていったんです」「父の会社は北海道炭鉱汽船と言って、萩原さんという人が社長でした。石炭は銅山や銀山と違ってガスが出るでしょう。年に何度かは小さなガス爆発で数人の死者やけが人が出ていたのですが、ある日、朝起きてトイレに行ったとき地震のような揺れがあったんです」

「揺れ方がひどくて立っていられないくらいでした。大きなガス爆発、落盤があったんですね。死者が160名近くという大事故でした。幸いにも父は2番方で坑内に入っていなかったですから無事でしたが、いずれは父の後を継いで炭鉱夫にならなければならないだろうことを考えると、怖い、嫌だの気持ちでいっぱいになりました」

「坑内には閉じ込められたままの炭鉱夫がたくさんいるのに、萩原社長は『水を流せ』と指令したんです。身内や最愛の人が埋められている家族は、『人殺し！』と泣き叫びました。今思えば、社長として被害を最小限に食い止めるための苦渋の決断だったのでしょう」

「父はこの大事故のあと、目に見えて元気をなくしていきました。炭鉱夫に事故は付き物と覚悟していても、さっきまで一緒に話をしていた同僚が一瞬にしてこの世から去ってしまうんですからね。しかも、もしかしたら生存しているかもしれない仲間も、会社の大義の前で殺されてしまう」

「その後しばらくして、会社が希望退職を募集しました。父は何日か考えた後、会社を辞めました。会社を辞めれば炭鉱住宅を出なければいけません。父は札幌に行くか、それとも妹の嫁ぎ先である秋田に行くか悩んだようです」

「ある日、朝からふらりと家を出て、行き先もわからず、夕方になっても帰ってきませんでした。家族総出で探し回っていたら、夜遅くに戻ってきました。炭鉱住宅のグランドに腰をおろし、丸一日じっと考えていたそうです。結論は秋田に行くことになったのです」

「でもね、札幌にしろ秋田にしろ、就職の当てがあるわけじゃない。住むところもなくなるし、とりあえず移ろうという感じです。父は炭鉱夫として仲間内でもリーダー格で信頼されていました。本人もプライドを持って働いてきて、坑内で働く以外は何の能もなかったのです。その気になれば新しい技術を身につけることも十分可能だったのですが、そういう方法すら知らなかったのだと思います」

「秋田県の大館市に転居したのは私が中学3年の12月でした。父はしばらく職を探していましたが無いんですね。夕張を去る頃から大館に移った頃までの父は、いつもうつむきかげんで無口で、まったく元気がなかったです。そんな父の後ろ姿を見ていたら、高校へ進学したいなんて言えませんでした。早く働いて家計を助けてくれよと無言のうちに訴えられているのと同じですからね」

「中学を卒業してから、自分で就職先を探しました。町の中を歩いて仕事をみつけました。電気工事会社に勤めて数年したころ、同僚に誘われて東京に出ました。東京で数年働いたころ、今度は父から連絡があり、『大阪の万博の仕事に行かないか』と誘われました」

「父は大館では職をみつけることができず、愛知や東京、横浜で季節労働者として土木作業の仕事に就いていたんですね。やっと元気を取り戻して働いている父に安心しました」

「ところが、父は万博の仕事を1年ほどやった後、大館に戻っています。万博の仕事を父と一緒にやっている時から『体がだるい』とこぼしていたんですが、大館に戻ってしばらくして亡くなりました」

「火葬場で骨拾いをしたとき、両方の肺が真っ黒でした。悪い所は焼けないといいますから、じん肺になっていたのかもしれません。体がしんどいといっていたのも、じん肺が原因だったのかもしれないです」

「万博工事の後、名古屋で板金の会社に勤めました。社長が北海道の炭鉱離職者を集めてやっていたんですね。父も最初からこういう会社があることを知っていたらよかったのにと思いましたよ」

「その後は東京の製缶工場で働いたり、苅谷市のトヨタの自動車部品の下請工場で働いたりしました。トヨタの季節労働者として長いこと行っていたのですが、不景気で解雇されました」

「新聞広告で再び関西に出て来たのが今から10年前です。神戸で土木作業員として働いている時に震災があり、震災の復旧工事で会社はものすごく利益を得ていました。社長はこの景気は長く続くと見込んで浪費に走り、結局倒産ですわ」

「退職金を他の人より多くもらったのですが、生活費ですぐになくなってしまいました。西成に行けば仕事があるかと思い、初めて西成に足を運びましたがセンターがどこにあるのかも分からないんです」

「そのときバッタリ、神戸で一緒に働いた人と出会ったんです。その人が『飯は?』『寝るとこは?』ときいてくれ、『何も無い』と答えると、『夜の7時にパンをくれるところがあるから』と、霞町の教会に連れて行ってくれました」

「そして『夜は俺と一緒に寝るか』と誘ってくれたんです。心斎橋のアーケードの下に段ボールを敷いて寝るんですが、恥ずかしくて自分では、よう段ボールも集められない。その友人が全部、自分に代わってやってくれました」

「朝起きると、その人が釜ヶ崎の中を1日かけて案内してくれました。『ここの公園では何時から炊き出しをやっている』とか、センターの場所とか。あの時、もしこの友人に出会っていなければ、悪いことでもしたんじゃないかと思うんです。まぁ、それは無いでしょうけどね(笑)。でもね、本当にその人にだけは今も頭が上がらない」

「センターを初めて見てね、みんな、段ボールやら敷いて寝てるじゃないですか。俺だけじゃないんだなぁって思いましたよ」

「それから4か月間、炊き出しの世話になりながら段ボール集めをして現金収入を得てきました。1キロ3円、300キロ集めて900円。そのうち、アルミ缶の方が収入が良いことがわかり、アルミ缶を集めるようになりました。1キロ9円、1日20キロ集めて1800円。このお金でタバコを買うこともできます」

「2年前から浪速公園にテントを建てて生活していました。ところが浪速区民祭りとか花見の時期になると、『1週間から10日間、移動してくれ』と言われるんです。終わったらまた戻ってきてもいいという約束で、これまでずっと移動をくり返していたのですが、最近『フェンスを壊すから戻ってくるのはまずい』と言われたんです」

「そこで、少し公園の職員ともめたんですよ。そしたら『すぐ近くの汐見橋の方へ移動して下さい。あそこなら場所があるから』と言って、リフト付きの自動車で私のテントを持ち上げ、今いるここまで運んでくれたんです。私のテントはね、ほら、下にコロを付けているんですよ。移動ができるようにね」

「水は近くの公園にポリタンクを持って行って、水道の水をくんできます。これがけっこう気を使うんです。『おっちゃん、この水道は自治会でお金払ってるんだからね』とおばちゃんに言われた人もあって、肩身が狭いです。顔や手足を洗うくらいならいいけど、ポリタンクにくんでまで持って行くなということでしょう」

「ガスは携帯のガスコンロ。煮炊きするのに必需品ですね。電気は発電機だと音が大きいから隣り近所に迷惑がかかる。早朝にアルミ缶集めをして、その仕事が終わったら、太陽が沈むまでの間、好きな読書で過ごしています」

「あと、もうひとつの必需品は蚊取り線香です。光が無くても我慢できますが、蚊に刺されたら我慢できません（笑）。近くに100円ショップがあるから、生活に必要なものはたいていそろいます。蚊取り線香10巻、ガスボンベ、ローソク…何でも100円で買える。デフレのおかげで助かることもありますね」

「大館にいる時、見合いを勧められたことがあるんです。仲介したのが保険の外交員で、話を聞いているうちに保険加入を勧めてきたんです。胡散臭いなと思って見合いを断ったんですが、断られた彼女は私の母に『なぜ結婚してくれないの』と詰め寄って来たそうです（笑）」

「その女性も、聞くところによると大工と結婚して、子供が1人あるそうです。彼女と所帯を持っていたら、違った人生があったかもしれませんね」

「八郎潟の減反政策、知っていますか。国の方針で、米を作るため八郎潟を埋め立て、全国から人を集めました。入村したその人達に、今度は『減反だ』と非情な事を言う」

「父は夕張を追われ、私はテント生活している場所から追われる。お上や巨大な力に恨みがましいことは言いたくありませんが、自分たちは追われ続ける人生だなと思います」

「帰れるものなら夕張に帰ってみたい。小川の冷たさや山の真っ赤な紅葉、道草食った桜山。どれもこれも懐かしい。お金を貯めて、いつか帰れる日がくるでしょうかね」

１０９号（２００２年10月21日）

青春の輝き――神戸東部市場

宮前さん
昭和23年生まれ
63歳
兵庫県神戸市出身

「なでしこジャパンの澤選手が大安亭市場で買い物をするというんで有名になりましたけど、その大安亭市場の近くです。親父は日通に勤めていて荷物の出し入れをする仕事をしていました。国鉄の貨車が集まる三宮の浜側に会社があって、自転車で通勤していましたね。母親は専業主婦。私は姉、妹がいる3人兄弟です」

「親父は口うるさいことは一切言わなかったですね。ただ、弱い者いじめだけは許さなかった。身内や親戚の子ともめたらあかん、年下の子をいじめたらあかんと厳しかったですが、年上の子とけんかして相手の親が怒鳴りこんできても怒られませんでした。勉強しなさい、と言われたことも一度もありません」

「親父は映画が好きで、仕事が休みの日には私の手を引いて近くの映画館に行くのが日課でした。洋画専門で西部劇が多かったです。調髪も親父の会社の中にある理髪店に連れていってもらいました。どこへ行くにも親父と一緒だった記憶があります」

「親父は再婚で先妻の子が近くに住んでいました。10歳以上年の離れたその兄も私のことをかわいがってくれて、やはり映画によく連れていってくれました。兄は日本のやくざ映画専門で、私もその影響をうけて小林旭の大ファンになってファンレターを出しましたよ。小学校の卒業文集には『映画スターになって両親を楽にさせたいです』と書いたことを覚えています」

「子供の頃は市営住宅がたくさん建っていて、我が家も水洗トイレでした。水洗と言っても今みたいに完全に流れるのではなくて、一箇所に溜めておいてくみ取りにきてもらうんですけどね。テレビも珍しい時代でしたが、他人の家に行って見せてもらうのが嫌で『テレビ買って』とせがんだらすぐに買ってくれました。家は貧乏でしたが、子供には不自由させなかったですね。欲しいと言えば大抵のものは買ってくれました」

「中学は不良少年が多くて、やんちゃばかりしていました。周りの子がタバコを吸うので自分も吸うようになりました。放課後、学校の近くにキーをつけたままの自動車が放置されていて、面白半分に触っていたら動き出しました。車の持ち主がすぐ警察に通報して、警察が宿直室にいた先生を呼び出しましてね、その先生に顔の形が変わるほど殴られました。中学3年生のときです。学校に呼ばれた親父は息子を殴った先生に礼を言っていましたね」

「小学校時代から計算は得意でした。九九は学年で一番最初に覚えたし、数学は中学でもトップクラスでした。でも他の教科はだめでしたね。万引きで何回か捕まったとき児童自立支援施設で知能テストをさせられ『完全犯罪やれる頭を持ってる』と言われたことがあります」

「万引きは物が欲しくて盗むんじゃないんです。地区に非行少年のグループがあって、グループ同士が盗みそのものを競う。『おいらはこんなもんを盗ったぞ』と自慢しあう。グループには番長がいなくて今度は何を盗ろうかと皆で話をして決めていく。万引きを悪いことだと思っていない、競技の感覚ですから何の罪悪感もないんですね」

「高校は浪商学園でした。神戸から茨木まで通いました。高校に入ってからは、やんちゃはピタッとやめました。この高校、野球が有名でした。張本、牛島、香川も浪商出身ですし、芸能人では月亭八方、やすよともよのお父さんもそうです。修学旅行は北海道に行きましたが、浪商学園と言うだけで女の子にキャーと騒がれましてね（笑）。高校2年のとき大阪体育大学が同じ敷地内にできました」

「高校を卒業して神戸の京町で中華料理店に勤めましたが2年経った頃皿洗いで腰を痛め、医者から仕事を変わるように言われました。高校時代の友達のお父さんが神戸東部市場で果物の中卸をやっていたものですから、そこで働かせてもらうことになりました」

「友達は市場の敷地内にあるマンションに一人で住んでいて、そこに同居させてもらって一緒に働きました。友達のお父さんが競り落とした果物を、小売店に売ったり、運んで行ったりの仕事です」

「市場は神戸市の管轄で、博打をしても警察の介入がありませんでした。やくざが入って博打をしている場合はすぐ警察に通報されましたが、それ以外は証拠写真を撮って1週間の入場停止処分ですみました。今はどうか知りせんが昔はそんなでした。市場ではどんなものでも賭け事の対象になるんですね。野球でも相撲でも、新聞紙一枚でも破って賭ける。身の回りの物は何でも賭け事になりました」

「仕事はおもしろかった。まじめに働く方でしたから認められました。社長から『兄のやっている店を任せるから独立してやってみないか』と誘われ果物店を1軒もらいました」

「利益は自分でも驚くほど出ました。市場に行って少しだけ仕入れ、あとは市場から電話が入るのを待つんです。果物は日持ちしないものが多いでしょう。その日のうちに売ってしまわないと売り物にならない。仲買人は友達のお父さんか友達ですからツーカーの仲。売れ残りの果物を仲買人から大量に仕入れて、白紙の伝票をもらうんです」

「自分の店でまとめ売りするわけですが、イチゴ1パック500円を4パック1200円とかね。今でこそまとめ売りは常識ですが、当時は珍しかった。飛ぶように売れましたね。たとえ1パック200円で仕入れても4パックまとめ売りすることで400円の利益がでる。しかも仕入れ値は私が値をつけて伝票を戻せばいいんです。極端な話、私が50円の仕入れ値で伝票返しても仲買人も損を出さなくてすむ。宮前なら必ず買ってくれると見込まれているから競り落として売れ残ったら私に電話してくれる。だから私はじっと電話を待つだけの商売なんです」

「商売は順調でしたが、その分賭け事に金を注ぐようになりました。競馬、競輪、ボート、パチンコ、麻雀…。小売店ですから売上があるとすぐにそれを賭け事に使ってしまう。仕入れの資金が都合できなくなって消費者金融に手を出して、結局店をつぶしてしまいました」

「やくざの取り立てが実家にも来ました。親父は退職金をはたいて返済してくれました。それでも両親はギャンブルをやめろとは言いませんでしたね。たまに実家に帰ると『また金か。いい加減にしろ』と言うだけでした」

「39歳のとき新聞の求人募集でばらしの仕事につきました。建築に携わる職種には鉄筋工、土木作業、ばらし、大工、とび、左官、内装のペンキがありますが、ばらしは大工の手元ですね。コンクリートで家を建てるとき、コンクリートを流すために木の板で枠を作るんです。その中にコンクリートを流し、一晩おいて固まったら板をはがしていく。ばらしのことは型枠解体とも言います」

「床はスラブと言って、鉄鋼の支柱を何本か立てて、その上に長い鋼管と短い鋼管を格子状に組ませ、その上に板を敷いてコンクリを流し込みます。支柱のことをピットと言って、支柱を立てることをピットを張ると言います。スラブにコンクリを流し込んで一晩おいて固まったら、ピットをはずしていく。これは危険の多い作業です」

「床下のばらしはみんな嫌がりましたね。人一人がやっと通れるだけの仮のふたを開けて、そこから床下におりていくんですが、鉄筋があちこちからむき出しに出ている中をしゃがんで作業しなくちゃいけない。風通しが悪いから酸欠状態になる。床下に入る前に酸素濃度と温度を測って、送風機を回しながら、作業します」

「狭い場所にしゃがみこんで、むき出しの鉄筋と送風機の太くて長いジャバラをよけながらの仕事でしょ。身動きとれないんですよ。地獄ですね。昔は現場監督がいなくなったら送風機を外に出して作業したものです。『明日は床下のピット』と分かると休む人が多かったです。そのくらい辛い仕事でしたね」

「初めてばらしの仕事をやった会社は見習いで日当７５００円。ところが2年経っても日当が上がらないんです。もっと条件の良いところはないかと探して転職しました」

「西淀川にある佐古組は日当１０５００円でした。朝昼の食事は無料。アパートの敷金も出してくれました。条件が良くて10年そこで働きました。ところがここでもまたギャンブルで借金を作ってしまった。取り立てがきつくなって結局仕事を辞めざるを得なくなりました」

「次は東淀川の福田工業。ここでも10年以上働きました。ばらしの仕事は2～3年で覚えますね。高校卒業した子が20歳になった頃には一人前です。若い子は機敏だし体力がある。それでも若い子はすぐに辞めてしまいますね」

「今まで経験した中で一番大きな仕事は大阪市立総合医療センターです。ピットの数は1000くらいでした。ふつうのマンションなら一戸に6本くらいのピットです。私は夏より冬の作業の方が辛かったですね。擦り傷くらいでも冬は痛い。夏は薄着だけど冬は厚着でしょ。体が動かしづらいしね」

「昔は途中から雨が降ったら1日分の日当をくれましたが、最近は半日分、ひどいときは全く無しですわ。景気の良し悪しがもろに反映される職場です。会社は事務所から梅干とお茶を用意してくれていましたが、夏は熱中症で倒れる人もいました。朝の体操前にトイレに行った人が体操終わっても戻ってこないからトイレに見にいったらすでに亡くなっていた、ということもありました」

「仕事一筋でやってきて息抜きしたくなった。会社からは、しばらく休んだらまた戻ってきてくれと言われましたが、断りました。しょせん独り身。思い切り遊んで、貯めていたお金を使い果たしてしまいました。3年前の冬のことです」

「日払いのアルバイトでしのぎましたが、とうとう野宿することになってしまいました。ばらしの仕事を探しましたが、仕事道具は全部処分して無いでしょ。求職するには作業着から道具まで全部そろえることが条件なんです」

「心斎橋の商店街で初めて夜を明かしましたが、段ボールで囲いをすることも知りませんでした。他人に話しかけるのは苦手で、ほとんど一人で行動していました。昼間は自転車で1時間かけて生駒山まで行って、花園のラグビー場でネコを相手に時間をつぶしました。このネコに会うために生駒山に通ったようなものですね」

「巡回相談員に声をかけられ施設に入ったのはそれから間もなくのことです。今はアパートで生活保護を受けて、世話になった稲垣さんとこの活動をできる範囲で手伝っています。人付き合いが苦手で、自分からだれかに話しかけることは滅多にしないですね」

「心斎橋で野宿していたとき子ネコがゴミ袋を破ってエサを探していました。ちょっとした茶目っ気で背後から足を鳴らして脅かしたら、道路に飛び出してタクシーに跳ねられてしまった。母ネコの目の前でした。まさか道路に飛び出すとは思ってもいなかった」

「子供の頃から動物が好きで、大人になっても生き物には素直に自分の気持ちを託すことができました。特にネコは好きでした。自己嫌悪と後悔で落ち込みましたね。それからですね。カバンの中にネコ用のエサを入れて持ち歩くようになったのは」

「施設に入ってからもネコを見かけたらエサを与えていました。でもある日、施設の近所の人からエサを与えないでほしいと苦情を言われたんです。その人の言い分ももっともだと思いました。それを機会にカバンにエサをしのばせることはやめましたが、今でもネコを見かけるたび心が痛みます」

「高校時代は良い友達2人に出会えて一番幸せでした。果物仲卸の息子と家具店の息子。果物仲卸の息子には面倒見のいい2歳上のお姉さんがいて、弟に服を買うついでに同居する私にも同じものを必ず買ってくれました。かわいがってもらいましたね。いつの頃からかそのお姉さんに恋心を抱くようになって、27歳のときプロポーズしました」

「でも『私がいい人見つけてあげる』と体よく断られ失恋。もし彼女と所帯を持っていたら、ギャンブルにのめりこむことはなかったように思います。家庭を守らなくてはならないし、親父が私にそうしてくれたように、仕事が休みの日には子供の手を引いて映画館に通う、そういう人生を送ったように思うんです」

150号（2011年9月25日）

カレーライスの味

田中さん
昭和 27 年生まれ
53 歳
大阪府守口市出身

「親父は大工でした。私が4歳のとき、仕事中に重たいものが落ちてきて押しつぶされて死んだということです。私の顔は死んだ親父にそっくりやとよく言われるんですけど、親父のことはぼんやりとしか覚えていません。近くの銭湯に連れて行ってもらったこと、抱っこしてもらったとき親父が笑っていたこと、そんなことをうっすらと覚えているくらいです。兄弟は兄と姉、妹の四人兄弟です。妹がお母さんのお腹の中にいるときに親父が亡くなっていますから、妹は親父の顔を知りません」

「親父が死んでから、お母さんも町工場で働きだしました。松下電器の下請け会社で働いたり、掃除の仕事をしたりで、いつも働きづめでしたね。朝7時には仕事に出かけます。子供たちはお母さんがお膳に用意した朝ごはんを食べて、食器はそれぞれ自分の食べた分を洗って、それから学校へ行ってました。お母さんは帰りも遅いんです。帰ってきてから晩御飯の用意をしていたら時間がかかるんで、たいていできあいのおかずを買ってきていましたね」

「私は、学校に上がるまでは近所の友達と外で遊んだり、兄貴や姉と遊んだりしてお母さんの帰りを待っていましたけど、小学校に入ってからは誰もいない家に帰るのが寂しくてね。鍵は郵便ポストの中に入れてあって、お小遣いは朝のうちにお膳の上にそれぞれ兄弟の分を分けて置いてあるんです。家に帰ったら自分で鍵を開けて、ランドセルを玄関に投げ下ろして、お膳の上のお小遣い10円とバットとボールを持って、すぐに近所の友達とキャッチボール。誰もいない家にじっと一人でいることはできませんでしたね」

「家は京阪電車の守口市駅の近くでした。友達3人で京阪電車に乗って、枚方とか京橋あたりで降りてね、空き地を見つけてはそこでキャッチボールや縄跳びをしたりして遊びました。友達の母親も帰りが遅いから、留守の家に一人でいるのが寂しかったんですね」

「『だれそれと、だれそれと3人で遊びに行きます』と手紙を書いて、誰か一人の家のポストに入れて出かけました。帰りが8時くらいになることもあって、最初の頃はよくお母さんに叱られました。お母さん同士が知り合いということもあって、親同士で連絡の取り合いはしていたんでしょうけど、いくら注意しても帰りの遅いのが直らないので、最後はあきらめて何も言わなくなりました」

「遅い時間に帰れば晩御飯が用意されているし、家族がみんなそろっている。ほっとするんですよ。家にお母さんがいるということが一番うれしかった。日曜日は仕事が休みだからお母さんが家にいる。お母さんはじっとしている人じゃないから、買い物に行ったり洗濯したり、ご飯の用意をしたり、近所のおばさんたちと話をしたりで、忙しそうにしていましたけど、お母さんがすぐそばにいるということが何と言っても幸せでした」

「だから私もどこにも行かず家にいることが多かった。テレビ見たり、ごろごろしたりしてね。朝、昼、晩と3度ともお母さんと一緒にご飯食べられる。1週間のうちで一番幸せな日でした。お母さんが作ってくれる辛口のカレーライスが大好物でしたよ」

「学校では算数と体育が得意でした。算数だけは宿題もちゃんとやっていきましたよ。体育は走ることや野球など何でも得意でしたね。小学校高学年からは、ほとんどひとりで行動するようになりました」

「学校から帰るとお小遣いを持って、よく京都に行きました。学校で何か嫌なことがあってもひとりで京都の寺や神社の境内を歩いていると、不思議と気持ちが安らいでくるんです。敷石の上を歩いたり、線香の漂う砂利道を歩いたりしていると、自然と気持ちが落ち着いてくる。観光シーズンの華やいだ京都は人が多くて嫌でしたけどね」

「京阪電車で京都に行き、清水寺、平安神宮、嵐山…と、ただひたすらに歩きました。バスには乗りません。朝出かけて夜まで歩き続けたものです。お腹が空くと、よその家のトマト、イチジク、柿をとって食べたりね。一度家の人に見つかって叱られたことがありますけど（笑）。喉が渇けば公園や境内の水道の水を飲みました」

「おまわりさんに『どこに行くのか』と呼び止められたこともあります。子供がひとりで夜、うろうろしているからでしょう。往復切符を取り出して『大阪に帰るところです』と答えたら『そうか』とそれ以上はきかれませんでした」

「中学卒業後は学校の紹介で守口市内の部品やネジを作る会社で働きましたが1か月で辞めてしまいました。機械油で手が真っ黒になるんです。入社してすぐは製品を箱詰めする作業をしたのですが、軍手をしていても油の臭いが手にしみつく。15歳でまだ子供ですからね。嫌気がさして辞めてしまったんです」

「相変わらず緑のきれいな公園や寺社をめぐることが好きで、電車に乗ることが多かったんですね。大阪駅の待合室で時間待ちをしているときに『仕事しないか』と声をかけられました」

「弁天町にあるスナックでバーテンの手伝いをしました。客はサラリーマンがほとんどでしたがニッカズボンに鉢巻姿の人も来ましたね。私は2階に住み込んで、朝10時に店に出て、店内の掃除、テーブル拭き、酒の出し入れをしました。昼過ぎに店長が出勤してきて、店長から買い物のメモを渡され、そのメモを持って、酒、ビール、つまみなどの買いものをします」

「店を開けるのが夕方ですから、それまでにやればいいわけで、のんびりしたものでしたよ。店が開いたら私は2階で休み、混雑しているのが分かると自主的に下りて行って、お絞りを出すのを手伝ったりしていました。でも仕事を覚えてしまうと飽き性なんで、面白くなくなって辞めてしまいました」

「20歳になる前、松下電器の下請け会社でテレビの組み立ての仕事をしました。木製のテレビの本体が目の前のコンベアに流れてくると足でコンベアの動きを止めブラウン管をナットとネジで四隅を留めます。ブラウン管取り付けの次は検査です。よくテレビを最終まで見ていると赤や緑の線が画面に出てきているでしょう。あの線を取り付けてチャンネル合わせです」

「検査の工程が終わると、箱詰め、納品です。うちは松下の孫請でしたから、それを下請け会社に運ぶわけです。高度経済成長の時代ですからね。工場も活気ありましたしボーナスも年に2回、1・5か月ずつ出て待遇は良かったですよ。松下の準社員という身分でした」

「ここの職場で気の合う女性ができて付き合うようになりました。3歳年上の陽気で話好きな女性でした。

そのうち噂が立っていづらくなって、私のほうが会社を辞めました。社内恋愛はあまり快く思われていませんでしたからね」「彼女は、辞める必要ないじゃないかと私の退職には反対しましたが、仕事そのものも飽きてきていましたからね。同棲しながら就職先を探しましたが、自分に合う仕事が見つからなくて、結局彼女と別れました」

「彼女とは話し合って、私のほうからアパートを出たんです。その日の夜、初めて野宿しました。天王寺公園でした。夏でしたから終電車に乗り遅れた若者などもけっこう野宿していましたね」

「翌朝、そのままセンターのほうへ歩いて行ったら手配師に声をかけられました。20代でまだ若かったですし、センターには仕事がなんぼでもあって、人手不足だったんですね。舗装、ばらし、片付け、トビの手元…いろんな仕事に就きました」

「自衛隊に入ったこともあるんですよ。お母さんに『いつまでも西成に住んでいたらダメだ。まともな仕事に就きなさい。今からなら、まだやり直しがきく。自衛隊なら生活できる』と自衛隊に入ることを勧められたんです。海上自衛隊の教育隊で、銃の持ち方、銃のばらし、弾入れなどを教わりました。でも軍隊生活は私の性格には合わなかったですね。半年の期限が終わったときに辞めて、再び西成に戻りました」「今もセンターには求人のマイクロバスが何台か停まっていますが、昼過ぎても乗り込む人がいないバスは、評判の悪い業者がほとんどですよ。私も姫路の作業員宿舎で働いて、給料を払ってもらえなくてセンターに相談したことがあります」

「だけど悪い所ばかりじゃないですよ。京都市内にあった作業員宿舎は家庭的な雰囲気で良かったです。ご飯はみんなが丸くなってお膳を囲んで食べるんです。現場でも丁寧に優しく仕事を教えてくれる。親父さんの人柄でしょうかね。上に立つ人の人間性が、その人の下で働く人たちの考え方や気持ちに大きく反映されるんですね。そこは、残念なことに私が働いて1年くらいでつぶれてしまいました。もしつぶれてなかったらずっとそこで働いていたと思います」

「釜ヶ崎には30年以上いますけど、日雇手帳は作っていません。手帳を作ると、どうしてもそれに頼るようになって、働かなくなるような気がするんです。2か月で28日働くと、翌月は13日間、1日7500円もらえるでしょ。遊び癖がつくんじゃないかと思うんです」

「でも今は本当に仕事が少ない。今年7月と8月の2か月で2回しか現金仕事に行けなかったです。朝4時に起きて4時半にはセンターに行くんですけどね。なるべく作業員宿舎に入りたいと思って、大事な荷物は貸しロッカーに預けて、作業着、下着、洗面道具だけ持って仕事を探すんですが、なかなか仕事がないです」「平成になってから仕事が少なくなりましたね。仕事がたくさんあった昭和の時代が一番良かった。体を動かして働くのが自分の性にあっているんです。流れ作業の仕事は求人広告を見ると今もけっこうあるんですが、住所不定では雇ってもらえない。せめて生活保護でアパートを借りてもらえれば、住む所さえあれば就職は可能だと思っています」

「楽しみは、お金のあるときは神戸や京都などへ出かけることです。ひとりでのんびりと自然の豊かな公園や寺社を歩き回りたい。お金が無くても大阪城や天満宮くらいなら、ここから歩いて1時間ちょっとで行けますから、歩いてでも行きますよ。歴史のある風景が好きです」

「お母さんは8年前に死にました。大正13年生まれでしたから74歳で死んでいます。電話で一年に一回は話をしていたのですが、死に目に会えなかったのが残念です。私が一番尊敬する人はお母さんですよ。女手ひとつ、4人の子を育ててね。苦労しているのに一度も愚痴を聞いたことがないです。いつも朗らかで、しっかり者でした」

「葬式のとき兄弟から、おまえのことを一番心配していたと聞かされたときには言葉に詰まりました。此花区にある墓に毎年、墓参りに行っています」

「これまで7～8人の女性と同棲の経験がありますが、結婚はしていません。マンネリ化するとダメなんです。些細なことでけんかになってしまう。朝、こっちが起きているのにまだ寝ているとか、仕事から帰ってきてもまだご飯の用意をしてないとか。そういうことにどうしても我慢できないんですね」

「でも松下電器で働いていたときの彼女と別れたことだけは今も後悔しています。自分から別れを切り出しましたからね。気が強くて、よくしゃべる明るい女性で、しっかり者でした。どこかお母さんに似たところのある女性でした」

125号（2005年10月10日）

日雇労働被保険者手帳、通称白手帳

安藤さん
昭和５年生まれ
71歳
香川県観音寺市出身

「銭型の砂絵で有名な琴弾公園の近くです。父は海軍あがりで恩給をもらっていました。東京でろうそく会社に勤めたあと郷里に戻って、やはりろうそく会社で勤め、母と再婚したそうです。どちらも再婚同士で、兄弟は兄2人、姉1人、妹2人ですが、兄2人は母の連れ子でした」

「その長兄も満州で戦死しています。子供の頃の記憶と言えば、とにかく腹をすかして飢えていたことばかりですね。戦争が激しくなると、ろうそくの原料も手に入らなくなり、父は会社を辞めて、あかつき部隊の料理の隊長として働くようになりました」

「国民にはわずかな配給米でも、軍隊にはそれなりの米があてがわれますから、部隊の兵隊さんたちは、父が退社するのを見計らって、夜中にこっそりと米を盗んだようです。ばれたら牢にぶち込まれるのは承知のことです。背に腹は代えられない。そんな時代でした」

「父は私たち子供のために、米半分、麦半分の飯をこっそり飯盒に入れて持ち帰ってくれました。普段はヨモギ飯ですから、父が帰宅するのを兄弟みんなで待ちわびたものです」

「母の実家は大平家。裕福な農家でしたから、一週間に一回、日曜日には家族で出かけて米飯を食べさせてもらいました。これも楽しみでしたね。大平総理大臣の実家が近くでして、母の実家の周辺はみな大平姓でした」

「敗戦の年の4月に尋常高等小学校を卒業しました。私は兵隊にとられるものだと思っていましたが、すぐに敗戦となりました。でもね、この戦争は負けるなと思っていましたよ。だって飛行場に並ぶのはベニヤ製の飛行機ばかりなんです（笑）。空から見たら飛行機でしょうけど、こんなもんで戦えるはずがない。爆弾落とされたら、すぐ燃えてしまいますよ」

「戦後、父は倉敷紡績に定年まで勤めました。私は国鉄の保線係として働き出しました。家のすぐ前が踏み切りでして、踏切番の仕事をしている夫婦がいたんです。その夫婦に『国鉄に入って、ワシらに代わって、やってくれんか』と言われたんです」

「親父さんは保線係をしながら奥さんと交替で踏切番をしていたんですね。あの頃は牛車で物を運んでいましたから、荷車が踏切で立ち往生することがよくありました。踏切番は、列車の来る時間を計算しながら、一生懸命、牛の尻を押したり、線路に食い込んだ荷車の車輪を押し上げたりするんです」

「いよいよ間に合わなくなったら、赤い旗を振りながら800m走るんです。列車に合図して停止するのに800mの余裕が必要ですから。でも、列車の時間が迫っているときに踏み切りで事故をおこされることもあるでしょう」

「800m全力疾走する時間の余裕がないときは、爆弾を線路に取り付けるんです。レールに交互にいくつか取り付け、列車でバンバンと破裂させせながら止める」

「線路に異常がない時は白い旗を振ります。機関士はそれを見ながら安心して通過するわけです。仕事は一日交替でしたけど、気の張る責任重大なものでした」

「あの頃は夜行列車や進駐軍の列車が多かったですね。進駐軍の兵隊さんが列車の窓から肉の缶詰を放るでしょう。その食べ残しの肉を拾って食べることもしましたよ」

「国鉄の職員は一か月に一回、米を5〜6升もらって帰ることができました。給料も良かったです。給料はすべて父に渡していましたね」

「でも戦後しばらくして、シベリアや満州からどんどん復員してきて、国鉄職員も復員兵でいっぱいになりました。その人たちの多くは年配ですし、社会主義の思想を口にするんです。社会人になって仕事を張り切っていたのですが、職場の空気が変わり、嫌気がさして辞めてしまいました」

「父のいとこが大阪で八百屋をやっていたんで、父の口利きで大阪に出てきました。18歳のときです。心斎橋の近くに店を構えていて、中央卸売市場までリヤカーを引いて仕入れに行きました」

「父はいとこに、息子の給料は全部自分に渡すようにと言ったそうですが、それではあまりにかわいそうということで、2000円は小遣いとしてもらえるようになりました。妹二人の生活もありますから、父としてもやむを得なかったのでしょうが、働いた給料を取り上げられるということが、いつの間にか自分の気持ちをゆがませたような気もします」

「ちょうどこの頃、兄も大阪に出てきていて、税務署に勤めていたんです。5歳上のこの兄、大学は出ていませんが、経理の学校を優秀な成績で卒業して、まじめに働いていたんですね。でも、どんなにまじめに勤めても大卒でなければ課長止まりだと知って、印刷会社の娘と結婚し婿養子に入ったんです」

「今はどうか知りませんが、商売人は税務署の職員を信じられないほど接待するんですね。『部屋が空いているから無料で入ってくれ。食費も要らない』とかね。接待、接待、接待の接待攻め。もちろん見返りを計算づくなんですが、兄はそんな中で自然に酒も強くなり、いつの間にか肝臓をやられていたんですね」「養子に入って印刷業を一から習い、次の社長としての修業をしている最中に肝硬変で亡くなりました。若かったですよ。30歳になってなかった」

「この兄のもとで印刷会社の職人として働いていましたが、兄が亡くなってからは働きづらくて、田舎に戻ったんです。しばらくして、父も亡くなりましたね」「父は新築した家の完成を、それはそれは楽しみにしていました。胃がんで亡くなったんですが、亡くなる少し前、父を背負って完成した家を見せてあげました」

「父は背中で『この家を売ったらあかんよ、売らんでくれよ』と何度も言いました。それなのに、この私は親不孝者で、それから5年後には家を売ってしまいました」

「母は、長男が戦死、頼りにしていた二男も夫も病死と続いて、頭が少しおかしくなったうえに体調も思わしくなくて入院していたのですが、その間に私が売り飛ばしてしまったんです」

「今思えば、本当に親不孝なことをしたと後悔しています。背中で感じた父の軽さと哀切な声を忘れることができません。妹たちにも帰って来る場所をなくしたのですから、お詫びの気持ちでいっぱいです。原因はギャンブルです。ギャンブルが原因で離婚もしました」

「再び大阪に出てきて、日雇いの仕事に就くようになりました。日雇労働被保険者手帳、これは通称白手帳と言いますが、日雇労働を1日すると事業主が印紙を1枚貼ってくれるんですね。2か月で26枚貼ると、翌月の日雇健康保険の資格ができるんです。白手帳と健康保険証はセットで、私たちにとっては大事なものなんです。白手帳を持っていると、夏冬の一時金も支給されます」

「3年前の7月、持病の喘息もあり、生活保護を受けることになりました。それまではずっと、日雇健康保険で治療を受け傷病金をもらっていたのですが、生活保護を受けるようになれば、当然傷病金は打ち切りになりますよね」

「私の日雇健康保険は5月31日で切れているんですよ。それなのに福祉事務所の担当職員は『かまわないから傷病金を受け取れ』と言ったんです。お役所の人間が平気で法を犯すことを言うのが信じられず、私は『二重取りじゃないですか、できません。そんな無茶はできません』と断ったんですが、その職員は『命令だ、命令に従わなければ生活保護は取り消す』と脅してきたんです」

「その上、白手帳も取り上げたんです。健康保険証を返還するのは当然ですが、白手帳まで返す必要ないと思うんです。『だれのおかげで生活保護をとれたんじゃ、白手帳も返せ』と怒鳴りあげて、強制的に白手帳も取り上げてしまった」

「生活保護を打ち切られたくない私は、恫喝《どうかつ》に屈して担当職員の命令どおりに動きましたけど、福祉事務所、病院、社会保険事務所が一緒になって、この不正隠しを行ったことにどうしても納得できず、私は福祉事務所長、大阪市民生局、大阪府企画部調整部広報報道室等に足を運んで不正を訴えました。また、西成の労働者を〝乞食〟呼ばわりした担当職員への怒りもぶちまけました」

「その結果、白手帳は確かに法的根拠がないということで返してくれ、謝罪として3万円を受け取りましたが、肝心の不正については責任逃れをするばかりでウヤムヤなんですね。そんな中で、生活保護を打ち切りますとの連絡を受けました。見せしめのための、あまりにもひどい仕打ちだと怒りに震え、私は府庁職員を傷つけてしまいました」

「人を傷つけてしまったことについては反省しています。刑も受けてきました。何が一番悔しいかというと、今でも許せないと思うのは、お役所の職員の他人を見下した態度です。同じ人間に対して物をいう態度じゃありませんよ」

「敗戦後、世の中は、『民主主義だ、これからは命令の時代じゃない、民主主義の時代だ』とうたわれました。私も青年時代、新しい社会の到来に感動したものです」

「人間は対等、上も下もない、そういう教育を充分に受けてきた今の若い人たちが、虫けら同然に人に命令する。そんな役所でいいんですか？そんな国でいいんですか？怒りを超えて悲しくなります」

「出所して、稲垣さんのおかげで再び生活保護を受けて生活していますが、私のことがあって以後、役所が生活保護受給者の白手帳をとりあげなくなったとのこと。良かったなと思っています」

105号（2002年2月16日）

15歳の旅立ち

渡部さん
昭和24年生まれ
53歳
宮崎県田野町出身

「父は軍曹として南方に行き、終戦で戻ってきたときにはマラリアで髪の毛が抜け落ち、あばたらけ。これでも人間かという顔をしていたらしいです」

「父は長男だったのですが、戻った実家には祖父が後家さんをもらって子どももできていて、父の居場所はなかったようです。長男としての財産も分けてもらえず、いとこの家に居候し、そこのいとこと結婚し、私が生まれたのです」

「ですから母は父の帰還後の一部始終を見て、知っているわけです。父にとって、母はよき理解者であったと思いますよ」

「田野は農業と林業の町ですね。カヤノキで作った碁盤や綾織りが有名です。私は3人兄弟の長男で、次男はハイハイを始めたころに病気で死んでいます」

「父は炭焼きと伐採で収入を得ていました。山に木がなくなれば、また別の山に移って伐採と炭焼き。そのくりかえしですから、私は小学校を5回転校しています」

「木にもね、炭にして良い木とダメな木があるんですよ。カシ、ナラ、ブナ、ツバキ系の木は炭にできるけれど、スギ、ヒノキ、シイ、マツは建材として用います」

「炭には黒炭と白炭があって、黒炭は釜の中で火を消してから出す。白炭は一度釜の外へ出して、外で消すんです。良い炭は文鎮と文鎮をたたいた時のようにチーンと高い澄んだ音を出しますね」

「炭は昭和30年頃までは全盛だったのですが、その後、炭焼きからパルプ材の伐採に変わりました」

「小学校1年のとき、半年ほど長崎の炭鉱の島で生活しました。大きなストライキがあったのを覚えていますよ。父は寮の会計を任せられていて、そのためか、島の中ではけっこう優遇されていましたね。映画も風呂も他の人はお金を払うのに、私だけは無料で、どこへでも入れました」

「あの頃はのんびりした時代でした。学校へ行くときも帰るときも、漁港に干してあるイリコをつまんで食べ放題。ポケットにも入れて、おやつ代わりにポリポリ食べたものです。つまみ食いをしかられることはなかったですね」

「その島では、池にカワハゼやウナギを放して育てていました。釣りは禁止されているのに、友達と釣りに夢中になって身を乗り出し過ぎた私は池に落ちてしまったんです。友達がとっさに竿を池の中に突っ込んでくれたから、その竿に捕まって浮き上がることができましたが、もし友達が驚いて竿を上にあげていたら、今の私は無いでしょうね」

「普通はびっくりしたらとっさに竿を上に上げます。よう、降ろしてくれたもんだと、今でも感謝しています。父には『ため池にボウフラがわかないように魚を入れているのに、その魚を釣るとは何事か！』とそりゃ、もう、こっぴどく叱られました」

「中学に入学する前ですかね、父から高校進学は無理だと言われました。山火事があって、何日間も燃え続け、木はもちろん、山に置いてある伐採の材料、道具も全部焼けてしまい、父が他人の借金も背負ったんです」

「戦争中に部下だった人たちが父を頼って、同じ仕事で働くようになっていたんですね。父は部下の面倒見がよくて、慕われていたようです。その人たちの借金を全部背負ったから、いっぺんで生活が苦しくなったんでしょう」

「高校にはやれないぞ、と言われて一時期、落ち込みましたね。理数系が得意で、成績はかなり良かったのですが、勉強する気がなくなってしまい中学卒業のころには、370人中200番くらいまでに落ちてしまいました」

「父の勤め先は日本パルプの下請で、そこの会社が寮を作っていました。寮は町の学校の近くに建てられており、私は中学の3年間を綾町のその寮で過ごしました。親たちは山で仕事、その子供たちは寮生活です。寮母さんが食事や生活の面倒をみてくれました」

「小学生から中学生まで全部で28名の寮生。小学校に入学したばかりの1年生は親恋しさに一日中泣いているんですよ。私は中学2年のときから寮長をさせられました」

「寮長、副寮長、書記の3役員は選挙で選ばれるんですが、子供たちは親から『渡部さんとこの息子に1票入れろ』と言われているんですね。あの息子やったら面倒みてくれるから安心や、ということらしいです」

「小さいときからいつも父のおかげで幸か不幸か一目置かれ、その重圧感はすごかったですよ。しっかりしなくちゃ、期待に沿わなくちゃって思うでしょ。高校へ進学できないと分かっても、そんな鬱屈《うっくつ》した気持ちを表に出すわけにもいかない。いつも良い子でいなくちゃいけないんです」

「自分も初めての寮生活で心細く泣きたい気持ちなのに、シクシク泣いている1年生を見て、一生懸命相手をしてやりましたね。いつまでも泣きやまない女の子を相手に、こっちまで涙をためて励ましてね。あのころは本当に辛かった」

「小学生の勉強もみてやりました。最初は一人一人、別々に時間を決めて教えていたのですが、だんだん時間が足りなくなり、『週に何回、何時から何時まで』と決めて、まとめて勉強みてやるようにしたんです」

「そしたら評判を聞いて、寮生以外の子供たちも集まってくるようになりましてね（笑）。父兄が『あそこへ行って習って来い』って言うんですね。でもね、こういう勉強会を提案したら、副寮長も書記も反対しました。自分たちの受験勉強する時間がなくなるって」

「それも分かりますけど、下級生のみんなからの強い要望があったんです。結局、私が責任もつということで、３年間やり通しました」

「中学卒業後は就職先も決まらず、大阪の親戚の家に預けられたりしながら、昭和39年９月24日午前11時54分名古屋に着きました（笑）。プレス工として働くために、初めて名古屋の地に足を踏み入れた日ですからね、列車の到着時間まではっきり覚えています」

「やっと自分の好きな仕事に就ける。うれしかったですよ。職人としての腕を鍛え、得意な図面とにらめっこしながら試作品を作りました。父親が死亡したので帰郷しましたが、田舎でもプレス工場に勤めました」

「その後は大阪に出てきて、寝屋川で寮生活をしながら、やはりプレス工場に勤めました。ロッカーのドア、自動車部品、ハッパキー、冷蔵庫のガス圧縮部の部品など、同じ部品でも、俺ならこんなふうに作るけどなと挑戦しました。自分の技術と能力で勝負です。かなりの高給取りで、生活も楽でした」

「でもバラ色の人生はそこまでですね。町工場も自動化され、職人の腕を必要としなくなった。その上、不景気になると下請に回す仕事を自分の工場で処理するようになって、孫請けはつぶれてしまう。プレス工では生活できなくなって、西成で土木の仕事に就くようになりました」

「昔、父を手伝って林業の経験もありますから抵抗なく働けましたね。ところが4年前にシノギ（路上強盗）に遭いましてね、数人の男に殴る蹴るの大けがをさせられ、4か月間入院したんです」

「明日からの仕事も確保できたし、宿泊費も要らないなと思い、残っているお金で友人と飲み食いして、寝ようとした矢先のことです。現金を身につけているときは用心するのですが、ほとんど無い状態だからと気を緩めていたんですね」

「シノギは、私が大金を持っていると目をつけたんでしょうが、小銭ばかり。腹を立てて、めちゃくちゃ殴ったようです。ボカスカ殴られ、『殺したろか！』と言われたところまでは覚えているのですが、意識を失って、気づいたときには病院のベッドでした」

「両足骨折、右腕骨折、額は12～13針縫う大けがでした。午後7時頃のことで、通行人らがすぐ警察に知らせ、犯人も捕まえられたようです。強盗未遂から殺人強盗未遂に切り換えて捜査しているという話も聞かされました」

「その後は体がこんなでしょう。仕事に就くこともできず公園で野宿しています。2年前には結核にかかり、1年近く結核病院に入院していました」

「つい先日、やっと市更相から寮に入ることができたんですけど、私、慢性気管支炎で温度の急激な変化があると、咳こんでしまうんです」

「夜中、ずっと咳き込んでいたら、隣の者がうるさがって『寝れんわ、おまえ、出て行け』と怒ったんです。そんなに言われても病気だから仕方ない。でもけんかするのもなんやし。むしゃくしゃして、つい酒に走ってしまい、結局退寮させられました」

「花粉症もあるんです。施設に入れれば、鼻水をかむのも、くしゃみをするのも、咳き込むのも、じっと我慢しなければならない。集団生活で気まずい思いをするくらいなら、テント生活の方がよっぽどましです」

「父が亡くなった後、3年ほど田舎のプレス工場で働いていたわけですが、このときがいちばん幸せでしたね。母と二人で町営住宅に住んで、親戚のおばさんとこの子どもたちを野山に連れて行って遊ばせました」

「おばさんは、私が仕事が休みの日には弁当と酒と3人の子どもを預けるんです。安全な遊び場所を探して、自由に走り回らせました。『人見知りの激しい子たちなのに、どうしてケンちゃんにはこんなになつくのかねぇ』と、おばさんが感心していましたが、子どもの扱いには慣れていますし、第一、子どもが大好きなんですよ」

「大人の女性は、悪いけど何か裏があるようで、どうしても心を開けることができません。そんなですから結婚もしていませんし、つきあったこともありません」

「趣味は釣りと詩吟。詩吟は田舎のプレス工場の課長の奥さんが先生で、初段まで取りました。それから手品。子ども達は素直に喜んだり不思議がったりしてくれて、その表情を見ているだけで幸せでした。今も子ども達が大好きです。子ども相手の生活ができたら本望ですね」

110号（2002年12月14日）

なぜか懐かしい、あの引き揚げ者の道

金森さん
昭和6年生まれ
65歳
鳥取県河合町出身

「本籍は河合町ですが、倉吉市で育っています。国道9号線沿いの海岸べりで、20世紀ナシやスイカが特産物。農業を中心にした小さな町です」

「父は明治生まれの建築業、母は専業主婦、祖母は農業をやっていました。私は6人兄弟の2番目、二男です」

「日本全体が貧しかったですけど、わが家も物質がなく厳しい生活で、家族全員が満州に渡りました。昭和18年、私が小学校6年のときです。最初は父が一人で満州に行き仕事場と家を確保し、その後、母と兄、僕、妹の3兄弟が移りました」

「満州には終戦までいました。満州は日本とは比べものにならないくらい物資が豊かで、食べる物に不自由しませんでした。父は満州でも大工の仕事に就いて、私たちは日本人学校に通いました。軍国教育ばかりでしょう。道で先輩に会えば敬礼し、学校では教練ばっかし」

「沖縄玉砕、本土空襲という情報が伝わってきて、戦争は負けると思いましたね。敗戦と同時に地獄の世界でした。一刻も早く、日本に帰りたいと思いましたが、乗船命令が出ないことには帰れない」

「真夏の暑いとき、子どもや赤ん坊は次々と死んでいきました。病気が蔓延《まんえん》するし、夜中まで銃声が響く。閉鎖になった学校に、50組くらいの家族が、ぎっしりと詰め込みで生活し、ごったがえしていました」

「大きな鍋で炊き出しが行われましたが、米は無くアワの雑炊でした。2年前の阪神・淡路大震災のとき、被災者の人たちの学校体育館での生活をテレビで見たときや、ここ釜ヶ崎の炊き出しを目の前にしたとき、あのころの引き揚げの体験を思い出しましたが、あの当時の生活のすさまじさは今以上でしたね」

「敗戦後1年間は満州に足止めされました。父は軍隊に入っていて大隊長でしたので、私たち家族とは別行動でした。長兄も軍に入隊していましたから、二男の私が母や妹、それから満州で生まれた弟たち全員の面倒をみなくては…と少年ながら気負って緊張していました」

「鍋、やかん、米1俵の入った荷物を背中に担いで、3歳になったばかりの弟を胸に抱っこして、母は乳呑み児を抱えて、妹の手を引っ張って、明日をも知れぬ命を、ただひたすら歩いたものです」

「中国の奉天省本渓湖市で2泊、奉天で3泊、錦州で4泊して、米国のリバティに乗船したのは、敗戦から1年経った夏の暑い暑い日でした」

「父のかわりに家族を守らなくては…という使命感に燃えていましたので、家族全員が無事、山口県の仙崎港に着いたときには、よくぞ生きて日本の地を踏めたと本当に感激しました」

「父も間もなくして日本に戻りましたが、引き揚げ後1年足らずで心臓麻痺で亡くなりました。私は学校の勉強がきらいなほうではありませんでしたが、経済的に難しかったので進学はあきらめました」

「大工の見習いとして地元で3年間働いて家に金を入れていましたが、食料事情の悪い時代でしょう、一人でも食い扶持が少ない方が良かろうと思い、松江市のパン会社の見習いとして住み込みで働くようになったんです」

「職人仲間から、大阪で勤めないかと誘われて、3年後には天王寺の製パン会社で中習いとして働き出しました。あの当時はまだ環状線は無くて、大阪から天王寺止まりでしたね。沿線にはバラックがたくさん建っていましたよ」

「少しでも多く実家に仕送りしたいと考えていましたので、製パン会社の働き仲間から洋酒喫茶を紹介してもらい、バーテンとして働きました。給料がぐんと良かったです。あの頃は日本全体が景気良くなっていく時代で、スナック、キャバレーなどが全盛でしたからね」

「板前もシェイカーも経験しました。ジャズが好きで、生演奏をバックに仕事ができることもうれしかったですね。『A列車で行こう』やグレーンミラー楽団の『イン・ザ・ムード』などが懐かしいです」

「資金を貯めて、5歳下の妹に手伝ってもらって、神戸に店を持ちました。昼間は喫茶店、夜はスナック。阪神虎風荘の角、場所は良かったですよ。1年くらいは順調でしたが次第に傾いて、今度は京都市内に店を持ったのですが、こちらも数年でダメになりました」

「妹には京都でも手伝ってもらったのですが、都会は無理だなと判断して、結局、店をたたんで田舎に帰りました。昭和43年頃のことです」

「田舎でパンの製造、販売の仕事を始めましたが、1個売って10円の儲けでしょ。夜通しで仕込んで、眠る時間も惜しんで働く割には利益が薄い。これも2年くらいでやめました」

「母は私と干支が同じで性格も良く似ていて、口やかましいことは一切言いませんでしたが、『早く嫁さん、もらいなさいよ』と何度か言われましたね」

「パン屋をやめて、半年ほどブラブラしていましたが、とにかく働かなくてはと、再び大阪に出て、キャバレーの店員として働きました。でも、キャバレー自体がだんだん下火になってきましてね、失業しました」

「ボーイ仲間に何か仕事ないやろかと相談したら、尼崎の園田にある作業員宿舎を教えてくれたんです。土木作業の仕事ですね。園田より大阪の方がもっと賃金も高いと聞いて、西成に出てきました。昭和45年、万博景気のころで、仕事は確かにたくさんあって助かりました。あれから25年経ちました」

「10年前、建設現場で大けがをしました。高槻市の阪急高架工事、飛鳥建設が元請でした。あそこの工事現場で足場から落ちたんです。足場のピンが抜けていたんですね。4メートルの高さから落下して、ちょうど真下に鉄筋がむき出しになっていて、前頭部に鉄筋が突き刺さりました。骨盤も骨折しました」

「3か月入院して、リハビリで6か月。よう生きていたもんだと思います。幸いその事故の後遺症は全くありませんが、おかげで高所恐怖症になりました」

「今年の4月、雨ばかり降ったでしょう。六甲建設の作業員宿舎に入っていたんですけど、130人の労働者が寝泊りしていて、雨続きだと、たまの晴れ間に働きに行ける人は順番なんですよ。なかなか自分の番が回ってこない」

「そこは一泊食事付で3000円。雨で仕事にあぶれたら、収入無しで出費だけが重なる。運悪いことに4月は年度切り替えで、特に仕事も少ないんです。雨空を見上げてはうらめしい気持ちで1日1日を過ごしてきましたが、もうこれ以上我慢できない、借金がかさむだけやと思って、そこを出ました」

「炊き出しのことは友人に聞いて知っていたので、とにかく釜ヶ崎に戻りました。今、こうやって、炊き出しを手伝わせてもらっていますが、早く仕事が出てきてほしいですね。お金をためて、アパートを借りる資金を作りたいです」

「働けるうちは働いて、体を動かせなくなったら生活保護を受けたい、そう思っています。まず働く場が欲しいですね」

「経済的に自立したら、昔やっていた点字ボランティアをやりたいです。点字グループ『日本ライトハウス』の会員だったんです。友人が事故で失明しましてね、必死に点字を覚えたんですよ」

「生活が自立できれば、好きな短歌を作ったり、読書に励みたいですね。石川達三が好きなんです。人が生きていくことの意味をしみじみと書いている。文章そのものがとてもきれいですね。ジャズも短歌も文学も自分自身と向かいあうことができる心の慰みです」

「女性との同居は何度かあります。京都で知り合った彼女とは結婚を考えましたが、結局彼女は別の男の人と一緒になりました。趣味が同じで、良い話相手だったのですが、女性は現実的ですね。いざとなったら、金のある男に付いていく（笑）」

「これからの夢ですか。もしも、叶うものであれば、中国に行ってみたいですね。引き揚げのとき、弟を抱っこして米を担いで歩き続けたあの道をもう一度訪ねてみたい。私の青春そのものでした。あのときの困難を思うと、少々の困難は乗り切れる、そういう思いがありますね。あのときの弟の重さ、背中の暑さ、胸の内の気負い、張りつめた意識は、50年経った今、ますます鮮明です」

79号（1997年5月30日）

琉球舞踊

山元さん
昭和48年生まれ
35歳
大阪府八尾市出身

「2軒隣りに天童よしみの実家がありました。親父もお母んも鹿児島出身です。親父は8人兄弟の下から2番目。家計に負担をかけたくないからと県の少年自衛隊に入ったそうです。自衛隊にそのまま残らなかったのは、僕が物心ついた頃から日曜日には赤旗新聞が届けられていましたから、共産党員になったことと関係があるのかもしれませんね」

「親父は自衛隊を辞めてから大阪に出て、バス会社に勤めながら共産党の活動をしたそうです。バス会社の次は郵便局。上司から『やりすぎや、抑えろ』と忠告されるくらい職場の合理化を徹底して目指し、その上組合活動にも専念したらしいです。仕事も活動も、だらけた空気には我慢ならない性分なんですね」

「そんな親父が、看護学校に行きながら淀川の病院で働いている同郷のお母んと偶然出会って家庭を持った。お母んの方は当たり障りのない、世間体をとても大事にする常識人です」

「兄弟は姉と妹の3人兄弟。お姉ちゃんとけんかすれば『あんた男の子やろ』、妹とけんかすれば『あんたお兄ちゃんやろ』と、どっちに転んでもしかられ役でした（笑）。でも小さいときは外面が良くて、知らないおばあちゃんの荷物を持ってあげたり、挨拶もちゃんとするからけっこう評判の良い子だったですね。親父はそんな僕が物足りなくて『外でけんかしてこい。けんかしてきたら小遣いやるわ』とよく言ったものです」

「小学校3年のときクラス替えがあって、2週間いじめにあいました。2年のときガキ大将だったA君が同じクラスになったんです。A君はけん制の意味で『おまえ、ガタイでかいのに文句言われても一言も言い返せないやないか』と毎日いじめてきました」

「3週間目にさすがに我慢の緒が切れて、A君の机を前から蹴飛ばした。A君はひっくり返ってこけて泣き出しましてね。その日から金魚の糞のようにA君にくっついていた子たちが僕にくっつくようになった。こないだまでは僕に文句言ってたのに、なんだい、こいつらはと、案外冷めた小学生でしたね」

「それからはいいたいことはいい出すようになりました。ガキ大将になって悪さばかりしていましたが、6年生になると塾に通わされて普通の子になりました。もっとも塾に通っていても宿題はやらないし、学校でもサッカーばかりやっていましたけどね」

「中学では体育の先生が顧問となってラグビー部を創ったんです。この先生、型破りでしたね。大学の西日本代表までいった人で、全日本の合宿でケガをして選手としてやっていけなくなった。僕が中学に上がるとき赴任してきて、1年生でやんちゃな生徒にだけ声をかけたんですね。このとき入部した28名がその後の3年間の特訓に耐えることになります」

「5月半ばに創部の届けを出して5月28日に認められ、6月の第1週目が大阪市の大会。創部するまで中学のグランドを使うことができないから校舎の周りを走るだけでした」

「初の公式戦で知っていたルールは『前に投げたらアカン』『前にボールを落としたらアカン』この二つだけ。映画スクールウォーズの最初の試合は108対0で負けたけど、僕らは120対0で負けました（笑）」

「顧問は怖かったですね。普段は冗談でも手や足を出したことが無い先生でしたが、部活となるとやったらめったら厳しかった。練習試合の最中、相手チームの選手が違反して、鋲のついたスパイクでずっとこっちのメンバーを蹴っていたんです。蹴られている本人は分かっているけど、僕らは押し合いへし合いの最中だから分からない」

「先生が突然グランドに走りこんで、蹴っている奴に一撃入れました。その子は腰を抜かして4～5分立ち上がれなかった。この一件があってからですね、部員はだれ一人先生に逆らわなくなった」

「3年間同じメンバーですから、試合経験は他の学校の選手の3倍。小柄なチームでしたが妙な結束力がありましたね。猛練習に耐えました。雪が降ったらグランドは使用禁止なのに体育の先生の特権で足首まで雪に埋もれながら走りました。台風で休校のときも『授業が無いから走れ』。保護者も協力的で私設の団体を架空に作って合宿できるようにしてくれたりね」

「でも僕のお母んは汚れたユニホームに触るのも嫌、という感じでしたから、ジャリジャリを軽く洗ってから家に持って帰り、自分で洗濯機に入れて洗いました。破れた靴下や服の裁縫も自分でやりました」

「スパイクの鋲は2週間に一度は交換しなくちゃいけないから、月2000円のお小遣いで工面しました。もっとも、お母んは、試合のときは必ず応援に来てくれましたけどね」

「3年生のとき大阪市の大会、府大会と順調に進んで近畿大会決勝まで進みました。決勝戦で負けた瞬間、

『全てが終わった』と思いましたね。3年間の感情がぎゅっと胸に迫ってきた」

「ラグビーに賭けた仲間との一体感は、負けた悔し涙と共に青春の懐かしい思い出です。いつ非行に走ってもおかしくないようなワルばかりを集めて、先生はラグビーで鍛えてくれた。同窓会でたまに会うと『あの先生、けっこう良かったよな』と話しています」

「この近畿大会の決勝戦が11月27日。僕の受験勉強はそれからでした。塾の先生から『2週間タダで教えるから学校を休め』と言われ、今度は高校受験を目指して特訓。普通科でさえ無理と言われていたんですが、好きな英語を活かして近畿大学附属の国際科に無事合格できました」

「高校に入ったら知らない先生から声をかけられて『おまえ今日から練習に出ろ』と言うんです。中学の顧問と話ができていたんですね。『ぼくジャージとか持ってきてないです』『今日、体育あったやろ、体操服でいい』とか言われて、その日から部活開始」

「ラグビー部は強かったです。足のけがで3軍に落ちたこともありますが3年間続けました。大学は受験に失敗して、親父から『浪人するなら家を出ていけ』と言われました。家を出ろ、と言われて自分の貯金通帳を見たら800円（笑）。一浪して外大を受験しましたがまた不合格。大学進学はあきらめて親父の仕事を手伝うことになりました」

「その頃親父は市場で魚の卸売りをしていたんです。ところが商売人同士がお互いに連帯保証人になって最終的には30億近い借金を抱えて自己破産したんですね。自己破産するまでは大変でした」

「ヤクザが3人で家に取り立てにきたことがあります。ところが親分はどこかで見たことのある顔。小学校の同級生だったんですね。『おまえ、俺のこと知ってるやろ。ちょっと話しようか』と言って外に誘い出して話をつけた。親父もお母んもびっくりしていましたね。『どないして帰らせたんや?』って(笑)」

「僕は生活費を稼ぐため、人材派遣会社のフルキャストに登録しに行ったんです。そしたら面接した人とすっかり意気投合しちゃって『うちで働かないか?』と誘われた。最初は時給850円のアルバイト、2週間で日給8000円の契約社員、2か月で基本給25万円の正社員となりました」

「受注センターに企業が求人を出し、各支店が登録者にメールや電話で手配するんです。発注業者からは日当1万2000円出ても、本人に渡るのは8000円。4割はピンハネですね。また安全協力費という名目で1回につき250円天引きしていました。仕事先での物損事故、ヘルメット、安全靴の購入に充てるというものです。しかしこれで物品を買っているのをみたことがありませんでしたけどね」

「それからね、同じ現場の仕事なのに午前8時から11時、12時から午後3時、午後4時から7時と3回に分けて求人する。一人の人間が通しで働いたら2時間の残業代が必要でしょ。同じ一人の人に働いてもらうのですが3時間で1回仕事を終えてもらうんです。1回1回に安全協力費がかかるから750円天引きですね。どこまでも絞りとろうとする企業の精神に矛盾を感じながらも仕事に追われて夢中でした」

「登録者へのモーニングコールも大切な仕事です。コール専門のアルバイトがいます。『○○君、元気?おまえのこと気に入ってるからな』『○○ちゃんお早う。君のことずっと気にしてるよ』。気分良く起きて仕事に行ってもらうためです」

「忙しくて事務所に泊り込みのことも多くて、そんなとき派遣先から仕事帰りに伝票を提出に来る子がコンビニ弁当やスナック菓子などを差し入れてくれる。寝袋の差し入れまでありましたよ（笑）。劇団員や音楽やってる子とか、同年代の登録者が多くて、みんな友達感覚でしたね」

「3月4月は繁忙期で休日は全く無し。もちろん家に帰ることもできない。『株主総会の前に収支を少しでも良く見せなあかん。正社員はちょっとだけ残業代を待ってくれ、5月になったら1か月休みをやるから』と上司に言われて『多少無理はきいてもいいかな』と頑張ったんですが、5月に上司が変わりましてね。『そんな話あり得ると思っているのか？』と一蹴された。11月に入社して5月に辞めました。今から4年前のことです」

「次についた仕事はテレホンアポインター。インターネットの機械回線の販売です。アルバイト社員として入社したのですが、3か月で500件の契約を取ってバイトから社員の責任者に格上げされました。バイトから責任者に格上げされた第1号ということでした」

「バイトのときは歩合制でしたから給料が40万ありましたが、社員になったら基本給25万、歩合3万の固定。大学生20人ほどの部下をつれて飲み会に行っても、全部自腹。28万の給料から10万の飲み会費用が飛んでしまう。半年間責任者として勤めましたが、社員になると残業しても深夜のタクシー代まで自腹。やってられないなと思って辞めました」

「一緒に生活していた13歳年下の彼女から『あんたこれからどうするの？浮気してるんじゃないの？』とまるで嫁さん気取りで問い詰められ、誤解されたまま追い出されました。彼女と暮らし始めたとき『もう私以外の連絡先必要ないでしょ』と携帯電話をボキッと折られてます（笑）から友達の連絡先が分からない。雪の降るバレンタインデーの夜、行くあてもなくて惨めでしたね（笑）」

「とにかく住む所を確保しなくちゃいけない。住み込みで滋賀県の自動車工場で働きました。寮費が5万円、周囲には遊ぶところもないし、金は貯まります。60万円貯めて実家に戻り、親父にその金を渡して居候」

「まずは求人誌で職場を探し、給料を貯めたら部屋を探す。その段取りでした。仕事はNTTの子会社でインターネット回線の故障受け付けの契約社員。25万貯まったからぼちぼちアパートを探そうかなと思った頃、親父が『25万貸してや』。俺の貯金がいくらあるのかちゃんと知ってるんですね（笑）」

「親父は自己破産したのに、再び商売を始めていたんです。資金繰りが厳しかったんでしょう。高校は私学に行かしてくれたし、贅沢させてもらっている。親父には頭が上がらない。第一親父のことを好きでしたからね、借金を断ることはできなかった。でも借金の催促の繰り返しでなかなか金が貯まらない」

「そのうち親父が職場にまで電話をかけて金の無心をするようになったんです。たまらなくなって、親父には商売をもうやめるよう忠告して家を出ました。社員にならないかとの誘いも受けていましたが、何だか全てのことがどうでもよくなって職場も辞めました。今年の3月のことです」

「最後の給料で漫画喫茶やウイークリーマンションに泊まり、いよいよ所持金がなくなって阪急イングスの建物の下で雨風しのいでいました。そこで1枚のビラを拾いました」

「大阪市役所前で派遣切りの労働相談を受け付けているというもの。カレーの炊き出しがあると知って『僕は派遣切りじゃないけど相談にのってもらえるのかなぁ』と、カレーにひかれて行ってみたんです（笑）」

「そこで稲垣さんと出合って、生活保護の申請をするようアドバイスを受け、今こうやって炊き出しやビラまきなどを手伝いながら保護の決定を待っているところです」

「20歳の頃、ミナミでよく遊んでいました。野宿者を夜中に起こして『家どこや?家族に連絡するぞ』とおちょくっていました。若者がホームレスのおっちゃんを道頓堀川に投げ込んだという事件がありましたが、その子たちも僕らの身内と言っていいくらい親しい仲でした」

「センターで毎日ビラまきを手伝っていると、おっちゃんたちが僕の顔を覚えてくれて『兄ちゃん、頑張れよ』と声をかけてくれる。胸にジンとくるものがありますね。昔、なんであんなひどいことをやったんやろと思います」

「24歳のとき、2歳年下の娘と付き合っていました。彼女はスナックの店員で、僕が客として飲みに行ったとき話をするようになったんです。最初は軽いノリでふざけた話ばかりしていたのですが、そのうち彼女から相談を受けるようになりました。私生活では古風で大人しい娘でしたね」

「彼女の親父さんは宮古島の出身で、彼女は琉球舞踊を習いたかったそうですが、教えてくれるところがみつからなくて日舞を習っている。昼間は日舞の稽古があるから仕方なく水商売についている。親父さんは仕事一筋の人で、がんで闘病中なのに入院先の病床から出勤している…と教えてくれました」

「彼女の舞台も見に行きました。結婚してもいいな、と思ったのは後にも先にも彼女一人ですね。でも病床のお父さんの枕元で『娘さんを下さい』なんて話をしてもいいものかどうか悩んでいたんです。そうこうしているうちに、親父さんが亡くなった」

「彼女の落ち込みは半端じゃなかったですね。うつっぽくなった。僕は慰めるすべを知らなかった。頑張れ、という言葉は禁句だと言うし。何となく連絡しづらくなっていました。5回メールすると1回返事があるくらいでした」

「ある日、彼女の携帯から珍しく電話があったんです。お母さんでした。『お線香を上げに来て』という連絡でした。自ら命を絶ったと聞き、絶句しました。彼女を死に追いやった責任の一部は僕にもあるんじゃないか、もう少し彼女の気持ちに寄り添ってあげることができていたら、もう少し積極的に彼女に接していたら…と。今でも彼女のことは引きづってますね」

142号（2009年10月8日）

髪洗《かみあら》い士

中薗さん
昭和13年生まれ
65歳
鹿児島県喜入町出身

「13人兄弟の10番目です。喜入町は鹿児島湾に面した半農半漁の町で、会社や工場は一つもありません。昔は海もきれいで、サバ、イワシ、キス、キビナゴ、アジなどがたくさん獲れたのですが、石油基地ができてから漁業はできなくなりました」

「5~6反くらいの畑で農業をしたって、6人、7人の子供がいる家族では、自分の家で食べる分しかないでしょう。石油基地ができてからは収入源が無くなり、働き手は都会に出るようになりました。それまで150軒くらいあった家が、今では50軒くらいに減っています」

「喜入から半島を南に下ったところに山川というところがあるのですが、そこには西郷隆盛の着とった着物が残っていますよ。西郷隆盛は、よそ者に言葉が通じないよう、鹿児島県人でないと分からない言葉を作ったんだと親から聞かされてきました。本当かどうかは知りませんけどね（笑）」

「親は西郷隆盛を尊敬していましたが、『お国のために死ね』と言ったことについては批判的でしたね。郵便局に勤めていた長男が兵隊に行ってフィリピンで戦死しています。『国のためにでも、死ぬことはなかった』と悔しがっていました」

「親父は指宿温泉の山で、髪洗《かみあら》い土を採る仕事をしていました。社長と一緒に山に入り、山の持ち主に金を払って試験掘りをさせてもらうんです。髪洗い土が出て来たら、『ここからここまで掘らしてくれ』と山の持ち主に言って、社長が契約するんです」

「そのあと、今度は親父が作業員を10人くらい連れて行って掘っていくんです。1時間に1本走っている蒸気機関車の始発に乗って山川まで行き、そこから山まで20分ほど歩きます」

「土は火山灰ですね。ちょっと硫黄の臭いのする水色がかった白っぽい土でした。掘った土はムシロの上に広げて3日間乾燥させます。太陽の出ている朝8時から午後3時くらいまでですね。夜は小屋の中にしまっておきます」

「乾燥が終わると、社長がオート三輪を頼んで、カマスに入れた土を会社まで運ばせます。『おたふく髪洗い粉』という商品にして、主に鹿児島市内で売ってましたね。今のシャンプーですわ」

「当時は珍しがられて、会社は繁盛したようです。1つ5円で販売していました。母が亡くなってからは、親父について仕事場に遊びに行っていましたから、仕事の内容はだいたい知っています」

「現場の作業が早く終わった時には、指宿温泉で風呂に入ってから家に帰ることもありましたが、たいていは最終の汽車に乗って帰りましたね」

「父は無口でしたが母は社交的で明るい性格でした。通りすがりの近所の人を呼びとめては家に上がらせて、ふかし芋をごちそうしたりしていましたね」

「でも産後の肥立ちが悪かったのか腎臓を悪くして、死ぬ2~3年前から床に就いていました。でも医者には行ってなかったです。お金がかかるから病院に行かせることができなかったのでしょう」

「病気になってからは、田植えや稲刈りのときに自分は出られないので、なんぼかのお金を払って近所の人に応援を頼んでいました。その頃には歯が全部抜け落ちて、顔は真ん丸にむくんでいました。でも髪は白髪一つなくて、長い髪を後ろで束ねていたのを覚えています。48歳のとき、子ども達全員に囲まれて死にました。私が小学校3年のときです」

「学校に上がる前は、近くの川でミミズを餌に魚を釣って、飼っているニワトリに与えていました。半分は遊びですが、家の手伝いをしているという誇りも子どもなりにありました」

「中学にあがると本格的な手伝いです。家から中学まで6キロ。歩いて帰ってくるだけでも大変なのに、カバンを置いたらすぐにふかし芋を食べながら草刈、薪拾いですわ」

「田植え、サツマイモ植え、稲刈り、稲の切り株を取り除きながら牛や馬を使って耕す、その後の麦の種まき、麦の芽が出たら麦踏み…。畑と田んぼは1年中、仕事があるでしょ。あの頃がいちばんしんどかったな」

「そんな中で修学旅行は楽しかった思い出ですよ。小学校の修学旅行は島津庭。中学では博多と下関。大洋の会社を見学したこと、九州一のデパート『玉屋』のきれいだったこと、広い公園にハトがいたこと…、みんな新鮮な驚きでしたね」

「中学を卒業すると集団就職で大阪の堺市に出てきました。自転車のハンドルを作る鉄工所でした。20人くらいの従業員がいました。1年して、兄貴の紹介で尼崎の住友鋼管に移りました。兄貴がそこで働いていたんです。その後、今度はすぐ近くの日本ガラスに移りました。同郷の友達がいっぱい、日本ガラスで働いていたんです」

「検びんの仕事を18年やりました。同郷の女性と結婚し、娘も生まれました。でもオートメーション化が進んで、会社が３６００人いた従業員を半分に減らしたんです。希望退職に応じれば定年退職と同じだけの退職金を支払うと言われ、同郷のほとんどが退職しました。私も退職しましたが、私の親友1人だけは定年まで残りました」

「退職金で尼崎市に家を買って、私は大阪駅前のビジネスホテルの従業員として働きました。夜勤の多い仕事で夫婦の会話も少なくなり、突然変わってしまった環境に女房は精神的に参ったのでしょうか、田舎に帰りたいと言い出しました」

「女房は、中学1年になる一人娘を連れて田舎に帰ってしまいました。この時に家も売って、お金は女房に渡しました」

「その娘が中学を卒業して、美容学校に行くために再び大阪に出て来たんです。女房は田舎で再婚しましたから、娘だけが出て来たんです。ところがこのビジネスホテルも8年でつぶれてしまい、今度は東洋テックというガードマン会社で働くことになりました」

「娘を育てることが第一でしたから、娘が独立するまでは夜勤の多いこの会社で働きましたが、娘が結婚したのをきっかけに退職しました。当時は夜勤のガードマンが巡回中に殺されたり、大けがをする事件が頻繁にニュースになっていて、早くこの仕事は辞めたいなと思っていたんです」

「それからは独り身でしょ。京都市南区の作業員宿舎に入って、山科、長岡京、京都御所の遺跡掘りの仕事に就きました。この仕事は髪洗い土を掘っていた田舎の親父を思い出させましたね」

「10年近く経つと、だんだん不景気になってきて、2日休み、3日休みという日が重なってきました。仕事が無くても作業員宿舎におれば、食事代、部屋代は取られます。いよいよ蓄えも無くなって、作業員宿舎を出ることにしたんです」

「西成に来て、住み込みで簡易宿泊所の掃除をする仕事を見つけました。やれやれと思っていたのですが、ダニが多い簡易宿泊所で、あちこち刺されました。かゆくてかきすぎたところからばい菌が入って、大和中央病院に入院することになったんです」

「しばらくすると『手術する』と言われ、びっくりしました。『ただの皮膚の病気なのに手術なんて嫌です』と拒んだら、院長が『それなら他の病院に行け、患者の代わりはなんぼでもいるんや。看護婦の代わりはおらんけどな』と怒りだしました。信じられない言葉に、声も出ませんでした。何回もその言葉を口の中でつぶやいてみました。今でも思い出すとゾッとします」

「退院して、またその簡易宿泊所で働いたのですが、やっぱりダニには参って、これでは体がダメになると思い、辞めさせてもらいました」

「どこか働かせてくれるところはないかなと思いながら、簡易宿泊所に泊まっていたら、ちょうどそこの前で炊き出しの仕事をしている人達の事務所があって、思い切って代表者にお願いしてみたんです。それが稲垣さんでした」

「釜ヶ崎解放会館に寝泊りさせてもらえて、食べることも心配しなくていいし、本当に助かったと思っています。炊き出しが午前11時ですから、それに間に合うような朝早い時間の仕事、たとえば市場の掃除とかそんな仕事があればいいなと思っています」

「一番楽しかった時期は日本ガラスで働いていた時ですね。同郷の仲間がたくさんいて、休みには飲みに行ったり旅行に行ったりね。私は兄弟が多いでしょ。小さいときからご飯も遊びもワイワイ、ガヤガヤとにぎやかでしたから、合理化でみんながバラバラになったのは寂しかったですね。女房も同じ気持ちだったと思います」

「今、行ってみたいなと思う所は、堺市駅前の銀座通りにあった映画館です。集団就職で出てきて初めて行った映画館。池辺良が記憶にあります。懐かしいですね。まだあるかな。それから東京の銀座。熱海に住む親戚が東京見物に連れていってくれたんです。服部時計店のあの時計も、まだあるのでしょうかね」

「3年前、田舎の墓参りに行きました。何気なしに帰ったんですけど、兄貴たちに、『誰かに聞いてきたのか』と言われました。『両親の墓のある丘が雨で地滑りして崩れそうになっているから、墓道を作るのに兄弟でちょっとずつ金を出し合おうという話をちょうどしていたときだ』と言うんです」

「もちろん、お金は渡してきましたが、死んだ親父が私を呼んだのかなと思いましたよ。いろんなことがありましたが、真面目に生きていけば土壇場になっても必ず神様が助けてくれると、親父が墓の中から教えているような気がしたものです」

116号（2003年12月7日）

医療連に助けられて

赤澤さん
昭和 17 年生まれ
63 歳
大阪市出身

「大阪市港区出身です。親父は弁護士、お母さんは新世界のイセヤ会館というパチンコ店を親父の兄と一緒にやっていました。親父の身内はみんな商売をやっていました。僕は４人兄弟の末っ子、兄２人と姉がいます。長兄とは15歳離れています」

「親父は戦争中は憲兵だったそうです。無口で酒は飲まなかったですね。小さいときから親父の温もりは知らないです。一緒に遊びに行った記憶もないし、遊んでもらった記憶もないです。お母さんはいつも忙しそうにしていて、朝ご飯も昼ご飯も、おばあちゃんと一緒に食べていました。ぼくはおばあちゃん子でしたね」

「僕が小さかった頃は周辺にトタンで作ったバラック小屋がポツン、ポツンとあるだけで、あちこちに大きな池が目立ちました。あの辺は地盤が低くてぬかるんでいるので、地盤を固めるために池を造ったようです。２～３年池の水を重石代わりにして、後で水を抜く。そしたら地盤が固まるでしょ。池は私が小学校５年生の頃には無くなって、それからは普通の家があちこちに建つようになりました」

「当時は鍛冶屋が多かったですね。僕の家のバラック小屋は、玄関入った右にご飯を炊く釜があって、材木を燃やしていました。材木は九条の方まで兄貴たちと拾いに行くんです。解体現場に落ちているのをもらって来ると言った方がいいのかな」

「安治川の堤防には石炭も落ちているです。船で運ばれてきた石炭を6トンくらいの小さいトラックに移すとき天秤を担ぐんですが、そのときに天秤から石炭がこぼれ落ちるでしょ。こぼれ落ちた石炭が川沿いに転がっているからそれを拾って売るんです。兄貴やおばあちゃんと毎日のように行きました」

「昔は安治川まで天神祭りの船渡御が来ていました。九条ではワッショイ、ワッショイと太鼓担いで、昼には獅子舞、夜は花火とにぎやかでしたよ。花火は中央市場のあたりから上げていたかな。今の水都祭も昔は大阪港でみなと祭りとしてやっていました」

「小学校、中学校とワルでした。小学校に上がるとすぐに、長兄に勧められて柔道を習っていましたから、腕力には自信がありました。クラスの男の子をどついたり、こかしたりね。授業中に気に入らない子に教科書を投げつけて先生に怒られて、それでも謝らない」

「何が原因でけんかになるかって?女の子のことですわ（笑）。同じクラスに瀬戸物店の娘でピアノが上手、頭も良くて学級委員長をやってる子がいましてね。おとなしい、かわいい子で、クラスの男の子の人気者ですわ。その子に話しかける男子がいると、気に食わなくてすぐけんかになるんです」

「中学に入ると柔道部に入り、2段になりました。あいかわらずけんか早くて、担任の先生まで投げ飛ばしたりしました。遅刻を注意されて『おまえは教室に入ったらあかん』と言うので『何ぬかしとんねん』とね」

「中学2年になると瀬戸物店の娘と付き合う一方、他の女の子とも付き合うようになりました。自分の言うことを黙って聞いてくれるおとなしい女の子で、九条の商店街ではかなり有名な履物店の娘でした」

「彼女が学校で元気がなかったから、気になって声をかけたんです。元気だしや、と映画に誘ったりしてね。そのうち彼女が家のことをポツリ、ポツリと話すようになって」

「彼女の話によると、商売がうまくいってなくて家を売らなあかんと言うんです。僕は親父にその話をして『いっぺん、話を聞いてやって』と頼んだんです。その後、親父が援助したのか裁判をしたのか知りませんけど、親同士のつきあいができて、私と彼女もお互いの家を行き来するようになったんです」

「僕が中学1年のとき、親父が浪速区にマンションを持ったんです。仕事の関係で権利を手に入れたんでしょうかね。僕は中学2年から彼女とこのマンションで生活するようになり、僕たちはこのマンションから学校に通いました」

「中学3年の秋、彼女のお腹が大きくなって先生も友達もびっくりしました。『子どもできた。どないしよう』と言うので僕は『親父に相談するわ』と答え、親父に話をしたんです。親父は『生んだらええやないか』と即座に答えましたね」

「親戚の者だけ呼んで、会館で結婚式を挙げました。生まれた子は女の子で親父が和子と名づけました。かわいかったですね。彼女の親や僕の姉が赤ん坊の世話をしてくれました」

「高校は僕だけ浪速商業高校に進学しました。彼女は子育てしながらお母さんのパチンコ店で、玉を台の上に戻す仕事を手伝っていました。あの頃は手打ちの台でしたからね。あと、マンションの家賃の集金ね」

「僕は高校に入ってからは、おとなしくなりましたよ。クラブを終えて家に帰ればかわいい娘がいるでしょ。子守をするのも楽しみでした。彼女はぜいたくを全くしなくて生活も地味でした。僕のお母さんが見かねて『子ども生んだって、あんたはまだ若いんだから、服くらい買いなさい』と、よく買い物に連れ出していました」

「娘はホントにかわいかったけど、実はよその高校の女の子と遊ぶことも多かったんです。高校2年の時から赤線に通っていました。女の子とのトラブルで親父が慰謝料を払ったこともあります。そんなですから、高校を卒業すると親父から『自衛隊に入ってその根性をたたき直せ』と言われ、伊丹の陸上自衛隊に入れられました」

「でも1年くらいした頃、門の周りの掃除のときにこっそり抜け出して、そのまま梅田の赤線に通って夜の11時頃に戻ったんです。一番偉い人に呼ばれて、『規則違反だから、自衛隊辞めるか当分外出禁止。どっちにしても上には上がれない』と言われて、その場で『辞めます』と答えました」

「自衛隊を辞めてからは夜のミナミに女の人をひっかけに毎晩繰り出していました。仕事に就かず朝帰り。昼間は家でただ寝ているだけ。それでも彼女は何も言いませんでした。あきらめていたんでしょうか」

「そんな時に高校の先輩にミナミでばったり会いました。その先輩はヤクザの息子でしたから、一緒に遊びまわっているうちに大阪戦争にまきこまれました。先輩は南一家の組長になっていたんですね。僕も神戸で凶器準備集合罪で捕まり、長兄が既に弁護士になっていましたから、裁判は兄貴が弁護活動をしてくれました」

「当時娘は小学校1年生。執行猶予で釈放されましたが、拘置所や裁判所に何度も来てくれた嫁さんから『あんたのことやから好きなようにしてくれたらええけど、子どもにだけは迷惑かけないようにしてな』と言われ、その言葉がこたえましたね」

「それから西成に出入りするようになりました。釜ヶ崎の銀座通りの入り口にある神戸屋という喫茶店にふらりと入って、ママと話をしているうちにそこの息子と親しくなりました。息子は同じ組の人間で手配師をしていましたから、ママが『赤澤さんも手配師にならないか』と誘ってくれました」

「ママに『何人欲しい』という電話が入ると、仕事の内容、時間、人数、単価などをメモに取って、息子と一緒に求人に行くんです。あの頃はまだセンターができていなくて、辺りはバラックが立ち並び、道も舗装されていなくて狭かったです」

「あの頃は仕事があふれていたから手配師の仕事も忙しかった。手配師の車と言っても今みたいにマイクロバスじゃないですよ。幌つきのトラックに労働者を積んでいくんです」

「朝5時ごろ『現金行く人は乗ってや』と叫ぶと、どっと寄ってくる。ママに言われた人数分だけ車に乗せて現場に向かう。現場の親方が人数分の手配料をくれるからそれを受け取るとすぐに西成にUターン。朝8時ごろ、今度は契約の仕事に行く人を募集して作業員宿舎へ連れて行く。昼頃戻って、次は遠い作業員宿舎に人を乗せて行く。1日3回手配して15万円の手配料が入りました」

「ママの紹介ということで組事務所に上納する必要も無かったから全額自分のものになりました。学校のコンクリ打ち、八百屋の店員、日本橋の黒門市場の売り子、チンドン屋のビラまき…なんでも手配しましたよ」

「僕は釜共（暴力手配師追放釜ヶ崎共闘会議）に攻撃されるような暴力手配師ではなかったですから、釜共の攻撃対象にはならなかったです。定員以上の人がトラックに乗ろうとするとコーヒー代渡したり、一杯飲ませたりして降りてもらいました。建築現場とかコンクリ打ちは仕事が早く終わるのを労働者はよく知っていましたから人気がありましたね」

「コンクリ打ちも今のようなポンプ車があるわけじゃないから、一輪車の大きいのでコンクリを運んで夜通し打っていました。嫌とは言えない性格ですから『仕事行くから飯代貸してくれ』とか『宿代無いから貸してくれ』と言われるとすぐに貸してやるんです。よくママに叱られましたね」

「釜ヶ崎暴動のときパチンコ店が襲撃されました。ちょうど僕はパチンコを打っていたんですが、労働者が入り込んできてパチンコ台をたたき壊したりして暴れるから、何の意味もなく僕も一緒になって暴れまわったんです。それで他の10人くらいと一緒に阿倍野署に連れて行かれました」

「四条畷の拘置所に入れられて、懲役2年、執行猶予3年の刑を受けました。裁判は大阪地裁であって嫁さんが入れてくれた弁護士と国選の弁護士の2人がついてくれました。このときには娘も高校生になっていて、裁判には傍聴に来てくれました」

「その後、仕事はしないし女遊びも収まらないので、堪忍袋の緒が切れたのでしょう、嫁さんから『出て行ってくれ』と言われました。まとまった金を持たされて家を放り出されて、アパートで暮らすようになったんです。15年くらい前のことです」

「酒で肝臓を悪くして救急車で病院に運ばれました。病院生活は6年ほど続きました。医療連（NPO釜ヶ崎医療連絡会議）の人たちが病院訪問をしていて、その人たちが本当に親身になって世話してくれました。福祉とか生活保護という言葉も初めて知りました」

「医療連の人たちのおかげで退院後も引き続き生活保護を受けることができ、現在中央区でアパート生活しながら、困っている人たちの相談活動を手伝っています」

「大阪城公園でテント生活していた人が事件を起こして刑務所に入っているのですが、その人が飼っていた犬を自分が出所するまで面倒見てほしいと支援者に依頼があったんです。支援者はほとんど仕事を持っているし、忙しい人ばかりでしょ。『どうしようか』と言うので結局僕が面倒見ることになりました。頼まれたら嫌とは言えませんよ（笑）」

「犬の子守もしますが、人間の赤ん坊の子守役も引き受けています。1歳になる支援者の子ども、歩き始めて目が離せないんですが、とにかくかわいい。子どもは大好きですね」

「医療連の人たちに助けてもらったという気持ちを忘れることができません。自分にできることを無理しないでやり続けたい。それが恩返しになると思っています。表に出ることはしないで、縁の下の力持ちでいたいです」

126号（2005年12月2日）

失意を乗り越えて

木谷さん
昭和7年生まれ
66歳
広島県可部町出身

「父は堅気一本の職人で宮大工をしていました。海軍兵学校の御神殿など造ったようでが、不景気になると米穀店の商売に変わりました。僕は10人兄弟の長男。その上、おじさん、おばさん、いとこが同居して17人の大所帯でした」「作業員宿舎みたいなものでして、食事を全員が終えるのに2時間はかかるんです。父は商売にも実直で、米穀店の方も順調にいって、僕たち子供10人とも高校まで行かせてもらいました。気が短くて、金槌で殴られたこともありますけどね。母は父の仕事を手伝っていました」

「旧制中学2年のときに被爆しました。可部線に乗って横川駅で降り、そこから広島市内に通学していたんです。当時は1年生と2年生が交替で勤労奉仕をしていましてね。あの日は1年生が勤労奉仕の日でした」

「県庁前に8時15分集合で、6学級300人が集まるんです。火事になった場合に火が燃え移らないようにと、防火壁をつくるためのブロック積みの作業をしていました。3年生以上は工場などへの奉仕でした」

「いつものように横川駅で降りて、集団で歩いて学校に向かっていたんですが、爆風で20mくらい吹き飛ばされました。小学校時代からの同級生ら30人と一緒だったのですが、一瞬、どこかでガス爆発がおこったか、火薬庫が爆発したのかと思いましたわ。爆心地から2キロくらいの場所ですね」

「何が何だか分からないまま、みんなそろって、とにかく学校へ向かいました。道々、民家が燃え、木造の家はつぶれて屋根が吹っ飛んでいました」

「当時は呉がよく空襲をうけていましてね。広島の市内から爆撃機が急降下するのを目の当たりにしていましたから、広島が爆撃されないのが不思議なくらいでした。広島もいつかはやられると思っていましたから、爆撃を受けたんだなと思ったのです」

「学校に着いたら校舎は燃え盛っていて、大やけどを負った教頭先生が倒れていました。学校のすぐ近くにあった寄宿舎は燃えて無くなっており、教師一人と身体障害者の生徒一人が焼死していました」

「近くに教頭先生の家がありましたから、先生を担架に乗せて運び込んでいると数人の1年生が戻ってきたんです。服は焼け焦げて、二中の金ボタンだけが残った姿とか、裸同然の格好でフラフラと歩いてきましたわ。それでも皆、一様に背筋を伸ばして敬礼しました。昔の中学は軍国教育でしたからね」

「県庁前に集合した300人のうちの、かろうじて生き残った数名ですね。顔、全身やけどで真っ黒。『水が欲しい』『水が欲しい』と言っていましたが、静かになったなと思ったらもう死んでいました。それでも息をしている者だけ、隣町の八日市小学校にトラックで運びました」

「8月15日に終戦となって、しばらくしてからですね。今度の爆撃は死に方が違う。新型爆弾が落ちたということが分かりました」

「戦争が終わって、新制高校2年に編入しました。県立芸陽高校です。大学は同志社大学経済学部に入学しました。父は反対しましたけどね。兄弟も多いし、家から通学できる広島大の夜間部に行ったらどうやと言いましたが、とにかく親元から離れたかったんです」

「長男だからと、米穀店の息子で一生を終えるのも嫌でしたしね。大学卒業間近に父が肝硬変で死んで、親族会議が開かれ、『僕はどうしても家業を継ぎたくない』と言ったんです。結局、7つちがいの弟が継ぐことになりました』

「卒業後、建設省中国四国地方建設局太田川工事事務所にしばらく勤めましたが、都会に出て行きたくて、名古屋のトヨタ自動車に転職しました。造れ、造れの、一番華やかな時代でしたね」

「16歳で三輪車の免許をとって、クラブも自動車部に入っていましたから、花形産業であるトヨタ自動車に入社できたときは本当にうれしかったですよ。メッキ課で品質管理の仕事に就きました」

「課長の強い勧めで見合い結婚をしたのは32歳のときです。彼女の母親が飲み屋をやっていて、私も酒が好きで、客として通っていたんですが、話が合いましてね。あまり大きなことは言わない、酒を飲んでも崩れない、トヨタに勤めておればつぶれる心配はないとの理由で、母親がえらく私を気に入って、会社の組合長や課長を引っ張り出して、娘との見合いを進めていったんです」

「婿養子に入るんですから、あまり気乗りはしませんでしたけど、実家の母も早く身を固めてほしいと心配するし、課長が仲人をするというので、『まぁ、いいか』って感じですね。名古屋の結婚式は見栄を張って派手でした」

「ところが、この母親、実はアルコール依存症だったんですね。私が結婚した頃からさらに酒量が増えて、朝から飲んでるんですわ。父親は店を妻に任せてタクシーの運転手をしていましたが、ギャンブル好きでしてね。娘の財布からお金を抜いては競馬通い」

「嫁さんは3人姉妹の真ん中で、上と下は早くに結婚して家を出ているでしょう。母親とずっと一緒の生活だったからでしょうか、味噌汁の作り方も知らないんですね。カレーを作るのに砂糖をたっぷり入れたり(笑)。正直言って、食べられたものじゃない」

「酔っ払いの母親は新婚夫婦の寝室に入り込んで、『早く子供を作りなさい』と愚痴ったり、旦那の悪口を言ったり。これはえらいところに養子に入ってしまったもんだと内心後悔しましたよ」

「嫁さんについてはね、見合いとは言え、お互いが納得して一緒になったのですから文句は言えませんけど、父親と母親には参りました。結婚して4年後に子供ができましたが、父親はヨチヨチ歩きの孫を連れて毎日のようにギャンブル通い。母は朝から酒浸り」

「両親と顔を合わせれば、けんかの毎日でした。間に入る嫁さんが、気の毒と言えば気の毒でしたね。離婚については、仲人をしてくれた上司への遠慮もあって、ずっと我慢していましたが、やっぱり耐えきれませんでした。裸同然に家を出ました。結婚して7年目のことです」

「家を飛び出すのと同時にトヨタも辞めました。名古屋の職安に行って、すぐフジパン名古屋工場を紹介してもらい、食堂の調理師として働きだしました。調理師の免許は、結婚してから学校に通って取得していたんです。飲み屋を手伝うにも調理ができた方がいいだろうと思ってですね」

「その後は第一製鋼、横浜のハム会社、滋賀県の給食会社などいくつか、職場を変わりました。この滋賀県の給食会社が勤めとしては最後ですね。倒産したんです」

「この業界も競争が激しいんですね。弁当を作っても納品できなくて、在庫ばかり多くなっていく。包丁を扱う仕事は自分の性にあっていたんですけど、倒産してはどうしようもない」

「彦根の人材派遣会社からトビ、ばらし、鉄筋の仕事に就くようになり、釜ヶ崎に住むようになりました」

「去年の10月から仕事に就けなくて、野宿生活をしていました。段ボールを集めて換金してね。天王寺駅の周辺で寝ることが多かったです」

「コンビニの店員さんと顔見知りになると、賞味期限の切れたケーキとか食品をカゴ一杯出してもらえるんですよ。こちらとしても出所が分かっているから安心して受け取れるし、腐っているかどうかは鼻がきくからすぐ分かるでしょ」

「どっさりもらった食品にお礼を言って、野宿の仲間に分けてあげるんです。年末には菓子屋で売れ残りの粟おこしの詰め合わせを20箱くらいもらったこともあります。賞味期限があるから、年明けたら売り物にならないんですね」

「稲垣さんに被爆者手帳の再交付のことで相談して、今は炊き出しを手伝っています」

「あれほど都会に憧れていたのに、年をとると田舎が恋しくなりますね。可部はね、盆地でマツタケの産地でもあります。太田川はアユが釣れます。水が澄んできれいだから米がうまい、地酒もおいしい。牛の市もあったなぁ」

「トヨタに定年まで勤めて、定年後は喫茶店を経営したいという計画があったんです。立地条件を整えて、原価計算をして、自分の趣味にあった喫茶店を開いて…とね。結婚に失敗してその夢は破れましたが、生まれ育った可部には戻りたいですね」

84号（1998年4月7日）

さらば、妻よ子よ

大石さん
昭和30年生まれ
59歳
岐阜県出身

「親父は石積みの職人ですが、炭焼きや土木作業もしていました。僕は男ばかりの4人兄弟の三男です。末っ子の四男は生まれてすぐに死んでしまったので、3人兄弟みたいなものです。お母さんは僕が3歳のとき子宮がんで亡くなりました。お母さんは竹に毛布を巻いた担架に乗せられて病院から家に戻ってきて、布団の中から私を手招きすると、僕のほっぺを自分のほっぺにぎゅっとくっつけたのを覚えています」

「お母さんが死んだとき、親戚がたくさん家に集まりました。死の意味が分からない兄貴と僕は、人がたくさん集まってきたのがうれしくて、玄関口で大きな声で歌を歌ったそうです。よほど不憫《ふびん》だったのでしょう、僕らが成人してからも、おばあちゃんはその話を何度も僕たちに言い聞かせました」

「親父は僕のことをあまり好いていなかったのか、特に酒を飲んだときに虐待を受けました。小学校にあがって、プールの時間に友達から背中にベルトの痕があると言われたこともあります。思い切りたたかれたのでしょうが、あまりの痛さにたたかれた記憶すら飛んでしまっていました」

「親父の暴力から逃れるために、向かいのおばあちゃんの家に逃げこんだり、家出したりしました。稲刈りの終わった田んぼに稲わらで家を作って、そこで夜を過ごしたこともあります。親父に見つかって『かっこ悪いことをするな』とさらに暴力をふるわれました」

「小学校3年生のときから中学を卒業するまで施設で育ちました。団体生活が苦手で、最初のころは施設からよく脱走しました。でもすぐに見つかり、なだめられて連れ戻されました。親父はときどき面会に来て小遣いを置いていったり、手紙をくれたりしました。世間体を気にしていたのかもしれませんが、離れていれば普通の親父でした」

「一時帰省すると、親父は映画館やレストランに連れていってくれました。親父が胃潰瘍で入院したときには、おじいちゃんが一時帰省の迎えに来てくれましたが、兄貴たちから『お前は施設におって、飯が食えるからいいな』と言われました。兄貴と弟は親戚の家に預けられたのですが、あまりいい顔をされず、ご飯のお代わりもできなくて、いつも腹を空かしていたようです」

「中学を卒業すると定時制工業高校の電気科に入学しました。同時に住み込みで、岐阜市内の鉄工所で働くようになりました。トヨタの下請けで、プレスやけん盤の修理、新作に携わりました」

「6人部屋での寮生活は苦痛でした。愛想の良い人間にみられていましたが、本心は人の好ききらいが激しい方でした。きらいな相手とトラブルをおこすことはしませんでしたが、自分の気持ちを殺して周囲と仲良くやっていくことに疲れました」

「2年で寮を飛び出し、親父と一緒に働きました。公共工事の土木の仕事です。森林の伐採をしていたとき鎌で手を切ってしまい、一緒に働いていたいとこに『施設に帰れ』と口汚くののしられ、けんかになりました。施設にいて一時帰省したときにも『おまえはどこの子だ?』とからかわれたことがあり、このいとことはどうも馬が合わず、親父には黙って、そのまま家出してしまいました」

「名古屋の笹島から名古屋港の積み荷の仕事に行きました。簡易宿泊所は一泊５００円でした。そこでヤクザと知り合って、組に出入りするようになりました。組から小遣いをもらい、パチンコ台の釘の細工をする技術を教えてもらい全国を回りました」

「22歳のとき、名古屋駅裏のパチンコ店で働く2歳年下の女性と結婚しました。両親とけんかして家出してきたというハキハキとした娘で、彼女が妊娠したときにはうれしかったです。出産を彼女以上に楽しみにしていたのですが死産でした。親父は赤ん坊を埋葬してくれました。このころには親父に対する確執は消えていましたね。その後、彼女は僕が嫌になったんでしょう、離れていきました」

「初めて酒を覚えたのが27歳のとき。ヤクザの先輩にキャバレーに連れて行ってもらい、気に入った女の子がいてその娘を指名するようになり、付き合いが始まりました。彼女の家に初めて招かれたとき、僕用のご飯茶碗と箸がすでに用意されていたのにはびっくりしました」

「彼女には、小学校3年生の女の子と3歳の男の子がいました。僕が27歳、彼女が34歳のとき結婚しました。お互い再婚です。結婚後も彼女は過去について一切話しませんでしたし、僕も尋ねることはしませんでした。」

「仕事は名古屋を拠点に全国のパチンコ店にグループで出張することでした。何度か警察に捕まりましたが、月々の生活費は家に入れていましたから、嫁さんが生活に困ることはなかったと思います。嫁さんは僕が捕まっても何も言わず、面会や差し入れに来てくれました」

「彼女との間に子どもが授かりました。僕は女の子だったら美奈子、男の子だったら洋司と名付けようと決めていました。洋司が生まれ、親父に報告しました」

「ときどき、洋司を連れて親父の家に泊まりに行きました。僕らは洋司を真ん中にして、川の字になって寝ました。親父は洋司だけでなく、連れ子の2人も同じように大事にしましたし、僕も分け隔てなく子ども達をかわいがりましたが、親父と洋司をはさんで川の字になって寝ているときには、何か秘め事をしているような気持ちになったものです」

「親父は石積みの仕事の最中に脳内出血で倒れ、63歳で亡くなりました。弟から連絡があって、すぐに名古屋から駆けつけましたが、意識不明の重体、脳死状態ということでした。それでも僕は時間を作って名古屋から病院に通い続けました。親父！と呼びかけたら、目が横に動いたように見えました。分かっているんだとうれしかったです。でも医者から『それは肉親の情でそう思うだけで、実際には分かっていませんよ。脳は機能していません。ただ心臓が動いているだけです』と言われました」

「幼い頃、親父に暴力をふるわれたのは親父流の躾だったのかもしれません。でも、あの暴力は思春期を迎えても許すことができませんでした。兄弟3人の中で一番どんくさかった僕は、親父から一番暴力を受けました。反発して、よそよそしく距離を置いて『お父さん』と呼ばず、『ちょっと』と呼んでいました。そんな親父なのに『兄弟の中で一番お父さんに似ているのはお前だ』と親戚に言われました」

「呼んでも応えない親父を前に、僕はいろんなことを胸の中で話しかけました。40歳で酒を止めた親父の趣味は、歌舞伎と踊りだったんだね。子どもたちを連れて親父の家に遊びに行ったとき、お前は家庭を大事に

「親父は病床で3か月生きました。最期の死に水を取ったのも僕です。葬式の場で、馬の合わないいとこにまた因縁をつけられ、けんかになりました。兄貴が僕をかばってけんかを止めました。火葬場で、親戚の者はみんな酒を飲んでいましたが、僕と兄貴は最初から最後まで窓に顔をつけたまま動きませんでした」

「名古屋での家族5人の生活は、ごくごく普通でした。長男が小学校高学年になると、遊び仲間からいじめられることもあり、そんなときは親としていじめっ子に直接諭したり、それでもダメなときは親に話に行ったりしました。親には子どもを守る責任がありますからね」

「子ども達を連れて、家族そろっていろんな所に遊びに行きました。遊園地、動物園、鈴鹿サーキット、海に山へと学校が休みになると、遊びに出かけたものです。たくさん楽しい思い出を作ってやれた、それだけが僕の家族に対する救いです」

「長女は洋司が赤ん坊のときから、よくかわいがってくれました。二人の弟を思いやる素直で優しい娘に成長しました。高校は私立に行きたいと言うので、消費者金融から金を借りて入学金を作りました。娘の夢は叶えてやりたかったですから」

「そんな中で、出張仕事に絡み、2年の懲役刑を受け名古屋拘置所で過ごしました。この2年間の獄中生活が人生で一番辛かった。何が辛いと言って、雑居房での陰気な人間関係です」

「狭い房の中に嫌な人間がいても、避けては通れない。もめごとがきらいですから、けんかになることはないですけど、その分、自分をぐっと抑えて生きていかねばならない。それが何よりも苦痛でした」

「配食係だった僕は、パンや菓子など受刑者が注文した品物をおやつの時間に配っていましたが、おやつを配る時間が2時間も遅れたことがありました。エレベーターに線香の臭いがこもっていて、今日死刑の執行があったんだなと分かりました。僕が名古屋拘置所で刑を受けていた2年間の間に、2人の死刑執行がありました」

「家族との生活を大事にする一方、ギャンブルにも金を使いました。消費者金融からの借金も増えました。でも、請求が家族に来るようなことはしませんでした」

「娘も息子たちも就職し、子育ての責任から解放されたころ、ふっと1人になりたいと思いました。子どもたちの目の前で、何気なく『1人になりたい』と口にしました」

「嫁さんも子ども達も、僕のその言葉が信じられなかったようです。どうして?何が気に入らないの?と娘は泣き出しました」

「借金のこともありましたが、それだけじゃない。自分でもよく分からなかったですね。だけど言い出したらきかない性分であることも、子ども達はよく知っていました。最後は『お父さんの好きなようにしたらい い』と言ってくれました」

「家を出る日、娘は泣きながら『お父さん、こんだけ大きくしてくれてありがとう』と言いました。それを聞いて僕も思わず泣いてしまいました。息子は『お父さん、何をしてもいいけど、骨は拾ってやるよ』と言ってくれました」

「嫁さんと息子が保証人になって、名古屋市内に賃貸マンションを借りましたが、しばらくして大阪に出てきました」

「組に出入りする知人から西成のことを教えてもらい、5年前から西成で生活しています。センターから現金仕事に行ったり、缶集めをしたり、特掃の仕事に行ったりして収入を得ています」

「センター横の南海電車の高架下で野宿しているとき、稲垣さんに声をかけました。前日からの台風の強風と雨で、布団がびしょびしょに濡れてしまったんです。『稲垣さん、労働者のために活動しとるんだったら、どこか雨露防げる場所、ないですか？』と聞いたんです」

「稲垣さんは花園公園内の空きテントを紹介し、布団も持って来てくれました。僕はさっそく日本橋に行って粗大ごみの中から絨毯《じゅうたん》や家具を集めてきました」

「センターの軒下で寝ていても、朝5時にセンターのシャッターが開きますから、そのときには荷物を全部持って移動しなければなりません。センター横の高架下に移れば、夕方に役所の職員が来て『ここで寝たらあかん』と追い立てます。役所の職員が黄色い車を横付けして、カメラで僕の顔を写そうしたときには『俺は犯罪者じゃないぞ、写すな』と払いのけました」

「それが、どうでしょう。公園のテントなら、朝が来ても夕方になっても移動する必要がないんです。落ち着いた生活が始まりました」

「ところがしばらくして、大阪市建設局の職員が『私がアパートを探してきて、福祉事務所とも話をしときますから、居宅保護を申請しませんか』と何度も訪ねて来るようになりました」

「花園公園前にある今宮小中学校が27年4月に開校予定で、子ども達の安全確保のために公園から出て行ってもらうと言うのです。建設局職員の立場も分かるんですよ。子どもの安全ということも分かる」

「建設局の職員に何度も通い詰められて話を聞いていれば、その職員に情も移ってきます。それに、テント生活よりアパート生活の方が良いに決まっています。保護を受けようかという気持ちになりました」

「その一方で、友達に『あいつは生活保護を受けたいから公園のテントに入ったんや』と思われるのもしゃくでした」

「夢に親父が出てくることもありました。ニコッと笑っていました。『人間、他人に行なったことは回りまわって自分に還ってくる』と言った親父の言葉もよみがえってきました」

「僕は高架下で困り果て、稲垣さんに助けを求めた。稲垣さんに助けられて今の僕の生活がある。世話になったことを忘れてはいけない、自分だけ良ければいいのか？」

「最初は公園内に2人だけだったのに、今は9人がテントで生活しています。お互い、あまり個人の生活に踏み込まず、付かず離れずの関係です。世話役みたいな役割は好きじゃないのですが、稲垣さんに頼まれて、他の人たちのテントにカンパ物資を届けることもしています」

「公園を出るべきか、出ないで大阪市の強制排除と闘うべきか。結論が出ず、堂々巡りが始まると眠れなくなります。眠れない日にはツタヤでレンタルしたZARDの曲を聴いています。ZARDは娘がファンで、娘の影響で私もファンになったんです」

163号（2015年2月22日）

未練でしょうか

杉山さん
昭和14年生まれ
61歳
静岡市出身

「父は日本通運に勤めていました。昔のことですから、米や石炭を荷車に積んで運ぶ仕事です。母は専業主婦でした。私は8人兄弟の6番目で二男です。大正14年生まれの長姉を頭に女が6人、男2人。生活は苦しかったと思いますよ」

「私は小学校に上がるまで母の実家に預けられていました。伯父さん夫婦には子供ができなかったので、いずれは養子に欲しいと言われていたそうですが、母はどんなに貧しい思いをしても子供を手放すことはできないと言って断ったそうです」

「小学校1年のとき終戦を迎えました。学校で満足に勉強した記憶はないですね。登校したかと思うと、すぐに空襲警報が出て家に帰らされる。『あれがB29だよ』と教えられ、はるか上空を見上げると、日本の飛行機が向かって行くのが見える。でも燃料切れで戻ってしまうんですね。なんだか戦いにもならないなという思いが、子供心にもありましたね」

「学校では上級生が階段の踊り場で先生に殴り倒されているのを見かけたこともあります。教師の権力は強大でした」

「夏休みに入ったころ、静岡も大空襲を受けました。夜中に警報が出て、母は一番下の妹を背負って、2歳の妹の手を引いて、家族みんなで田んぼの中に逃げました。逃げ遅れた2軒の家は全滅でした。6人家族と5人家族の家。全身焼けただれて、一緒に遊んだ友達も犠牲になりました」

「焼け出された後は、親父の実家の倉庫に身を寄せました。母は妹たちに食べさせるものがなくて苦労したようです。おじやに入れるサツマイモは重さで計り売りされて、洗うと大きさが3分の1になるんですって。土の方が多いんです（笑）」

「戦争が終わって、焼け野原となった我が家に戻ってみると、すでに隣の家の人がバラックを建てて住んでいたらしいです。早い者勝ち、自分の土地にしてしまったんですね。争いごとのきらいな父は身を引いて、2番目の姉が勤めていた住友の社宅の風呂場を住居に作り直して、そこへ一家で住むようになりました」

「小学校も焼けてしまい、三菱飛行場の跡地が校舎となりました。実家は登呂遺跡のすぐ近くです。昭和25年頃、空き地から白骨が出てきたということで囲いがされ、報道陣も来ました。でも最初の数年間はそれほど騒がれることもなく、子供たちは自由に遊びまわっていましたね」

「この空き地の傍に沼がありまして、体長25センチくらいの食用ガエルがいました。子供の小遣いが2円から5円くらいの当時、この食用ガエルを隣りの家が1匹30円から50円で買ってくれるんです。1匹カエルをつかまえたら1か月はゆうに遊べる。そこの家ではカエルをまとめて缶詰工場に持って行っていました。アメリカへ輸出する缶詰だそうです」

「それからトノサマガエルね。1匹5円から10円で売れます。うまく行けば200円くらいの収入になる。

トノサマガエルは沼ではなく水田にいます。日が昇るとカエルはどこかへ身を隠してしまうから、早朝、つかまえに行くんです」

「田の中に入り込んで苗を荒らすことになるから、地主さんにみつかったら怒られますよね。それにカエルは害虫を食べてくれるのですから、カエルを捕ること自体怒られます。遊びと実益を兼ねたカエル捕りはスリルがあって面白かった（笑）。地主さんには気の毒でしたけどね」

「小学校の授業で印象にあるのは、5年生の担任ですね。厳しい先生で、算数をできた順に帰すんです。問題が2問。1クラス50人でしょ。できた人から最初は10人帰す。次に20人帰す。次に10人帰す。次4人…といった具合で、最後のグループは夜8時頃の下校ですわ」

「私は算数も他の教科もできが悪くて、いつも最後のグループでした。親にはあらかじめ先生が、こういう教育方針でいきますと説明してあったんでしょうね。親は教師を尊敬していますから、子供の帰宅が遅くなっても文句を言わない」

「1か月くらい、そんな授業が続いて、ようやく算数が分かるようになりました。ついに最初のグループで帰れるようになった。うれしかったですね。それからは算数が大好きになって、中学になって生徒数500人の中でも、数学だけは常に3番以内でした。もっとも、他の教科は相変わらずダメでしたけど（笑）」

「中学を卒業すると、親の勧めで家具の製造、販売をする会社に就職しました。7年間勤めました。私が仕事を覚えた頃、先輩の一人を辞めさせて、その後、入社した後輩が仕事を覚えたころ、もう一人の先輩を辞めさせて…と、ささいなことを理由に次々にクビを切っていく親方でした。新たに中卒の後輩が二人入社したとき、今度は自分がクビになる番だなと思って、先手を打って自ら辞めました。人間のタイプとして、溶け込むことのできない親方でした」

「その後は新聞広告を見て、日本鋼管清水造船所に就職しました。最初は臨時工で、2年後に本工になりました。従業員は4~5千人ぐらいだったと思います」

「職種は罫書工です。鉄板に白い墨を打って、その線上に切断工がガスで切断していくわけですが、ドリルで穴を開けるところにポンチで傷をつけて、ドリルのキリが入るように印をつける仕事ですね」

「鉄のアングルは短くて4メートル、長ければ16メートルありましてね。ポンチで印をつけたアングルは天井からのクレーンが移動してくれるのですが、忙しくてクレーンの到着が間に合わないときは、相方と2人で重たい鉄のアングルを移動させます。鉄板の厚みは10センチ。相方と息が合わないで作業するとぎっくり腰になります」

「多くの仲間がぎっくり腰に悩まされていましたが、私もとうとう腰をやられましてね。診断は椎間板軟骨ヘルニアでした。1週間入院、3か月静養ということで、静養後に元の職場に戻りました」

「上司が『天井クレーンの運転手をやらせるからな』と言ってくれたものの半年経っても何の連絡もなく、元の罫書工のまま働かされました。仕事は嫌ではなかったですが、冬場の工場の吹きさらしでの作業は腰にひびきましてね。上司にこちらから職種変更の申請をしようかな、どうしようかなと半年ほど悩みましたが、結局辞めました。30歳のときです」

「静養中に車の免許も取りましたので、その後は静岡市内のタクシーの運転手として働きましたが、失恋の痛手から逃れるため横浜に移りました」

「横浜のタクシー会社に就職してからは、ギャンブルに溺れるようになりました。静岡にいるときは、賭事とは無縁の生活でしたのに、麻雀を覚えて、競輪、競馬にのめり込んで、借金が膨らんでいきました」

「最初は貯金もいくらかありましたから、彼女のことを忘れたい一心で、銭は取られても命までは取られん、の強気で麻雀にのぞむから相手がビビッてしまうんですね。勝った金で競輪、競馬。身の破滅も早かったです」

「女の子に好意を打ち明けられたこともありましたが、どうしても交際する気になれませんでした。タクシーで人身事故をおこして免許停止処分になり、名古屋に行きました」

「人材派遣会社から作業員宿舎に入ったり、鉄筋工の助手として働いたりしていたんですが、鉄筋工として長く働いていた現場が今年から請負制になりましてね。ペアを組んで仕事をするわけですが、若い者は若い者とペアを組みたがるでしょ。60歳を過ぎた私とペアを組む者がいなくなったんです」

「『ボランティアを養っているようなものやな』と会社の者に言われ、仕事の単価も切り下げられ、そんな言い方をされてまで働く気がしなくて辞めました。私にだってプライドがあります。ペアさえ組む相手がいたら、だれにも負けず鉄筋を組む仕事ができる。悔しかったですね」

「所持金80円の状態で岐阜から大阪に向かって歩きました。国道21号線から8号線に出て、さらに1号線。つぶれたガソリンスタンドで寝たり、パチンコ店の軒下で寝たりしました。大津の神社の境内に寝たときには警察の職務質問も受けました。米原のあたりで100円拾って、コンビニでパンを1つ買いました。それから京都を出たあたりで、また100円拾って、これはジュースを買いました」

「大阪に行けば仕事にありつけるだろうと、その思いだけで黙々と歩き続けました。西成に着いたその日に、65歳だという男の人に、『その顔じゃ雇ってくんないよ、朝早く起きて仕事を探しに行くだけヤボだよ』と教えられショックでしたね。これじゃ、途中で野垂れ死にした方が良かったと思いました」

「野宿しながら炊き出しの列に並び、炊き出しの会の小林さんに声をかけられ、炊き出しを手伝うようになったんです。寝る所と食べることが確保され、助かったと思いましたね」

「失恋した相手の女性は居酒屋のママさんで、7歳年上でした。日本鋼管に勤めているときに知り合いました。彼女にはパトロンがいるということも知っていましたが、竹を割ったようなさっぱりした性格でしてね、女ばかりの兄弟の中で育った私は、どこか頼りにしている姉をダブらせていたのかもしれません」

「初めてお店に行ったとき、ビール大が200円、つまみを取って合計1200円と言われ、2000円渡して『おつりはいいよ』と言いました。ママとは気も合い、月に数回は飲みに行きました。その都度『おつりはいいよ』と言ってたんですが、ある日、彼女が通帳を差し出して、『これだけ貯まっていますよ』と私に見せたんです。8000円でしたかね。私の名義で貯金通帳を作ってくれていたんです。これですっかり彼女に惚れました」

「彼女とデートしたことは一度もありませんがプロポーズしました。でも『私は年下の男の人とは結婚しません』と断られました。パトロンのことも分かっていましたから、そういう断りの口実をいわれたときは苦しかったですね。奪い取りたいという気持ちを抑えて、それでもお店に通い続けました」

「忘れたいけど忘れられない。そんな切なく苦しい思いから逃げるように横浜に行きました。こんな形の失恋をしていなければ、私は一生、静岡から他県に出ることもなく、またギャンブルに溺れることもなく、平々凡々の生活を送っていただろうと思います」

「今の私の夢は鉄筋工として働ける場が欲しいということです。鉄筋工として図面を見てね、拾い出しするのも自信あります。それと、縁があれば所帯を持ちたいですね。仕事に就けないことには、嫁さんをもらったとしても彼女を幸せにすることができないですからね」

96号（2000年6月22日）

闘争！うつぼ公園

音羽さん
昭和18年生まれ
62歳
鹿児島県薩摩川内市
出身

「生まれたのは薩摩川内市です。センダイ市と聞いて東北の出身ですか、とよく間違われますが、甑島《こしきじま》列島にある町です。実の父親は漁師で、私は4人兄弟の次男、末っ子です」

「ほとんどの家が漁師ですね。イワシやアジが獲れます。母親は私を生んですぐに亡くなりました。親戚に子供のできない家があって、私はそこにもらわれていったそうです。養父もやはり甑島の漁師でした。私が2歳のとき一家で大阪に出てきました」

「両親は和泉市で紡績工場に勤めました。共働きで3交代の勤務ですから、小さい私1人を家に置いて働きに行くことはできなかったのでしょう、小学校に上がるまで、実の父親が再婚して住む洲本に預けられました。親戚の家と聞いていましたが、そこの子供たちは血のつながる兄弟だったんですね。どっちにしても小さいときのことでぼんやりとした記憶しかありません」

「和泉市では最初は借家に住んでいました。そこは水道が引かれていなくて、家から少し離れたところに井戸があって、ポンプで水を汲み上げていました。水がめに水を入れて家に帰り、また井戸まで行く。2～3回は往復しましたたね」

「学校から帰ったら、すぐに友達と遊びたい年頃でしたが手伝いをしなければならなかった。兄弟がおれば、『やっといて』と言い残して遊びに行けるのですが、何しろ自分ひとりしかいないのですから。サボったらあとでその付けは自分に戻ってくるだけですしね。自分が率先してやるしかなかった」

「しばらくして工場の敷地内の社宅に住むようになりました。社宅と言っても長屋ですけどね。紡績工場で働く人のほとんどが九州出身で、九州弁が飛び交っていました」

「お父さんは機械を操作する仕事、お母さんは機を織る仕事。毎日忙しそうにしていましたね。朝は自分で起きて、時間になれば学校へ行く。学校から帰ると米を洗ったり、おかずを買いに行ったりね。お母さんが書き置きしているんですよ。『米を洗っておきなさい』とか『朝渡したお金で晩御飯のおかずを買って来なさい』『ご飯炊いておきなさい』とね」

「朝起きたら最初にちゃぶ台の上の書き置きを見る、学校から帰ったらまず最初に書き置きを見る、そういう生活でしたね。両親が帰ってきたら3人そろって一緒に晩御飯を食べました。一人っ子だから家の手伝いは全部自分でやるしかなかったですね。兄弟のいる友達がうらやましかったです」

「あの当時の和泉市は活気がありましたよ。あちこちの工場がタオルを生産して、一日中機械が動いていました。それでも周囲は畑や田んぼが多かった。小学校のときはワルだったですね。線路に置石をして補導されたことがあります」

「釘をたたいて平べったくしてそれで遊ぶのがはやっていて、ある日、偶然、線路の上にあった釘が電車にひかれてぺたんこになっているのを発見したんです。そうか、電車にひかせれば、トントンたたかなくても平らになるんだと分かって、レールの上に釘を置いて遊ぶようになった。そのうち、石ころを置くようになって、車輪が石をピーンとはねるのがおもしろくて何度かやったんです。遊び仲間はヤクザの息子が仕切っていて、よその学校のワルグループとケンカもしました」

「生活は苦しかったと思いますよ。お母さんはお風呂帰りに、よく大きな風呂敷包みを抱えて、僕には『ここにおりや』と言い残して店の中に入って行ったものです。今思えば、質屋に通っていたんですね」

「醤油や酒も量り売りしてもらっていました。『1合下さい』とか『2合下さい』と言って、家から持参したビンの中に入れてもらうんですが、少ない量を店の人に言うのが、子供心に恥ずかしかったですね。この手伝いだけは本当に嫌だった。また、伊勢に修学旅行に行きましたが、卒業写真のアルバムを買うお金をもらうことができなかったですね。お父さんは酒飲みでしたから、両親共働きでもお金が足りなかったんでしょう」

「子供の頃はワルでしたが音楽は好きでしたね。山田太郎の新聞少年という歌。『僕の名前を知ってるかい』という歌ですね。お母さんが病気で、生活を助けるために新聞配達しているという内容。この歌が特に好きでした。『音羽家の〇〇はワル』と近所で評判でしたが、心の隅で自分の境遇と新聞少年をどこかで重ねていたのでしょう」

「中学卒業後、親が『もう学校を卒業したんだから他人の飯を食って来い』と、知り合いが経営しているJR塚本駅近くの下宿屋に住まわせ、そこからゴムの再生工場に材料を出荷する会社に勤めました。サンダルの底に固いスポンジを使っているでしょ。サンダルを作る工場ではその切れ端がたくさん出るから、それを車で回収に行くんです。切れ端を集めてきて束ねて、倉庫いっぱいになると貨車に積み込んで九州方面に運んでいましたね」

「そこを辞めてからは、住み込みで働ける水商売の仕事に就きました。梅田のラウンジでバーテンとして働きました。カクテルのつくり方を勉強しましたね。毎日分厚い本を読んで１０００種類くらいのカクテルのつくり方を覚えた。独学ですよ。負けずぎらいの性分ですから、やりだしたらとことんやる。当時は白馬車という有名な喫茶店や歌声喫茶がたくさんあって、梅田は飲食店の街だったんですよ」

「10年前から釜ヶ崎で生活するようになりました。うつぼ公園に住むようになったのは7年前からです。仕事が無くなって野宿するしかなかったんです。しばらくしてうつぼ公園で工事が行なわれることになって、テントを他の場所に移してくれと言われたんです」

「工事の邪魔をする気はないけれど、僕たちの生活の支障にもならないようにして欲しい、という思いから、自然発生的に自治会ができて、ぼくがその代表になりました。行政と対等に話し合いができるようにということが、大きな目的でしたね」

「当初は工事の支障にならないように公園内で移動してくれ、という話だったのに、いつの間にか公園そのものから出て行ってくれ、というようになった。公園を移れば、また一から缶集めする場所を探さなくてはならないんです。缶集めは労働者としての仕事なんですよ。これまで慣れていた生活圏で３０００円の収入を確保できていたのが、新しい場所に移れば元の収入を維持するだけの仕事を確保するのに半年も1年もかかる。他の場所に移ればいいという問題ではないんです。それでも最初のうちは大阪市と自治会との間で話をしながらやってきました」

「ところが突然一転して、大阪市が自治会を通さず直接テントの住人と個別に話をするようになった。『シェルターに入らないか』『自立支援センターに入所しないか』『生活保護を受けないか』とね。テントの仲間一人ひとりは弱い。『何度も何度もしつこく施設入所を勧められたら逆らうことができない』そう言ってため息をつく仲間たちに、これ以上嫌な思いをさせたくないと思いました」

「僕が自治会の会長を引き受けたのは、仲間の防波堤になれたらいい、との思いからだったんです。だから大阪市が僕を通さず個別に『説得』と称して施設入所を強制し出した時、裏切られたという屈辱感と仲間への申し訳なさで頭の中が真っ白になりましたね。眠れない夜が続いて精神的にもかなり参りました」

「一対一では労働者は弱いですよ。言いたいことも言えなくなる。丸め込まれてしまう。シェルターや自立支援センターが、本当によいところであれば、みんな喜んで入所していますよ。生活保護も受けていたでしょう」

「どうしてみんな、それを拒否したと思います？施設入所は期限付きなんです。生活保護も3か月で保護を打ち切るとかね。その短期間に仕事を探すことできますか？臨時の仕事ならあるかもしれない。だけど、将来安定して暮らせる仕事ではないんですよ。結局失業してまた野宿生活にもどるしかない」

「それどころか、短期間の間に仕事に就けない人だっている。本当にその人のことを考えて入所を勧めているのなら期限を設けるのはおかしい。将来的に安定した仕事に就けるまで面倒みるべきです。結局は公園から追い出すための方便でしかない。僕はそう思いますね」

「行政代執行の前日、うつぼ公園の中のいくつかある入り口をほとんど封鎖されました。残りの一つの入り口も夜中に封鎖しに来ました。『ここを閉められたら逃げ場がなくなる。支援に来てくれている人たちが役所に抵抗したら、みんな公務執行妨害で捕まってしまう。だから、開けとかないと』と覚悟を決めて抵抗しました。抗議もしました」

「そのときに市役所の職員を怪我をさせたという傷害と公務執行妨害で4か月拘束されました。懲役1年6か月、執行猶予3年の有罪判決を受けました。どうして僕たちがうつぼ公園で抵抗したのか、その理由といきさつを裁判官に分かってほしかった」

「でも裁判官は検察官が起訴事実を読み上げた後なのに、靫という漢字を『これ何公園と読むんですか』ときいているんです。うつぼ公園での事件で何度もうつぼ公園と検察官が言っているのに。事件のあった公園名すら頭に入っていない状態でどんな審理ができるんだろうと、腹が立つよりあきれ返ってしまいました」

「先日、支援の人たちと東京に行ってきました。山谷、寿、隅田川といろいろ案内してもらって、考えさせられることが多かったですね。東京都はテント生活している人にテントをたたんでアパートに入るよう『説得』して、3000円の家賃で住めるアパートを提供しているんです」

「でも仕事の保障がなかったらその3000円すら捻出するのが難しい。仕事がなければこれまでどおりのアルミ缶集めをするしかないでしょ。アパート住まいでは、回収したアルミ缶を持ち帰ってつぶすスペースもない。東京都の対策も結局は公園や河川敷から追い出すための施策としか思えない。根本的な解決になっていないんですね」

「山谷でおにぎりを配っているキリスト教のボランティアから聞いた話ですが、山谷にある『いろは商店街』。昔は100件以上の店があって、労働者でにぎわっていたそうですが、今は40軒くらいしかないとのこと。案内してもらいましたが、確かにさびれていました」

「この商店街の中のある店は、午後7時にシャッターを下ろすと、自転車を10台くらい店の前に並べるそうです。労働者が店の前で寝ないようにするためです。昔は労働者は『お客さん』として労働者様様だったのに、不景気になって仕事に就けない高齢の労働者に対しては、手のひらを返したように邪魔者扱いにして追い払おうとする。山谷に限らず、釜ヶ崎でも一緒ですけどね。説明を聞いていて、返す言葉がなかったですね」

「行政代執行のとき捕まって、西警察に留置されているときも、また大阪拘置所に移ってからもたくさんの仲間や支援の人たちが面会や差し入れに来てくれました。ありがたかったですね。保釈申請したとき、住む場所として解放会館を提供してくれた稲垣さん。『1日も早く外に出してあげたい』と一番精力的に動いてくれたのはこの稲垣さんだったと、保釈されて後、他の支援者から聞いて感動しましたね。稲垣さんには恩義を感じています。今は解放会館に寝泊りして炊き出し活動や行政闘争を行なっています」

「今現在、助けを求めている人をどうやって救ってあげることができるのか、そのことを第一に考えてきめ細やかな活動をしていきたいですね。古くから釜ヶ崎で活動している人はいろいろとしがらみがあって、運動そのものも萎縮するところがあるでしょ。幸か不幸か、僕にはそういうものがないですから、自分がやらなければならないと思ったことを、だれにも気兼ねせず自由にやっていける」

「釜ヶ崎の炊き出しを見ていると戦後の焼け野原を思い出します。高度経済成長があったのに何も変わっていない。30年も続いている炊き出しを、行政が一度も見に来たことがないということを知って、とても驚いています。ボランティアで30年も続けている炊き出しを行政は当たり前だと思っているのですかね。釜ヶ崎の現状やテント生活している人たちの実情を一人でも多くの人に知ってもらいたいです」

「一番楽しかった時代は、嫁さんと出会った頃ですね。スナックで働いているときに客として来た彼女と知り合いました。彼女のお兄さんが堺市でホテルを経営していて彼女はそこで働いていましたから、遊びに行くときは私が前夜からそのホテルに泊めてもらい、彼女の仕事が終わってから一緒に出かける、というパターンでした」

「万博が開催されている年で、2人で何度も万博に行きましたね。つきあいだしてしばらくしてから、彼女の義兄が、現在芸能生活45年の大御所の実弟であることを知りました。彼女がまさか芸能界関係の人とは思わなかった。育ってきた環境があまりに違いすぎるから、それが分かったときに身を引こうと思いました」

「でも、彼女の親戚のだれかが興信所を通して私の家のことを調べたのでしょう。ある日突然、20年近くも連絡をとっていなかった両親がそのホテルに訪ねてきたんです。びっくりしました。彼女と4人で食事をして、結婚に向けての話が進みました」

「仲人を立てて式を挙げ、子供も生まれましたが、やっぱりうまくいきませんでした。一人息子が小学校に上がる前に協議離婚しました。西警察に捕まっていたとき、その息子が32歳になっていると聞いてね、もうそんなになるのかと、何とも言えない気持ちになりました。会えるものなら、別れた嫁さんと息子に一度会ってみたいものです」

130号（2006年10月8日）

活動の中でよみがえる

山内さん
昭和25年生まれ
57歳
兵庫県尼崎市出身

「両親は愛媛出身です。親父は大地主の長男でした。終戦後の様々な改革の中でも農地改革は特に祖父母にとって納得いかなかったようです」

「親父は15歳で少年飛行兵として予科練に行きました。お国のために働くんだと、難しい試験に受かって英雄扱いされて故郷を出て行ったのに、特攻に行く前日に終戦を迎えたそうです。祖父母によると、親父は生きて故郷に戻ってからグレたということでした」

「おふくろは小作人の娘でしたが、母方の祖父母から地主に対する恨みつらみを聞いたことは一度もないですね。そういう意味では大地主だった祖父母は人間味があったのかもしれません」

「特攻に行く気満々だった親父は、生きて戻ってから魂の抜け殻みたいになった。劇団に入って芝居に打ち込むことで何とか生きるより所としていたんでしょう。小作人の娘という、身分の違うおふくろとの結婚を親に反対されて、駆け落ち同然で神戸に出てきたそうです」

「両親、妹の4人家族です。物心ついたときにはバラックに住んでいましたね。辺り一面原っぱ。冬は寒いけど夏は風通しが良くて涼しかったです。僕が小学校に入ってすぐに建て替えて、5軒続きの長屋になりました。天井が60センチ四方の太い柱一本でつながっていて、屋根裏に上がると隣近所の声が丸聞こえでした」

「親父は工員で、何ごとも四角四面の人でしたね。おふくろは病気がちで入退院を繰り返していました。親父も内臓が悪くて入院していることが多く、両親のどちらかが家にいない状態が普通でしたね。夏休みといえば、妹と一緒に田舎の愛媛県に帰らされていました」

「ただ、誕生日、正月、入学式、参観日など記憶に残る行事のときには必ず親がいる。たぶん、無理をして家に戻っていたんでしょう。おふくろの妹が近くに住んでいて、叔母さんが僕とあまり年もかわらなくて、家のことをやってくれていました」

「小学校時代は真面目でしたね。学校を休んだことも遅刻したことも一度もない。音楽と体育以外は成績良かったです。校舎の2階から飛び降りたことがあります。友達とふざけていて『飛び降りることできる』と言ったんでしょうね。『言ったやないか、やってみろ』と言われて躊躇《ちゅうちょ》無く飛び降りた。偶然にもけがをしませんでしたが、どこか怖いもの知らずのところがありましたね」

「2年生のときだったかな、参観日があった。先生が算数の解き方を黒板に書きながら説明していたんです。僕は説明聞かなくても分かるからノートに自分で解いてやっていた。それを見て先生が怒ってね、固い出席簿で僕の頭を叩いたんです」

「そしたら、おふくろが突然『何が気に入らないでうちの息子を殴るんや』と怒鳴ってね。『どこが悪いんや、説明せえ』と。女の先生、泣いていましたね。おふくろは相手がだれであろうと、納得できないことに対しては向かっていく。権力者であろうがヤクザであろうが関係ない。そういう人でした」

「中学では生徒会の副会長に立候補しました。1年生で名の売れた男子が同じく副会長に立候補していましてね。親友としゃべっているうちに、何か知らないけど『立候補する』ということになったんです。太刀打ちできる相手じゃないと分かりながらアイデアで勝負しました」

「テープレコーダーに『アメリカ大統領からの推薦です』と吹き込んだり、夜中に学校に忍び込んでポスターを貼ったりね。策士みたいなことはすごかった。みんながアッと驚くような選挙戦を展開して、20票くらいの僅差《きんさ》で負けました。全校生徒の前で足をがくがく震えさせて、演説もしどろもどろ。『あのとき、もっときっちりしゃべっていたらなあ』と悔やみましたね」

「高校は行く気がなかったので入学試験は白紙で出しました。もちろん不合格。レベルの低い高校でしたから、どうして落ちたのか理解できなかったのでしょう。先生がびっくりしていましたね。実は吉永小百合の『いつでも夢を』の映画を観て、夜間学校にすごく憧れたんです。でも実際入学してみたら、映画の世界とは全然違う。おじさん、おばさんばかりだし」

「夜間高校には半年で幻滅して、翌年高校を受けなおしました。県立尼崎高校、進学校です。志望校を先生に言ったら『無理やで、昨年受けた高校さえ不合格なのに』と、内申書を書くことすら渋っていました」

「合格はしたものの、勉強についていけなくて、だんだん面白くなくなっていった。うつ病になって精神科に通ったりして休学、復学を繰り返し、5年間通いました」

「それでも風紀委員長をやって、制服を無くせという運動をやりました。当時は高校生の間にも全共闘運動が広がっていて、生徒の半数が活動、残り半分がノンポリという状態でした」

「尼崎で最初に高校の制服を廃止させました。校則も次々と無くして、生徒手帳の厚みが半分になるくらいでした。高校の先生も、変に封じ込めて反発されるより学生の自主性に任せて、それより大学受験に打ち込んでほしいと思っていたんでしょうね」

「3年生に上がるとき、休学させてくれと言ったら、ここで休学したら除籍ですよと言われました。高校は5年間しか在籍できないと説明されました。赤点ばかりでしょ。どうしようかなと思ったけど、学歴なんてどうでもいいやと中退しました」

「20歳から働きだしました。1年先輩が尼崎ボートレースに勤めていたのでそこでアルバイトをしたり、電話の機械の配線とか会社の電話の設置の仕事。毎年春になると大学の合格通知を連絡するために40台くらい電話を設置するんです」

「親父はこのころ会社の早期退職勧奨に応じました。家族で愛媛に帰った1か月後に会社がつぶれました。運がよかったんですね。妹は高校1年でした」

「僕は一人で尼崎に残り、毎日チキンラーメンばかり食べる生活で食生活がめちゃくちゃ。近所の人が心配して田舎に連絡したんですね。親父が愛媛から出てきて、僕を連れて帰った」

「田舎で職を探して働きました。潜水夫を募集していたので応募しました。今治の海に連れて行かれ、水深5メートルほどの海に投げ込んだボンベのマウスを口にくわえて戻って来いというのが試験でした。海中でマウスを口にくわえて息を吸うというのができない。みんな、パニクってしまうんです。3人応募者がいて、結局合格したのは僕だけ」

「地上でやる土木作業の仕事を海の中でするわけです。雪の降る夜中、20分だけ仕事してくれと言われて、海中に沈む鉄のH管を2本、地上に上げる仕事をしたこともあります。潜水の仕事は2時間以上したらあかんと決まっています。1日1万円の仕事でしたが、実は業者には2万円出していたんですね。どうりで社員の車は高級車ばかり」

「まとまった金が入ると遊びに出かける、そんな生活をしていました。ある日、田舎に帰ったとき、フェリーから降りようとしたら親父の親戚と偶然会ったんです。『どこへ行っておったんじゃ。おふくろの葬式じゃ』と怒鳴られた。病院で肝臓破裂をおこして死んだ。穴と言う穴から血が吹き出て、毛穴からも真っ黒い血が流れ出て死んだと聞きました」

「愛媛県人はね、みんなすごく良い人なんだけど『働けんやつはあかん』という風潮がものすごく強い。神社の祭りには金を出すか人を出すかどちらかしなくてはならない。親父は仕事が忙しいから行かれない。金を出す余裕もない。おふくろは体が悪くて参加できる状態ではないのに、近所の無言の圧力に耐え切れなかったのでしょう」

「おふくろは限界に達していたのだと思います。僕が最後におふくろと会ったときは、僕と親父を間違えるほどの錯乱状態でした。本来なら僕がおふくろの面倒を見なければならないのに、自分のことしか考えていなかった」

「仕事のある親父は、おふくろを精神科の病院に入院させたようです。おふくろの病院での最期を思い、また錯乱状態だった家でのおふくろのことを思い出し、悔やんでも悔やみきれませんでした。自分がおふくろを殺したようなものです」

「それなのに当時は親父を憎んでね。なんで病院に放り込んだんやと。あのときを境に僕の魂は完全に空になりました。20代の半ばのことです」

「おふくろを死に追いやったのは自分だという自責の気持ちが日を追うごとに強まって、それから先の生活は、生きているのか死んでいるのか分からない」

「住み込みでいろんなところで働きましたが、どんな生活をしていたか、ほとんど覚えていないです。仕事は当たり障りの無いことをしてきました。悪いこともしないし、邪魔にもならない」

「人の上に立つとみんなの面倒をみなあかんでしょ。生きる目的を持ってしまう。ずっと目立たないようにしていました。いろんな職場に勤めたけど、どの職場でもほとんど僕のことは印象にないと思いますよ」

「早く死にたい、とずっと思っていた。48歳のとき自殺するつもりで扇町公園に来ました。北野病院の近くのマンションの屋上から飛び降りようと思いました。非常階段を上がって屋上に出て、下を見下ろした。歩行者に当たったら迷惑かけるな、と躊躇しました」

「入水自殺も図りました。海の中に入って体半分まで進んだところで、冷たいなあ、と逆戻り。首つりしようと紐《ひも》も用意して首をくくれる木を探しました」

「扇町公園の中で首をつるのにいい木をみつけました。その木は公園工事のためにフェンスで囲まれていて、ちょうど年末だったからフェンスのドアが閉まっていて中に入ることができませんでした。結局、死ぬ

「死ぬ度胸がないのなら餓死してやろうと思った。扇町公園の片隅で23日間、飯を食わずに過ごしました。生きていく気力もない。情けなかったですね」

当時のことはほとんど記憶にないです。ダンボールで家を作って、その中でじっとしていた。生きていく気がないからゴミための中で寝ているような状態でした」

「餓死することも難しくて、死にきれなくて街中をぐるぐる歩きまわりました。1月15日、民家のゴミ箱にクリスマスケーキが置いてあって、それを持って帰りました。フルーツケーキでした。冬だから冷蔵庫に入れているのと一緒。腐っていませんでした。死ぬまで生きたれ、と思いながら食べたものです。無意識のうちに、死にたくないと思っていたんでしょう」

「そのころ200人くらいの人が扇町公園に集まって、ものすごくうるさかった。こっちは『食うたらあかん、餓死するんや』と思っているのに『今日はカレーやで』とか賑やかな話し声が聞こえてくる」

「あとで分かったことですが、野宿者支援団体『釜ヶ崎パトロールの会』の若者たちが扇町公園で越冬闘争の炊き出しをやっていたんですね。扇町公園では半年ほど、だれとも顔を合わせませんでしたが、釜パトのK君と話をするようになりました」

「でも、口論がほとんどでした。理想論ばかり言うんです。大阪市とかけあうことでも、『絵に描いた餅なんか食えるか。俺は野宿者やで。支援者が考えろ』と僕。『ちゃんとした餅食うにはどうしたらいいんか、それはあんたらが考えることや』とK君。お互い言いたい放題、ぶつけ合いながら、いつの間にか友達づきあいするようになりました」

「それからは釜パトの活動に参加するようになりました。東京や名古屋の野宿者の集会に参加したり、韓国の運動団体と交流したり。いろんな人と知り合って、いろんな世界を知って、生きる目的ができました」

「それまでの30年近くは感情がまったく無かった。活動をしていく中で、喜怒哀楽の感情が戻ってきた。泣くことも覚えました」

「外国に行くにはパスポートが必要でしょ。住民票は住み込みで働いていたパチンコ店に置いたままにしていたので、K君のアパートに移したんです。僕は扇町公園でテントを張って生活していましたからね」

「ところが釜パトの活動を弾圧するために、大阪府警はK君を『電磁的公正証書原本不実記録同供用幇助』の容疑で逮捕しました。野宿者が何人かK君のアパートに住所を置いており、僕もその1人として任意出頭で取り調べを受けたんです」

「調べに対して黙秘していたら、足蹴りされたり、壁に頭をゴンゴンたたきつけられたり、襟首つかんで首を絞められたりしましたよ。『昔やったら簡単に拷問《ごうもん》してしゃべらせることできたんやけど、今は拷問でけへんからな』と言われました」

「警察は『Kのアパートに置いた住民登録を抹消しろ、そうしないと逮捕する』と言うんです。警察は北区役所にも圧力をかけて、K君のアパートに置いた野宿者の住民登録を抹消するよう指示しました。それを受けて、区役所から『住民登録を抹消する』という文書が出されたんです」

「それじゃ、野宿している僕らはどこに住民登録したらいいのか、ということになった。『実際住んでいるところに住所を移せ』ということなので、扇町公園に住んでいる僕は扇町公園の住所で北区役所に異動届けを出したんです。そしたら、これも受理されなかった。『公園は住むところじゃないから』って」

「行政不服審査を経て、裁判になりました。大阪地裁で『区役所の不受理処分を取り消す』との画期的な判決がでました。マスコミに大々的に報道されましたが、高裁では一転、敗訴。『公園を住居とするのは、健全な社会通念に沿わないから』という理由です」

「でもね、僕は公園に住むことを認めろという裁判を起こしたんではないんです。だれだって公園に住みたいなんて思っていませんよ。公園を住所にしたいなんて思っていません。ただ、住所がある人にとっては住民登録のありがたみが分からないと思うんです。住所がないと人間として扱われない。そういう現実があるんです。区役所の不受理を高等裁判所が認めるのなら『じゃあ、俺はどこに住所を置いたらいいんや？』ということになります。現在、最高裁に上告しています」

「僕の夢ですか？もし宝くじが当たったら、女性だけが住むアパートを建てて、そこにホームレスの女性を住まわせてあげたいですね。世話をする人も全て女性にするんです」

「淀川の河川敷に女の人だけが集まっているテントがある。そこのおばあさん、支援の男の人が近づいただけで、何かされるんじゃないかと性的な恐怖感を持っておびえるんです」

「大阪駅前にも女性のホームレスがいます。ただ、ぽつんと座っているだけ。人類をつないできた女性の、最後の最後の死に場所が路上での野垂れ死になんて我慢できない。女の人がいなければ人類はつながっていかないのですから女性は大事にしないといけない」

「精神病院で一人寂しく死なせてしまった、おふくろへの悔悟の気持ちが、やはり、今でもずっと心の奥底にありますね」

135号（2007年11月20日）

播磨同仁学院

安田さん
昭和 41 年生まれ
43 歳
大阪市出身

「1歳から18歳まで加古川の播磨同仁学院で過ごしています。施設の生活は楽しいことなかったですね」

「小学校の授業参観には、親が教室の後ろにずらっと並ぶでしょ。授業が終わると生徒は親と話をしながら楽しそうに一緒に帰る。でも僕らには校内放送があるんです。『播磨同仁学院の生徒はどこそこの教室に集まりなさい』ってね」「施設の先生は全部の学年、クラスを回らなあかん。参観に来ても、すぐ教室を出て行くんです。帰るとき、施設の子はまとまって帰るんです」

「運動会も全然楽しくない。親のいる子は保護者と一緒に弁当広げる。僕らも施設の先生が作ってくれた弁当を、先生を囲んでみんなで食べるんですが、親のある子がうらやましかったですね」

「学校を終えて友達と遊んでいても、夕方5時になれば施設に帰らなければならない。5時から食堂、居間の掃除があるんです。時間を気にしないで遅くまで遊べる友達がうらやましかった」

「学校で友達が『あの番組面白かったな』と話しても夜9時以降の番組は知らないから話題についていけない。誰もが持っているはやりのシャープペン、消しゴム、ノートを持つことができない…」

「施設にはプールがありました。毎日プールで遊んでいたから泳ぎは得意でした。『安田、お手本示しなさい』と学校の先生によく言われましたよ。リレーは市内の大会で優勝しました。このときの記録は20年以上破られなかったですね」

「水泳に明け暮れた小中学校ですが、やんちゃでけんかばかりしていました。施設の先生が謝りに行った記憶もあります。『安田、もう1回けんかしたら明石学園に入れるぞ』と脅されて、それからは少しおとなしくなりましたけど」

「中学3年になってから勉強するようになりました。県立農業高校造園科に合格し、1学期はクラスで2番、2学期は3番。卒業までずっと3番でした。中学時代はクラスの副委員長でしたが、高校に入ってからは卒業までずっと委員長でした」

「テストで最高得点をとって『100点は安田』と先生が発表すると、オーッと喚声が上がってね。親の仕事を継ぐために普通科を断念して農業高校に入って来た子らは悔しがっていましたよ」

「英語が致命傷となって大学進学はあきらめ、山崎製パンに勤めました。生産管理課でしたが、大卒も高卒もスタートラインは一緒なのに、給料、等級があまりに違うんですね。高卒ではどんなにがんばっても係長止まり。入社したのはバブルがはじけた頃かな。鉄工所関係は残業がなく給料も安かったですが、僕らは手取り25万、ボーナスは100万くらいありました」

「寮で一人暮らしを始め、先輩にパチンコ、酒、女遊びを教えてもらってから金銭感覚がまひしてきました。初めて消費者金融で金を借りたのは、給料日の前に飲み会があって、手持ちの金が少なくてアコムから5万円借りたのがきっかけです」

「そのときは飲み会の費用を先輩が出してくれたので、結局5万円手もとに残った。給料日がきたらすぐ返せばいいのに、自分の金と錯覚して使ってしまったんです。25万円の生活で5万円借りたら20万円の生活にレベルを落として返済しなくてはならないのに、レベルを落とさなかった」

「そのうちアコムから『10万円に枠を増やしておきましたからね』と言われ、今度は10万円借りる。どんどん膨らんで50万円の枠まで広げました。利息分を払うことで元本の枠が空き、さらに借り入れる。結果的には利息がどんどん増えていきました」

「アコムの次は武富士、プロミス…と大手の消費者金融のブラックリストにのると、今度は2流の消費者金融で借りる。そのうち電話1本で貸してくれるヤミ金に手を出しました。とうとう借金が500万円まで膨れ上がり、逃げるようにして東京に出ました。22歳のときです」

「新聞広告で、給料30万という求人記事を見て歌舞伎町の麻雀店で働きました。ところが客が少ないときにはメンバーになって対戦しなければならない。勝てば1日1万円の給料に上乗せされるけれど、負けたら給料から引かれる。結局15万負けて月末にもらえた給料は15万」

「お好み焼き屋でアルバイトの兼業しながら働きましたが追いつかない。消費者金融の借金を返すめどがつかないどころか借金が膨らむだけ。これはあかんわと思ってすぐに辞めました」

「都内の新聞販売所でも働きました。奨学生の女の子に好意をもたれて告白されましたが、僕は遊ぶことが好きで奨学生を彼女にしたら遊びに連れまわすのは確実。交際は断ったのですが、販売所の所長の息子が忘年会のとき僕に『彼女と付き合ってやれよ』と酔った勢いで僕の頭を小突いてきたんです」

「ところがそれを見ていた同僚が、何を勘違いしたのか所長に『安田さんが息子さんを殴っている』と報告したんです。所長がすぐ飛んできて『おまえ、息子を殴ったらしいな』と言うから『いいえ、殴っていませんよ』と答えましたが所長も酒が入っているでしょ。殴りかかってきたので頭にきて思い切り殴り返してその日のうちに辞めてしまいました」

「膨れ上がっていく借金の利息を返していくために、とにかく金が欲しかった。歌舞伎町で知り合った男と事務所荒らしをするようになり、2度刑務所に入りました。1度目は東京拘置所。2年半服役して衛生夫の仕事をさせられました。未決囚にお茶を運んだり、雑用をする係りです。出所して1か月後にまた捕まったときは鹿児島刑務所に送られました」

「作業中に偉いさんが見学に来ることがあるでしょ。ドアをあける音がガチャッとしたとき後ろを振り向いたりしたら、高いところから全体を見下ろしている看守が『はい、懲罰』。隣の人間と少しでも話をしたら『はい、懲罰』。作業中しんどくなって顔を少し上にあげると『はい、懲罰』」

「懲罰房に入れられると1日中壁に向かって正座です。壁との距離は30センチ。精神に支障を来たしそうになる。必ず終わった後、医務室に呼ばれます。心身の異常がないか確認するためですね」

「ティッシュは1か月200枚までと決められています。大便を1日1回する人は30等分、2回する人は60等分してセットにして重ねておき、計算して使います。それでも足りなくなるから、テレビ中継の野球や相撲でティッシュ5枚、石鹸1個、食事のプリン、ご飯を賭ける。もちろん見つかったらまた懲罰ですけどね」

「年配の受刑者が行ったトイレ掃除で汚れが残っていたので『ここ、終わってないですよ』と言ったら、何が気に障ったのか急に怒り出して飛びかかってきました。『何するんや』と殴り返し蹴り上げたら、看守が10人くらい走ってきて取調室に入れられました」

「刑務所ではけんか両成敗です。ここで皮手錠を腰に巻かれ、2人がかりで腰のベルトを締められました。両手首はネジ式の皮手錠です。看守に『何号の何番や?』と聞かれ『○○番』と答えるとき一瞬息を吸うでしょ。その瞬間また腰を締められる。苦しかったですよ」

「そのまま保護房に4日間入れられました。壁は頭を打ってもいいようにゴム製。真ん中で股割れしているズボンをはかされて、皮手錠をされたまま大便、小便をする。食事も犬みたいに口で食べる。もちろん寝るときも手錠されたままです」

「鹿児島の刑務所を出たとき、二度と刑務所生活はしたくないと思いました。時間の無駄です。社会から隔離されて、完全に浦島太郎の心境でした。電車も携帯電話もカラオケも数年でがらりと変わっている。社会から取り残されている不安感はとてつもなく大きかったです」

「出所後、博多と広島で風俗の仕事につきました。博多でも広島でも就職して3か月で支店長を任され、それなりに実績を積んできたのですが、警察の摘発を受けて廃業となり失業しました」

「生活に困っていたときに知り合いから『生活保護受けないか』と声をかけられ広島市で生活保護を受けました。ところが保護を受けたその月は3万円、次の月から2万円の手数料を取られました。それはともかく『銀行の通帳を作ってくれ』と頼まれ、いろんな銀行の通帳を数冊作ったら、『1冊5千円で売ってくれ』と言うんです。これってヤバイ話だなと思って、大阪に移りました。4年前の夏のことです」

「大阪駅で降りて、梅田界隈を歩いて風俗の就職先を探しましたが、年齢制限があって仕事が見つからない。呼び込みとして雇ってもらえるのは20代後半から30代前半までですね。僕は40前でしたから面接すらしてもらえない。歩いているうちに大きな公園にたどり着きました。扇町公園でした」

「公園で腰をおろしていたら男の人に『仕事に行かないか』と声をかけられ、荒木建設の寮に入りました。株式会社とは言っても作業員の派遣ですね。2階建ての民家の解体工事で内ばらしをやっているときにけがをしました。2階の梁《はり》をまたいで天井の板をめくっているときに、足を踏み外して階下に落ちそうになった。何とか両腕で梁にぶら下がり、上にはいあがろうとしたとき足が梁にぶつかって体をねじった状態でもろに肋骨を打ったんです。息をすることもできないくらい痛かった」

「病院に行ったら肋骨が2本折れて、1本はヒビがいってるとの診断でした。会社の社長から『肋骨折れてもたいしたことないから。とりあえず1週間休んで次の週から仕事せえよ』と言われ、国民健康保険で治療しました。仕事中のけがは労災ということは知っていましたが、そんなことを言い出せる雰囲気ではなかったです。社長は企業舎弟で、ちょっとしたことで殴る蹴るの暴力をふるう男でした」

「実は6月に奥村組の現場でトビの仕事をしていたとき熱中症になったことがあるんです。仕事を終えて片付けようとしたとき、午後5時半頃かな、耳鳴りがしてきたんです。そのうち両手がつって、手のつっぱりを直そうと腕に力を入れたら腕がつる。腕がつるから腕をふりあげようとしたらわき腹と腹筋がつる。最後は太ももがつって歩けなくなりました」

「病院に行って血液検査をしたら熱中症と診断され、一晩入院しました。そのときは健康保険が無くて自費で7万8千円を分割で給料から払いました。そのことがあってから国民健康保険を作ったんです」

「4年間働いた荒木建設の寮を出て、再び扇町公園に行きました。野宿2日目に公園のすぐ近くにある北区役所に相談に行きました。区役所の職員は野宿に至る過程を聞き取ったあと巡回相談員と面接するよう指示しました」

「巡回相談員は舞洲自立支援センターのパンフレットを出し、こういう場所で、こういう仕事ができます、お金もあり食事も3食ある。適正検査を受けて早い人では1週間で舞洲に入れますよと教えてくれました」

「『その間、泊まるところが無いんですが、宿泊費を貸してもらえませんか』と聞いたら、『寝るところはどうにもなりません。区役所で相談して下さい』と言うんです。『野宿せえ、ということですか』とさらにきくと『皆さん、そうされています』との答えが返ってきました」

「舞洲の自立支援センターに入ったときには天国だと思いましたね。風呂に入れる、ふとんもある、三食食べられる。でも入所して1か月くらい経っても生活のめどが全く立たないんです」

「そんなときに偶然稲垣さんと知り合って、居宅保護の道があることを教えてもらい、早速手続きをとって居宅保護の決定を受けました。うれしかったですね。施設は刑務所と同じ。監視され管理され、人間としての尊厳をずたずたにされる」

「高校入学のとき戸籍謄本を見て、初めて親父がいることを知りました。20歳のとき、現住所を区役所で調べて親父を訪ねました。仕事で不在だった親父を夕方まで待ちました。6時頃かな、秋口でもう外は暗かったのを覚えています。初めて親父と対面しました」

「親父、義理の母親、妹2人、弟、全員が泣きました。『母親は男をつくって逃げた、自分は精肉店をしていたが乳飲み子を育てるのは無理で施設に預けた。お前は養子に行ったとばかり思っていた。再婚して新しい家庭を持った。寂しい思いをさせて悪かった…』親父はそう言って謝り『明日の予定はどうなっている？家に泊まっていけ』と言ってくれましたが、ふすま1枚隔てた10畳ほどの狭い部屋に家族5人が住んでいるのを知って断りました」

「親父は僕を施設に預けたあとすぐに再婚して、子供が3人次々と生まれている。僕とあまり年が違わない妹たちなんですよ。何日かして双方の親戚を紹介されましたが、親父も再婚した母親も、僕が施設にずっといることを知ったうえで、親戚に隠していたことも分かりました」

「親父と会っていろんなことを知って、平穏だった気持ちが乱されました。生活が苦しいから僕を引き取れなかった？それなら、どうして、僕とほとんど同じ年の子が何人もいるんだ？親父は再婚相手の気持ちをくんで僕と会わなかったと思いたい。僕を捨てる気などなかったんだ。いや、母親だけでなく親父もまた僕を捨てたんだ。いろんな感情がどろどろとうずまきました。会わなければ良かったと思いました」

「あれから23年。親父とは会っていません。今でも親父には恨みがましい気持ちがありますよ。それでもね、死ぬまでには、親父にも実の母にも会ってみたいと思うんです」

143号（2009年12月1日）

妹よ

木村さん
昭和14年生まれ
62歳
熊本県大矢野町出身

「天草郡大矢野町と言って、現在は三角から橋がかかっていますが、昔は櫓《ろ》をこいで舟で渡ったものです。潮の流れが速く、それを利用して真珠貝の養殖も盛んでした」

「父は狩猟と養鶏で生計を立てていました。『木村さんは狙った獲物は必ず射止める』と言われ、狩猟の腕は集落でも有名でしたね。生まれたばかりの目も開かぬ犬を、猟犬として育て上げることから父は自分でやっていました」

「キジ、ハト、カモが主ですが、ハトは早朝、キジは昼、カモは夜の猟です。私も小学校時代は父について猟にお伴しましたよ」

「ハトは鉄砲を空に垂直に立てて射止めることができましたし、キジは犬が居場所をみつけてとびかかる体勢をとると、「よし」の短い合図と同時に、くるくると舞うようにして飛び出して逃げるキジを鉄砲で撃つ。キジは動きが早くて難しい猟です。父の腕前はもちろんのこと、猟犬も賢かった」

「暗闇の中でカモを一羽撃ち落とすでしょ。猟犬が池の中にさっと飛び込んでカモを口にくわえる。犬は顔だけ水面に出して、後ろ足を水面下で動かしながらじっと動かないんです。空には他のカモが警戒しながら円を描いて飛んでいる。また一羽、撃ち落とす。その瞬間、池から出て、くわえていたカモを父の足元に置くや、今さっき撃ち落としたカモをくわえに池に戻り、再び水面に顔だけ出して、じっと待つんです」

「猟犬をここまで訓練して育て上げるのは、並大抵ではできません。父は厳しくて、そのうえ、根気強い人でしたね」

「三角に旅館があり、父は射止めたカモやキジを舟に乗って毎朝、旅館に売りに行っていました。私は学校へ、父は三角へ。これが毎日の日課でした」

「父は旅館から戻ると鶏を絞めて、肉を家の前で売っていました。母は裏山へ松葉を集めに行ったり、イチジクの葉を乾燥させて紙に巻いてタバコを作って自分で吸ったりしていました」

「父と母のなれそめは知りませんが、父はバイオリンを持っていて上手に弾いていたし、字も達筆。かなりの学問を受けていたようです。無口で酒は一滴も飲みませんでした。子供のころから『いいか、大きくなったら一生懸命勉強せないかんぞ』とよく言われていました。残念ながら私の勉強はさっぱりでしたけどね（笑）」

「兄弟は兄、姉、妹二人の5人です。戦争の記憶もありますよ。私はまだ学校に上がってなくて、両親と一緒に畑に出ていたんです。遠くの空に飛行機が見えたんで、嬉しくなって『とうちゃん、飛行機飛んでる』と指さした途端、父が私を脇に抱えて防空壕に飛び込みました。その直後、焼夷弾が畑に落とされて、逃げ遅れた近所の人たちが何人か犠牲になりました」

「飛行機が去った後、母は血相変えて学校の方へ走って行きました。兄や姉が心配だったんでしょう。兄も姉も学校にはいなくて、探し回っていたら、家の床下のイモを埋めてある所から真っ黒になって出てきました（笑）。二人が、うわぁーんと泣きながら母に抱きついてきたのを覚えています」

「中学を卒業すると、父が就職先を見つけてくれて、父と一緒に長いこと列車に揺られて、遠い所へ連れて行かれました。どうも、私はそのとき、ずっと泣いていたようです。親元離れるのが寂しかったんだと思います。今思い出してみると、おそらく小倉あたりだったんでしょう」

「とうとう父は駅から降りず、私を連れて再び天草に引き返してしまいました。父としてもやりきれない思いにかられたんでしょうね」

「その後1年くらいして、やっと親元離れる決心もついて、大分県の建設会社に入りました。鹿島建設の下請だったと思います。親戚のおじさんが人材派遣の仕事をしていた関係で、そのおじさんの紹介です」

「でもね、17歳でしょ。やっぱり1か月くらいの間は家が恋しくてね。夜中にポーッという汽笛が聞こえると涙が出てきました。私自身、無口な方で、あまり人と話をする方ではないですから、友達もすぐにはできませんでしたし」

「工事が終わるたびに、作業員宿舎から作業員宿舎へと移っていくんです。若戸大橋の仕事、溶鉱炉の基礎工事、高速道路、ビルの建設…。いろんな土木工事に作業員として働きました」

「釜ヶ崎で働くようになったのは昭和51年からです。あの頃は仕事が多くありました。センターのシャッターが朝5時に開くから、4時半にはセンターに行くんです。そうすると、センターの裏も表も求人のマイクロバスがいっぱいで、引っ張りだこなんです」

「なんぼでも仕事があって、私は宿は一カ所に決めていましたから、10日分ずつ前払いしながら、余裕のある生活ができました。金の前借りや借金は大嫌いなので、金銭トラブルをおこすことはなかったですね」

「仕事もそこそこ自信がありましたから、親方が信用してくれて、釜ヶ崎から雇った人たちの給料を私に預けるんです。『預けておくから、適当に渡してや』と言ってですね。朝のうちに給料を渡してしまえば、そのまま行方不明になってしまう者もいるので、夕方、仕事を終えてから仲間の一人一人に手渡しました」

「人に信用されるということは何事にも代えられぬ喜びですよ。だから、人を裏切ったりうそをいう人は信じることができないです。作り話は後が続かない。本当の話ならなんぼでも続けて話をすることができますよね」

「4年くらい前からでしょうかね、仕事がなくなってきたのは。親方があまりセンターに顔を出さなくなったんです。たまに求人に来ることがあっても、『悪いな、年寄りは連れてくるなと元請に言われるんや。途中で倒れたりしたら大変やろって。連れて行きたいのはやまやまだけど、元請の機嫌そこねたら自分らの仕事もらえなくなるからな』と言われましてね。それなら仕方ないなと思うんですよ」

「生まれて初めて野宿したのは3年前ですね。センターの裏に新聞紙敷いて、カバンを置いてトイレに行ったんですが、戻ってきたらカバンが無くなっていました。大切にしていた両親や兄弟の写真が入っていたんです。それが一番のショックでした。悔やみましたね」

「その後は天王寺公園の近くや公園などを転々として、最後に落ち着いたのが今宮中学校横の歩道なんです。最初はテントが2つ3つだったんですが、あっという間に増えました。不況の影響でしょうね」

「その年の年末、あの強制撤去がありました。それよりほんの少し前、向かいの花園公園にテントを張って移っていたんで、今もこうやって花園公園で生活できています」

「稲垣さんのおかげなんですよ。あの人が大阪市に物言ってくれてなかったら、この公園からだって追い出されていたと思います。強制撤去の裁判の原告ではありませんが、傍聴には欠かさず行っています。カンパ活動の応援の要請も稲垣さんからあったときは喜んで参加しました。お世話になっていて、当然のことです」

「大阪市はね、施設に入れと言うんです。でも、私は自分の生活に責任をもって、人間として自由に生きたい。ベビーカーを押して、毎日アルミ缶集めをしています。1日7～8キロ。1キロで80円ですから600円くらいの収入です。雨でも行きますよ。カッパと長靴がありますからね」

「2週間に一度は長居公園の苅田の方まで出かけます。顔見知りのおばさんが、私が来るのを待っていてくれるんです。ありがたいことです。アルミ缶、毛布、衣類を『木村さんのためにとっておいたんよ』と言って迎えてくれます」

「朝方2時半ころテントを出発して、2時間かけて苅田へ着いて、その近くで昼過ぎまで物を集めて、夕方には西成に戻ります。自転車はこの年では危ないので、ベビーカーがちょうどいいんです。おかげで足は丈夫ですよ（笑）」

「それと月に3回、高齢者特別清掃の仕事に登録しているんで、1回5700円の収入があるんです。5700円あれば私の毎日の収入の10日分ですからね。これもありがたいことだと思っています」

「テントでは2匹の犬と暮らしています。エミーとエミーの子のチビです。どちらもメスです。安物ですがペットフードをあげています。私のボンボンベットの横で寝ていて、朝は私の顔をペロペロとなめて起こしてくれます。かわいいもんですよ。父の猟犬のように賢くはないですけどね（笑）。子供のころから動物は大好きでした」

「野宿するようになってから、家族の者とも連絡をとっていませんから、父が生きているのかどうかも分かりません。母は私が18歳のとき、42歳の若さで、胃がんで亡くなりました」

「母危篤の知らせを受けて小倉から駆けつけたんですが、枕元に立てたのは私と末の妹だけでした。末の妹は私より一回り下で当時6歳でした。母がこの妹のことをとても案じていまして、私の手を握って『幸子を頼む』と言い残して息を引き取りました」

「あのころの葬儀は埋葬でして、埋葬の場で幸子が私のジャンパーの裾を握りしめて、泣きながら何度も引っ張っていたのを、つい昨日のことのように思い出します」

「母の墓は私の金で建てました。盆になるとピンクや薄紫や黄色の花が咲いて、私はその墓地を気に入っていたのですが、いつの間にかコンクリートに変わってしまい、自然の花は咲かなくなりましたね」

104号（2001年12月14日）

いつも着実に前進する

大島さん
昭和 32 年生まれ
59 歳
福岡県三池郡高田町出身

「父は三井三池製作所で工作機械の仕事に就いていました。母は近くのスーパーでパートの仕事。両親、姉、私の4人家族で社宅に住んでいました」

「社宅は平屋で100世帯くらいありましたが、みんなが顔見知りなんです。子供の顔を見れば親の顔が分かる。悪いことをすれば、大人は自分の子でなくても我が子と同じように叱る。子供が黙っていても、『昼間こんなことあったよ』とすぐ親の耳に入ります。大きな一つの家族といったところですね」

「父は内向的でおとなしい性格でしたが酒癖が悪くて、給料をもらうとすぐに酒屋に行って使ってしまう。気の強い母と夫婦げんかが絶えなかったですね。父のことはきらいでした。夫婦円満な家庭がうらやましかったです」

「有明海の沖に初島という人工島がありました。海底に延びている三井三池鉱の坑道の換気のために造られた島で、直径が120mくらいの丸い島です」

「有明海は満潮と干潮の潮位差が大きいんです。干潮になると4キロ先まで干潟になり潮干狩りが盛んです。母の知り合いが船を持っていて、ノリの養殖をしていました。大潮の日の日曜日は社宅のグループ10人くらいで船に乗せてもらい、初島に上がりました。船はポイントを決めて錨をおろします」

「潮が引き始めると見る見る水位が下がり、長靴はいて、家族単位で潮干狩りを楽しみました。潮の香りの中でおにぎり食べてね。生まれ育った故郷の香り。若いころはあまり気にならなかったけれど、こうやって年を重ねると懐かしい。好きな香りですね」

「子供のときはだれもが肥後守という折り畳み式の小刀をポケットに入れていました。これで竹を切って水鉄砲を作ったり、水の代わりにクスの実を入れてくす玉にしたりね。最近、四天王寺の境内で子供たちとラジオ体操している時、クスの実が落ちているのを見つけました。これで遊んだなぁと思い出しましたよ」

「大牟田の夏祭りは大蛇山祭です。山車に人が乗って太鼓や鐘を鳴らしながら町を2時間練り歩く。露店も出てにぎやかでした。今でこそ、柳川水郷は観光地になっていますが、当時は工場からの排水で汚かったですね。海水浴場も私が高校にあがったころから汚れていきました」

「小学校の運動会も記憶にありますね。地区対抗リレーというのがあって、これが一番盛り上がる。町名の入ったゼッケンつけて、1年生から6年生までの混合で競います。3年生までは運動場半周、4年生からは1周。午前中に予選、上位の3チームが午後から決勝です」

「社宅は世帯が多いからそれだけで一つのチームとなりました。うちの社宅は早かったです。6年生のときアンカーで走り、余裕で1位になりました。ゴザ敷きの保護者の席からワーッと歓声があがる中、裸足で駆け抜けたあのときの気持ち、忘れられません」

「学校の近くに深さ1メートルくらいの防火用水があり、夏休みになると水を抜いて掃除して、泳げるようにしていました。朝早くからラジオ体操の音楽が流れ、カードをぶら下げた子供たちが社宅から出てきます。10時までは『夏休みの友』をやったり課題図書を読んだり。10時過ぎると家から飛び出して、水辺のオニヤンマ、ギンヤンマ、山の中のセミ、クワガタ、カブトムシを追いかけました。田んぼの横の水路にはザリガニ、ドジョウ、アメンボがいました」

「中学に上がるとＮＨＫのラジオ講座を毎日聞きました。同時通訳で活躍していた鳥飼久美子にも憧れましたね。あんなふうに英語を話せたらいいなと思った。英検目指して勉強もしました」

「メルボルン放送局のラジオオーストラリアやイギリスのＢＢＣワールドサービスが聞きたくて、母親に頼み込んで短波放送が聞けるラジオを買ってもらいました。オーストラリアやイギリスの話題の合い間に日本の音楽がかかる。夢中になりました。メルボルンやロンドンの時計台をこの目で見たいと思いましたね」

「高校は大牟田にある県立の工業高校電気科に進みました。高校では遊ぶグループと勉強するグループに分かれましたね。卒業後の進路として、友達は京阪電車を私は近畿鉄道を受験しました。変電所の保守の仕事に就きたかったんです」

「上本町の研修センターに宿泊して、筆記試験と面接を受けました。九州、四国出身者が１００人くらい受験に来ていました。当時、工業高校から関西の大手企業に就職するのは難しかった。私は不合格でしたが、友達は見事に採用されました」

「三池で社宅住まいの場合、定年と同時に大牟田に家を買って出ていくのが普通でしたが、母は酒飲みの父に愛想がつきたのか、姉の住む関西を終の棲家としたいといい出しました。両親が不仲でなく普通の家庭だったら、福岡で就職していたと思いますね」

「両親がいずれは関西に住む予定と聞いて、私は高校の先生の紹介で枚方のユニオンガラス工業に就職しました。清涼飲料水のガラス瓶を作る会社で、30人ほどが新規採用されました」

「原料の珪砂《けいしゃ》と石灰石を1500度の高温で溶かし、ドロドロに赤く溶けて出て来たものを鋳型に流し込む。熱い柔らかい、できたての赤い色をしたガラスの瓶がベルトコンベアで流される間に温度が下がり赤みがとれてきます。そして最終的に梱包する段階で検瓶があります」

「白い壁をバックに瓶が流れてくるのですが、溶けきっていないブツとかイシとかいう黒っぽいものが見つかると、不良品としてもう一度再生します。鋳型には定期的に潤滑油を塗ってやります。原料を溶かすところの管理室は熱かったですね」

「工場は24時間操業で3交替でした。休みの日には同僚と飲みに行ったり、京阪電車に就職した友達とお互いに勤務表を交換して、京阪沿線の寺や神社を回りました」

「最先端の機械を導入したという工場でしたが、入社して1年経った頃から給料の遅配が続きました。会社の将来が不安になってきて、私を含め同期入社の半分が辞めました」

「これからは弱電の時代だ、就職するには弱電が有利だと聞いて、大阪電子専門学校に入学しました。姉が門真に住んでいましたから、そこから学校に通いました」

「ユニオンガラスで貯めたお金で入学金と当面の授業料は確保できました。この頃、父の会社は中国向けの輸出が増えたとかで残業が多く、貯金が尽きた頃には家から授業料を送金してもらえました」

「授業は楽しかったです。200人くらい入る階段教室で先生がマイクを使って講義するのですが、大学みたいでうれしかった。ここでも勉強するグループと脱落していくグループに分かれましたね」

「ある日、電信電話公社で中途採用の募集があるという情報が入ってきました。学友ら数人と法円坂にあった本社に応募用紙をもらいに行きました。就職先が無かったら、給料は安いが安定している電電公社や国鉄に勤めるという時代でした」

「電電公社は毎年募集しても人が足りず、中途採用をくり返していたんですね。守口電報電話局の局内保全課に配属され、電話交換機のメンテナンスや局内工事を担当しました。引っ越しをした、電話を止めたい、新たに電話を引きたい等の依頼があると、局の中で電話線を配線する仕事です」

「電話交換手、番号案内なども人手を必要とし、女性は結婚してからも働ける環境でした。一つの局に100人くらいが勤務していました。全国で32万人が働いていた時代です」

「25歳のころ、レベルアップを目指して鈴鹿の研修センターで社内研修を受けました。全寮制の学校みたいなもので、関西からは100人くらい、全体で500人くらいが、50人一クラスとなって、9か月間みっちり勉強するのです。私たちは19回目の研修生ということでした。ここで研修を受けると待遇も良くなるというので、参加者は真剣でしたね」

「鈴鹿の研修センターは、戦時中は海軍航空隊の基地だったそうで、広大な敷地でした。多くの飛行兵がこの地から飛び立って、ほとんどが戦死したということでした」

「電電公社が民営化されたのが昭和60年。28歳のときです。電話交換機もアナログからデジタルに変わり、形は小さくなっても容量は格段に大きくなりました。新しい電話交換機にはソフトウエアが必要になり、昭和62年ソフトウエア開発センターが発足しました」

「局内保全課からソフトウエア開発センターに異動となり、新しいプログラムを作る仕事に携わりました。電話をかけている間に音楽が流れるとか、メッセージが流れるとか。新しいプログラムを作りたいということを郵政省にお伺いをたて、ＯＫが出たら仕様書を作成します。企画して実際に出来上がるまで約2年かかりますね。毎日残業続きで忙しかったです」

「週1回は東京で打ち合わせがありました。たいてい週末の金曜日が打ち合わせで、木曜日の夕方新幹線で発ってホテルに一泊し、金曜日の朝から夕方まで会議です。会議出席者は10人くらい。遠方の人や用事があって行けない人は電話会議に参加していました」

「会議には資料をどっさり預かって参加するわけですが、いつも緊張しましたね。自分の専門外のことでの質問とか、十分に把握できていないことを突っ込まれたりすることもあり、そんなとき電話会議に出席している人から助けられたことも一度や二度ではありません」

「仕事を終わった達成感と解放感に浸りながら、帰りの新幹線で飲むビールは美味かった。当時はのぞみが走ってなくて、大阪まで3時間10分。至福の時を過ごせました」

「このころに銀行に勤めていた家内と結婚しました。給与の振込口座は家内が管理していて、給料日の2〜3日前に出る給与明細を渡し忘れると『明細は？』ときかれたものです（笑）。同僚と何気なくその話をしたら、『え？給料の振込口座は普通、本人やで』とびっくりされました。でも、私にしたらそれが当たり前でしたね」

「ソフトウエア開発センターは成長部門で、多くの部署からの異動を抱え込んで大所帯になりました。NTTは巨大化した会社をスリム化するため、ありとあらゆる会社を作って、人間の受け皿づくりをしていました。35歳のころ、違う仕事も経験してみたいと思い、NTTのグループ会社であるアセットプランニング関西に移りました」

「アナログからデジタルに変わり、新しい機械を導入して古い機械を撤去すると空きスペースができます。空きスペースを遊ばしていたらもったいないからそこを賃貸したり、駐車場にしたりして収益を上げようという会社です。不動産だけでなく旅行業務も手掛けておりました」

「得意先を新規で開拓するのではなく、もともとNTTとつながりがある通信会社とか役所や公共施設が対象です。必死になって営業活動をするわけではありません。京都、和歌山、兵庫、奈良、大阪と関西一円を二人一組になって車で回るわけですが、道中の景色を楽しみ、観光地に足をのばしてみたり、家族に土産を買ったり…と、ドライブ気分。居心地の良い職場でした」

「ところが、ある日、トイレに行くとき総務の課長につかまって『ちょっと話がある』といわれました。嫌な予感がしました。『まぁ、座って下さい』といわれ腰掛けると、案の定、異動の話。明日、料金センターへの辞令が出るということでした」

「業務命令で旅行業務取扱主任者、宅地建物取引主任者などの資格を取るようにいわれていましたが、あまり熱心に勉強しませんでした。資格を取っていたら異動の話はなかったかもしれません。後で考えれば、人生の一つの岐路だったように思います」

「人手が余った電話番号案内や電報の係の女性が料金センターに異動となり、たくさん働いていました。1日、机の上のパソコンに向かう事務仕事です。いろんな意味で苦痛でしたね。このころから会社は国立大学一期校卒の人しか採用しない時代になっていました」

「NTTは毎年、毎年、希望退職者を募っていました。40代半ばで、コスモエンジニアリングに出向しました。オフィスビルやテナントビルの電気、空調関係のメンテナンスや清掃を請け負うビル管理会社です。ここで私はNTTから籍が抜け、契約社員となりました。二度とNTTに戻ることはできない。NTTはこうやって人減らしをしていったんですね」

「これまではNTTという巨大資本に守られて働いてきたわけですが、一転して熾烈な競争社会に身を置くこととなりました。しかも契約社員です。ビル管理の仕事は、公共施設の場合は入札ですから、今期仕事があっても来期あるという保証はない。民間の施設はオーナーとの折衝ですが、不景気になるとメンテナンスにかける要員も減らします」

「契約社員として設備のメンテナンスを受け持ちましたが、来期の仕事は無いといわれ解雇されました。すでに50代になっていました。ハローワークで仕事を探しても書類選考で落とされ、ようやく面接までこぎつけても採用されるのは若い人。それの繰り返しでした」

「ストレスから酒を飲む量も増えました。酒のきらいな家内との仲も悪くなる一方でした。派遣で工場勤めになった頃、離婚しました。家内同様、金融機関に勤めているという一人娘とも、高校生を最後に会っていません」

「ロッテのアイスや菓子を作る工場、液晶ガラスを作る工場、半導体を作る工場、スマートホンを作るロボットの工作機械を作る工場…、広島、滋賀、つくば…と働く土地が変わりました」

「目以外、頭から足まですっぽりと服を着て作業するクリーンルームの工場は、空調設備が整っていても暑苦しくて、若い人たちは敬遠します。半導体を作る工場は特にシビアでした。流れ作業で異物のチェックをする液晶ガラス工場も目が疲れてきて目薬が手放せない。もちろん、立ちっぱなしです。50代も半ばになるとさすがに体力的に厳しいですね」

「派遣切りにあって、これからどうしようかと道頓堀川を見下ろして腰掛けていたら、二人連れに声をかけられ、舞洲の自立支援センターを紹介されました。舞洲から西成自立支援センターに移って仕事をさがしましたが、やはり就職は難しかった」

「派遣会社でも社会保険に入っていましたから、厚生年金は30年以上かけています。63歳から年金が支給されるので、あと3年ほどは派遣会社で働きたい。その仕事を探しながら、炊き出しの世話になっていました。世話になりっぱなしでは気が引けます。炊き出しの人手が足りないと聞いて、出来る範囲で手伝わせてもらおうと思いました」

「父は定年の1年くらい前から心療内科に通っていました。医者は環境を変えれば病気が良くなるかもしれないといって、関西に移住することを賛成したそうです。堺に建売住宅を買って引っ越ししてきたわけですが、顔から表情が無くなり、入院生活の方が長くなりました。平成10年に亡くなっています」

「今、自分がこういう環境になってみて分かるのですが、内向的だった父は仕事でのストレスをアルコールで解消していたのではないかと思います」

「生活が落ち着いたら、四国88カ所巡りをしてみたいですね。仕事に使う、使わないは別として、介護とか英検の勉強もしたいです。体が動くうちは、いくつになっても働いていたいです」

169号（2016年8月22日）

ひたすら真面目に生きてきました

高石さん
昭和 22 年生まれ
54 歳
福岡県宮田町出身

「祖父が八百屋でしたので、父は店に荷物や野菜を運ぶ運送業をやっていたそうです。運送業と言っても、昔のことですから馬車ですね」

「祖父も父も戦争に行きましたが、父が戦地から戻った時には、祖父はすでに戦死していたそうです」

「私は5人兄弟の長男で、弟が1人、妹が3人います。私が小学校入学の頃、一家で直方の貝島炭鉱の社宅に移りました」

「母は2人姉妹ですが本当は兄がいたそうです。やはり炭鉱町で抗内作業員として働いていた祖母が、お腹が大きいのに無理して働いて転倒し、流産したそうです」

「母の妹も結婚して子供が生まれましたが、これまた女の子2人。そんなでしたから、祖父は私が生まれたときには大喜びして、ずいぶんかわいがってくれたようです。本人はあまり覚えていませんけどね」

「石炭産業が全盛の頃です。炭鉱町も活気がありました。子供の数も多かったです。1クラス50～60人で、12クラスまでありましたね。中学だって1500人以上の生徒だったと思いますよ」

「父は炭鉱で働いた金のほんの一部しか母に渡してなかったんでしょうね。生活は厳しかったです。私は子供なりに長男としての自覚がありましたから、学校に行く前に新聞配達のアルバイトをしました。夏休みや冬休みには、酒の配達や中元、歳暮の配達のアルバイト。少しでも生活の足しにと思いましたから。朝の新聞配達は3時半起きです。学校に行っても、授業中は眠たくて眠たくて。おかげで勉強の方は今一つでしたね」

「貝島炭鉱は昭和38年に閉山されました。私が中学を卒業した頃ですね。外国から石油が入ってきて、石炭は必要とされなくなりましたからね。閉山の少し前には落盤事故もありました。人件費もかかるし、自然の成り行きでしょうね」

「炭鉱の仕事がなくなったので、一家で滋賀県に出てきました。私は集団就職で名古屋の段ボール会社に勤めたんですが、他の学校から集団就職でやってきた人たちにいじめられましてね。私は口下手であまり積極的に友達を作るタイプではありません。いじめられてもけんかするのが嫌で、半年で自分から辞めてしまいました」

「滋賀の実家に戻って、住み込みで建築関係の仕事に就きました。ガラスを切断したり、アルミを組み立てる仕事です」

「その後、職安で自衛隊の募集をしているのを見て、自衛隊に入りました。大津の教育隊に入隊して、山口県、北海道にも行かされましたね」

「自衛隊の生活は兵隊と一緒ですよ。一部屋20人で2段ベッド、共同の洗い場、食堂があって、娯楽室にはテレビもあります。朝6時に起床ラッパが鳴って、点呼があります。班長が異状なしの報告をして、8時までにそれぞれ、食堂で朝食を食べます」

「8時から正午までは兵隊としての訓練ですね。射撃訓練、ヘルメットをかぶって歩兵としての行進など。昼食後は午後1時から5時まで再び訓練。7時までに食堂で夕食を食べて、10時消灯。休日には外出できますから、近くの映画館に行ったりね」

「ここでもあまり友達はできませんでした。相手に嫌な思いをさせないようにと気にかけるだけですから、自分1人で行動している方が気が楽でした。とにかく口下手で、話が苦手なんです。黙々と任務に励むだけ」

「自衛隊は2年ごとの更新なのですが4年で辞め、再び建築関係の仕事に就きました。足場組みの助手が多かったです」

「ビルやマンション工事でよく足場を作っているのを見かけるでしょう。1段目の土台を設定するのが難しいんです。『レベルを見る』という言い方をしますが、地面はデコボコで、高い所も低い所もある。奥行きも同様です」

「レベルを見るのは現場監督の仕事ですが、それが少しでも狂うと上の段に行くほど歪みが大きくなって、足場の板の固定ネジすらかみあわなくなります。もちろん、作業する人間も危険です」

「足場組みの助手の仕事は、トビ職人が使う物を次々に段取りして手渡すことですが、まず材料の名前を覚えなければなりません。それから作業の段取りを覚えて、指示される前に必要な材料をすぐ手渡します」

「私は現場監督でもトビ職人でもありません。ただの助手ですけど、仕事としてやるからには責任もってやりたい。負けたくないと思うから、じっと相手のやり方を見て、少しずつ覚えていきましたね」

「労働基準法、建築基準法も独学で勉強しました。トビ職人は、高さ2メートル以上の場所で作業するときは、ヘルメットと安全帯を必ず着用しなければいけないんです。もしそれらを着用しないで作業していて事故にあっても、労災は適用されません。そういう決まりになっています」

「作業する者にとって、安全帯をつけての歩行は実際のところ面倒なんですよ。定まった場所で作業するときはいいのですが、足場の上を歩いて移動するときなど、1～2メートルの安全帯をいちいち鉄板にかみ合わせながらなんて動けないでしょ。少しも前に進まない」

「だから材料を運ぶ時なんかは、安全帯をしません。外してしまいます。もしこのとき、ふらついて足を踏み外したりしたら、地上へ真っ逆さまに墜落です」

「ヘルメットにしたって、夏は頭が蒸れるでしょ。暑さと脱水症状で立ちくらみになることがよくあります。安全なのは分かっていても、思わず脱ぎたくなるんですね。法律を守ることが身の安全だと分かっていても、現場で働く者にとっては辛さとの背中合わせ。本当に大変なんですよ」

「他にも、道路の舗装の仕事、仮枠大工の助手、石屋の助手、左官の助手等々、建築土木に関する仕事はだいたいやってきましたね」

「たいてい作業員宿舎に入っていました。作業員宿舎にもピンからキリまでありますね。姫路方面は悪いところが多かったですね。食事にしても、昼の弁当を給食屋に注文するんですが、梅干し1つとチクワの煮たのが二切れだけとかね」

「今はほとんど個室になっていますが、昔は一部屋50人くらいで寝泊りする作業員宿舎もありましたね。朝起きたら、荷物が全部無くなっていた、なんてこともありましたよ。全員が仕事に行くわけじゃないでしょ。何人かは休みとなる。夕方仕事から戻ってきて、自分の貴重品がなくなっても、『あんたが盗ったんか?』なんてきけない。もめるのは嫌だし、気まずくなるので、どうしても泣き寝入りしてしまうんです」

「今年3月までは働いていたんですよ。泉佐野市の作業員宿舎から和歌山や藤井寺方面の遺跡掘りの仕事に行っていました。田んぼや国道の際など、地層のあるところを掘るんですが、市や県の仕事ですから、土曜、日曜は休み、雨が降れば休み、といった具合で、休みのことも多かったですね」

「仕事に就けなくなってからは、三角公園のシェルターに寝泊りしていました。シェルターは、1階と2階があり、3棟、全部で600人は入れます。夕方5時半から券を配り、実際に部屋に入れるのは6時半からです。一晩泊まって朝5時半には退去しなければなりません」

「食事はほとんどの人が炊き出しを利用していましたね。夕方の炊き出しは午後5時からでしょう。シェルターの券はセンターで配られますから、午後2時頃からセンターで並び、4時半頃になったら自分の目印になる荷物を置いて場所取りをした状態で炊き出し公園に移動し、なるべく早く炊き出しを食べて、5時半までにはセンターに戻る、とその繰り返しですね」

「シェルターは住居ではないですからね。毎日毎日、全財産の荷物を抱えて、出たり入ったりです。しかも順番待ちして券をもらってからのことですからね。野宿するよりマシかもしれませんが、人間らしい生活とは言えないですね」

「7～8年前に仕事でムチウチ症になりましてね。高い所に登っていて、ヘルメットはかぶっていたのですが、鉄板にもろに頭を打ちつけて、そのときに首をひねってしまったんです」

「首から肩にかけて痛みと痺れが残り、困り果てて稲垣さんの事務所に相談に行きました。その時は医療センターで治療してもらって、痛みも和らいで再び働き出したのですが、最近また痛み出しましてね」

「痛みを我慢して遺跡掘りの仕事を人並みにしているつもりだったんですが、元請の会社の方から人材派遣の作業員宿舎の社長さんに『今日、この人来てくれたけど、明日から来ないようにしてくれ』と苦情が入ったそうです。他の人と同じように仕事しているのにどうして？とショックでしたよ。屈辱でした」

「でも争うのは嫌ですからね。会社の人から見たら、危なっかしくてダメだと思ったのかもしれませんし。すぐに作業員宿舎を出ました」

「働くところを探そうと、センターにも行きましたが、どこも雇ってくれません。50歳過ぎたらもうダメなんですね。日当は安くてもいいから、日当は二の次でいいから、と思っても、仕事そのものがない。首の調子も悪い」

「稲垣さんのとこへ2度目の相談に行ったら、『しばらくうちで炊き出しを手伝ってくれませんか』と言われましてね。解放会館に寝泊りさせてもらって、炊き出しを手伝っています」

「踏み台やらトイレットパーパーの取り付け工事ですか。たいしたことじゃないですよ。炊飯器の位置が高くて、会のメンバーの背の低い人たちが、自分たちが食べる飯を炊飯器からよそうのに背伸びしている。しかも大きな炊飯器に飯が少なくなると、飯をすくうのも手探り状態。踏み台があればいいのになあと気の毒に思いながら見ていました。それで作った踏み台です」

「トイレットペーパーもトイレの床に直接置いているんで、不便だなと思っていました。南海のガード下に廃品が山積みにされているところへ出かけ、適当な板やこわれた傘などを拾い集めてきて、傘の骨を切って、フックをネジでとめて、ロールがクルクル回るようにしました。材料費をかけるわけにはゆかないから、気の向いたときに気ままにやっているだけのこと。そんなに感心されることじゃないですよ」

「父は8年前に亡くなりましたが、母はまだ生きていると思います。父とはあまり気が合いませんでしたが、母のことは気になりますね。今、弟が面倒をみてくれています。弟は私と正反対の性格で、弁もたち、陽気で積極的な男です」「毎年、正月には母の様子を見に滋賀に帰っていたのですが、このごろは電話をしても弟の嫁さんが電話を取り次いでくれないんです。実家の近くに住む妹は『兄さん、自分の家なんだから、遠慮しないで母さんの顔を見に来てあげて』と言ってくれるのですが、お嫁さんに嫌がられて、弟もあまり歓迎していない様子では連絡も取りづらいですよ。母に会ったって、特別話すことはないですけどね、それでも顔は見たいなと思っています」

103号（2001年10月17日）

能勢の朝露

河本さん
昭和 39 年生まれ
53 歳
広島県呉市出身

「実父は私が3歳のとき事故で亡くなったそうです。全く記憶がありません。私は姉との二人兄弟でしたが、実父が亡くなったあと、姉は実父の姉の家に養女として引き取られました」

「母は私を連れて大阪の能勢の実家に戻り、国鉄の乗務員だった父と再婚しました。おじいちゃん、おばあちゃんにはかわいがってもらいましたね。私が小学校に上がる頃、弟が生まれました」

「店は近くに一軒しかなくて、たばこ、酒、食料品、日用品と何でも売っていました。店にはノートが備え付けられていて、買った品物と金額を書いてもらい、その横にサインするだけでした。一か月分、まとめて支払うんです。店の人も、いちいち小銭を用意する必要ないから、邪魔臭くて良かったんじゃないですかね」

「母は料理が苦手でしたが父は器用でした。おせち料理も全部自分で作っていましたし、味噌も自家製でした。月一度の寄りあい、山の草刈、伐採、溝さらいなどに参加するのも父でした」

「学校の授業はきらいで、あまり勉強しませんでした。中学になると級友からタバコを教えてもらいました。父は『吸うなら家で吸いなさい。学校や近所の目立つところでは吸うな』と言う程度でした」

「中学2年の夏休みから、級友に誘われて水道設備会社でアルバイトを始めました。親は、ブラブラしているのは格好悪いからと、アルバイトを許可してくれたんです」

「従業員は4人。水道管を埋める穴を掘るのが最初の仕事でした。朝8時から夕方5時まで、大人と一緒になって働きました。冬は水道管が凍結して破損することも多く、管の取り換え工事もやりました」

「時給600円か700円だったと思います。会社の親父さんが貯金してくれていて、最後にまとめて手渡してくれました。仕事を終えたあと、大人と一緒に酒を飲むことも覚えました」

「中学を卒業すると、この会社の従業員として住み込みで働きました。『今日はここからここまで』と、道路をカッターでまっすぐに切って、道路の掘り返しから始まります。1日4メートルくらいでしたね」

「穴を掘ってパイプを埋めこむ作業は3時半を目途に終えるようにします。その後、レミファルトで路面を復旧し、民家前の清掃や片付けを行います。通行止めの時間はあらかじめ決められていますので、その時間内に必ず終えてしまわねばなりません」

「工事の休憩時間の10時と3時に、役場から二人、視察に来ました。自分たちだけお茶を飲んでいるわけにいかないから、一番下っ端の私が彼らの飲み物を買いに走らされました。毎回、どうして休憩時間を選んで来るんやろ、役場は暇なんやなぁと思っていました」

「ある日、缶入りのコーラを買って、思いっきり振ってから袋に戻し、何食わぬ顔で差し出しました。プシュッとタブをはずしたら、泡が溢れ返ったものだから、2人とものけぞりました。『少しでも冷たいものを飲んでもらおうと思って走って戻ってきたものですから…』って。そんないたずらをしたこともあります

（笑）」

「7年くらい経った頃でしょうか、ゴルフ場ができるということで、プレハブの宿舎を建てる工事が始まりました。まだクーラーの設備が無い時代で、屋根の上に小さな穴のあいたパイプをはわせ、水を流して屋根を冷やす。そういう工事もしました」

「私の知っている人のほとんどがゴルフ場を歓迎していましたね。ゴルフ場を作るのに働き手がいるし、完成すればそこで働ける。能勢にはこれといった工場や会社もなくて兼業農家がほとんど。隣町の池田市にあるダイハツ工業に働きに行く人も多かったです」

「その頃、会社が道路の区画整理にひっかかりました。道路を拡張しなければ対向車とすれちがうこともできない状態だったのです。社長の自宅は宝塚で、週末は自宅に帰る生活をしていましたから、これをきっかけに社長は会社をたたみました。私たちは次の職場を探すことになりました」

「パチンコで知り合った同年代の友人が伊丹の作業員宿舎で調理をしており、その友人の紹介で同じ所に入りました。コンパネで作られた2階建で、歩くとき階下に響くんですね。古くからいる1階の年配のおじさんに『うるさい』と怒鳴られることが多く、嫌気がさして辞めました」

「そこにいるとき、新世界やジャンジャン横丁に遊びにきていましたから、釜ヶ崎のことは知っていました。簡易宿泊所に泊まって、あちこちの仕事に行くようになりました」

「バブル全盛の頃、仕事はいくらでもありました。滋賀県草津では作業員宿舎の出張所が栗東の山奥にあり、植木屋の助手や大工仕事の助手として働きました。食事は地元の老夫婦が通いで用意してくれました。

広い庭には鶏が放し飼いにされていて、朝は採れたての卵で卵かけご飯。こんな旨い朝飯はありませんでした」

「人手が足りないからでしょうか、テレビやクーラーは無料。冷蔵庫のビールは飲み放題。年末年始は宿舎代も取りませんでした。近江八幡の駅までバスで小一時間。それも日に何本も出ていない。仕事を終えて現場から帰る途中、車から降りて、スーパーに寄って買い物をしました」

「作業員宿舎に戻れば、食堂の木の椅子に腰かけて、話が弾みました。同僚には九州からの出稼ぎの人が多かったですね。他愛のない話をしながら飲む酒は美味かった」

「舞洲のゴミ処理工場の建設工事では、12月に2週間の契約で明和開発の作業員宿舎に入ったのですが、忙しくて朝8時から夜8時まで、毎日3時間の残業でした。でも満期の24日になっても給料の支払いがない」

「25日になるのかなと思いながら25日も夜8時まで働き、26日も27日も28日も夜8時まで働きました。28日の夜に作業員宿舎に戻り、当然その日の夜は泊まらせてもらえると思うでしょ。ところが番頭が来て『帰れ』と言う。給料を請求すると『明日、取りに来い』ですわ」

「労賃をあきらめて泣き寝入りする人も多いのでしょうが、私は怒りの気持ちを抑えて釜ヶ崎に戻り、翌日、再び此花区の作業員宿舎に向かいました」

「やっと給料を清算してもらえましたが、なんと11万円分の全部が千円札。それも10枚ずつ束ねてあるわけでもありません。番頭がヨレヨレ、不揃いの千円札を、目の前で1枚ずつ数え始めました。作業員宿舎の社長は弁当屋もやっていて、その売上だったようです」

「この番頭、アタッシュケースを下げて、西成労働福祉センターに出入りするのをよく見かけました。『また賃金不払いで呼び出しを受けているな』と思ったものです」

「マックスバリューの駐車場の警備の仕事にも行きました。朝2時半頃、センターから30人の労働者がマイクロバスと乗用車に分乗し、4時半頃三重県の桔梗が丘の作業員宿舎に到着します。そこでマックスバリューの各支店に振り分けられ、午前10時から午後6時まで仕事をします」

「仕事を終えると再び、桔梗が丘の作業員宿舎に戻って賃金をもらいます。帰りは近鉄名張駅から日本橋まで快速急行。日本橋到着は夜9時頃になります。拘束時間は18時間。日当は帰りの交通費込みで８０００円。それでも仕事があるだけマシです」

「夜9時ともなれば、簡易宿泊所の帳場はほとんど閉まっています。開いているのは宿泊費の高い所だけ。翌日、またセンターに2時半に行くわけですから、泊まり賃がもったいない。日本橋の電気屋街で野宿しました」

「咳が続き、体がしんどくて、自分で救急車を呼んだこともあります。結核の疑いがあると言われてそのまま入院となりましたが、結核菌は出てきませんでした。そろそろ退院と言われた時、『培養検査で陽性になった』と言われ、大東市の阪奈病院に転送されました」

「1年入院しましたね。テレビは月４０００円払えば、朝6時から午後11時まで自由に見ることができました。テレホンカードなら１０００円がすぐ無くなってしまうから助かりましたよ」

「院内の売店では賞味期限の切れたパンやカップラーメンが売られていました。仕入れのおじさんが賞味期限ぎりぎりの商品を仕入れていたんですね。売店のおばちゃんに苦情を言った後は、そのようなことはなくなりました」

「仕事が少なくなると、日本橋の電気屋街で野宿することが多くなりました。警察官の職務質問にもあいました。『鞄の中を見せなさい』と言われるので、わざと汚れた下着や靴下を上の方に入れておくと、『もういい』と顔をしかめられました（笑）。アルミ缶集めで得たお金はビニールの袋で包んで、靴の底におさめて寝ました」

「アルミ缶集めで知り合いになったおじさんに教えてもらって、東淀川区の路上の廃車で寝たこともあります。ファミリーマートで廃棄された弁当を99円ショップで売っている使い捨てのボンベで煮炊きして、そのおじさんと一緒に食べました。廃車で寝ていることを知って、ジャンパーや服を車の屋根に置いていってくれる人もいました」

「公園で野宿しているとき巡回相談員に声をかけられ、西成自立支援センターに入所しました。自立センターからの紹介で、パートで大阪市大病院の清掃の仕事に就きました。ナースステーションや看護師さんの更衣室の掃除ですが、無菌室の小児病棟だけは出入り禁止でした。頭にバンダナを巻いた子ども達をガラス越しに見て、可哀想だなと思いましたよ」

「釜ヶ崎の中にシェルターができてからは、シェルターを利用するようになりました。シェルターは朝5時には出なければならないのですが、私は2時過ぎに起きてセンターに向かいます。センターのシャッターは開いていませんが、路上には現金の求人の車が来ているんです」

「仕事にありつけることは難しいです。ほとんどが顔づけで、手配師が顔見知りの労働者しか雇わない。ダイケンの手配師が労働者2人を解体業者の手配師に預けると、解体業者の手配師が、1万円札を小さくおりたたんでダイケンの手配師にさっと渡したのを目撃しました。2人分の手配料でしょうね」

「2~3年前、八尾市まで自転車で出かけてアルミ缶を回収していたとき、巡回している市役所の職員に見つかりました。『アルミ缶の抜き取りは違法行為です』と貼り紙されていたのは知っていましたが、失業の身では食べて行くためにやむを得なかった。市の職員に『分かってますね』と高飛車にとがめられ、氏名、住所を聞かれました」

「『そこへ全部置いていって下さい』と言われましたが、『柏原で回収した分も入っているから』と答えて、半分は渡しませんでした。柏原市でも同じ日が回収日であることを知っていましたからね。私にとって精一杯の抵抗です」

「労働組合の集会で神戸に行ったとき、おもしろい格好をした人に出会いました。胸や腰にたくさんのビニール袋を提げ、ひょうひょうとした雰囲気。人当たりは軟らかく、それでいて持論をしっかり持っている人。69歳の上林さんでした」

「学生時代、アダム・スミスの国富論に感銘を受けたそうです。『浪費家は公共の敵、節約する人は公共の恩人』を信条としているとのこと。医療センターの前で野宿していますが、リヤカーにくくりつけられた荷物やブルーシートに覆われたたくさんの荷物を『私の財産です』と大切にしています。だからと言って、自分の信条を他人に押しつけることもしません」

「物知りの上林さんには、いろんなことを教えてもらいました。炊き出しの手伝いも上林さんに声をかけられたからです。上林さんといるだけで、何か気持ちが落ち着くんですよ」

「炊き出しの手伝いはお椀洗い専門です。炊き出し30分前には公園に行って、タライに水を張ったり、ホースを伸ばしたり、洗剤を用意したり。炊き出しに並ぶ労働者が顔を覚えて、シェルターで一緒になると『毎日ご苦労さん』と缶コーヒーをもらうこともあります。その気持ちがうれしいですね」

「これまで酒飲み友達しかいませんでしたが、上林さんに出会ってから人生観も少し変わりました。明治以降の日本の歴史に興味をもつようになり、時間のあるときには近くの図書館に行って本を読んでいます。今は鉄道の歴史の本を読んでいます。面白いですよ」

「能勢は子ども達が遊ぶのに退屈しない田舎でした。学校が終わると、春は山に入ってイタドリやタンポポの茎をかじり、キイチゴをほおばりました。夏はオオクワガタを見つけるのに夢中になりました」

「夕方になると車に乗ったおじさんが来て『持ってるか？』と子ども達にきくんです。オオクワガタは1匹千円で買い取ってくれました。カブトムシは安かったですね。もらったお金でジュースやアイスクリームを買いましたが、『子ども達が大金を持っている』とPTAで問題になったこともあります」

「夏は朝早くから山へ遊びに出かけました。喉がかわいたら湧水の水を飲み、農家のトマトやキュウリをもいで食べました。朝露に濡れたみずみずしいトマトやキュウリは冷たくて青臭くて、それでいて甘味もあっておいしかった。半分にボキンと折ったキュウリに家から持ってきた父親手作りの味噌を付けて食べました」

「たわわに実ったトマトやキュウリは1、2本失敬しても気がとがめませんでしたが、お百姓さんが手間ひまかけて作ったスイカには、さすがに手を出せませんでしたね。ナスビにも何度か挑戦してみましたが、生ではどうしても食べられなかった（笑）」

「秋になるとアケビを採りました。父は自治会所有の山に入ってマツタケを採り、マツタケご飯を作ってくれました。マツタケ山のその場所を子ども達に教えてくれませんでしたけどね（笑）」

「稲刈りの終わった田んぼでは野球をしました。弟が歩けるようになると手を引いて田んぼに行き、ボールを持たせて遊び相手をしました。冬は道が凍って滑るから危ないと、山行きは禁止されました。子ども達の遊びは、もっぱら雪の積もった田んぼや空き地での雪合戦」

「能勢の自然とそこで過ごした無邪気な少年時代が懐かしいです。生きていくことに何の心配も不安もなかった。戻れるものなら、あの時代に戻りたいです」

2017年

センターつぶすな

内原さん
昭和37年生まれ
55歳
神戸市出身

「親父は土木建築の仕事で作業員宿舎に入っており、ほとんど家にはいませんでした。母親は専業主婦。兄、僕、弟、妹の4人兄弟で、市営住宅に住んでいました」

「親父は歩き出すのが遅かった僕を無理に歩かせようと、思いっきり両手を引っ張って歩かせたそうです。心身共に発達が遅かったのでしょう、小学校は特別支援学級に入った方が良いかもしれないと言われテストを受け、結果は境界レベルということで、本庄小学校の普通学級に入ったそうです」

「母親は僕が小学校3年生のとき、お腹の赤ん坊と一緒に亡くなりました。その日珍しく親父が家にいて、しんどい、しんどいという母親の背中をさすっていました。親父に言われて、兄は隣の家に電話を借りに行き、そこのご主人に救急車を呼んでもらったのですが、病院がいっぱいということで病院探しにかなり待たされました」

「やっと病院に運び込まれたものの間に合わなくて、結局、母親も赤ん坊も死にました。妊娠中毒ということでした。泣き叫ぶ親父の悲しみようが、子供の僕にも辛いくらいでした。棺の中の母親の顔は、子供には見せられないといって見せてもらえませんでした」

「母親の思い出はほとんど無いですね。体が大きかったこと、肩たたきをしてあげたこと、そのくらいかな。幼稚園のとき、お弁当を作る時間がなかったのか、母親がパンを持ってきて、他の子はみんなお弁当を保温庫に入れてもらっているのに僕だけ保温庫からパンを出してもらったという他愛のない記憶があるくらいです」

「母親が亡くなっても、親父は稼ぐために留守がち。兄は小学校４年生。弟は７歳、妹は５歳。子供だけでの生活は無理だと民生委員の人が判断したんでしょう、兄は親父の実家に、妹は丹波篠山の母親の実家に、そして僕と弟は児童施設に入れられました。家族がバラバラになりました」

「児童養護施設双葉学園は六甲山のふもと、鶴甲《つるかぶと》にあり、弟と僕は施設の中にある学校に通いました。施設の職員は優しかったけれど、突然がらりと変わった環境に、何を見ても何をしても不安でした。出された食事はご飯もお代わりできない、お腹が空いたからと言っておやつが好きなときに食べられるわけじゃない。集団生活にも戸惑いました」

「ほとんどの子は施設にある服を着せられるけど、一見裕福と分かる子は、新しい上等な服を着て、その子だけバスに乗って遠くの学校へ通う」

「ここにずっといるのかなと思うと、気持ちが暗くなりました。１～２か月した頃でしょうか、親戚が『こんなとこにいつまでも置いといたらあかん』と言い、僕は親父の実家に引き取られ、守口市の寺方小学校に通いました」

「小学校６年になったときおばあちゃんが病気になり、僕は親父の弟の家に引き取られました。同じ守口市内の三郷小学校に転校となりました」

「叔父さんの家では僕を家族同様に扱ってくれました。おばさんが手作りのうどんを作ってくれたり、ラーメンは『どのくらいの固さがいい？』ときいてくれたり」

「叔父さんの家には大学生の息子がいて、大型犬グレートデーンはその息子が散歩させていましたが、僕にもさせてくれました。散歩の途中で同級生に出会うと、こんな大きな犬を飼っているの？とびっくりされたものです」

「大学生のいとこに連れられて、いとこの友達の家に遊びに行ったこともあります。そこのお母さんが『お腹空いたやろ？』と焼きそばを作ってくれたことを覚えています」

「家庭科の授業でエプロンを持って来なさいと言われると、おばさんがすぐに用意してくれました。授業参観にもおばさんが来てくれました。普通の家庭であれば当たり前のことばかりなのでしょうが、僕にとっては全てが新鮮な驚きで、そしてうれしかった。親戚が集まって、くろんど池にハイキングしたのもこの頃です」

「三郷小学校は開校100周年を迎えていて、2学期になると『三郷』の人文字が作られ、それをセスナ機から写真に撮りました。卒業アルバムにもその写真を使うということで、僕も楽しみにしていました」

「ところが、ちょっとした事件がおこりました。叔父さんの家での僕の生活がうらやましかったのかもしれません。中学1年の兄貴から『おまえの血液型はABやろ。俺や弟はAとOや。親からAB型が生まれるはずがない。おまえはもらいっ子や』と言われたのです」

「思春期の頃です。ショックでいても立ってもいられなくなった僕は、叔父さんに『僕ももらいっ子なの？』ときいてしまった。実は親父から叔父さんの息子が養子であることはきいており、それは絶対人に言うなと戒められていたのですが、つい口をすべらせてしまったんです」

「叔父さんは親父に怒り、僕は叔父さんの家から出されました。僕は再び親父の実家に戻り、3学期から寺方小学校に戻りました。楽しみにしていた三郷の人文字が入った卒業アルバムも、見ることができませんでした」

「大きくなってからおばあちゃんに『お前はお父さんの顔に似てきた』と言われましたし、血液型についてもA型とB型の両親なら、AB型の子供が生まれても矛盾しないんですね」

「もし母親が生きていたら、もし叔父さんの家で育っていたら、違った人生があったかもしれません。甘えたい年頃でしたが、その気持ちを封印することに慣れてしまった。どんなに望んでも叶わないことがある。それがこの世に生まれた僕の運命なんだと自分に言いきかせました」

「中学2年になると、朝刊配達のアルバイトを始めました。ルートを覚えると誰よりも早く配達できるようになりました。今なら新聞受けのビニール製の専用袋がありますが、その当時は玄関のすき間から落とし込んでいました。広告が多い日に雨だったりすると、ぬれないように、新聞が破れないようにと気遣いながら、狭いすき間から落とし込むのには、かなりの時間と慣れが必要でした。アルバイト代から小遣い銭だけ自分で受け取り、残りは生活費として親父に渡しました」

「首筋に大きな出来物ができて血を抜いてもらいましたが、首筋がいつも汚れていたので『ヨゴレ』と言って、からかわれました。ブカブカでヨレヨレの服を着て、勉強もパッとしないし、参観日でも親は来ないし…で、格好のいじめ相手だったのでしょう。顔の前で屁をこかれたこともあります」

「ちょっとしたことでけんかになり、僕は『一対一でやろう』と相手に言いました。相手の首を脇の下にねじこんで押さえつけたけれど、顔まで殴るつもりはなかった。僕が『まだ、やるんか。もうやめといてやる』と言うのと同時に、仲間二人が加勢してきました。相手は仲間に『おまえら、加勢するな』と言いましたが、そこまで全て計算づくだったのですね。卑怯な力の使い方でした。物があったら、それで3人に太刀打ちしていたと思います」

「僕は『これから仲良くやろうや』と言うつもりでした。でも、親父から『学校はええとこのボンボンに対しては甘かった。2位なのに1位にすり替えたりな。金持ちで力の強いやつがいれば、学校ではそいつの世界になるんや』ときいた話を思い出し、もう、どうでもいいやと思いました。親父にも学校の先生にも、この事件について話しませんでした。話してもどうにかなるわけじゃない」

「学校に行くのがいやになり、家出しました。電車に乗って神戸の方に向かいました。親子で住んでいた市営住宅がある方向です。読売新聞の販売所で配達員募集の貼り紙をみつけ、住み込みで働きはじめました。老け顔なので、16歳と言っても疑われなかった。さっそくルートを覚え、営業の仕事も任してもらえました」

「ところが、どこから情報が入ったのか、配達の途中で警察官に呼び止められました。子供であることが分かってしまい、親父が迎えに来ました。親父には思ったほど強く叱られませんでした」

「学校の先生から、出席日数が足りなくて卒業できないかもしれないという通知があり、いつものように僕は自分で親父の名前を署名して印鑑を押し、提出しました。これまでも、学校からの通知はすべて自分で処理していましたからね。面談日に親父が来ないので、とうとう先生が家に来て、親父が帰ってくるのを待っていました」

「親父は常日頃、『中学を出たら働くんやぞ』と言っていました。頑張り屋の兄貴は働きながら夜間高校に通っていましたが、僕は最初から進学は考えていませんでした。就職するのはクラスで1人か2人。僕より成績悪くても、お金さえ出せば私立の高校に進学できました」

「手に職をつけたらいいと先生に言われ、木造大工の見習いや型枠大工の仕事に就きましたが、胃炎や十二指腸潰瘍になったのと、体がえらいのが理由で長続きできませんでした。体がしんどいのは心臓が悪いからだなんて、その頃は夢にも思わなかった」

「18歳のとき釜ヶ崎にきました。おじさんたちがみんな、新今宮駅でぞろぞろ降りるので、自分も一緒に電車を降りたんです。長い階段を下まで降りると、目の前の道路にマイクロバスがたくさん停まっていました」

「思わず立ち止まった僕に、すぐに男の人が近寄ってきて『兄ちゃん、仕事行かんか』と声をかけてきました。お金が無いし、仕事着もないことを伝えると『金は貸す。1日目は千円、2日目は2千円、3日目は3千円貸す。服はこっちで用意する』と言うのです。マイクロバスで連れて行かれた作業員宿舎は大正区にあったと思いますが、名前も覚えていません」

「それまで大工や解体の助手を経験していたので、工事現場の仕事はすぐに覚えました。穴掘りも、丸鋸を使って木を切るのも、おじさんたちに負けたくないという負けん気で夢中になって働きました」

「僕の仕事ぶりを見ていた他の作業員宿舎の親方に『ウチに来ないか』と声をかけられました。『免許ないです』と言ったら『ええよ、免許センターと知り合いだから取らしてやる』と、車とユンボの免許を取らしてくれました。仕事はいくらでもありました」

「何年かして、現場で事故にあいました。PLの近くの山の造成工事があって、下水管工事を行っていたんです。土を止める土止《どど》め矢板《やいた》をしなければならないのにやってなかったのですね。床付けと言って、土をカクスコ（角型スコップ）でならしていたら、突然、壁の土が全部崩れてきて、生き埋めになってしまった」

「うつ伏せの状態でした。ヘルメットにツバがあったおかげで、かろうじて息ができました。『助けてくれ』と、なんとか声を出すこともできました。『どこだ?』と、すぐ近くにいた現場指揮者が叫んでいるのがきこえました。機械で掘ろうかという声もきこえてきましたが、『手で掘れ!』と叫んでいる」

「助け出されたとき、腰の痛みが激しかった。労災で病院に入院しました。膝の皿もやられていました。医者は『半年間は入院して、安静にしていること』と言いましたが、日用品を買うお金もないんです。作業員宿舎の親父さんも来てくれない。早く働いてお金が欲しかったから、1か月後、びっこを引きながら戻りました」

「それから何か月かして、同じ工事現場で働いていたら、僕の顔を覚えていた現場の指揮者から『労災の給料がある。少ないけど』と20万円を手渡されました。そのお金を入院中にもらっていたら、無理して退院することもなかったし、その後の後遺症に悩むこともなかったかもしれません」

「仕事が少なくなってきたのは30歳になってからですね。ちり紙交換の車に乗ったり、リヤカーを借りて段ボール集めをしたり。野宿するようになって、36歳のとき生活保護の申請をしました」

「走れば息切れがする、歩けば腰や膝が痛い。市立更生相談所でそれを訴えても、若いという理由だけで生活保護は却下されました。釜ヶ崎医療連絡会議の支援を得て、大阪府に審査請求もしました」

「行政に対して、物を言うようになったのはその頃からですね。生活保護手帳を隅から隅まで、分からないところは何度も何度も読みました。子どもの頃から勉強は苦手だったのに、やっと目覚めたという感じです」

「心室中隔欠損という心臓の病気があることも、最近分かりました。僕が体の不調を訴えても、大阪市の役人はきく耳を持たなかった。腰や膝の痛みだって、仮病くらいに思っていたのでしょう。そう思われていたことが悔しかった。中学時代、ひきょうな力でやっつけられた悔しさがよみがえってきました」

「センターは18歳からの付き合いです。仕事があるときはセンターからマイクロバスに乗って、あちこちの作業員宿舎に行きました。釜ヶ崎解放会館に住所設定して白手帳を持ち、センターでソーメン代、モチ代を受け取りました。仕事が無くなって野宿するようになると、センターで雨露をしのぎました」

「仕事が無いので、55歳になった今年から特掃（高齢者特別清掃事業）に登録して、月に数日、収入を得ています。シェルターで寝ていますが、毎朝5時前に出されますから、そのままセンターに行き、段ボールやビニールシートを敷いて体を横たえます。センターは僕にとって、日常生活に密着した居場所でもあるんです」

「このセンターの建て替えが問題になっています。今年4月に行なわれた説明会に僕も参加しました。これまでセンターを利用してきた一人として、そして今もセンターを利用している一人として、センターをつぶさないでほしいと、役人に訴えました」

「『センターは釜ヶ崎労働者の象徴』、『センターつぶすな、もったいない』『一人はみんなのために、みんなは一人のために』というスローガンに共鳴して、僕も稲垣さんたちとセンターを守る闘いに参加するようになりました」

「センターをつぶして大型商業施設を作り、釜ヶ崎の労働者を追い出して再開発を狙うのではなく、労働者の仕事着や作業道具を売る店、労働者向けに早朝から営業する食堂、介護用品を扱う店やヘルパーの派遣など、労働者が利用できる店舗を今のセンターの中にたくさん作ったらいいんじゃないかと思っています。そして、その店で働く人も釜ヶ崎の労働者とするのです」

「地震が来たら危ないというのなら、耐震工事をしたらいいだけ。つぶすのにも莫大な金がかかるんです。行政は窓口を広げて、商店主や宿泊施設の経営者の意見だけではなく、労働者からのいろんな意見も聴いて欲しい」

「数を頼んで弱い者いじめをする社会、金持ちに甘い社会ではなく、同じ釜ヶ崎の労働者として助け合える社会を目指したいと思っています」

172号（2017年6月25日）

尊敬するH叔父さん

阪本さん
昭和18年生まれ
62歳
大阪市出身

「大阪市港区で生まれました。親父は瀬戸内海の家島の出、おふくろは港区の八幡商店街あたりの出身です。私は4人兄弟の長男です」

「家島のことを地元では『えじま』と言うんです。ゼネコンの奥村組の元社長はこの家島の出身で、親父とは遠い親戚にあたるそうです。そう言われてみれば親父が死んだとき、その社長が香典を持って来たのを思い出します。背が6尺くらいある大きな男の人でした。この奥村さんは家島で一番の出世頭ですね」

「親父はぽんぽん船の船長をしていました。おばあさんも一緒に船に乗っていました。はしけを引く引き船です。朝6時には家を出て、自転車で5分ほどの尻無川沿いの杉村倉庫に行くんです」

「あの当時は埋め立て用のヘドロや土砂をはしけに積んで、築港から尼崎や大運橋のほうへ運んでいました。ディーゼルエンジンになる前のことです。親父は雇われ船長でしたから、自分で船を買って仕事をしたがっていましたね」

「1回にたくさん運べば、それだけ収入になる。多いときには4隻のはしけを引いていましたよ。はしけも今は鉄板ですが昔は木造でした。はしけに目一杯土砂を積むと水が入り込むくらい沈むんです。そんなはしけを4隻も引っ張るのですから、スピードが遅いことといったら、人間の歩く速さより遅いんです」「親父は朝6時から夜10時くらいまで働きづめで、最後は酒の飲みすぎで体を壊して47歳のとき死にました。私が18歳のときです」

「小学校1年生か2年生のときに大きな台風が来ましてね、家は床上2メートルくらい浸水して、ぐんと傾きました。1軒屋だったら完全に倒れていましたが4軒長屋で4棟続きでしたからね、それで持ちこたえたんですね。家を建てて5年目のことで、隣のおばあさんとうちのおばあさんは、揺れて大きく傾く家の中でずっと拝んでいました」

「親父が仕事の途中で慌てて帰ってきて『おまえら何モタモタしてるんや。さっさと荷物を2階に上げろ』と叫びました。私も小さい物を運ぶのを手伝ったものです。どこの人が持って来てくれたのか知りませんが、伝馬船でおにぎりやパンを一軒一軒に配給してくれましたね」

「隣の家へはいかだで行き、いかだの上で魚釣りをして喜んだものです。学校は1～2か月休校だし、楽しかった思い出の方が大きいですね(笑)。台風が去って水が引いたら、家の壁が全部はがれていました。部屋の中はヘドロだらけ。石原裕次郎の『風速40メートル』という映画はこのときの台風のことですね」

「中学を卒業すると、天理教の先生の紹介で福島区にある日本電浴に就職しました。抵抗器を作る会社で後に日立に吸収されました。実は親父のおふくろが熱心な天理教の信者で、家族や親戚はみんな天理教の信者なんです」

「仕事は朝7時から夜8時まで。月に休みは2日。労働条件はきつかったですね。そのころ私は背が145

センチしかなくて、工場の人が男の人の作業場ではついていけないからと女の人が働いている部署にまわしました。コイルに絶縁のテープを巻く仕事でした。『もっときちんと結ばんかい』とよく注意されました」

「ある日班長が『阪本、おまえはどこへ行っても勤まらんからワシがここの班へ引っ張ってやったんや』と言ったんです。ショックでしたね。悔しかった。それからですね。組み立て班、溶接班の各部署の仕事をがむしゃらに勉強しました」

「朝は6時には出勤して、休憩時間にも図面を見て、実際の工場の配線の仕組みを調べあげてそれを全部頭にたたき込んだ。組み立てのコイルの仕組み、導線の仕組みなど、本を買ってきて元の元から必死に勉強しました。ショートの熱で溶接すること、ガス溶接の場合は900度、電気溶接の場合は3000度に温度が上がることなど。知らないことを知っていくことは新鮮な驚きと納得の連続ですごく楽しかった」

「班長が指示したことの意味が分からないと、本を読んで理解しようと努めました。とにかく毎日が猛勉強でしたね。カチンとくるとクソッと思って、今に見ておれと思うんです。普段はおとなしいけど負けずぎらいでね、バカにされると、何くそと思う。その性格は今も変わっていませんね」

「1年間勉強して、2年目に『阪本を俺の方にくれないか』と他の部署の班長から言われたとき『勝った！』と思いましたね。給料も上がりました。あちこちの班から声をかけられるようになり、頼りにされるようになって、うれしかった」

「その後、生コン車専門の修理工場で働きました。ミキサー車の改造もよくさせられましたよ。生コンは重いでしょ。規定以上の生コンを車に積んだら後部の方がどうしても下がる。そうすると、ホッパーから生コンを流すのを機械で止めても、生コンがぽたぽたと路上に落ちるんです。それを食い止めるために10センチくらいのバタ角を三角形に切ってかまします」

「昔は5トン積みのミキサー車に7トンくらい普通に積んでいましたからね。1回運んでなんぼの商売ですから、いかにして少ない回数でたくさん運ぶかを考えるんです。そのための改造をよく依頼されました」

「はしけでも沈む手前まで積んでいましたが、ミキサー車も一緒ですよ。だから運転手の都合のいいように改造するんです。今のように法律が厳しくなかったから定められた量の1・5倍まで積むのは業界の常識でした」

「しばらくしたらガスの配管工事の仕事を請け負っている親戚のS伯父さんから『うちで働かないか』と声をかけられました。地中に埋められているガスの本管から支管を引っ張って各家庭にガス管を通す仕事です」

「本管には何メートルおきかに継ぎ手があるのですが、工事する家の下に継ぎ手がないときは横に穴を掘って継ぎ手を探します。本管から支管を引くときには継ぎ手が三又になっているパイプをつなぐのですが本管にはガスが通っているでしょ。いったんガスを止めなくてはいけない。丈夫なガス用の風船で止めるんです」

「すばやく確実に行なうのですが、それでも少しはガスが漏れる。このときのガスはきつかったですね。親方が配管の図面を持っていて、まず本管まで穴を掘ります。人間1人が入れるように幅70から80センチと広めに掘るのですが、深く掘っていくごとにだんだん狭くなる」

「人間しんどくなると、どうしても楽しようと思って、掘る部分を細くしてしまうんです。でも結果的に自分が困るだけ。狭ければ自分の体が自由に動かせないから仕事がやりにくい。時間ばかりかかる。70センチなら70センチのペースで掘っていけば自由に体が動くから作業もしやすいですよね。私は人の1・5倍の速さで掘りました」

「学校出のH叔父さんは17歳のとき、宇部興産の下請の金田組に入社しました。九州から来た港湾労働者は、セメント4袋200キロを担いで、1回担いだらマッチ棒を1本地べたに置く、2回目終えたら、また1本置いて…と、担いだ数だけ金をもらっていましたが、体の小さいH叔父さん、50キロのセメント3袋を担がされて、セメントが肩に食い込んで痛くて涙がポロポロ出たと話していました」

「H叔父さんが泉尾工業高校出身と知って、宇部興産の課長が社長に『俺の後輩だ』と言ったのでしょう。H叔父さんは何年かして金田組の専務になり、社長を助けていました」

「宇部興産の課長はH叔父さんに『そんなボロ屋に住んでいないで、社長に言って家を建てさせてやる』と言ったそうですが、『ワシはワシの金で家を建てる』と断ったそうです。賄賂は絶対もらわない。生真面目一本。はったりやうそは言わない、実直そのものの人でした」

「ところで金田組に労働組合ができて、H叔父さんは社長の参謀として対応に苦慮したようです。『組合がすごく強くなってにっちもさっちも行かなくなった』と親戚の人たちが話しているのを聞いて『どうして？会社の方が強いんと違うの？』と聞いたら、『向こうはH叔父さんに負けないほど頭の良い大学出が委員長をしている』と言うのです」

「組合は理論整然とした主張を強硬に押し通しストライキ。叔父さんは徹夜で団交に応じていました。組合は体が一番大事、会社は仕事が一番大事、その考えがぶつかったのかな。最後は強烈な組合員の何人かに家を建てるほどの金をあてがって落ち着いたそうです」

「S伯父さんは仕事熱心だったけどギャンブルに金をつぎこんで首がまわらなくなり、このH叔父さんに金を借りようかと話していました。それを聞いてS伯父さんのところで働くのがいやになって辞めてしまいました」

「27歳のときから西成で働いています。S伯父さんは借金取りから逃げて、今度は切りの仕事を請けるようになっていました。S伯父さんにまた声をかけられ、その仕事で知り合った人から釜ヶ崎のセンターのことを教えてもらったんです」

「29歳のとき、信太山に12月29日から1月10日まで無料で泊まれる宿泊所ができると仲間から聞いたので行ってみました。すると釜共の人たちが一日おきくらいに宿泊所に入ってきて『今から集会をするから集まって下さい』と呼びかけて演説を始めました」

「正月4日の役所の仕事始めの日、大阪市や大阪府に仕事よこせ、差別行政糾弾のデモに参加しようと呼びかけられ、私も行きました。南海電車で新今宮まで行って、いったん全員降りてセンターで情宣して、さらに釜ヶ崎の労働者に呼びかけて釜ヶ崎の中をデモする。どんどん参加する人が膨れ上がるんです。デモの途中で、評判の悪い労働者をいじめるパチンコ店や質店を襲ったりしました。悪いやつはそれを利用して物を盗んだりする者もいました」

「霞町の交番に着くと交番は無人。派出所のおまわりさんはすでに逃げ出していました。その後、切符も買わずに集団で環状線に乗って新今宮から森之宮に向かいました。あのころ地下鉄中央線の森之宮駅ができたばかりで真新しい駅だったことが印象にありますね」

「森之宮を降りたら機動隊のバスが2台待機していて、私服の刑事もたくさんいました。たぶん大阪城公園で集会があったんでしょうね、他の労働組合の人たちもたくさん駅にいました。私はこれ以上ここにいたらえらいことになる、こんなのにいつまでも付き合っておられないと思い、人ごみを縫って逃げました」

「原子力発電所で働いたこともあります。『簡単な仕事や』と手配師に声をかけられ、行った先が福井県の美浜原子力発電所でした。雪が降っていて除雪車が出ていたのを覚えています」

「作業員宿舎の社長の家に泊まって、そこから橋を歩いて渡って現場へ行きました。12時間勤務で、カメラの据付、フィルム交換、鉛の取替えなどの仕事でした。合羽みたいな服を着てメガネをかけて、手袋をして、足と手には軍手、軍足の姿でマンホールの蓋を開けて中に入っていくんです」

「マンホールの下100メートルか200メートルには青い炎が見えましたね。『3分経ったら出て来い』と言われているのですが、一緒に釜ヶ崎から来た太ったおじさんはモタモタしていて3分以内に作業が終わらない。結局いつも『阪本さん入ってくれ』と私ばっかり入らされてね。そこで1か月働きました」

「あまりに私ばかりに『入れ』と言うから、発電所の社員に『なんでもよく知っているおたくが入ったらいいじゃないですか』と言ったら『いや私は入りません』と返事がありました（笑）。原子力の灰をかなり浴びたのか、今でもゴム手袋、長靴をはくとすぐに手足が水ぶくれになって痛いです」

「今年3月末、大和路快速で仕事から帰る途中、長靴とか安全靴など仕事道具一式入れた荷物を棚に置いたままタバコ買いに降りたら、ドアが閉まってしまったんです。すぐに駅員に話をして荷物を探してもらおうとしたんですが、何両目か分からないと調べられないと素っ気なく言われましてね。仕事一筋にきて、命の次に大事な仕事道具一式をなくしてしまい、このまま首をつって死んでしまいたいと思うくらいでした」

「途方にくれて解放会館の中田さんに相談したら、中田さんが駅に電話してくれました。個人では冷たい対応なのに組織として問い合わせると全然態度が違うんですね。結果的には荷物は戻ってこなかったですけど。今は炊き出しを手伝いながら、仕事が出るのを待っています」

「今の楽しみは炊き出しの当番休みのときに老人ホームに行って卓球をすることです。映画を見るのも好きです。松本清張の映画がとくに良い。松本清張がテレビのインタビューで『今の政治家は高いところから物を言う。その人の知的レベルが低かったらその人のレベルまで落として話をしないと本音は聞かれない』というようなことを言っていましたが、その話を聞いてすごく感動しました。苦労している人の言葉だと思いましたね」

「小さくても強くて勇気のある人が好きです。自分が体が小さいので、小さくても向かっていく、ハンディがあっても頑張る人を尊敬します。だから相撲では若乃花、千代の富士が好きですし、H叔父さんをだれよりも尊敬しています」

129号（2006年7月8日）

ホームレス特措法に異議あり

鈴木さん
昭和 19 年生まれ
59 歳
宮城県仙台市出身

「3人兄弟の三男です。父は物心ついた頃にはタバコの専売公社に勤めていました。母は米、ジャガイモ、ハクサイ、トマトなどなんでも作っていました。父は憲兵上がりで厳しかったですね。寝小便をしたとか、親にうそをついたとかで殴られたことが何度もあります。こっちが悪いんですが、心底恨んだこともありますよ」

「子供時代の我が家には、どこから調達したのか、缶詰がいつもありました。今思えば、親父が兵隊の食糧をとりあげていたのかもしれません。昔は上司に逆らったらビンタですからね。兵隊も見て見ぬふりだったんじゃないでしょうか」

「それはそれとして、食う物が無い時代だったから、私ら子供は学校が終わると何人かで近くの山にある進駐軍の駐屯地に行ったものです。その山の麓まで子どもの足で2時間くらいかな」

「まずはMPと友達になるんですよ。顔なじみになるとキャンプの中に私らを入れてくれますから、スクラップや薬莢《やっきょう》をもらって、帰り道に換金するんです。真鍮、銅などをスクラップ会社に売ると20円から30円になりましたね。あの頃、紙芝居は5円でしたから、良い小遣い稼ぎになりました。でも女の子は行きませんでした。MPは鉄砲さげてるから怖がっていましたわ」

「子供はみんな青ばなたらして栄養失調の顔をしていましたね。小学校の遠足と言えばイナゴ捕りで、そのイナゴが給食に出てきました。たくさん捕った子はご褒美として、鉛筆やボールペンがもらえました」

「当時、イナゴは上等な食事だったんですよ。私らは小学校4年生まで配給でしたからね。給食はあったけど、パン1つと脱脂粉乳のミルクだけ。とてもじゃないけど腹いっぱいにならない。アルミの弁当箱にご飯を詰めてもらって持っていきました。おやつは油で揚げたジャガイモを砂糖でからめたものでしたね」

「学校では国語、算数、理科が好きでした。中学では柔道と卓球、高校では野球部に入りました。学校の先生は厳しかったですよ。答えを間違ったりすると青竹で頭や尻をたたかれたものです。先生に殴られたと親に報告すると、親のほうは喜んでいたくらいですわ（笑）」

「高校を卒業すると、学校の紹介で、段ボールやタバコの箱を作る製紙工場で働きました。自宅通勤です。でも工場長とうまくいかなくて2年くらいで辞めてしまいました」

「その後はおふくろの実家の人が勤めていた運送会社に入りました。今の宅急便の走りみたいなものですね。16歳のときに軽四の免許を取っていましたから車には乗れました」

「今と違って、運転手が荷物の運び入れから全てしなければならなかったですね。しかも当時のリフトは馬力がなくて能率も悪い。きつい仕事でした」

「大阪の新日鉄で働いていた兄が病気になったという連絡が入り、おふくろが心配して私に様子を見に行ってくるよう頼んだんです。それからですね。結局大阪に住みついてしまった」

「西成区と浪速区の境目あたりにアパートを借りて、自動車修理工の見習いとして働き出しました。昔から自動車には興味があって、自分の車や友達の車をよくいじっていましたからね。やってみたい仕事だったんです」

「でも会社の社長は技術を教えてくれませんから見て覚えるしかなかった。あとは本を呼んだり部品の名前を覚えたり、トヨタ、マツダ、三菱が出している本を買ってきたり、トヨタのディーラーに分からないことをききに行ったりね」

「そうして、社長から少しお得意さんを分けてもらって、ようやく独立することができました。うれしかったですよ。頑張りました。安い仕事でもどんどん引き受けました。量をこなせばいいと思いましたからね」

「商売は順調にいってお得意さんも増えてきましたので、腕の良い修理工に声をかけて、一緒にやらないかと誘ったんです。最初はうまくいっていたのですが、しばらくすると相手が分け前を折半にしてくれと言うようになったんです」

「でもね、独立するときに親や兄に借金しているし、会社の事務所を借りるにも敷金が要った。相手が住む家の家賃も請求してきませんでした。月々の借金返済から家賃まで全て自分持ちなんですから、どうしても折半という条件には応じられなかった」

「話し合いが平行線のまま何日も続き、堪忍袋の緒が切れた私は、とうとうヤケクソになって会社をたたんでしまったんです。兄から『人と一緒にやるのは大変だからあかん』と反対されていたんですが、案の定の結果となりました。相手は泣いていましたけどね」

「独立して会社を大きくしていくことに男のロマンを感じて、夢中でやってきました。大事に育ててきた夢を、自分の手で壊したようなものです。親や兄から借りた金は会社をたたんだときにすべて返済し、嫁さんとも別れました」

「その後、西成のセンターから仕事に行くようになりました。あの頃はまだ仕事が多くて、長期契約の作業員宿舎に入りましたね。出張先からさらに九州や関東に移動したりで、西成に戻ることは少なかったです」

「平成になってからかな。少しずつ仕事が減り始め、契約ではなく現金仕事が多くなりました。そして最後は失業続きですわ」

「長橋公園に住むようになったのは2年前からですね。この公園もね、最初はゴミが散乱して汚かったんですよ。自分がテントを張るようになってからは掃除をするようにして、今では他の公園よりずっときれいですよ」

「公園で暮らす皆が順番で掃除したらいいなと思うのですが、強制はできないし、公園に住む仲間同士のトラブルは避けたいですからね。各自の自主性に任せて、私は毎日掃除をしています」

「近所の住民も最初の頃は『公園が汚れる』とか文句を言っていたようですが、最近はそんなこと言いませんよ。他の公園よりきれいなんですから文句言われることはない」

「それに私はこの近所の人達と顔見知りが多いんですよ。会社をやっていたときのお客さんがたくさんいます。お客さんとは誠実に付き合ってきましたからね、信用されているんだと思います」

「今、一番望むことは最低限の生活ですね。両親も死んでしまい、兄も亡くなりました。身寄りが無いんで、生活保護を受けたいと思って申請に行ったのですが、受付さえしてくれないんです」

「そして『施設に入りなさい』と言う。施設は2段ベッドでカーテン一枚の仕切り。背広や大事な荷物は置けません。ホームレス特措法という法律ができましたけど、私らの生活は良くなるどころか『公園から出て行け、施設へ入れ』という声だけが大きくなったようで、精神的にも圧迫感を感じますね」

「稲垣さんに声をかけられて、バスで東京にも行きました。国会議員の先生方に釜ヶ崎の現状を訴えるためです。ホームレス特措法は、公園での生活がさらに不安になるだけだということを分かってもらいたかった」

「先日の国連社会権委員のリーデルさんが裁判所で証言するために来日したときには、私も関空まで迎えに行きましたよ。高裁の裁判も傍聴しました。リーデルさんの証言を聞いていて、当たり前のことを言っていると思いましたよ」「私がいろんな行動に参加するのは、大阪市や国に分かって欲しいからです。自分のためであることはもちろん、みんなのためなんです。自分が幸せになるということは、みんなも幸せになることですからね」

「自転車で尼崎の方までアルミ缶を集めに行っています。朝4時半頃にテントを出て6時過ぎに着きます。アルミは800円から1000円くらいの収入になりますが、300円のことだってあります。収入が定まっていないのが不安ですね」

「子犬の時から飼っている犬を連れていきたいのですが、朝早い時間に吠えたりしたら近所に迷惑ですから、公園で留守番させています。足の使い過ぎかな、野宿するようになってから膝が痛むようになりましてね、冬が特に辛い。65歳になるまで体が持つかな、いつまで頑張れるかな、という不安もあります」

「2か月ほど前、高校生くらいの男たちが数人、公園に備え付けてあるゴミ箱を私らのテントに次々と投げつけてきました。私のテントもダメになりました」「カーッとなって、頭の中が真っ白になりましたね。こっちのメンバーも棒を持って追いかけましたが、逃げる方は散り散りですから、結局追いつくことができずに終わりました。あの時の怒りというか屈辱というか…。パニックに陥って、本当に自分が何をしでかすか分からない状況でしたね」

「俺たちがいったい何をしたというのか。ホームレスの仲間がからかわれたり、いじめられたりして事件になっていますが、逆襲する気持ちもよく分かりますよ。何をされてもじっと我慢しとけということですか。殺されそうになっても我慢せえということですか」

「何があるか分からないので、今では護身用にテントに棒を置いています。破れたテントは稲垣さんが新しいシートを買ってくれたので、助かりましたけどね」

115号（2003年10月28日）

男の約束

伊芸さん
昭和 28 年生まれ
52 歳
沖縄県出身

「沖縄本島北部の生まれです。南部は平地が多くて町も開けていますが、北部は山ばっかりで田舎です。サトウキビ、パイナップル、お茶を育てて、主に那覇方面に出荷しています。加工工場も北部には無くて、全て生の状態で出荷。森林も多いので大木を切り出して炭を焼いています。シイの木が多かったです」

「営林署が苗を植えて、20～30年で成長するから、それを地元の人間が山ごと買うんです。山を買った者が木を切り倒し、炭を焼いて、その炭を売る。工事現場でコンクリを固めるときや土砂崩れを防ぐときの矢板として出荷することもあります。切り倒した木が無くなったら、また他の山を買いとって木を切り倒す。それの繰り返しです」

「私は6人兄弟の二男です。親父は林業とパイナップル、サトウキビ作りをしていて、おふくろもその手伝いをしていました。子供たちは畑に肥やしを入れることや鍬《くわ》で土を耕すことを手伝わされました。5年生くらいになると鎌でサトウキビを切ったり、切ったサトウキビを縄でくくって担いで、農道まで運んだりの手伝いもさせられました」

「親父は仕事熱心でしたが、子供を叱るときはすぐに手をあげるほうでしたよ。おふくろは子供をかばうから、それがまた親父の怒りに火を注ぐ。おふくろはとにかく優しかったです」

「沖縄では1月2日に、61・73・85歳の人たちを合同でお祝いする行事があるんです。那覇市内や本土に出ている家族、親戚がみんな公民館に集まって、歌や踊り、余興の披露をするんです。その年に当たるお年寄りがいる家族は、2か月も3か月も前から練習ですわ」

「顔を見せに田舎に帰らなかったら、それこそ親戚中から非難される。なにはさておいても、とにかくこのお祝いには出席しなくちゃいけない。楽しくて晴れやかで陽気な一日ですよ」

「でもね、その一方で子供がいない夫婦もいるじゃないですか。『子供は欲しくないから作らない』というんじゃなくて、欲しくてもできない夫婦もいるでしょ。そういう人たちにとっては、残酷で辛い行事だったと思いますよ」

「『事情があって籍は入れてないけど、子供を生んでよかった。今は本当に幸せよ』と話してくれた知り合いの女の人もいます。おめでたい行事も、一方で日が当たらない場所で苦しんでいる人たちもいる、ということが何とも気の毒でね。でもそういうことが分かるようになったのも、ずっと大人になってからですけどね」

「小中学校は歩いて10分くらいのところでした。1クラス25名。中学時代はバスケットとマット運動に明け暮れました。バスケットは強くて、17校の競技大会で優勝もしています」

「5月になれば泳げるし、子ども時分は遊ぶことには事欠かなかったです。ただ、引き潮のときだけは絶対泳ぐなと禁止されていました。海水が胸に届く深さまで海に入っていると、どんな大人でも水道に引き込まれておぼれてしまう。引き潮のときの力はすごいんですよ。それから『お盆には泳ぐな』と言われていました。『ご先祖さんが足を引っ張りにくる』という言い伝えがあるんです」

「中学卒業後は親戚の家に下宿して電子学校に通いました。その後、東京の東芝電気に集団就職したんですが、本土の空気はどうしても合わなかったですね。家電の販売を受け持ったのですが、沖縄なまりがあるでしょ。こちらのいうことがスムーズに相手に伝わらない。この年になるとね『言葉のなまりなんてたいしたことない』と思うのですが、青春時代には言葉に対するコンプレックスはかなり深刻でした」

「それと、東京の人は家の扉だけじゃなくて、人の心もピタッと閉じている。何から何まで開けっぴろげで、鍵ひとつかけることの無い沖縄の生活とはえらい違います。生活習慣の違いも大きかったですね。そんなこんなで、東芝では2年働いただけで、沖縄に戻りました。」

「那覇で金属建具やシャッターを製造する会社に就職し、エンジニアとして働きました。従業員は30人くらい。20歳で運転免許も取って25歳のとき独立しました。社長には猛反対されましたが、やはり自分の力で会社をやってみたかったんです」

「弟2人も雇って18年間商売をしてきました。エンジニアとしての腕には自信があったし、それまで培ってきたお得意さんとの信頼関係もありましたから、おもしろいほど事業が順調で、一時は年商3億まで行きました」

「会社から独立した頃にダイビングクラブができて、その会長をされたのがT弁護士で、私は収支報告書を作成する会計を担当しました。ダイビングそのものも好きでしたが、人とのふれあいが欲しくてクラブに入ったんです」

「会社を設立して、銀行から初めて借入れをするとき、このT弁護士が保証人の1人になってくれました。T弁護士は、もう1人の保証人である同業者の私の友人を銀行に呼んで『伊芸が負債を負ったら、2人で払わないかんのやで。ほんとにいいのかね』と念を押していました。友人は『分かってます』と答えていましたが、あの時の銀行での300万円の借入れの場面、今もよく覚えていますよ」

「商売が絶好調のときは羽振りもよくて、夜はスナック、休日は趣味のダイビングで過ごす毎日でした。34歳のとき友人を介して知り合った女性と結婚しました。嫁さんは沖縄出身ですが、やはり若いときには東京に出ていて都の職員として働いていたんです。結婚式の時には美濃部知事さんの祝電もありましたよ」

「結婚してからは嫁さんも会社の役員になってもらい、嫁さんの実家の土地を担保に、銀行から借入れを起こすこともありました。仕事は公共事業が多かったです。入札参加資格を得て、いろんな事業を請け負いました」

「琉球大学にあった佐藤惣之助の石碑を首里の虎頭山に移す仕事を請け負ったこともあります。一度全部ばらばらにしてもう一度復元するという移設工事だったのですが、よくよく調べていくと、石垣のある家をたどったその石碑をいったんばらばらにすると、復元は不可能であることが分かりましてね」

「落札したのはいいが、さてどうやって移設しようかと頭を抱えました。考えた末に、ばらさないでクレーンでつりあげて、大型トラックに載せて移すことにしたんです。もちろん、石垣部分ははがす前に写真に撮って、石の一つ一つに番号を振ってね。これが大成功。しかも非常に安くついて800万円も浮いた

（笑）」

「商売は、最初は順調だったのですが、得意先に不渡りを出されて、それが尾を引いてガタガタと傾き始めました。一度歯車が狂うとどこまでも不運が続くんですね。最後は友人との間でお互いに手形を融通して、友人が『もう、都合できない』と言ったのを聞いて、『じゃ、私もできない』と言ってね。もうこれ以上頑張る必要ないんだと悟って、両方が不渡りを出して倒産ですわ」

「最後の方はほんとに地獄でしたね。女房に『あなたは倒産の岸壁まで行っても、まだ、頑張るというの？』と毎日責められて、それでも降参はしたくなかった。自分が倒産すれば、相手の業者も連鎖で倒産するんですよ。自分だけのことじゃない」

「それが分かっているから辛かった。踏ん張るしかなかった。寝ていてもね、夜中にガバッと目が覚める。決済する資金がない。脂汗が流れました。税理士の勧めで女房を役員からはずし、倒産後は女房に『債権者が来るから子どもを連れて田舎へ帰れ』と命じました。長女が5歳、次女が1歳のときです」

「離婚した私は大阪にいる妹のところで1年厄介になり、その後は東大阪のマンションで一人暮らしを始めました。ここで整地重機、高所作業者、玉賭け、小型クレーン、ガス溶接、アーク溶接の資格を取り、さらに安全衛生教育修了証も得ました。現場の仕事をやっていく上で、必要に迫られて取得した資格ばかりです」

「現在の仕事は解体業中心です。知り合いの親方のところで働いていますから、仕事にあぶれることはないです。月平均23日は働いていますよ。現場に人を送ることもやっています。『伊芸さん、そろそろ自分で仕事始めたらどうや』と言われますけど、今ひとつ踏ん切りがつかない。私はあまり先のことは考えないようにしているんです」

「今やっている仕事を忠実にやっていくこと。仕事に穴をあけたり、いい加減なことをしない。その積み重ねが相手との信頼関係を育んでいくと思うんです。今をきちんと生きること、それが私の生き方ですね」

「そんなときに、あの事件が起こったんです。西成市民館の前で、知り合いが何かもめていました。『どうしたんや』ときいたら『貸した500円を返せと言われている』と言うんで、『500円くらいなら、俺が返してやる』と言ったんです。そしたら貸した方の男が『そういう問題と違う』とこっちに食ってかかってきたので『それじゃ、警察に行って解決しようか』となったんです」

「貸したという男は警察への道すがら、『いいか、俺にちょっとでも触ったら訴えるぞ』と言うんで『おかしなことをいう男だ』とは思っていたんですけどね。歩いて2～3分の西成警察署に3人で行って受付で話をしたら、知り合いの男と私の2人だけが別々の取調室に入れられたんです」

「私はエレベーターで4階に上げられました。刑事は取調べ室のドアを開けるやいきなり、後ろから足を持ち上げてひっくり返し、1人の刑事は逆エビがため、もう1人の刑事は私の顔を足で踏みつけて蹴り上げる。一瞬のことでした。その間、2人の刑事はどちらもまったく無言でした」

「流れた血を見て刑事はトイレットペーパーを持ってくると『おまえ、拭かんかい！』と怒鳴り、私がはいつくばって床の血を拭いていると、今度は『もっときれいに拭かんかい』とすごむ。取調室の机の上には、コピーをとったのでしょうか、免許証や資格者証が財布から出されて、ばらばらに放り投げ出されていました」

「私はそれを一枚一枚財布に戻して、作業着の腕で顔の傷口を拭いながら警察署を出ようとしました。すると1人の刑事が『病院へ行こうか』と話しかけてきました。私はやけくそになって『行かんでもいい』と答えて簡易宿泊所に帰ったんですが、鏡で自分の顔を見たら、傷口がぱっかり開いているじゃないですか」

「これは病院に行かんとあかんわ、と思ってね、また西成署に引き返し、さっきの親切な刑事を訪ねました。その方はすぐに救急車を呼んでくれ、一緒に病院まで付いて来てくれました。そして傷口を6針縫う治療をしたあと、その方が呼んだパトカーで西成署まで戻りました」

「刑事さんは『伊芸さんは沖縄出身か？私も徳之島出身や』と言い、それから郷里の話を30分くらいしました。私が『こんな顔じゃ、しばらく仕事に行けません』と言ったら『ちょっと待って。上司に聞いてくる』と言いながら出て行って『お金を貸すことはできない、と言われた』と言いながら戻ってきました。そして『伊芸さん、時間も遅いし東大阪まで送っていくよ』と言ってくれたんですが『簡易宿泊所に泊まるからいいです』と断りました」

「帰り際、その刑事さんは握手を求めてきて『このことは男と男の約束や。内緒やで』と言いました。私は分かりましたと握手をして別れました。夜中の1時を回っていました」

「その日は1日腰が痛くて、ずっと寝ていました。目は真っ赤に充血しているし、まぶたは腫れ上がっている。靴で踏みつけられた跡が顔に残っている。しばらくは仕事どころじゃなかったです。体の傷も痛かったけど、それ以上に精神的な屈辱感が大きくて、屈辱感がだんだん怒りに変わっていきました」

「でも悩みましたよ。徳之島出身の刑事さんと男の約束をしたのだから破ることはできない。自分だけ我慢すればいいんだと。揺れ動く気持ちを抱えて悩んだ揚げ句、稲垣さんに相談しました。暴行した刑事からの謝罪の言葉が欲しかったんです」

「あの日、私は確かに酒を飲んでいましたが、新聞記事にあるような『本人が転んだ』という警察発表はあまりに事実と違います。警察への不信感は強まる一方です。それだけじゃない、今度は稲垣さんまで傷害容疑で逮捕した」

「でもね、警察官も全部が全部、悪いとは思っていません。良い人もいる。『警察の役割分担だ』という意見もききますが私はそうは思わない。徳之島出身のあの刑事さん、きっと上司に叱り飛ばされているだろうな、わざわざ救急車呼んで付き添って。その上、徳之島出身なんてことまでしゃべって。『余計なことしゃべりおって。おまえはなんとアホなんや!』とね。あの刑事さんとの約束を破ったことが、今もずっと気になって胸が痛むんです」

122号（2005年2月25日）

大阪の寒さが身にしみる

村上さん
昭和18年生まれ
53歳
北海道留辺蘂《るべしべ》町出身

「網走の近くですね。両親は農家で、山を開拓して、トウモロコシやジャガイモを作っていました。私は兄、姉の3人兄弟の末っ子です」

「北海道は畑と言っても、1軒の農家が持つ広さは広大ですよ。隣の家といっても、これまたはるか彼方にポツンと1軒。本州に出てきて、まずびっくりしたのが、畑の狭さでしたね」

「子供の遊びは、冬は野ウサギを捕まえることや、ソリ、スキー。夏は短いですけど、山鳩を捕まえたり、メンコをしたりでしたね。野ウサギを捕まえるのは面白かったですよ。焼いた針金で輪を作って、片方だけ針金の柄を作って木にくくりつけるんです。ぎゅっと針金をしぼったら、輪が縮まるような仕掛けですね」

「ウサギが雪の上に足跡をつけていますから、通り道に沿ってその仕掛けを10個くらい仕掛けるんです。針金を焼くのは、月の出る晩に仕掛けを置くので、月の光が針金に反射しないようにするためです。ウサギは、月夜の晩によく動きますからね。夜のうちに仕掛けて、翌朝、見に行くと、2匹、3匹とかかっていることが多くて面白かった」

「山鳩はザルを立てかけて、エサを置いて、離れたところからヒモで引っ張るというあのやり方ですね。これも、けっこう、捕まえましたよ」

「小学校、中学校と遊ぶことは一生懸命でしたが、勉強はきらいでしたね。音楽の授業だけは大好きで、家でもラジオから流れる歌は、どんな曲でもよく聴いていました」

「父は私が中学1年のとき、62歳で亡くなりました。おとなしくて無口な父でした。今でも覚えていますよ。学校へ行く途中で、父が倒れたという知らせが来て、すぐに家に引き返したんです。大きないびきをかいて寝ていました。脳卒中ですね。その日のうちに亡くなったんです」

「中学を卒業して、営林署に勤めました。近所の人が営林署に勤めていたんで、声をかけられて。仕事は苗植えでしたが、苗を植える前にまず、笹を刈るんです。背丈ほどもある山の斜面の笹を、普通の鎌の3倍くらいの大きな鎌で刈り取るんですけど、大変な仕事でした」

「15人くらいの職員で山に入って、50センチ間隔で笹を刈って、道をつくるんです。軍手では1日も持たないから、皮の手袋が支給されました。それに平地ではなく山の斜面ですから、山にへばりついての作業。キツイ肉体労働でした」

「私のような若い者から40代の先輩まで、いろんな年代の人が一緒に働いていました。笹刈りのあと、松の苗を1メートルおきに植えていきます。北海道は雪が降るから、春から秋の初めまでの半年間働いて、冬の間は失業保険で暮らす、という生活でしたね」

「働いている時は寮に入っていて、昼飯の弁当を寮のおばさんに作ってもらいました。夕方5時に仕事を終えたら寮に戻ります。1週間に1度の休日には実家に帰っていました。でも、年配の人との人間関係がうまくいかなくて、2年で退職しました。先輩ということで偉そうに言う、そういうことが耐えられなかったんです」

「失業保険でしばらく生活した後、集団就職で大阪に出てきました。万博の頃で、『大阪は仕事がたくさんある』と職安の人からも話があって、『人間、やる気になれば何でもやれるだろう』との思いで、大阪に出てきました」

「営林署の慰安旅行で初めて海を見たとき、『大きい川だなぁ』と言って、みんなに大笑いされたほどの田舎育ち。村から外へ出ることが無かった生活ですからね。遠く本州へ出て行く私を、母や兄、姉たち、親戚の者たちが、心配しながら見送ってくれました」

「就職先は河内松原。宿舎に入って土木作業をしました。最初は、関西弁が分からなくて戸惑いましたね。何を言ってるのか、さっぱり分からない。郷里の職安では、万博の仕事がたくさんあると聞いていたのですが、実際にはほとんど工事が終わっていて、別の工事現場の仕事ばかりでした」

「働き出して何か月もせずして、母が病気で倒れたという知らせが届きました。社長が飛行機の切符を工面してくれ、飛ぶようにして郷里に帰りました。日頃、丈夫な母でしたから、まさかという思いでした。到着した時にはもう意識がなくて、すぐに死にました」

「2週間くらい実家におりました。実家には、元気な母がまだ生きている気配が残っていて辛かった。野良着姿で山や畑仕事に行く後ろ姿の母、家の前にしゃがんで、タライに洗濯板を立てかけ、大きな固形石鹸でゴシゴシと洗濯する母、囲炉裏の傍でむしろの上に豆を広げ、殻と豆を選り分けている母…。思い出しては泣きました」

「大阪に戻って、冬の寒さが身にしみました。母を亡くした寂しさもあったのでしょうけれど、家の造りが北海道と違うんですね。田舎は雪に埋もれて外気は冷たいですが、家の中は暖かくなる構造になっています。囲炉裏を真ん中において薪もくべますから、冬でも汗をかきながらビールを飲む。大阪では暖房はこたつだけ。部屋の中がシンと冷え込んで、寒いなぁって心底思いました」

「それから30年位、作業員宿舎暮らしです。特別に病気らしい病気もせず、1度だけ胃潰瘍で入院したくらいです。このときは、入院先で刺繍を教えてもらい、50センチ四方の大きさの額に虎を刺繍して、病院の玄関に飾ってもらいました。今もあると思いますよ。器用ではないですけど、刺繍もやりだしたら面白いですね」

「今年の6月、神戸の道路工事で、ユンボで鉄板を持ち上げる時にバランスが崩れて、鉄板と石の間に指を挟まれました。近くの病院にすぐ連れて行ってくれれば良かったのですが、車で1時間かけて、宝塚の病院に運ばれた」

「1か月間、その病院で指の様子を見ていましたが、血管が上手にくっつかなかったんでしょう、だんだん指の先が黒ずんで腐って、とうとうミイラみたいに硬く干からびてきて、結局切断することになったんです。医者が『もう少し早く処置していたら、指を落とすことなかったのにな』と言ってました」

「退院して作業員宿舎に戻ったら、『指を落としているから、もう仕事にならんやろ。明日から来んでいい』と言われましてね。黙って出てきたんですが、だんだん腹が立ってきて、友人にその話をしたんです。そしたら、稲垣さんとこを教えてくれましてね。『あそこで相談してごらん』って」

「今、労災の手続きをとっているところです。労基署というところに初めて連れて行ってもらいましたが、みっちり2時間半、事情を詳しく聞かされました。申請するって大変なことなんやなぁとびっくりしました、どっと疲れました」

「今まで行き当たりばったりで生きてきました。病気になったときの保険など考えたこともなかったですけど、こうやって指を切断して、今までのような仕事ができなくなると、これからの生活に不安が出てきましてね。炊き出しの手伝いをしながら、労災保険のお金がおりてくるのを待っています」

「炊き出しの箸を洗うことも満足にできなくて歯がゆいです。切断された指の先に尖った箸が突き当たるでしょう。タライの中の箸はあっちこっちむいているから、一方向に揃えるとき、ちょっと当たっただけでも跳び上がって涙が出るほど痛いんです。冷たい空気に触れてもピリピリと痛い。みんなの手助けもろくにできないことが辛いです」

「気晴らしに天王寺美術館の前で行われる青空カラオケを聴きに行くこと、たまには自分でカラオケを歌うこと、それが唯一の楽しみですね。水原弘やフランク永井の歌が好きです」

76号（1996年11月27日）

囲碁アマチュア6段。更に腕磨く

中田さん
昭和22年生まれ
61歳
三重県伊賀市出身

「淡路島で寝具商を営んでいたおふくろの親が、どういうきっかけか知りませんが三重に出てきたそうです。親父はおふくろと同郷で、満州に出兵して帰ってきてからは東京の西川で働いていましたが、西川での布団作りの経験を見込まれて婿養子みたいな形でおふくろと一緒になったそうです」

「家の裏に工場があって、工場とは別に倉庫もありました。ふくろに入った綿を機械に送り込むと、圧縮されて5センチくらいの厚さに平たくなった綿が10分後に排出されてくるんです。製麺所のうどんが機械から出てくるのと同じ感じですね」

「綿を機械に入れる人、反物の生地をはさみで一定の大きさに切ってミシンで縫い合わせる人。そこへ綿を詰める人。ポイント、ポイントを縫って仕上げる人。職人さんが5～6人働いていました。一番手間がかかるのは仕上げのポイント縫いです」

「春と秋口が忙しかったですね。結婚シーズンで、敷き布団、かけ布団、枕の3点セット、それに毛布、座布団を加えた5点セットの注文が多く、奈良の方まで配達に行っていました。羽毛布団も扱っていましたが、平成になったころから安い布団がニチイやジャスコに流通するようになり、廃れていきました」

「親父はきれい好きで口うるさくて、それでいて子供には甘かった。おふくろを引っ張って行くタイプでした。おふくろのほうは無口で感情を表に出さない。お嬢様でしたね。黙って親父に従っていました。おふくろも縫い方として、工場でミシンを踏んでいた記憶があります」

「一人っ子でして、子供のころは工場の職人さんや近所の家のおじさん、おばさんたちにかわいがってもらっていました。学校から帰るとかばんを玄関に放り投げて、裏山に山水晶を採りに行ったり、竹馬で遊んだりね」

「雨が降ったあと、山の斜面の土が流されて、山肌の下から細かい六角形の水晶が出てくるんです。斜面の土を削り取って、小石、砂を振り分けて、水晶だけをハンカチや手ぬぐいに入れて持って帰りました」

「ザリガニやホタルを捕りにも行きましたよ。皇太子様が結婚するときは近所の人が家に来て、みんなでテレビを見たことも覚えています」

「夕食はいつもよその家で食べていましたね。前日に近所の家に行って『明日の晩御飯は何？』ときいて回るんです。翌日、自分の好きな献立の家に寄って、そこで食べるんです」

「親が迎えに来ても帰らなかったですね。子供が少なくて、どこの家でもかわいがってもらって、居心地がよかったんですね」

「親父の戦友が1人近所にいて、親父は飲むとそのおじさんとよく戦争の話をしていました。機銃掃射を受けた隣の兵隊さんを『しっかりせえ』と抱きかかえたら『お母さん…』と言って息絶えたとか、だれそれさんが戦地で亡くなったときもそうだったとか。天皇陛下万歳！と言って死んだ者はおらんかった。天皇制に殺されたようなものだ、悔しい。戦友は親子の絆より濃い関係だ、とかね」

「その戦友のおじさんから『おまえのお父さんは恵まれていたんやで。伯父さんが少尉だったから、へたに手を出したら逆に怖い、とな』と教えられたのを覚えています。戦争の爪あとを見るのが辛いと言って、親父は生きている間アジア旅行に行きたがらなかったですね」

「そういう親の影響を受けているからだと思いますが、小学校5年生のとき昭和天皇のお召し列車が通るから沿線で旗を振るという行事があって、そのとき学校を休みました」

「何日か前から『天皇が日本の象徴と言うけど、いろんな人が戦争で犠牲になった。天皇が自分で戦争を指揮したわけじゃないだろうけど、何人も人が死んでいるんや。その天皇が通るからと言って、なんでわざわざ旗を振って祝福せなあかんのか。おれは参加しない』と友達にも話して、近所の歯医者の下級生を誘って一緒に休んだんです」

「学校の先生が僕の休んだ理由を噂で聞いて、親父が学校に呼び出されましてね。休んだ理由の確認のためです。そして『なぜそういう教育を子どもにしているんですか』と説教されたらしいです」

「親父は学校から帰宅すると『ちょっと来い』と僕を呼んで、『おまえのやったことはしょうがないけど、なんで俺に一言言って休まなかったんだ』と言いました。『仕事してるし、言う必要ないと思ったから』と答えたら思い切りどつかれました。親父に殴られたのは後にも先にもこの1回だけですね」

「中学では国語と社会が得意でした。本を読むのも好きで、探検もの、冒険もの、スリラー小説などをよく読みました。年配の理科の先生が気に食わなくてね。実験か何かのとき、私にすごく大きなことを言っておきながら、そのことで先生自身がミスをしたんです」

「『他人に大きなこと言えないのではないですか』と言ったら『お前みたいな若造に分かるはずがない』と怒られた。腹に据えかねてテストは白紙で出したら先生に呼び出されて『こんな点数、どない評価したらええんや』と言われ、『先生が勝手に判断して下さい』と返事しました。大人から見たら扱いづらい子供だったと思います」

「高校ではサッカー部に入り、攻撃はホワード、守備はウイングでした。今はサッカーといえば花形スポーツですが、当時は悪がきの集まりでね、悪がきが勝手に集まってやっている、という感じでした」

「全国大会に出るくらい強かったのに、グランドを使う権利は野球部にありました。弱いチームなのに偉そうにされて、サッカー部員は応援団に駆り出されたり、校旗を1日中持たされたりしていましたね。サッカー部の練習は中学のグランドを借りて行っていましたよ」

「大学は愛知学院大学商学部。高校を卒業する直前、友達から『碁をやろうか』と言われ対戦しました。勝負がつかない引き分けになって、その友達が『将棋の千日手と同じ状態や』と言ったんですね」

「千日手《せんにちて》の意味が分からなくて説明を聞いたのですが、碁を知らない僕にエエ加減な説明をしたんです。親父は将棋も碁もするので聞いてみたら、全く意味が違うんです。負けん気が強い僕は何とかその友達を負かしてやろうと思って、大学では囲碁クラブに入りました」

「それからは碁に明け暮れる人生となりました。中部学生囲碁連盟というのがあって、名古屋大学、愛知学院大学、名古屋商科大学、愛知大学、名城大学、南山大学の6大学が一部リーグ。首位を争っていたのは名古屋大学と愛知学院大学でしたね。僕に囲碁のいろはを教えてくれたのは1回生上の青木先輩。青木さんはアマチュアの全国大会で入賞したこともあり愛知県では3本の指に入る実力者です」

「碁の技術が分かってくればくるほどのめりこみましたね。青木さんにアルバイト先を紹介してもらい、囲碁クラブでアルバイト。お客さんとの対戦もできるから一石二鳥でした。授業には全く出なくなり3回生のとき中退しました」

「その後は友達と関西経理専門学校に入学し、実務を勉強したあと自動車会社に経理として就職しました。でもつぶれるという噂を聞いて辞めてしまいました。大協石油の特約店で石油を販売する営業の仕事をしているときに結婚。四日市の雇用促進住宅に入居して新婚生活を始めたのですが、仕事が終わってもまっすぐ家に帰らず、囲碁クラブに入り浸りでした」

「帰宅はいつも夜11時すぎ、休みの日も家にいない。団地内で行う日曜日ごとの溝掃除に1回も顔を出さない。おとなしい嫁さんでしたから、文句一つ言いませんでしたが、周りの奥さん連中からいろいろ言われていたと思います。それでもずっと抑えていたのでしょうね。『僕と別れた方が君は幸せになる』と結婚4年で別れました」

「嫁さんは不服だったようで、親父のところへ『別れたくない』と相談に来たという話でしたが、彼女を幸せにさせる自信はなかったですからね。子供に恵まれていれば離婚しなかったかもしれないです。医者に診てもらったのですが、両方とも子供が出来にくい体だということでした」

「でも、今考えてみれば、たとえ子供ができていても、僕の碁へののめりこみは変わらないわけですから、離婚は避けられなかったと思いますね」

「1人になってからは、ますます囲碁に没頭ですわ。青木さんのように好きな囲碁で収入を得たいと思い、親父に囲碁クラブを経営したいと相談したことがあります。親父は、自分が生きている間はやめてくれと言いました。ふとんの製造販売は最終的にはおふくろの弟が親父の跡を継いでいましたが、経営の厳しさは身にしみていたんでしょうね」

「カラオケなら1曲100円。それに比べて囲碁の席料は安いところなら400円、高くても1000円。これで1日出入り自由なんですよ。借家では経営が成り立たない。商売としては効率が悪いんです」

「青木さんは持ち家で、しかも囲碁の世界では名も知られていますから、指導を仰ぐ客が寄ってくる。青木さんは自分の思惑通りの生き方をしているわけですからうらやましい限りです」

「いろんな仕事に就きました。ゼネコンではつりの仕事、公務員宿舎の給排水のメンテナンスの仕事、JR東海の名古屋駅屋上の埃除《ほこりよけ》の掃除…。囲碁クラブで知り合った警備会社の常務から『うちで働かないか』と声をかけられ、警備員の仕事も経験しました」

「警備員の講習でその常務が『働く、ということは傍を楽にする、ということでもありますね』と話されたことが非常に印象に残っています。紳士でしたね。仕事はスーパーでの常駐警備でしたが、宿直室にパートのおばちゃんたちが来て、遊びに誘われるのが苦痛で辞めてしまいました。この常務とは機会があれば一度お会いしたいと思っています」

「囲碁の先輩から最初に言われたことは『自分の打った経過を全部頭に叩き込め』ということでした。『最初は一手から五手まで、次は十手まで、というように少しずつでいいから覚えろ。最終的には全部覚えるんだ。覚えきれないときは記録してでもいいから覚える癖をまずつけろ』とね」

「半年前、仕事がなくなり生活できなくなって、やはり囲碁で知り合った人から釜ヶ崎のことを教えてもらい、簡易宿泊所に泊まるようになりました。生活の相談なら釜ヶ崎解放会館の稲垣さんを訪ねたらいい、と言われ稲垣さんに相談したんです。今は生活保護を受けて炊き出し活動を手伝っています」

「恥ずかしい話ですが、ジャガイモの皮むきとか洗いものとか初めての経験です。少しずつ覚えているところです。炊き出しは年末、年始だけかと思っていたので、1年中、毎日、それも30年以上も続けていると知ったときは驚きました。非常に地味な活動をされているなあと感心しています」

「どうしてここまで囲碁に取りつかれたのか、私もよく分かりません。囲碁界のプロ、大竹英雄さんに憧れています。この人の打ち方は攻撃、守備のバランスがいい。それを少しでも真似したいと思って、ここまできました。もっと小さいときから囲碁を始めていたら、プロの道も開けていたかもしれません。20歳からの出発では遅すぎるんですね」

「アマチュア6段です。10年前、共産党の囲碁大会に参加し地区大会では優勝したのですが三重県大会には仕事が入っていて棄権しました。全国大会で3位以内の入賞を継続して3年間クリアして申請すれば、認定試験を受けることができ、それに合格すれば日本棋院、関西棋院公認のアマチュア8段となるんです。炊き出し活動を手伝いながら、囲碁の腕を磨きたいと思っています」

「今年の秋に行われる共産党の囲碁大会には大阪から挑戦してみたいです。もしできることなら解放会館をお借りして月に1回でも囲碁大会を開くことができたらありがたいですね」

140号（2009年3月8日）

キラキラの青春

竹下さん
昭和 31 年生まれ
52 歳
徳島県小松島市出身

「弟との2人兄弟です。三菱重工のサラリーマンだった親父は転勤が多くて、幼稚園は松山、小・中学校は今治で過ごしています。今治はタオル産業が有名です。最近も今治西高の野球部のキャプテンが日米親善高校野球に出場する選手にタオルハンカチをプレゼントしたとの報道がありました」

「今治市職員がハンカチ王子の人気にあやかって、町のPRのために託したということらしいです。川の水が適しているのでしょうか、染色も有名ですね。それから今治城。昔は城跡で何も無かったのに14億円かけてエレベーター付のお城が再建されました」

「中学2年生のとき戸籍を見せられましてね。お前を生んだお母さんは弟が生まれてすぐに自殺した、と聞かされました。今のお母さんは義理の母だということを知らされたんです。さすがにショックでしたね」

「そう言われてみれば、小さいときの写真はおふくろがいなくて、いつも親父と弟の3人で写っている。今のおふくろは僕と15くらいしか年が違わず、周りから『おまえのお母さん、ごっつう若いなあ、どないしたんや』と言われたことも思いあたりました。でも本当のことを知ったからといって、何か物の見方が変わるということはありませんでしたよ。親父もおふくろもごく普通に優しくて、そしてごく普通に厳しかったですから」

「僕が中学に入ったころ親父は独立して、冷暖房の空調関係の設計、施工を行なう会社を作りました。おふくろは事務の手伝いをしていました。僕は親父の勧めで県立今治工業高校電気科を受験したんですが落ちて、滑り止めの化学科に入学しました」

「でも化学科の勉強は面白くなくて、1学期で退学してしまいました。家でブラブラしていたら、親父が『腕に技術つけたらどうや』といい、新居浜の職業訓練校に通うことになりました。1年制の配管科です。親父は、ゆくゆくは自分の仕事を継がせるつもりだったんですね」

「職業訓練校の勉強は面白かったですよ。いろんな年齢の人がいるんです。中学卒業してすぐに入校した人、高校中退の人、定年退職した人、30代の人など老いも若きも入り混じってね。ここを卒業するとガス溶接の技能講習の終了証がもらえるんです。パイプとパイプを、鉄と鉄をくっつけるという溶接の技能です」

「この職業訓練校を卒業したら、親父から『もうひとつ行ったらどうや』といわれ、福山の職業訓練校に通いました。電気工事科です。今度は下宿生活でした。初めて親元を離れての寮生活、不安でしたね。でも勉強は面白かったし、すぐに寮生活に慣れました。ここを卒業すると電気工事士の免許がもらえました」

「このころグループ交際をしていました。アパートを借りて、男女10人くらいが集まるんです。訓練学校はいろんな中学校を卒業した人の集まりでしょ。同窓生を誘ってレコード聴いたり、他愛の無いおしゃべりをしたり。レコードはドーナツ盤が１６００円、シングルは４００円でした。ガロの学生街の喫茶店、かぐや姫の神田川、小柳ルミ子の瀬戸の花嫁…などよく聴きましたよ。本もよく読みましたね。やしきたかじん、吉田拓郎、武田鉄也、南こうせつ、中島美幸らのエッセーです」

「電気工事の職業訓練校を卒業したあとは、学校の紹介で福山市内の電気工事会社に就職しました。なじみの喫茶店でマスターと話をしているうちに、アマチュアバンドのボーカルをやらないかと誘われました。マスターは労音に出入りしていたんですね。メンバーが1人抜けたから入らないか?というわけです」

「『好きな歌を1曲歌ってごらん』とテストされ、吉田拓郎の『マークⅡ』を歌いました。グループ名は『メロディーメーカー』。ボーカル、キーボード、リードギター、サイドギター、ベースギター、エレキギター、ドラムの7名でリーダーは労音の人でリードギター担当でした。メンバーのほとんどが20代後半で僕が一番年下でした」「みんな、3度の飯より音楽が好きな若者ばかりです。勤めを終えると晩ごはんも食べずにスタジオに直行したものです。このスタジオはメンバーの1人が楽器店を経営していて、スタジオもレンタルしていたんです。だから無料で使うことができましてね。グループは1年半続きました。解散することになったちょうどその時期、ヤマハのポピュラーコンテストがあったんです」

「解散記念に応募してみようか、ということになりオリジナル曲をテープに吹き込んで応募しました。テープ審査は通って、1次試験が福山でありました。ところがこれも通った。すごいなあと、予期しない結果にメンバー全員で驚いたものです」

「次は広島で中国大会。中国大会からはライブ形式になり観客の前で歌うことになります。これも通りました。その次は関西大会。大阪でした。これもまた通りました。各大会までに2~3か月はあるのですが、毎回違うオリジナル曲を歌わなければなりません。大会に出るたびに会社には休みの届けをするでしょ。『おい、またか』とびっくりされたものです」

「結局、全国大会まで行きました。会場は嬬恋でした。グランプリをとったのは小坂明子の『あなた』。グランドピアノ、賞金100万円をもらって売れたレコードは240万枚というからすごいですよね。『あなた』は作詞20分、作曲30分で完成させたという話ですから才能ですね。彼女は世界歌謡祭でもグランプリをとりましたね」

「僕らも一応、ビクターレコード、東芝EMIから声がかかりましたが、プロになる気は最初からなかったですから断りました」

「その後、今治に帰って親父の仕事を手伝いましたが、音楽への夢は消えませんでした。ギターを買って自己流に弾きはじめました。ある日、ふくやまゆきおがコンサートをすると知って今治公会堂に出かけたんです。そこで彼が『週に一回、今治中央公民館でギターを教えています』というのを聞いて、それからは3年間、毎週火曜日中央公民館に通いました」

「そのうち、自分でもサークルをつくろうと思って、今治市が運営する今治地区勤労青少年ホームで『今治フォークソングクラブ』というサークルを作りメンバーを募りました。ここでフォークギターを教えることにしたんです」

「1回目の募集のときは5~6人しか集まらず、みなすぐにやめてしまい、また1人になってしまったのですが、2回目に募集したときには40人近い人が集まりました」

「実は、毎週日曜日2時から3時まで南海放送ラジオで、ふくやまさん司会の『シャンテシャンテ高島屋』

という番組があって「今治っ子登場」というコーナーで紹介してもらったんです。その番組に3回ほど出演してオリジナル曲をPRさせてもらいましたからその影響だと思います。あの当時、あいざき進也、城みちるなどがゲストで出ていましたね」

「40人のメンバーの職業は郵便局員3人、レストラン店員、高島屋のオペレーター、病院の受付、看護婦などで、ほとんどが女性でした。今治は人口の割に病院が多い町なんですよ。30人以上が病院に勤めている人で、総合病院が一つできるんじゃないかと話したくらいです。でも人数が多すぎていっぺんに集まることができない。月曜を定休日にして、ほぼ毎日教えることになりました。これは1年くらい続きましたね」

「今治では毎年10月10日にみなと祭りを行なっています。歩行者天国にして、屋台を出したりカラオケやったりするのですが、『野外コンサートをやってみないか』と声をかけられました。午前と午後各30分の時間をもらったのですが、オリジナル曲で一人で30分は長いので、松山フォークファミリーに応援を頼みました。このグループとはツーツーの仲でしたから」

「午前中はパラパラの人出だったのですが、午後はステージを囲んで人垣ができる盛況ぶりでした。途中コピー曲も入れて演奏したのですが、聴衆が３００人くらいに膨らんで、主催者から「こんなに集まっているのに30分で終わるのはもったいない。20分延長するから続けてくれ」と言われました」

「生演奏を聴く機会がないから、みんな珍しかったんでしょうね。アンコールが何回もありました。若い人も老いた人も幅広く聴いてくれたのがうれしかったですね。僕一人だったらそこまでやれなかった。松山のメンバーが応援に来てくれたからこそ、あそこまでやれたんだと思います」

「ふくやまゆきおのラジオ番組に出たことでディレクターと知り合いになりました。アマチュアでフォークソングをやっている、できたら音楽関係の仕事に就きたいという話をしたら、東京のビクター産業を紹介してくれました」

「音響の仕事です。会社はNHKの近くにありました。もちろん親父の会社は辞めました。普通は音響専門学校で勉強するのですが、実地で慣れているので、教えてもらいながら入社2年で仕事を任せてもらえるようになりました。レコーディングやコンサートツアーに回りましたが楽しかったですよ」

「浅野ゆう子のレコーディングもやりました。レコーディングに30分遅刻してきて、他の人はみんな黙っているんですが、ぺいぺいでも音響が『あんた一人のおかげで皆が迷惑するんだ』と言わなあかんのです。音響は責任重大なんですよ。でも5年で辞めましたね。芸能界の裏の裏をいろいろ見て、お金の面も含めて嫌になったんです」

「再び親父の仕事を手伝うようになりましたが、そのころ親父はがんに侵されていて事業も縮小していました。最後は親父と弟と僕の3人だけ。従業員は一人もいない状態で会社をたたむことになりました」

「その後は友人を頼って大阪に出てきました。大阪周辺で電気工事の仕事で働いてきましたが、サラリーマン生活の最後は尼崎でした。阪神大震災のあった年の暮れ、勤めていた会社が移転することになり、住んでいたマンションを解約することになったんです」

「保証金60万円は会社が払っていて、それは月々の給料から5万円返済していて完済していました。それなのに、不動産会社は保証金の残り38万円を会社の社長の奥さんに渡して、奥さんは自分のぽっぽに入れたまま僕に返してくれなかったんです」

「人間不信が重なって働く意欲もなくしました。あてもなく、ふらふらと神戸に行き、金のあるうちはカプセルホテルに泊まっていましたが、そのうち一文無しになって野宿するようになりました」

「神戸の冬を支える会のボランティアの人たちに声をかけてもらい、中山手カトリック教会から更生援護相談所に宿泊。そこを出てまた野宿。再び相談所。そういう生活を続けました」

「そのうち、働こうという意欲も出てきました。ところが、いざ職安に仕事を探しに行っても、面接で落とされるんです。『連絡先は教会です』と答えると『本人に伝言するという形ではダメ』。連帯保証人も『本人と関係のある人でないとダメ』。ホームレスしていて仕事に就こうと思っても、なかなかハードルが高いということがよく分かりました」

「アパートの解約金のことについては、ホームレスになってからもずっと納得できなくて、守口市の市民相談課に相談しました。弁護士が相談にのってくれ『ぜったいその金は取れる』と言ってくれたのですが、会社は不動産店と組んで、偽の書類を裁判所に出してきたんです。それがうそだと証明するには僕の給与明細が必要なのですが、裁判になったときにはもうホームレスでしたから、何の書類も持っていなくて対抗できなかった。悔しかったですね」

「そのうち電気工事を請け負っている知人が何人かできました。でも個人経営ですから給料の支払いが悪いんですね。親会社から金が入って来なくて、給料遅配は日常的。仕事してもお金をもらえないんです。社長が知人では請求もしにくいでしょ。釜ヶ崎に来る前は公団に住んでいましたが、給料を何か月も払ってもらえなくて、ガス、電気も止められてしまいましてね。今年正月早々、追い出されました」

「知人である社長が責任を感じて、毎日、食費と宿泊費は手渡ししてくれていたのですが、突然連絡がとれなくなりました。いよいよ生活に困って稲垣さんに相談したんです。そしたら気安く『解放会館に寝泊りしていいですよ』といってくれましてね。本当に助かりました」

「尼崎で働いているときに結婚しました。ボランティア活動を通じて知り合った彼女と4年間つきあって、できちゃった婚でした。男の子が生まれ、働き甲斐もあって、幸せの絶頂でした」

「仕事中も息子のかわいいしぐさが目に浮かびましてね、仕事を終えて家に帰ると、風呂に入れるのは僕の仕事。こわごわ、どきどきしながら、両耳を片手で押さえて湯船につけてあげてね。お風呂からあがると嫁さんがタオルで受けて、服を着せるのは嫁さんの仕事。寝返りをうった、ハイハイをした、と息子の成長が楽しみで、僕の生きがいでした」

「ところが嫁さんが阪神・淡路大震災のあと子供を連れて実家に帰り、それから10月になっても戻ってこないんです。両親の具合が悪いから面倒をみているということでした。そしてある日突然、嫁さんから離婚すると連絡があり、離婚届けの用紙が会社に送られてきました。何が何だかさっぱり分かりませんでした。離婚をいい出しながら慰謝料の請求もしてこないし、どういうことなのかと」

「嫁さんと親しかった友人に聞いてみたんです。そしたら『知らなかったの？』って言われました。嫁さんは僕と結婚する前から付き合っている男がいて、二股かけていたんですね。人を見る目が無かったと言えばそれまでですが、再起不能なくらい打ちのめされました。そんなときにマンションの解約金の件でしょ。仕事への意欲も、生きていく意欲もなくしましたね。ホームレス生活のきっかけです」
「息子は平成5年5月5日生まれ。僕の中で息子は2歳のまま成長が止まっています。ハイハイをしてテーブルに手をついて、始めて立った瞬間のあの得意気な顔。忘れることができませんね。今、中学2年かな。嫁さんには会いたいと思いませんが息子には会ってみたいです」

136号（2008年2月10日）

公民ショック

早瀬さん
昭和 43 年生まれ
39 歳
神戸市出身

「親父はサラリーマン。母は専業主婦。弟との2人兄弟です。親父は定年を迎えて今は無職です。子供のときは、親父は怖い存在でしたね。言葉より先に手が出るタイプでした。幼稚園の頃神戸から枚方に引越しました。成人するまで枚方で過ごしています」

「小学校の頃は影の大将でした。ガキ大将に一目置かれていたから、大将を味方につけて、よく決闘をしましたね。小学校と小学校の境目あたりで『見かけない奴』というだけでけんかした。『今度の金曜日の放課後、待っとけ』とね。田んぼや神社での決闘なんですが、何しろ小学校低学年のことですからね、待ち合わせしても決闘のこと忘れて、相手が来なかったりね（笑）。銀玉や石を使ってパチンコで闘う。大きい顔して公園で遊ぶための縄張り争いですわ」

「子供の頃から図鑑や年鑑が大好きでした。特に昆虫図鑑。御殿山周辺から淀川まで、ちょっと歩けば自然の宝庫でした。蓮池ではザリガニ釣りをよくしましたね。するめやオタマジャクシ、カエルをエサにして釣るんです。特にカエルがいい。カエルの足から腹全体に皮をむいて、足にタコ糸をくくりつけてアスファルトの上でパーンと腹をつぶす。腹から汁が出て、その汁の旨みが池に流れてザリガニを寄せつけるんです」

「御殿山にはクヌギの木が多くて、カナブン、クワガタなど採りにいきました。見かけない虫も『これは○○や』とか、『△△は大阪あたりには生育しないから違う』とか知識は豊富でしたから、ここでも遊び仲間に一目置かれていましたね」

「学校の宿題はしなかったです。『忘れました』と言いますが、実際はやりたくなくてやらないだけ。夏休みの宿題なんかも全くやりませんでした。近所の友達が遊びに誘って来ると、怒った親が『一歩も外に出たらあかん』と缶詰にしてました。それでも僕は宿題をやらなかった」

「学校の授業では国語がきらいだった。『主人公の気持ちはどうでしたか?』なんて問題があると『そんなもん、本人でないと分からんやろ』と思って回答しなかった。『この文の出典は何ですか?』なんて問題もきらいだった。有名な本だから知識として知っておきなさい、という意味なんでしょうけどね。体育も走ったり、ボールを投げたりするのはきらいじゃなかったけど、何秒で走れとか、何メートル以上を投げろとか言われると、途端にやる気をなくしてしまう子でした」

「子供のことですからそういう自分自身の気持ちを上手に表現することができませんでしたが、後年自己分析してみると、強制されることへのアレルギーなんだと理解し、納得しましたね。『読む本まで強制してくれるな』『平均とか常識という概念で縛るな』ということです」

「大人になったら大金持ちになりたい、というのが小学生のときの僕の夢でした。母親の実家が西宮にありまして、枚方から梅田に出て、梅田の地下街を通ることが多かったんです。地下街にはいつも傷痍《しょうい》軍人が白い服を着てアコーディオンを弾いていました。『戦争に行ってけがをして働けなくなった人たちなんよ。お金ないからこうしてるんよ』と母から教えられ、地下街を通るたびに『大金持ちになって、あの人たちに家を建ててあげるんだ。そしたら住むとこあるし、食い放題だし』と思ったものです」

「中学に入ったら少しは勉強するようになりました。授業は美術が好きでしたね。ところが3年生の美術の授業は最悪でした。先生が変わったんです。対象物を写真そのもののように描くことを良しとする教師でした」

「対象物にその人なりの思い入れがあってもいいじゃないですか。いろんな視点があってもいいはず。僕は僕の感性で描く。それが僕の技法であって、僕の個性なんですね。そのことを理解してくれなかった。クラスの誰もが思いつかない技法、色彩、表現、構図。僕は僕の独創性に自信があったのに『そんな構図は美しくない』と教科書どおりの構図を押し付けてくるんです」

「先生より俺のほうがプロや、という自負があって絶対譲れなかったけど、先生には通じなかった。『この先生、情操教育には向かないなぁ』とあきらめたものです」

「公民の授業もおもしろかったですね。人権についての概念が衝撃的だった。基本的人権、生存権。権利と裏腹の義務。勉強する権利もあれば勉強しない権利もあるわけでしょ」

「『子どもには勉強する権利はあっても義務はない。義務教育という概念はおかしい。小学校のとき勉強しなかったのは勉強しない権利の行使や』と親父に話したら『大人には子どもに教育を受けさせる義務があるんや』と一蹴されましたけどね。とにかく公民は大人に口答えするには便利そうな学問やなと思いましたよ（笑）」

「中学の公民の先生は新左翼系の教師で、これまでの僕の行動、考えを概念的に裏付けてくれました。公民の授業は公民ショックといってもいいくらい、僕の人生に大きな影響を与えましたね」

「公民の先生の影響で、東大安田講堂の攻防戦、デモの風景などに魅かれるようになりました。自分自身の表現方法をそこに重ねて、あの時代に生まれたかった、生まれた時期が失敗だったなと思いましたね。学生運動をやりたかった」

「親父は京都の大学で学び法学部の学生だったのですが、親父の書斎から取り出した本の間からビラが1枚でてきたんです。『抗議集会に結集しよう』という呼びかけ文でした。親父の学生時代というのは60年から65年くらいの間ですので、学生運動が華やかな時代だったと思います」

「集会やデモに参加したのかときいたら『そんな危ないところには近づかなかった。俺には迷惑だった』と話していました。保守的なんですね」

「高校に入学すると、すぐに生徒会の書記に立候補しました。対立候補もいなくて信任投票だったのですが『みなさん。教師の言いなりでいいんですか。生徒会は僕らの組織です。みなさん。このままの生徒会ではタレのついてない焼鳥みたいなものでしょう』と演説して喝采を浴びました（笑）」

「進学校ではなくて勉強ぎらいの不良みたいな生徒が多い高校ですからね、受けをよくするためスピーチも軽くした。生徒会長、副会長も信任投票でしたが、僕の得票率が断トツでしたよ」

「さっそく『角材多数』と予算請求してみた。生徒会の予算でゲバ棒購入できるかどうか、どんな反応示すか試してみたんです。案の定『そんなもん、絶対あかん』と顧問。『部費や予算は生徒会の顧問の承認がないと認められないと、生徒会規約がそうなっている』というんです」

「となれば規約を変えるしかない。しかし規約を変えようと思えば予想以上に煩雑な手続きが必要なんですね。規約を変えようと呼びかけても、自治という概念を理解する生徒がそもそも皆無に等しい。そこまでして僕の労力を使う必要あるのかなと思って、結局生徒会の活動は1年でやめてしまいました」

「でも、同じクラスの中に1人、芸術、文学、音楽について真新しい知識を吹き込んでくれる生徒がいましてね。その子の父親は高校の先生で家は本だらけ。図書館みたいなんです。学校帰り、喫茶店に寄ってはよく議論しました」

「お互いオーラがあったんですね。自分の思っていたこと、思っていること、思おうとしていることを体系づけようと試みた。岩波の青本を読むようになったのも彼の影響です。彼に感化されました。公民ショック以来のショックでしたよ」

「大学ではフロイトを学びたかったのですが二浪で断念しました。『入れてくれないんやったらええわ。すごい逸材をもったいない』とね（笑）。息抜きに田舎へ行ってみようと思い、島根県のやさか共同農場に行きました。体験農場の記事を母が新聞で見つけたんです」

「行ってみて分かったのですが、学生運動の落ち武者が運営している農場でした。完全に自給自足の生活。炊事当番。洗濯当番、風呂当番があって、薪で風呂を沸かす。堆肥作りから始めて、味噌も手作り。雪が溶けた畑の真ん中にどこから転がってきたのか大きな岩が転がっている。これを取り除くのもユンボを使わず人力なんです」

「肉体労働がきつかったですね。西成の建設作業よりしんどかったです。夜は毎晩宴会でした。ギターで歌いながら議論白熱。それはそれで楽しかったですが、何しろ肉体労働がきつくて3か月でやめました」

「その後は金、アズキ、ガソリンなどの先物取引を扱う営業マンとして15年働きました。投資してくれるお客さんを探す仕事です。客は上場企業の役員クラスが多かったですね。会社の四季報を真っ黒になるまで研究しましたよ。黄色の電話帳もぼろぼろになるまで使いこなした。成績は良かったです」

「ところが総量規制で銀行が不動産会社には金を貸すな、ということになって客が少なくなり最後は不動産会社そのものもつぶれるようになった。そんな中で『手張り』といって、自己資金で先物を売ったり買ったりするようになったんです。結果大損して自己破産しました」

「破産宣告を受けると登録外務員の資格を失うんです。一から出直すつもりで不動産会社に勤めましたが、その不動産会社も不景気で半年でつぶれてしまいましてね。それからはグッドウィルに登録して日雇派遣として倉庫内の作業に従事しました」

「交通費、昼飯なしで日給6500円。労働条件が悪いんですよ。『それより西成で働いた方がいいよ。交通費、昼飯付きで1万円になる』と仕事仲間に教えられ、釜ヶ崎に来るようになりました」

「住吉区にアパートを借りて、自転車で20分くらいで西成に着く。最初は分からなくて、朝7時頃センターに行ってフラフラ歩いていました。すると手配師から『兄ちゃん、現金行かんか?』と声をかけられ『現金って何ですか。僕初めてなんですけど』と答えたものです」

「初めての仕事は南港の倉庫の新築工事で、床にコンクリートを流す作業でした。センターから大正区にある作業員宿舎に連れて行かれ、ちくわの天ぷらが2本入った昼飯用の弁当を手渡され、再びマイクロバスで現場へ運ばれてね。8時から5時まで働いて9000円。グッドウィルよりずっと条件がよかった。去年の秋のことです」

「漬け物工場で働いたこともありますよ。『現金、行かへん?』と手配師に声をかけられ『どんな仕事?』ときいたら『漬けもん』。『場所は?』『滋賀や』。『交通費出たらなあ』『交通費つけとくわ』。マイクロバスに乗り込んで、到着したのは京都山科の作業員宿舎。そこで労働者数人と合流して滋賀の漬け物工場へ運ばれました」

「パートで働いている地元の農家のおばちゃんたちが僕らの格好を見てびっくりしてね。安全靴に建設作業の格好でしょう。『どこから来たの?』って(笑)。白菜をバッサバッサと包丁で切って、キムチを漬ける。交通費込みで1万1000円。帰りには賞味期限ぎりぎりのキムチをどっさりもらって、あれは条件良かったなあ」

「ところが、今年春先から仕事が極端に少なくなった。朝4時頃センターに行っても仕事がないんです。はじめて四角公園のおかゆを食べたのが6月13日。14日に西成警察署への抗議行動に参加して公務執行妨害で逮捕されました。このとき大勢の機動隊に取り囲まれ、殴る蹴るのすさまじい暴行を受けました。そのときの恐怖、屈辱、怒りは、やられた本人でないと分からないと思いますね」

「今となれば、彼ら機動隊員も理性が働かなかったんだろうと理解できないでもないですが、捕まった当時は僕に暴行した警察官への復讐心に燃えていましたよ。現在、救援会の人たちのご支援で保釈の身となり、制限住居である枚方の実家で生活しています。裁判を受ける身ですが、逮捕されたとき警察官の暴行があったという事実を法廷で認定してもらう方向で争っています」

「自己破産した後、離婚しました。先物取引の会社で知り合ったときから、彼女が創価学会の信者であることは分かっていました。でも公民ショックを受けた身。信教の自由は認めるべきとの確信があったから束縛はしませんでした」

「ところが自己破産して家にいることが多くなると、生まれた息子たち2人とも入信させていることが分かりましてね。僕は『子どもは物心つくまで、勝手に入れたらあかんで』と妻に言ってたんですよ。でも創価学会には一家和楽の信心という、一家全員が入信していなければ幸せになれないという教えがあって、僕の抗議に耳を傾けるどころか、逆に妻も妻の両親も僕を入信させようと必死になるんですね」

「離婚の原因は経済的なものと主張する妻と、宗教問題の確執が原因と主張する僕。自己破産のときも子供の親権をめぐる裁判を起こしたときも、僕は共産党の弁護士にお願いしました。国会での共産党の追及は明晰で鋭いし、他党派に迎合しない姿勢が好きでしたから」

「子供の人生に対し親がどこまで責任をもてるのか。人の人生、誰もが誰に対しても責任持てない以上、親であっても親の生き方を子供に強制してはいけない。宗教を否定しているわけじゃない。分別づく年頃になるまでは、親の価値観、人生観をたとえ我が子にであっても強制したらいけない、そのことを裁判で争って欲しかった」

「自由と人権は憲法で保障されている最も大事な概念でしょう。でも裁判所は離婚の原因は経済的のものであると判断して、子供の人権、信教の自由をめぐる確執であるという僕の主張を退け、争点として認めなかった。そして僕の主張の中身についても判断を避けたんですね。そのうえ、頼みの綱である弁護士も憲法判断を求めることに消極的でした。裁判所と共産党に対する不信感が重なりましたよ」

「将来は宅建（宅地建物取引主任者）の資格を取って不動産会社の社長になりたいなと思っています。自営であれば定年もないしマイペースで働ける。組織の中では働きたくないです」

「息子たちのことは気になりますよ。3歳と5歳のとき離婚しましたから、今8歳と10歳かな。ある意味、被害者だと思っています。分別がつく年ごろになると親に造反する2世もいると聞きます。どこかでそれを期待しているんですけどね」

139号（2008年11月28日）

才能開花。野球、マラソン、相撲

山内さん
昭和12年生まれ
70歳
鹿児島県粕屋町出身

「6人兄弟の4番目で次男です。田舎は海に近いですが、漁師は少なかったですね。九州といっても雪は降るんですよ。多いときは腰が埋まるほどで、膝くらいまで積もるのは普通のことです」

「海に面した山の斜面にみかんを作る農家も多かったし、山手には三菱炭鉱がありましたから、炭鉱で働く人も多かったです。親父は牛を育てて売買する博労でした。質屋が休みの7日、17日、27日に牛の市が開かれ、博労のほかに農業や炭焼きをしていました」

「持ち山に松やヒノキを植えて、大きく成長したら枝打ちをします。枝は飯炊きや風呂焚きで使うし、焼いて炭にもします。カシの木の炭は上等で高く売れます」

「炭窯を作って、春と秋に、1メートルくらいの長さに切った木を窯の中で1週間ほど焚きます。このときは親父やおふくろの兄弟にも頼んで、朝から晩まで枝の切り落とし作業です。田舎での現金収入は米、麦、炭くらいですから、決して豊かな暮らしではなかったですね」

「親父は蛇の目傘も作っていました。渋柿をたくさん、それこそ何トンも採ってきて、大きなたらいの中に入れて木の杵《きね》でたたいてつぶすんです。それを大きな石臼で絞って、その絞り汁を五右衛門風呂みたいな大きな釜で焚きます」

「それを濾《こ》して、もう一度五右衛門風呂の釜に入れて2～3日ゆっくりと焚く。このとき沸騰させたらあかんのです。この汁を水で濡らした厚手の障子紙に刷毛で何度も重ね塗りしていきます。染物と一緒で手が真っ黒になります」

「家の手伝いはよくさせられましたね。小学校に上がる前はサツマイモ畑の草むしり、麦踏み、田んぼの草取り。小学校に上がると農薬まき。竹の筒に農薬を入れて腰にぶら下げてね、水を張った田んぼに入るんです」

「筒の先から農薬を自分の体より前に落とし、足で田んぼの水を蹴るんです。農薬の混じった水がはねて稲の根元にかかる。害虫は稲の根元にじっとしていますから、そうやって殺すんです」

「1反は60メートル四方かな。子供の足で1反分の農薬をまくのはけっこう時間がかかるんですよ。朝早く起きて田んぼの薬撒きを手伝って、終わったら学校に間に合うように走ったものです。学校は家から1里離れていましたから、ずっと走り続けです」

「長男はよそへ働きに行っていましたから、私が家の手伝いの中心でした。ワラ打ちの仕事も手伝わされました。おふくろは機械でむしろを織るんですが、ワラをやわらかくするのは学校から帰った私の仕事でした。『おもえもやれ。腕が強くなるぞ』と親父に言われて、それを真に受けて真剣に手伝ったものです(笑)。このわら打ちは、むしろを織ることがなくなった25歳くらいまで手伝わされましたね」

「戦時中は山の中に防空壕を掘って何度も逃げ込みました。八幡製鉄所が近いし、B29による空襲は多かったですね。学校では朝から靖国神社に参拝、授業は2時間目か3時間目で終わりでした。詩吟を朗読するのに口だけ動かしていたら教官にムチでたたかれましたね。あの頃は畑で作ったものを市場へ持って行き、米や野菜と魚を交換しました。ウサギや鳥の肉が一番のごちそうでしたね。終戦を迎えたのは小学校2年生のときです」

「学校では理科が好きでした。特にカエルやフナの解剖はおもしろかった。生き物の体って不思議だなあ、よく考えられ造られているんだなと感心しましたよ。身の回りの自然現象の勉強も興味深かった。きらいだったのは国語。小さいときは少し発音が不自由でしたから読本の授業は苦手でした」

「一番の得意はスポーツ。小学校6年生のとき、中学の陸上の選手より速かったですからね。相撲、バレー、野球、マラソンとどれをとっても人に負けることはなかったです」

「中学を卒業すると、学校の紹介でベアリングを作る町工場に就職しました。ガス溶接の技術もそこで身につけました。炭鉱の町ですからね、トロッコに使うベアリングを造っていたんです。私が小さい頃は木製のトロッコだったのですが、就職したときには鉄のトロッコに変わっていました。トロッコの部品の溶接のためのガス溶接や研磨の技術もそこで身につけました」

「働くようになってから町の青年団に入って、陸上と野球に全エネルギーを注ぎました。私より3つ上に君原選手がいまして、九州一周マラソンで一緒に走ったこともあります。宗兄弟とも走ったことがありますよ」

「ただ、勤め先の方はだんだん景気が悪くなっていきましてね。炭鉱が閉山になればベアリングも必要なくなる。閉山になる少し前に、先に仕事場を変わっていった友人から、『こっちにいい仕事あるで』と声をかけられて長崎に移りました」

「佐世保の炭鉱に就職したらすぐに『山内さんとちがうか?』と声をかけられました。『おお、懐かしいな』と私もすぐに返答しました。青年団で野球をしていたときに知り合った人で、野球が抜群にうまかった」

「『どうして長崎まで出てきたんや?』と聞かれ、事情を話したら『それじゃ親父に話すから働かなくていい。野球をやったらいいんや』と言われました。社長の息子だったんですね。この炭鉱会社は野球の選手ばかり集めている会社でした」

「一応、労務として在籍していましたが、野球と遊びで過ごしました。労働者の多くが炭鉱の炭で入れ墨をいれていました。労務の者もハッタリで入れ墨を入れる人が多かったので、私もまねをして入れ墨をしようとしたんですが、その一歩手前で社長に見つかって、こっぴどく叱られました。水風呂に入れられて水をぶっかけられ、特に社長の奥さんには厳しくとがめられました」

「飲み屋の借金もたまっていましたし、こんな生活していたらだめだと反省して、それからはただ働きで2年半過ごしました。遊んで楽をさせてもらったお返しです。生活費は得意な相撲で賞金稼いでやりくりしました。祭りのときの相撲大会で1人抜き、2人抜きとすると、そのたびに賞金をもらえるでしょ。借金もそれで返していきました」

「しばらくすると、労働組合の役員をやってくれと頼まれましてね。私が社長の息子と仲がいいのを知っていて、組合はそれを利用しようとしたんでしょうね。労働組合に青年部がなかったから生産部に青年部を作ろう、ということで労務担当の私がやることになりました」

「生産部は組合が握っていて、採炭量を組合が操作することができました。労働者が掘った石炭を少なめに報告して、船に積むとき100トン200トン単位で横流しして換金。その金で組合活動をするのですから組織ぐるみの横流しです」

「かわいそうなのは実際に石炭を掘った労働者ですよ。掘った量で給料計算されるのですから。組合がピンハネしていることはほとんどの人が知っていました。会社と組合がなれ合っている労働組合ってそんなもの。裏の世界を嫌というほど知らされましたね」

「そのうちここの炭鉱も景気が悪くなって、妻子を置いて大阪に出てきました。昭和38年のことです。私は18歳で親同士が決めた女性と結婚しています。彼女の父親も長崎に住む博労で、親同士、牛の市で知り合ったのでしょう。子供も生まれていましたが、いろいろ問題があって、結局一人でふらりと大阪に出てきたんです」

「門真市に住んでいたとき、とびの募集をしていたので、ハッタリで『経験あります』と答えて働いてみました。見よう見まねで1日働いて、なんとかやっていけそうだったから、そのまま続けて働きました。そこで仕事を覚えてからは、とび職人を引き連れて手配師をするようになりました」

「だいたいが負けずぎらいでしょ。請け負った仕事は誰よりも早く、しかも文句いわれない出来で仕上げていきましたから、だんだん信用されるようになって、仕事に困ることはなかったですね。1週間でやる仕事を3日で仕上げて次の仕事にかかるです。請負だから人の2倍稼げる」

「ギャンブルが好きで、稼いだ金はそちらにほとんど消えてしまいましたが、何年かして、嫁さんの姉に大阪でぱったり会いました。私の居所が分かったので、義姉が嫁さんと息子を大阪に呼び寄せ、市営住宅で家族の生活が再び始まりました」

「大成建設、清水建設、大林組の孫請けとして、とび職人を連れて、青森、石川、新潟、長野…と、あちこちの仕事に行きました。自衛隊の駐屯地のくい打ち、バリケード建設、ダム工事、河川敷工事…と全国を飛び回りましたよ。最後の仕事が長野オリンピック会場の建設工事でした」

「ところが平成10年に長野から大阪に帰ってきたら、仕事がピタッとなくなっていました。まさか、ここまで不景気になっているとは思わなかった。嫁さんも既に亡くなって、一人息子は市営住宅で所帯を持ちました。家が狭くなるので私は家を出て、近くにワンルームマンションを借りて住むようになりました」

「ぜいたくはできないけれど、何とか自分ひとりが食べて行けるだけの収入は得られるようになって、ある日、ぶらりと汐見橋の方へ散歩に行ったら、生まれたばかりの子犬がほったらかしにされているのが目に入りました」

「汐見橋にはテント生活をしている人がたくさんいました。テントで生活している人にきいたら、『自分が生活するのが精一杯で犬の面倒までみられない。えさもやっていない』というのです。よく見たら、もう1匹いるじゃないですか。そっちは生後1年くらいかな」

「かわいそうだから自分のマンションに連れて帰って面倒みていました。でも子犬はよく鳴くでしょ。そのうち住人にみつかってね、管理会社に苦情が行って、その日のうちに『すぐに出て行ってくれ』といわれました」

「だいぶもめましたけど規則ですから仕方ないです。『さてどうしようか、この犬たちを見捨てることもできないし』としばらく考えて、結局ここにテントを建てることになったんです。今から5年前のことです」

「大正区のワンルームマンションはそのまま借りていますから、時々帰りますけど、ほとんどこちらのテントで生活していますね。この年になるとさすがに仕事がなくて、今はアルミ缶集めが唯一の収入源です。東大阪の石切の方まで行きますよ」

「このカレンダーを見てくださいよ。月の半分以上にそれぞれ印が入っているでしょ。市役所や区役所で手に入れた粗大ゴミ、資源ごみの回収日ですわ。明日も朝4時に起きてアルミ缶の回収です」

「この部屋はワンルームマンションより住み心地がいいんじゃないですか、って?そうですよ。テレビ、冷蔵庫、ビデオデッキ、炊飯器、テーブルがあるし、隣の部屋は寝室。その隣は倉庫で仕事道具を置いています」

「この犬たち2匹も、ほら安心しきって寝室の足元で仲良く寝そべっているでしょ。この子たちがいなかったらテントには住んでいないでしょうね。今日の私の晩御飯はメバルの煮付け。この子たちはドッグフード。これはお宅が来るというからハマチの刺身。自分でさばきました。どうぞ遠慮せんと食べて下さいや」

「動物は大好きですね。夜店でひよこを買ってきて鶏を2羽育てました。米ヌカと白菜の刻んだものを混ぜて餌にして、七面鳥、ハトも育てました。このテントの横に囲いを作って、そこで育てたのですが、今はそういうことをする気にもなれない。人が訪ねてくるのはうれしいけれど、酒を飲んで来る人は断っています。酒の肴にされるのはいやですからね」

「好き勝手なことをしてきた人生です。一番迷惑をかけたのは嫁さんでしょうね。94歳まで生きたおふくろも死んだし、今は早く死にたい、とそればかり考えています。世の中が嫌になった」

「佐世保の炭鉱で『山内さんと違うか？』と声をかけた社長の息子は、その後西鉄ライオンズのコーチになり、現在は野球評論家として活躍している豊田泰光さんです。彼はコーチになったけれど監督にはならなかったですね」

「ここは大阪ドームに近いでしょ。野球観戦に行く人の波を見ているとね、マラソンや野球に明け暮れていた頃が一番幸せだったなと思うんですよ」

131号（2006年12月4日）

憧れの東京生活は露と消え…

山崎さん
昭和30年生まれ
48歳
高知県赤岡町出身

「父と祖父が大工で、祖母と母は荒物店を営んでいました。私は弟との二人兄弟です。昭和40年頃までは行商がはやっていて、行商に行く女の人がうちへ仕入れに来るんです。売れ筋はゴザ、カーペット、毛布。籠を背負って、赤岡から野市の方へバスで行く人、自転車で行く人、いろいろでしたね。山手にはみかん農家があって、そこの注文をきいて山を下りてくるんです」

「赤岡はどろめ祭りや絵金祭りで有名ですね。どろめとはチリメンジャコのことです。毎年4月頃、土佐湾に船を出して地引網を引いてね。浜では一升ますで大杯飲み干し大会ですわ。何秒で酒を飲み干すかを競うんですが、テレビで紹介されてからは観光客も多いですね」

「絵金祭は7月です。地元の商家には昔から保存されている屏風絵があって、祭の夜にそれぞれの家の前に飾るんです。極彩色の古い絵で、大きさもまちまち。闇の中にろうそくの灯がゆらゆらと揺れて、そこにおどろおどろしい絵が浮かび上がるから、子どもの時には不気味で恐ろしかったですね」

「母親は教育ママでした。小学校5年からずっと高知市内の塾に通わされました。電車で1時間なのですが、帰りにお好み焼きやたこ焼きを買って食べるのが楽しみでしたね。他にはそろばん、硬筆、毛筆も習わされました」

「中学、高校は私立の高知中学、高知高校に通いました。高校時代の同級生にタレントになっている広末涼子の父親がいます。彼は高知市内の商店街の金物店の息子で、高知商業に通っていましたが、異常なくらいモテましたね（笑）」

「彼がサンフラワー号で横浜に引っ越すときには手伝いましたよ。横浜に住む彼と喫茶店で、甲子園の横浜商業と高知商業の野球中継を見ながら、２人で高知商業を声高に応援していたら、周りからにらまれたことを覚えています（笑）」

「高校３年の６月に18歳の誕生日を迎えて、７月には免許をとって、その月の末には新車を乗り回していました。高校へも自動車通学でした。高知高校から公立の高校に転校した友人が『周りの学友のお金の感覚があまりに違いすぎる』と嘆いていましたが、それが普通の高校生の感覚だということさえ分からなくなっているんですね」

「父はそんなに勉強、勉強としなくたって、大工の仕事をしたらいいのに思っていたようですが、母親は大学に入れて家の仕事を継いで欲しかったようです。肝心の私はと言えば、とにかく田舎を出て東京で生活したかった」

「そのためには親を説得する理由がいるでしょ。東京の大学で建築の勉強をすると言って、日大の理工学部建築学科を受験しました。目的は東京に行くことですから浪人はできない。自分の学力相応の大学を選んだだけです」

「合格して晴れて東京生活ができるようになったときはうれしかったですね。6畳、4・5畳、トイレ付のアパートで学生生活を始めました。当時の大学卒の初任給が14万円の時、家から毎月20〜30万円の仕送りをしてもらっていました」

「大学2年までは千葉の習志野校舎に通わなければならないので、母は『アパートは千葉に借りたら?』と言ったのですが、何しろ夢は東京生活でしょ（笑）。『3年生になれば東京の校舎なんだから』と理由をつけて都内に住んで、2時間以上かけて通学しました」

「重いボストンバック二つ抱えて、制作した作品を持って、朝6時には家を出て満員電車に揺られてね。映画やテレビで観ていた、本2冊をベルトで縛ってさっそうと通学する…というイメージとえらい違う（笑）」

「大学の体育もテニスを選択したものの、ラケットに球が当たらないから球拾いばかり。ベンチに座っていれば、メガネに球が当たってメガネが飛ぶしね（笑）。そんなこんなで、予想していたかっこいい大学生活とは全く違うんで、だんだん大学から遠のいて、千駄ヶ谷のアパートに住みながら近くの喫茶店でアルバイトをするようになりました。21歳のときです」

「喫茶店のママは30歳の独身で、面接に行ったら『私、関西弁は嫌いだから』と、あまりいい顔しなかったんですが、履歴書を見て『あら、兄さんと同じ大学の理工学部なのね。それじゃ、あまりむげにできないわね』と言って雇ってくれたんです」

「午後5時から10時までのバイト。お金に困ってアルバイトしていたわけじゃないから、稼いだ金で旅行に行ったり飲みに行ったりね。大学から親元に郵送される成績表の出席日数は限りなくゼロに近いし（笑）、単位のつけようもないので記載されていないのですが、授業料を払っている限り学科は進級した状態で通知が行くんですね。だから親は息子が留年していることを全く知らなかったようです」

「アルバイトは面白かったですよ。近くにはブランド物の服装メーカーの事務所や卸業者の事務所、芸能関係者の事務所がたくさんあって、いろんな人が客として来るんです」

「一緒にアルバイトしていた女の子は山本寛斎のモデルをやってる娘で、穴の開いたジーパンはいていました。下着が見えてるから『穴あいてるよ』と小声で注意したら『こういう服だから』と笑うんです」

「その娘と代官山のハリウッドランチマーケットという古着店に遊びに行ったことがあるのですが、当時は外にらせん階段のついた5階建の古いビルでしたね。今はずい分ときれいな店になっているようですが」

「芸能人では、いしだあゆみとショーケンが一緒に来たり、郷ひろみ、研なおこ、セーラーローエルなんかも来ましたね」

「森進一は独立した後、この近くに事務所を持って、一度だけ客として来たことがあります。サービスの意味でメロンを添えて出したら、びっくり顔で『注文していませんよ』と言うんです。あれだけ有名になったら高慢になって、サービスだろうと解釈するのが普通ですが、どこまでも誠実そうで真面目な人でしたね。車も自家用は大衆車のカローラでした」

「喫茶店のママもマスターも気さくで、家族ぐるみで信州に行ったり、ホントに楽しかった。でもそのうち、大学に通ってないことが親にバレてしまい、カンカンですわ。高知に連れ戻されて、大工の手伝いをさせられました」

「ボンボンの生活をしてきた人間に、田舎の生活が長続きするはずがありません。逃げることばかり考えていました。やっと職安で仕事をみつけて、三重県の鈴鹿に出てきました。本田技研が季間従業員を募集していたんです」

「自動車のインパネやダッシュボードを作る仕事で、社員寮に入って働き出して3か月したとき、社員試験を受けてみないかと言われました。合格して本採用になったのですが、痔を悪くして数年で辞めてしまいました」

「ここで働いているとき祖父が亡くなりました。亡くなる前の何か月かは頻繁に高知に戻っていたのですが、最後は危篤、持ち直しの繰り返しで1週間に3回も往復しました。これじゃ仕事にならない。上司から『今度帰るのは亡くなってからにしてくれないか』と言われましたね」

「亡くなったときいて、すぐに小牧空港から飛行機に乗り、タクシーを飛ばして家に着いたら、もう会社の上司が式場に並んでいるんです。あれにはびっくりしましたね。最短の方法で帰った私より、どういう手段でこんなに早く着くことができたんだろうって。さすが大会社だなと感心しましたよ」

「本田技研を辞めたあとは鈴鹿市内のパチンコ店の店員として働きました。田舎には帰りたくなかったですからね。田舎に帰れば、大学まで行ったのに、あそこの息子は何をしているのかという目で見られるし、親戚にもなんやかんやと言われますからね」

「他のパチンコ店の店長に引き抜かれて、別の店で働いていたこともあるのですが、見つかってまた連れ戻されました。ま、それだけ目をかけられていて有り難いことだったんでしょうけど」

「そのパチンコ店は個人資産が西日本一と言われる人が会長で、パチンコ部門ではトップにつく人が雇われ店長でした。その店長の仲介で、36歳のとき結婚しました」

「彼女の父親はホンダやトヨタの自動車部品を作る下請会社を営んでいました。その父親が亡くなったとき、葬式の会場に会長名の花輪が届いているのを見て、参列していた親会社の社員が『どうして、こんな有名な人から花輪が?』とびっくりしていましたね」

「彼女とは何となくしっくりいかなくなり別れました。それと同時にパチンコ店も辞め、行ったことのない九州に出て働こうかと思い、ふらっと福岡に行きました。新聞広告で土木作業員の仕事をみつけて九州で働いていたのですが、大阪の方が日給が良いと知って、大阪に出てきたんです」

「泉南の作業員宿舎に入っているとき、そこの社長が夜逃げしました。働き仲間10人がそのまま寮にいたのですが、食べるものも無くなってきた。仕方ないから田舎のおばさんに連絡して送金してもらいました。30万円送ってくれたので、一人一人にビールやタバコを買って、金も分けてやり、残り10万円を持って西成に出てきました」

「西成に出てきてからは、日雇いの不安定な生活はやめて規則正しく働ける職場をみつようと、お金をためて深江橋にワンルームマンションも借りて、ラーメン店で働いたこともあるんですよ」

「でも社長が変わったとたんに時給を切り下げてきたんです。その狙いが新店長の知り合いを雇うために私を辞めさせることにあったんですね。若い時からもめごとはきらいでしたから、新店長の思惑が分かったとき、ラーメン店を辞めました。マンションも引き払い、再び西成に戻りました」

「その後も仕事にあぶれることはなかったのですが、昨年の暮れ、仕事道具や作業ズボンなどを入れていたかばんを盗まれてしまったんです。簡易宿泊所に泊まる金も無くて、天王寺の地下鉄の入り口の階段にうずくまっていたら、野宿している人が『寒いやろ』と毛布をくれたり、一杯飲ませてくれたりしました。うれしかったですよ」

「4日ほどそんな生活をしていたら、年末年始の臨時宿泊所のことを教えてもらい、『手続きの仕方は釜ヶ崎解放会館に行ったら分かるよ』といわれたので稲垣さんを訪ねたんです」

「稲垣さんに事情を話したら、うちで寝泊りして炊き出しを手伝ってもらえませんかと言われ、こうやって炊き出しを手伝うようになりました。1日も早く仕事に就きたいですね」

「炊き出し活動に支障のない時間で働けるところを探しているんです。パチンコ店終了後の台の掃除、市場の清掃…。短時間でも毎日決まって仕事があれば、月4～5万にはなる。明日、さっそく面接に行くんです。雇ってもらえたらいいですけどね」

117号（2004年2月24日）

まだ終わらない夢

安西さん
昭和 13 年生まれ
62 歳
京都市出身

「父は日立の系列会社バブコック日立の事務員、母は専業主婦、兄弟は男ばかりの3人で末っ子です。父は日立の大阪営業所に30年間勤めて、55歳で定年を迎えています。私が小学校に上がる頃は北浜の営業所に勤めていましたので、愛日小学校に通いました」

「戦争の最中で、私ら兄弟と母は、母方の親戚がいる豊岡に疎開しました。父は体が丈夫でなかったので兵隊にとられることもなく、大阪で働いていましたが、仕事は事務でもやはり軍に関係する仕事だったと思いますよ」

「豊岡には終戦までいましたが、子供なりに親戚に気をつかう生活で、あまり良い思い出はありませんね。学校の授業の中に、松やにを採りに行く時間があるんです。地元の子たちは学校にノコギリ持参で登校するんですが、都会から来ている僕らはノコギリなんて持ってない。それだけでいじめられるんですね」

「松の木の表面を削ると、ポタン、ポタンと松やにが滴るでしょう。それを、直径10センチくらいの缶に集めるんです。1人、1個の缶を持って山に行き、油を採るのが授業でした。5～6時間くらいで缶にいっぱいになるかな」

「1人1缶の油でも、7000万人の国民が集めれば7000万個でしょう。日本は原油の輸入をストップされていたから、小学生の子どもら一人一人も『お国のために役立っている』という気負いがありました。油採りに参加できないことはみじめで悔しかったですね。やっとの思いでノコギリを借りることができるとホッとしたものです」

「いつもひもじかった。人糞をこっそり畑にまいて、何か食べられるものを作ろうとしたんですが、親戚のおばさんに見つかって、ずいぶんと叱られました。肥もまた、当時の民家にとっては大切な物だったんですね」

「育ち盛りの男の子3人を居候させてもらって、母はずい分と気をつかったと思いますよ。実際、厄介者扱いされているというのは子供心に嫌というほど分かりましたからね。まあ、皆が飢えていて、気が立っていて、だれもがギスギスしていた時代ですから仕方ないですね」

「戦争が終わって、私たち母子は福知山回りの国鉄で大阪に戻ってきました。戦後もB29が上空を飛行しているのをよく見ましたね」

「母は優しかったですね。口やかましいことは一切言わず、勉強しなさいと言うこともなかった。私が小学校3年生のときに亡くなりました。がんですね。今でも母が亡くなったときのことはよく覚えていますよ」

「学校から帰ってきたら、往診に来ていた医者が父に『ここ2～3日が山やね』と言ってたんです。父が私に「学校に行かんと、母さんを看てやってくれ」と言いました。医者がその場で注射を打ちましたが、それが悪かったんでしょう、体力のないところへキツイ注射を打ったためか、それから1時間もしないで死んでしまいました」

「父も兄たちもみんなそろっていましたし、遺言も聞くことができましたから、母は満足だったかもしれません。でも、あの注射を打たなかったら、あと2〜3日は生きていたかもしれないのにって、思いましたね」

「母の死後、父には再婚の話がいくつかあったそうですが、父の方で全部断ったそうです。継母では息子たちが難しい年頃だし、いろいろ大変だろうと思ったからだそうです」

「父と息子3人の男所帯でしょう。食べ物のない時代でしたからね。お金があっても食べ物がない。父も家事が大変だったと思います。私は船場中学を卒業したあと大阪商業高校に入学し、卒業後はベアリング関係の商店に就職しました」

「大阪市北区にある、社長と従業員3〜4人という小さな商店です。ベアリングは三菱系の日本精工が60%のシェアを占めており、続いて東洋ベアリング、光洋精工、不二越鋼材、旭精工、この5社がほとんどですね」

「私の勤めた商店は東洋ベアリングの販売店でした。営業として10年勤めました。実はこの社長の奥さんは病気で長期入院中だったんですが、その間に事務員の女の人が社長と親密な関係になって、この事務員が我が物顔で事務所を仕切り始めたんです。女天国ですわ（笑）」

「電車賃もらうのにさえ、細かいことを言ってくるんです。ベアリングを1つ、神戸まで配達してと言われて、電車賃を請求すると、『交通費が高くつく』と口をはさんできて、結局自転車の運搬車で神戸まで運んだこともあります。男として、やりづらい職場だなあと思うようになり、また、営業のノウハウも覚えてきたので独立を決意して、退職を申し出たんです」

「自分が開拓したお得意さんもけっこうあったので、退職金は当然出るだろうと思っていたのですが、社長からその話は一切ありませんでした。『退職金をもらいたいのですが』と切り出したところ、『甘い』と一言。『独立したいから辞めたいと言うのなら、それまでの間に給料を貯めておくのが当然だ』と突き放されました」

「勤めているうちは、けっこう甘い言葉をかけてもらっていましたが、いざ辞めるとなると、手の平を返すように態度も一変しましたね。大阪の商人に多いタイプですかね。まあ実際、私も考えが甘かったとは思います。大企業なら退職金制度というのがあるでしょうけれど、従業員4～5人の職場では、そんな制度がなくて当たり前なんでしょう」

「ベアリングは紙を巻き取る製紙工場からの注文が多いんですよ。軸が常に水に浸かっているから痛みも早い。そんな関係で、紙ひもや包装紙などの製造、卸をしている荒井産業に就職しました。ここの社長と意気投合したんです」

「営業の仕事で走り回りました。阪神、高島屋、三越、大丸などのデパートのお得意さんをつかんでいましたが、何しろ、儲けは少ないでしょう。そこへ神戸の商店に納品した分が８００万の不渡りになりましてね。それが打撃となって、資金繰りが危なくなってきたんです」

「私が入社した頃は40人近い社員がいたのに、４年後には、7～8人になっていました。社長は、経営がかなり悪化しているにもかかわらず、突然あちこちに大口の発注をかけ出したんです。『これはまずい、つぶれるな』と思い、退職しました。案の定、1億近い負債を抱えて倒産しました。この業界にしては大きな額でしたから新聞にも載りました。早く辞めておいてよかったと思いましたよ。犯罪に手を貸すことになりますからね」

「荒井産業を辞めて、知人と一緒に段ボールに貼るオリーブテープの販売を手がけました。知人に『荒井産業はあと1か月もつかどうか分からん会社だから、荒井に納品したらいかんぞ』と言っていたのに、150万円分納品したんですね。商売を始めてすぐの150万円の不渡りは痛いですよ。ここでまた失敗です」

「その後は船場にビルを持っている友人と一緒に、ニチバンのテープの販売を始めました。3階建ビルの1階は友人の父親が住み2階、3階を事務所にしての商売です。友人は金持ちのボンボンなのですが、商売の方より女の人と遊ぶ方が趣味のようで、当時新婚でありながら、他の女の人ともつきあっていたんですね」

「奥さんが妊娠して『産みたい』と言ったのですが、友人は『まだ商売が軌道に乗らなくて大変だから堕ろせ』と反対したそうです。それでも奥さんは強引に産んだのですが、それが双子だったんで（笑）、友人はびっくりして女の人と一緒に家出してしまいました」

「金はなんぼでもあるから、2~3年は遊んで暮らしていたんじゃないですか。大阪に戻ったときにはその女の人も一緒だったというから、何だかややこしい話ですが（笑）。そんな中で、私は飛び込みセールス専門に顧客を開拓していきました。細かい商売でマージンがないですが、コツコツやれば、それなりに成果がでますからね」

「コツコツと貯めたお金で、今度こそ独立と思い、大阪市東区に電話だけを借りての事務所を作り、商売を始めました。テープや包装関係の商売ですね。単価の安い商売ですから、少ない金額の不渡りでも、すぐ大きく影響するんです。集金に行って『金額少ないから来月まとめて払うわ』なんて言われるでしょ。少ない金額すら払えないということですから、来月行ったところで、もらえる保証はない。実際、そういう言葉で何度、損をしてきたことか。個人の商売は集金ひとつとっても難しいですよ。結局、得意先に不渡りを出されてここでも倒産してしまいました」

「毎日毎日、資金繰りでしょ。いい加減、疲れてきました。月々、安くても良い、きちんと規則正しく収入のある仕事に就きたいと思い、警備会社に就職しました。いくつかの警備会社に入社して、最後が滋賀県栗東町にある新生警備です」

「ここは道路警備が主でしたね。単価は1日6000円から8000円。そこから1500円の食費を引かれます。本社は3階建てで、一人3畳の部屋が100室ほどありました。月45000円以上の仕事があれば、寝泊りは宿舎で出来るのですから、やっていけます」

「でも仕事が少なくなって食費の天引きの方が高くなってくると借金だけが膨らむ。会社は4月、5月、6月の仕事が少ない時期は、従業員をいったん宿舎から出すんです。今年の4月、宿舎を出て西成のホテルで宿泊していたんですが、部屋代も底をついてしまい、公園をブラブラ歩いていたら、炊き出しをしている陣内さんに出会いました」

「陣内さんとは仕事場で一緒だったこともあり、『ここで何してるの？』ときいたら、『炊き出しの手伝いでお椀を洗っているところ』と言われましてね。仕事もなくて困っていたので、陣内さんに紹介してもらって炊き出しを手伝うようになりました」

「子供のとき、ひもじい経験もしていますから、こうやって民間の人たちがボランティアで食事を提供して助け合っているのは素晴らしいことだと思いますね。でも私は正直言って、働きたいです。センターに早く仕事が出てきたらいいなあと毎日思っていますよ」

「働いて資金を貯めて、また商売をやりたい。夢のまた夢だと思いますが、セールスの仕事は自分の天職だと思っています。もう一度、やれるのなら、ベアリングの販売の仕事がいいですね」

「ベアリングは精度を要求されます。スウェーデンやドイツの鉄は世界一ですよ。良い製品を長く使いたいというお国柄も、その製品から伝わってきます。昔とった得意先をもう一度とりたい。それが私の夢ですね」

「父は10年前に亡くなりましたが、酒を飲むと『安西家の先祖は公家であった』と自慢していました。本籍は左京区岡崎天王町です。『明治以降、平安神宮周辺は安西家の所有だったのに、曾祖父さんの代から3代で食いつぶしてしまった』とよく嘆いていました。酒を飲むたび自慢話をする父を『そういう親父は日立の使い走りの社員じゃないか』と冷めた思いで見つめていましたがね（笑）」

97号（2000年8月25日）

第2章　ささえる人々

『絆通信』《こんにちは、がんばってます!》のコーナーより

戦争体験を語り継ぐ。私は90歳

樽美さん
大正12年生まれ
90歳
大阪市出身

「母は船場の生まれで父親を早くに亡くしています。頭は良かったのですが小学校しか出ておらず、広告の字を読んで勉強したそうです。商売をしたかったので、心斎橋筋で小間物や化粧品を扱う『いづ勘』の番頭をしていた父と見合い結婚をしたということでした。番頭さんならのれん分けしてもらえると思ったんですね」

「『いづ勘』では白粉《おしろい》を製造販売し、白粉を包む紙も印刷していました。百貨店にはない白粉ですから、役者や俳優さんがよく買いに来ていました」

「私たちが住んでいた笠屋町は1番地から50番地まであって、竹細工のざる屋、扇屋、すだれ屋、化粧品屋などが密集する商店街でした。浄瑠璃語りや長唄の先生の家があって、邦楽の音色が流れる中、夏は夕飯食べた後行水して、おじさんたちは縁台で将棋を打ったり、子どもたちは花火をしたり。なかなか情緒のある町でした」

「番頭さんの嫁さんはしきたりが厳しかった。毎月1日と15日は主人の家にお礼参り、年に1回は丁稚さんの布団の洗濯、主人の家の法事のお手伝い…と奉仕が続く。布団の洗濯は、番頭さんの嫁さんが集まって1

週間くらいかけて、丁稚さんの綿のごっつい布団から綿を剥《は》いで洗濯するんです。そんなとき母は私と妹の世話をお手伝いさんに頼んでいました」

「番頭さんの嫁さんを仕切るのが長老格。負けず嫌いの母は大奥みたいな長老格に後ろ指さされるのが嫌で、一生懸命だったんですね。底抜けにお人好しの父をしっかり支えていました」

「地域は裕福な商売人が多く、女学校に行くのが当たり前でした。でもうちは生活が厳しい。府立の女学校を目指して受験勉強しました。国語、数学、地理、歴史、理科の5教科。府立清水谷女学校を受け、学年で3人だけ合格しました。合格発表の番号が貼り出された日は雪の降る寒い日でした。母が一番喜んでくれましたね。これでお嫁に行くとき箔《はく》がつく、ってね（笑）」

「この女学校で親友ができました。お父さんが浪華商業学校の校長として福岡から転勤してこられ、その娘です。田舎っぺの彼女を、私は最初、侮っていたんですよ。ところが彼女、素晴らしい人だった。決して美人ではなかったけれど、私にとって憧れの対象になりました。私が本を1ページ読む間に2ページ読む。しかも内容をしっかり把握している。絵が上手。文学や音楽の知識も豊富。何から何まで私の上を行く人でした」

「千里山の彼女の家に遊びに行くと、書斎にはシェークスピア全集やドストエフスキーの本が並び、レコードからは映画音楽が流れてきた。青春時代の真っただ中、お互いに人生を語り合いました」

「女学校2年生のとき日中戦争が始まりました。学校近くに日清・日露戦争で戦死した兵士を祀る真田山陸軍墓地があって、年に1回墓地の清掃に行きましたね」

「女学校の卒業生のうち1割は上の学校に進学しました。親友は薬専に進学しました。私も進学したかったけれど女学校に入学したとき母から『うちは人様と同じようなお付き合いはできまへんで』と釘を刺されていましたからね、上の学校に行くことはあきらめていました。母は習い事を勧めましたが、1日中座って和裁を習うなんてまっぴらでした」

「就職の締め切りが今日で終わりという日、母には相談せず三菱商事への就職を申し込みました。昭和16年春のことです。母から『職業婦人なんてかっこ悪い』と言われましたけどね」

「さあ、これから社会人1年生だと張り切って入社したのですが、女子職員は男子職員の補助員。男子が原稿を書いて、英文タイプで打ってきたのを私がチェックするという仕事でした。貿易会社なので書類は積荷の送り状、保険証券などです。レーヨンヤーン、レーヨン布、綿糸、綿布を扱っていました」

「同期入社の商業学校出の男子新入社員には講習会があるのに女子には無い。女子にも講習をしてほしいと要求しましたが、認められませんでした。私が入社したころの貿易相手は満州・関東州・支那とフィリピン、オーストラリアだけでしたが、その年の7月に資金凍結令が出てからはそれも止まってしまいました」

「仕事らしい仕事もなくて、社内の出征兵士に慰問袋を送ろうということになり、綿業部で見本の布をもらってきて、女子の机の上は手芸教室。段ボール箱に詰めてはかりに乗せたところで開戦の詔勅を聞きました。昭和16年12月8日です」

「仕事もないのに、のんべんだらりとしてはおれないと思い、翌年の1月末退職し女子師範を受験しました。お金が要らないかわりに何年間かは教師として勤めることが条件でした。ところが私は成績が悪いとは思っていませんでしたが不合格。身長が足りなかったんです。背伸びしても黒板の半分の高さまでしか手が届かない。悔しかったですね」

「臨時教員養成所の募集があり、それには合格し八尾女学校の臨時教員養成所に通いました。国民学校の教師が足りないからと、2か月で終了の即席教師です」

「配属されたのは港区の田中国民学校。木造2階建て、外の木の塀もところどころ破れていて、なんとまあボロ学校なんだろうとびっくりしました。3年生の受け持ちになり、教室を案内されました。ところがまた驚きました。67人の子どもがぎっしり座って机間巡視もできない。教壇から見たら顔ばっかりが並んでいる…」

「休み時間に校庭に出たら、ワァーッと取り囲まれ、始業のベルが鳴ると、先生！先生！とはやしたてられながら押し上って行きました。真夏の7月、私も子どもたちも汗びっしょり。いっぺんで子どもたちがたまらなく好きになりましたね。子どもたちから見たら、若いお姉ちゃんみたいな先生が受け持ちになったというだけで大歓迎してくれたのです」

「即席教師で分からないことも多かった。そんなときは師範出の向かいの学級の黒板を見たり、職員室で若い同僚たちと議論したりと、毎日が楽しかったです。書類相手とちがって、教室ではぴんぴんと子どもたちが反応してくれる。新米の先生でも教室では一国一城の主。それだけの責任があります。子どもたちが、教えたことをどれだけ分かってくれたかとしょっちゅうミニテストをして確かめました。謄写版を誰よりよく使いましたね」

「3か月後に産休を終えた先生が戻ってこられ、ばらばらにされていた子どもたちが集められ、階下の物置きになっていた部屋を子どもたちと一緒に大掃除して野本学級ができました。とにかく産めよ増やせよの時代で、たいてい1軒に5～6人の子どもがいました」

「新学期、4年生に持ち上がりになりました。うれしかったですね。放課後、音楽の好きな子には合唱の練習をさせたり、絵を描くことが好きな子には絵画クラブをやらせたり。淀川の堤防の池にオタマジャクシを捕りに行ったり、箕面に昆虫採集に行ったりもしました」

「工作で輪ゴムを動力にボール紙で機関車を作るのがあって、これはグループで作らせたのですが、教室で走らせっこをしました。学校の近くに貨物の引き込み線があって、亀井君が見に行きましてね、真っ黒でリアルな機関車を完成させました。それで、大丸の工作展に出品しようという話になった」

「みんなで市電に乗って心斎橋まで行き、帰りは、頭は良いが運動は苦手な松下君を走らせようということになり、亀井君や松下君らと私の5人が市電に沿って夕凪橋まで走りました。市電の窓から『先生、しっかり！』なんて冷やかされながらね」

「田中国民学校の本校は3年生以上でした。体操は校庭と雨天体操場の二カ所で行われましたが、3つのクラスがかち合うと残りのクラスは学校を出て、町の中をピッピッと笛を吹きながら駆け足したものです」

「昭和19年4月、1年生の女子の受け持ちになりました。1・2年生はちょっと離れた池田町に分校があって、『あかい　あかい　あさひ　あさひ』を教えました。学校給食が始まり、雑草入りのコッペパンが一つと中身は水菜だけの味噌汁。本校の校庭には芋などの畑が作られ、狭い校庭はますます狭くなりました」

「ときどき夜中に空襲警報が出て、そんなときは家から学校まで市電に沿って走りました。どうしてかって?学校には教育勅語を納めたご神体があり、校長先生はご神体を守るため、私たちはご神体のある学校を守るためです」

「教師をしていたときには気付かなかったことですが、軍国主義教育をしていましたね。子どもたちが騒ぐと『静かに!戦地では兵隊さんたちが一生懸命戦っているんですよ!』とか、後ろの黒板にアジアの地図を張って、日本軍が占領したところに小さな日の丸を立てたりね」

「分校に通うようになったころから、母の病状が悪くなりました。父が熱を出したとき、水にぬらした手拭いを絞ろうとしたら親指が痛い。そのときが母のリウマチの始まりです。その後、脚、腕、肩、首と痛いところがあちこち移動し、段々ひどくなってきて、ほとんど家事ができなくなっていました。母の介護と家事のため、教師を辞めざるを得なくなりました」

「昭和20年3月10日に東京、12日に名古屋に空襲があって、今度は大阪に来ると言われていました。親友が疎開荷物を受け入れてあげるから早く荷造りして、と催促しに来てくれていました。家中の衣類を出して、分散して持ち出せるよう、行李やトランクに詰めたのが3月13日。運送屋さんに頼みに行ったら『明後日』と言われましてね、結局その日の夜の大阪大空襲ですべて灰になりました」

「あの日の夜、空襲警報が鳴り、『天王寺方面に落ちました』とのラジオニュースが流れました。昼の食事に帰ってきた父は、今日は職場に泊まりだと言う。病人のお母さんがいるというのにと詰め寄りましたが、お人好しの父のこと。分かってはいても、仕事場に行かざるを得なかったのでしょう」

「リュウマチがひどくて歩けない母をへこ帯で背負い、ひきずるようにして避難場所の大宝小学校に向かいました。でも学校の門が開いてなくて入れない。西へ向かって歩いていると小料理屋のおじさんが母を背負って大丸の地下に連れて行ってくれました。大丸の地下が避難場所になっているということをその時はじめて知りました」

「母を置いて、すぐに家に引き返しました。二枚続きの毛布と布団、醤油のびん、非常持ち出しのリストを書いたノートを持ち出し、家の外に出ました。すると停電しているのに街が明るいんです。顔がはっきりと見える。南の空も東の空も炎で真っ赤でした」

「焼夷弾が落とされ、炎がものすごい勢いで東から南から追いかけてくる。探照燈は動いているのに飛行機がつかまらない。B29の爆音がお腹に響き、焼夷弾の閃光が花火みたいに光った」

「『みんな、バケツを持って火を消せ』と叫ばれましたが、バケツを持って走るには、少ししか水を入れられない。何の足しにもなりません。炎の流れから逃れる多くの人たちが、御堂筋を目指して歩いていました」

「家は延焼しました。送りそびれた行李やトランクは家の中に掘った防空壕で蒸し焼きになっていました。空襲から1週間後、そおっと開けてみると、母が私たち娘二人の嫁入りのためにと仕立て直し、仕付け糸をして大事にしていた着物が炭になっていました。蓋をあけたことにより空気が入ったんですね、ちらちらと静かに燃え出しました」

「あちこちに焼け残った蔵は、土壁がバサッと落ちて、蔵に少しでも空気が入るとスーッと紫の煙が上がって燃え出す。あっちの蔵、こっちの蔵と煙が上がり、音を立ててバサッと崩れる。きれいな風景だなと思った。異常心理ですね」

「家が焼けて、淀川の堤防沿いのおじさんの家で生活するようになりました。しばらくしてすぐ近くに家を借りました。その家に今も私は住んでいます。6月7日にも空襲があって、寝たきりに近い状態になっていた母は『行けへん』と拒みましたが、『そんなこと言うてんと』と背負って逃げたものです」

「敗戦は言葉で言い尽くせないほど衝撃でした。親友の所へ駆けつけ、手を取り合って泣きました。その親友は肺病が再発して見舞いに行くたびにかけ布団の厚みが薄くなっていくのが分かりました。彼女は終戦の翌年、私の誕生日の日に亡くなりました。私にとって生涯で一番辛い日でした」

「彼女に一緒に付いて行きたいと思いました。心が空洞になりました。その翌年、母が亡くなりました。妹が疎開先からシラミを持って帰り、それが母の髪に移って、床に寝たままでシラミを取ったこともあります。床ずれだけはつくらせまいと、体を拭くのも必死でした。そんな母が亡くなって座棺に入れられる時、手足を曲げるから骨の折れる音がポキポキッとした。それでも涙が出なかった。親友が死んだときには3か月、かれるまで泣いたのに。情の強《こわ》い自分が辛かった」

「それから何年かして、秘めていた辛さを親戚のおばちゃんに打ち明けました。『痛い、痛いと苦しんでいたお母さんがやっと楽になって良かったんだ。ホッとしたんだね。情の強い娘じゃないよ』と言ってくれた。自分の中で何かがはじけた。母が死んでから初めて、おばちゃんの膝の上で大泣きしました」

「軍国少女だった私は敗戦と親友の死で生きる目的を失ってしまった。何を信じて生きればいいのか分からなくなった。土佐堀の大阪教会に通うようになり洗礼を受け、ＹＭＣＡで5年間働きました」

「ＹＭＣＡでも男子にだけ身分保障されていることに疑問を持ちました。問題提起したことで嫌がらせを受けました。でも味方してくれる主事もいて、その人の紹介で婦人民主クラブ（婦民）を知りました。樽美ともそのころ知り合いました」

「婦民の勉強会や様々な社会活動を通じて、戦争にのめり込んでいった歴史を学びました。無知な私たちだけでなく、知識人、文化人と言われる人たちも、次々と決められる法令によって否応なく戦争に協力していったんですね。銃後の私たちは前線での悲惨なできごとを知らなかった」

「部落差別の問題を通じて人権思想も学びました。釜ヶ崎のことも知りました。戦後の私の人生は、平和と人権を守る闘いで明け暮れました。能勢ナイキ基地反対闘争では6年間毎月、一度も欠かすことなく能勢に通いました。『やまびこ通信』のガリ切りは私の担当。仕事を終えたあと食卓でガリ切りをし、後始末は主人と息子に任せて家を飛び出したものです」

「この写真は大宝小学校での学芸会。桃太郎役が私。その横に写っているこの男の子。食べるものが無い時代、母が家の押入れから乾物を引っ張り出して、細かく切ってかやくご飯を作りました。お母さんもお兄さんも病気で亡くなって、お父さんと二人で暮らしているその子の家にもかやくご飯をお裾分けで持って行ったことがあります。母とその子のお父さんは学校の父兄会で親しかったんです」

「お父さんからお別れの挨拶に行ってこいと言われたんでしょう。昭和19年の秋、その子は私の家に出征の挨拶に来ました。あまり体の大きい子ではなかったのですが、将校の試験に合格し30人の部下がつきましたと話し、ダブダブの将校服姿で敬礼しました。その彼も台湾沖の海戦で海に消えたという話です」

「空襲で田中国民学校は焼けてしまいましたが、コンクリートで作られた大宝小学校は戦禍を免れました。空襲の翌日、大宝小学校に集まれと言われました。教室や階段や廊下に貼り出された子どもたちの絵や習字を目の当たりにしたときの感動を忘れることができません。そこには何の変哲もない日常がありました。平凡な日常がたまらなく愛おしかった」

「永らえて命ある私たちが戦争の体験を語り継いでいかなくてはならないと思っています。90歳になった今も勉強会や集会に、バスと電車を乗り継いで参加しています」

157号（2013年7月29日）

東北大学助教授の地位を捨て、釜ケ崎へ

遠藤さん
昭和35年生まれ
37歳
山梨県甲府市出身

「父は地方新聞の社会部記者、母は日本では二期目の婦人警官をしていました。兄弟は兄が1人です」

「父は仕事柄、知り合いに弁護士や検察官が多くいまして、家にも彼らが出入りする機会がよくありましたから、私は子ども心に、検察官はかっこいいいな、憧れるなという気持ちがありましたね」

「父は高校卒の記者でしたが、新聞記者としての誇り、自立心はありましたね。現在のようなサラリーマン化した記者とちがって、権力に迎合することをとてもきらっていた反骨者でした。そのかわり、稼いだ金は全て取材に使ってしまうという感じで、母は経済的に大変だったろうと思います」

「父は私たち子どもをとても良く可愛がってくれて、休暇のたびに旅行に連れて行きましたね。だけど困ったことに、父の休みは平日がほとんどでしょ。それも突然に。『明日は休みだ。おい、おまえたち、どこへ行きたい？決めなさい』と言いだして、学校を休ませて旅行に連れて行きました。母もよくしたもので、自分の仕事を休んで家族旅行ですわ」

「そんなでしたから、小学校時代の成績は悪かったですね。学校に行くのは楽しくて楽しくて仕方ないんですが、授業中はいつも行方不明になって、保健室で遊んだり、とにかく机に向かっていることができなかっ

た。給食の時間だけですね、おとなしく机に向かっていたのは」

「母が学校に呼び出されて、特別支援学級に入れた方がいいかもしれないと先生に言われたくらいでしたが、母は私を叱りもせず、適当に先生の忠告を聞き流していたようです。『この子はこういう性格の子ですから』と逆にやんわりと先生に反論していたそうです」

「劣等生の私が、ある日テストで90点をとったことがあるんです。日本の国立公園を全部書きなさい、というテストでした。この手の問題なら大得意。だって、父と旅行するときのプランは私ら兄弟が地図と時刻表をにらめっこしながら立てる。出納帳も全部まかせられての旅行です」

「スラスラと全部書いて、5分もしないで提出しました。先生もびっくりして、『遠藤君、白紙で出したらいかんよ』って言うくらい。全部できて100点のはずだったんですが、クラスの優等生が私の答案用紙をのぞきこんで、『公園の公の字が国園になっている』って、ケチつけましてね、それで90点」

「中学、高校は受験勉強一筋でしたね。父の背中を見て育ってますでしょ。父は私に、『勉強して東大に入って悪事と闘え』って口癖のように言ってましたので、検察官になりたいと思って、一生懸命勉強しました」

「1年浪人して、目指す東大法学部に入学しました。浪人生活は貴重な体験でしたね。甲府の田舎で秀才と言われても、東京には自分と同じレベルの者ばかり。東大に受かるのも不合格になるのも、成績ではそれほどの大差はありません。ひとつの運ですよね、試験結果は。この頃から東大への憧れは失せつつありました」

「大学では憲法裁判を専門に学びました。『憲法学は決して将来モノになるという学問じゃないよ。出世には関係しないし、大変な学問だよ。止めるなら今のうちだよ』という芦部教授の言葉の中に、決してはったりを言わぬ学者としての誠実さ、真摯な思想を感じましてね。これだと思い、先生の門下生になりました」

「すばらしい先生でしたね。憲法という机上の理論、理念と裁判という生活者のレベルでの技術論、この二つを統一しようという憲法裁判の研究は、私にとって学問とはどうあるべきかを考えさせる大切な学習の場ともなりました」

「東大で3年間、助手生活をして、27歳で東北大学の助教授になりました。東北大学では憲法学の教授がおりませんでしたので、実質的には助教授の自分が教授の仕事を兼ねました」

「東大で、精神的に行き詰る時代がありまして、その当時から聖書を真剣に読むようになりました。東北大学に赴任してからは、人間存在の罪、差別意識の問題などの社会問題に、そういう面からアプローチしていくようになり、部落差別、障害者差別、女性差別等の問題に積極的に関心を持つようになりました」

「この時期、父ががんで亡くなっているんです。『大学の先生は暇なんですなぁ』と同室の患者さんたちに笑われたくらいですが、週末ごとに父の入院する病院へ仙台から駆けつけました。父は最期まで『がんと闘うんだ！』という気概でしたね」

「息を引き取るとき、病室には私と二人きりでした。すーっと命の灯りが消えてからの、時間にしたらほんの1分くらいなんでしょうが、静かな深い祈りの世界を共有しました。私自身が、これほどまでに魂の安息を感じたことはありませんでした」

「何も知らない看護婦さんがノックして入ってきました。『遠藤さん、いかがですか？』と言いながら腕に触れ、死んでいることに気づいて、悲鳴をあげて走り出していきました」

「大阪であった部落解放研究会に参加して、釜ヶ崎のことを知るようになりました。知人を通して稲垣さんを紹介してもらい、稲垣さんから釜ヶ崎の現状を教えてもらい、炊き出しのことも教えてもらいました」

「大学を辞めて釜ヶ崎で活動したいと言いましたら、半信半疑でしたね。今から2年前のことです。退職の決意は固まっていましたが、後任の人事など、いくつか問題がありましたので、そのへんのことを全部片づけて、去年の9月、釜ヶ崎に出て来たわけです」

「ところで、ある集会で、釜ヶ崎の他の活動家から『大学で何をやってきたんだ？』と問われ、『憲法学です』と答えたら、『日本に憲法は存在するの？』とズバリ言われましてね、言葉に窮しました。路上に寝ている人、炊き出しに並ぶ人…、釜ヶ崎の現状の何一つとっても、生活保護法も活かされていない」

「そんな中で、私は稲垣さんに、日雇い仕事を体験したいと申し出たんです。彼は渋い顔をして、そんな無理しなくても…って感じで、相手にしてくれなかったんですが、次の日、ちゃんと友人の高柳さんに話をつけてくれて、鉄筋工の助手として働く段取りまでとってくれたんです」

「10月と11月の2か月間、生まれて初めての現場仕事を体験しました。朝5時半に起きて、兵庫県の特養ホーム、奈良市内のマンション建設、守口市のパチンコ店の駐車場…。毎日、行く所はちがいましたが、一人前に日当の1万5千円をもらいました」

「しんどかったです、実際。高柳さんはベテランの鉄筋工でしょ。手取り足取り教えてくれるのですが、のみこみの悪い私は叱られてばかり。最初は優しく教えていた彼も、最後は大声で怒鳴ってましたね（笑）」

「大学を辞めて無収入でしょう。この2か月間の日雇仕事で経済的に本当に助かりました。金が無い、ということを察してくれて、稲垣さんは高柳さんに頼んでくれたんでしょう。稲垣さんはそんな素振りを全く見せませんでしたけど」

「仕事を終えた最後の日、高柳さんにお礼の挨拶にうかがったとき、手土産のビール代も全部、彼が払ってくれました。そういう人なんですね、稲垣さんて」

「現在は日本基督教団西成教会の金井牧師の厚意により、釜ヶ崎の中にあるいこい食堂を手伝って、いこいの家に居候しています」

「牧師として宣教するのが夢だったのですが、稲垣さんに『弁護士として活動したらどうですか』と言われましてね。そうか、弁護士という途もあったんだと思いました。司法試験を受けなくても、私の場合は弁護士資格を取れますので、正式に今年2月から稲垣さんの紹介で後藤貞人法律事務所に机を1ついただいて、第1歩を踏み出すことになりました」

「4月には釜ヶ崎で知り合った韓国からの留学生と結婚する予定ですし、私の活動はこれから、といったところですね」

「精神的に行き詰って、一時期甲府で休養していた頃のことですが、父は仕事を犠牲にして、この息子に付き合ってくれましたね。兄も京都の大学に通っていましたが、京都から駆けつけて、何日も何日も私と一緒に野山を歩いたり、いろんな話をしてくれました」

「兄は現在、福岡で教師をしており、真宗大谷派の僧侶として、『女性と仏教』をテーマに、差別問題と取り組んでいます。釜ヶ崎で活動してゆくことに対して、母はかなりショックなようでしたが、兄がずいぶんと母を説得してくれましてね。児童相談所で働く母も、今は理解してくれています。家族の愛情に恵まれていたと思いますね」

77号（1997年1月27日）

住民と同じ目線で釜ケ崎を捉えた写真家

中川さん
昭和 21 年生まれ
62 歳
京都市出身

「弟との2人兄弟です。昭和21年4月生まれです。今年の夏、40年ぶりに自分の生家を大整理したら母子手帳が出てきましてね。当時は分娩手帳と言ったんですね。出生予定、産婆さんの名前などが書かれていて、興味深かったのは配給」

「生後3か月と6か月の2回、卵焼きが50匁配給されているんです。誰が配ったかも判子が押されている。50匁と言ったら約200グラムですから卵3つ分ですね。当時の庶民の生活がこんなところでも知ることができます」

「父親は和漢薬の店を出していました。昭和の初め頃、薬屋は儲かるという話を人から聞いた母方のおじいさんが、マムシを買い取って黒焼きにして粉末にして、それを売る商売を始めたそうです。母と結婚して父は支店を出したわけです」

「世の中が少し落ち着いてくると、母親は理髪師として、父親は建具職人として働き始めました。両親が優しかったか厳しかったか、などという記憶はないですね。そんなこと言っていられない時代だった。親子とも食うのが精一杯。社会全体が余裕のない時代でしたが、我が家は一般庶民より貧しかったと思います」

「小学校の頃から音楽が好きでした。音楽会とかリズム合奏と言えば、いつもみんなの真ん中にいました。中学に入ると当然のごとくブラスバンド部に入りました。ところが高校ではブラスバンド部がなくてね」

「高校でもブラスバンド部があればいいのになぁ、と友達と話はしていたのですが、みんなあきらめている。『無かったら創ろうや』と言い出しっぺになって、まず先輩の女性に相談しました」

「『野球部の応援でもブラスバンドは要るわねぇ。分かった。協力するわ』ということになり、生徒会を召集することに成功。全校生徒1000人から生徒会費に毎月10円上乗せして1年で12万円。それで楽器を買って念願のクラブを立ち上げました。高校2年生のときのことです」

「部長になり指揮者として街頭パレードでも活躍しました。顧問には大学を出たばかりの新任の先生がなりました。僕らとそんなに年も違わないから、先生というよりは友達感覚でしたね」

「当時のクラブの部員と40数年ぶりにネットムービーで偶然出会ったんですよ。懐かしかった。再び昔の仲間との関係ができてね。そのうえ顧問の先生とも連絡とれたんです。先生は今68歳で、高校を定年退職されて悠々自適の生活をされているということでした。小学校から高校までが僕の人生で唯一スポットライトを浴びた時代と言えるでしょうか」

「中学のとき、クラブの先輩から『運動場は山を崩してローラーひいて造ったんやで』と聞かされました。さらに10年上の先輩たちからは『学校の敷地で芋を作った』と聞かされました。嵯峨野にあった高校は畑に囲まれた田舎でしたが、社会が豊かになってくるとブラスバンド部だ、野球部だとクラブ活動をする余裕が出てきたんですね」

「高校では文学にも興味を持ち出しました。文芸部があったのですが貧乏クラブで借金漬け。文芸誌を作ったところで売れないから元が取れないんですね。友達になった部長が『詩集を発行したいが金が無い』と言うので、『それなら資金を集めようや』とバイトを始めました」

「1日500円で寿司屋の出前をして20日間で1万円貯めた。これで積み重ねた借金を返済して詩集を発行しました。当時は鉄筆で書いてガリ版印刷ですわ。今年の夏の、生家の大整理のとき、この詩集とも40数年ぶりでお目にかかりました」

「10代の頃から、何かを企画してそれを実現するということが好きでした。『やりたいね』『欲しいね』というところまではだれもが言う。ところがそれを実現させよう、という意気はあまりない。『ブラスバンド部が欲しいね、だれか創らんやろか』と周りが言う。『創ろうや』と僕が言う。発案したら後はまっしぐら。この性格はその後の僕の人生に大きく影響しているように思います」

「昭和40年に高校を卒業しました。進学校でしたから同級生は同志社、立命館に大量に進学しています。でも僕の家は大学に行かせてもらえる経済的な余裕がなかった。当時はオーケストラの指揮者になることしか考えていませんでしたがその夢を友達や先生など周囲に話すと、だれからも嘲われました」

「だからいつの間にか自分の夢は心にしまっておくようになりました。親からは『進学は無理やで』と言われたので、それなら働いて金を貯めてそれから進学しようと考えた。指揮者になるためには大学に行くしかなかったのです」

「京都の十字屋楽器店に就職し、ピアノの調律の仕事につきました。音に敏感でしたから適職だったと思います。当時は電子オルガンが出始めた頃でしたから、ヤマハで半年研修を受けてエレクトーンの修理、メンテナンスを担当することになりました。仕事の合間にピアノのレッスンにも通いました」

「こうして2年間働いてお金を貯めて大学受験をしました。ところが受験勉強なるものはまったくしてないでしょう。他の受験生は家庭教師をつけて塾に通って一日2〜3時間の睡眠で猛勉強。太刀打ちできないですよね。ことごとく不合格で結局、立命館の夜間部になんとか入学できたんです」

「僕の育った北区西陣は共産党が強い地域だったんですね。中学時代から赤旗を読んでいました。近所には共産党の活動家が何人かいまして『だれそれさんは地下にもぐった』という噂話も耳にしていました。だから芥川賞をもらった柴田翔の『されどわれらが日々』を読んだときには衝撃でした。近所の地下にもぐった活動家とイメージがダブって、政治と文学を考えるきっかけになったたし、何となく扇動されたところもありますね」

「68年に21歳で大学に入学しました。入学すると高校時代の同級生は4年生でしょ。下級生が先輩になっている（笑）。『おぉ中川が入ってきた』と同期生には歓迎されました。当時は学生運動が一番激しい時代でして民青（民主青年同盟）に入っている新聞部の友達が社会のことをいろいろ論じているんですが、中身がすごく幼稚に感じましたね」

「そんなもんと違うやろ、といつも論争していました。議論好きでしたね。学友会は民青が牛耳っていて、学費値上げ反対闘争とか政治闘争でも徹底的に論争した。そのことが新左翼のセクトと勘ぐられることになり、結果的には大学に通えない状態になった」

「でも僕自身は、60年代後半から70年にかけて吹き荒れた政治の季節真っ只中にいても政治活動に没頭することには懐疑的でしたね。文学の可能性に期待していた。同人誌の発行に力を注ぎました」

「当時の文学仲間には、現在路上ライブで知られている阿部ひろえさんもいましたよ。彼女は僕より6歳下でしたね。阿部さんは釜ヶ崎の夏祭りでも三角公園で歌っているんじゃないかな」

「大学に行くことができなくなって、仕方ないから休学して出版社に就職しました。このころは興味の対象が音楽から文学に移っていましたね。賞をもらった人はたいてい出版社で働いていたということを知って、有信堂という法律専門の出版社に勤めたんです。動機は単純なんですよ（笑）」

「東京に転勤になってしばらく働きましたが、生活できる給料ではない。すでに学生結婚していて子供も生まれていましたから、そういつまでも夢を追ってはいられない。大学には7年間籍を置いて卒業しました」

「京都に戻り、新聞広告で見つけた郵便局に就職しました。成長する子供の記念写真を撮って、何となくコンテストに応募したら佳作に入選したんです。表彰状の式典に招待され出席したのですが、そのとき佳作が最下位だということを初めて知りました（笑）。写真への関わりはそれからですね。1年後には写真展に出せるくらいの技術はクリアし、2年後には京都の大きな写真展で賞をもらうほどになりました」

「ある日、朝日新聞全日本写真連盟が会員募集していたのでそれに応募しました。会員の写真を見てその技術的なレベルの高さに衝撃を受けました。ところが審査員もしている顧問の先生が、崩壊していく村を取材した北井一夫のシリーズ『村へ』の写真について『あんな作品、分からへん。へたくそや』と編集会議で酷評しているのを聞いて、現存の写真界に通底する価値観への違和感が決定的になりました」

「僕は北井さんの写真に強くひかれ、そして注目していました。自分の興味の対象と写真仲間の興味の対象、考え方が全く違うということに、やってられないなと思った」

「既存の組織の価値観にとらわれない、自分が納得する写真を撮りたいと思いましたね。北井さんの『村へ』に触発されて僕は『街へ』『都会へ』と関心を寄せていきました。大阪駅に降り立って、キタ、ミナミと歩いて天王寺まで来ました。天王寺駅から阿倍野の墓地に出て、そこから坂道を下ってうろうろしているうちに飛田にたどり着いて、気がついたら釜ヶ崎の三角公園にいました」

「そこが釜ヶ崎であるということも最初は知りませんでしたね。釜ヶ崎で活動しているいろんな人たちと知り合いになりました。78年の暮れのことですね。当時ケースワーカー1年目という岡さんから『正月に餅つき大会があるよ』と教えてもらい、正月に喜望の家に行きました」

「そこで小柳先生や稲垣さんに初めてお会いしたわけです。稲垣さんは『今（警察から）出てきたところです』と挨拶したのが印象に残っています。餅つき、釜ヶ崎メーデー、夏祭り…と何かにつかれたようにカメラのシャッターを押し続けました」

「釜ヶ崎で写真をとり続ける僕に東松照明が興味を持ってくれました。『京都に住む中川さんがなぜ釜ヶ崎？』と、写真の方向、表現のあり方を通して、僕の精神の流れを見ようとしてくれた。うれしかったですね。これまでの写真界の権威とはまったく違う価値観を共有できる人でした」

「僕の写真は迫力がない、と言われます。でもこれまで撮られてきた釜ヶ崎の写真への反発がありました。『釜ヶ崎は怖いところで、その怖いところへ行って、ほらこんな写真を撮ってきたぞ』と、世間の釜ヶ崎に対する負のイメージをたくみに利用して衝撃性を意図した写真。上から下をのぞく視線ですね。それへの反発があった。生活者のレベル、同じ目線で被写体を追いましたね。技術で驚かすのではなく、淡々とした釜ヶ崎の日常を共有したかった」

「3年間、釜ヶ崎で写真を撮り続け、釜ヶ崎の中や各地の図書館、公民館などでパネル展を行いました。季刊『釜ヶ崎』の雑誌の編集、発行も担いました。夢中だったな。その後、課長まで昇進した郵便局を辞めて、大阪で写真学校を立ち上げました。周囲、家族には反対されましたよ、もったいないって」

「理事として学校の運営に関わりながら、生徒を教えていく。いろいろありました。人間関係含めてぼろぼろになりましたね。『金儲けするための学校じゃないだろ』というのが僕の譲れない価値軸だった。『金がなかったら何もできない』と言います。それなら『金がなくても何でもできる』という企画は不可能なのか。結果的には世の中『お金なんだ』と思いましたね。勝ち組、負け組みで言えば、完全な負け組みですわ。傷心して死を考えるところまで追いつめられました」

「すべてのことから離れ、京都の生まれ故郷に戻りました。貨幣経済に組み込まれない自給自足の生き方を模索するようになりました。でもしょせんそれは無理なことなんですね。そんなもんもんとした毎日をおくっているとき、稲垣さんから『30年前の釜ヶ崎の写真を再び展示したい』と連絡があったんです」

「稲垣さんは金にもならんことを、釜ヶ崎という同じ現場に居座って、炊き出しとか労働相談とか同じことをずっと継続して行なっている。僕ならすぐに飽きてしまうのにね。演説がうまいとか、労働者を扇動するのが上手とか、そういうのは個人の能力の問題だけど、30年経っても40年経っても僕自身を大事にしてくれる、非常に人間らしい人だと思いますね。学生時代の仲間、仕事仲間、いろんな人と付き合ってきましが、つきあいは全てその場限りでした。稲垣さんのような人にお会いできて本当にうれしい」

「これを機会に、30年前の釜ヶ崎と現在の釜ヶ崎、これを僕の視点で対比させて写真制作してみたらどうだろう、なんて考えることもあります。これから先、僕もひょっとしたら釜ヶ崎で生活するかもしれないな、とそんな思いもありますよ」

「高校1年のとき、好きな娘がいました。同じクラスでおとなしい子でした。1年から3年までつきあいました。手を握ったこともないけれど真剣に好きになりましたね」

「ところが相手は僕のことを嫌いでもないようなのに受け入れてくれない。なぜ拒否するのか、なぜダメなのか、どうしても分からなかった。行き場のない感情が、ブラスバンドや詩集へのエネルギーになったんですね。腹いせみたいなものです」

「彼女の家はうどん屋さんでして、彼女が風邪を引いて学校を休んだときには家まで見舞いに行ったこともあります。両親が部屋に招き入れてくれ、うどんを食べさせてもらったのを覚えています」

「高校を卒業し、年月が経つにつれて彼女への感情は薄れていきました。ところが同和対策事業特別措置法ができて、マスコミも部落差別の問題を活発に取り上げるようになった頃、ものの本に彼女の出身地が部落の点在する地域であることを知ったのです。彼女に振られた後、10年くらい経ってからのことです」

「『どうしてもお付き合いできないからあきらめて下さい』と言った彼女の言葉がすっとよみがえってきました。すべてのことを理解しました。つかれたように釜ヶ崎にひきつけられていった僕の感情の伏線は、その辺にあるのかもしれません」

138号（2008年9月24日）

気負わず淡々と炊き出しを続けたい

稲垣さん
昭和19年生まれ
61歳
大阪市出身

「親父は、僕が小学校の頃は阪神、阪急、松坂屋などのデパートの薬局の一部にスペースを借りて、電気あんま器とか補聴器などの健康器具の販売をしていました。もっと若い時は役者をやっていたようです。時代劇で切られて池に落ちる役とか、切られてとんぼ返りをして倒れる役とかね。大部屋にいて、大女優の浪速千恵子を遠くから見ていたと話していましたね。あまりいい役につけなかったから辞めたということでしたよ」

「親父は中国の戦地に行っているのですが、田んぼの稲を束ねた陰から鉄砲撃ってくるから親父も撃ち返して調べに行ったら子どもが鉄砲持っていたとか、突然日本の兵隊がわめきながら川へ飛び込んで行方不明になったとか、そんな話を聞いたことがあります」

「親父は厳しかったですね。スパルタだった。火鉢の下に敷いてある木製のお盆があるでしょ。それでいきなり膝をたたかれてね、その木が割れてしまった。中学の時にはバット持って追いかけられたこともあります。私の方が足速かったから逃げ切りましたけど。『出て行け、帰ってくるな』と言われたりね。でも何のことで叱られたのか全く覚えていない」

「親父は仕事上、接待やらあるんでしょう、毎晩酒を飲んで帰ってきました。そして2階にいる僕に『浩、降りて来い』と呼んでは、ろれつの回らない口でなんやかんやと話しかけてくるんです。それが嫌でね。飲んでいたらまともに話ができないでしょ。酒を飲む席や、飲んで話をされるのが今でも苦手なのは親父の影響でしょうね。とにかく酒飲みは苦手です。でも仕事は一日も休んだことがなかったですね」

「幼稚園時代はいたずらばかりしていたようです。同じ園の女の子が歩いていると、傘の柄で足首をひっかけてこかしたり、ゴザを自分の体にぐるぐる巻きにしてゴザの丸まったのが縦に歩いているような格好したりね。いたずらの度が過ぎていたんでしょうか、お母さんが園長に呼び出されて、結局幼稚園は退園させられたようです」

「お母さんは優しかったですよ。小児結核で阪大病院に通ったそうです。太ももの内側を切ってゴムのチューブを入れて膿を出す治療ですね。お母さんにおんぶされて通ったことや帰りに木下サーカスに寄ったことなど覚えています。でも、いつごろのことかな、家の前にある小川の橋の上に立って、おんぶしている私に『浩、ここから飛び込もうか』と言ったことがあります。『イヤや』と答えたことだけは妙に記憶にあるんです」

「小学校のときは、成績は普通でした。家に学校の先生が下宿していたので、その先生に勉強をみてもらっていました。中学では野球部に入りましたがメンバーが9人そろわずチームができない。仕方ないから1人でもできるスポーツをと、陸上部に入りました」

「1年生のときはクラブの中で走りは一番遅かったんですが、3年生になったら誰にも負けない速さになりました。足の速い子は自信があるから練習もサボりがちでしょ。でも僕はクラブ活動を休むことはなかった。一人でジョギングしたり砂場で足踏みをしました。中間テストや期末テストがあっても走ってました し、正月も走りました」

「もともと素質があるわけでもないですけから、とにかくコツコツと1日も休まず走り続けただけです。中距離の1500メートルの選手でした。現在大学駅伝の監督をしている沢木さんが吹田3中の時代、長居公園のトラックで一緒に走ったことがあります。メチャクチャ速い。400メートルトラックをほぼ1周離されました。『あいつ、どんな心臓してんのやろ』と思ったものです。中学で一番速いと言っても、井の中の蛙だとつくづく思いましたよ」

「上級生になると下級生の指導をしなくちゃいけない。3年生になると部長でしたから、クラブを休む部員に対して家に迎えに行って練習に出るよう誘いに行かなくちゃならない。僕は、クラブに入ったら休まずに出て練習するのが当然だと思っていましたから、毎回毎回、サボっている部員を練習に誘い出さなくてはならないということが苦痛でしたね」

「クラブは真面目にやりましたが、学校の成績は良くなかったですね。心配したお母さんが近くの塾に行くように勧めて、生徒3人だけの塾に通わされました。他の2人はとても優秀で、僕はいつも針のむしろに座っているような感じでした。『こんなに勉強できるんだったら塾に来なくていいのに。できない子に教えるのが塾の先生と違うのか』と思っていました」

「お母さんは優秀な子と一緒に勉強みてもらえば少しは成績が良くなると期待していたのでしょうけど、残念ながらチンプンカンプン。少しも成績は良くならない。最後は先生の方がさじを投げて『私立の高校ならどこでも行けますよ』とお母さんに話してました（笑）」

「中学時代にはいじめにあいました。すぐ赤面する女の子をからかう男の子たちがいたんです。僕は『そんなことするのやめときや』と普通に言ったんですが、それが気に食わなかったんでしょう。次の日から毎朝、そのグループににらまれて難癖をつけられました。僕は机に両肘をついて顔を両手で隠して、じっと時間の過ぎるのを待ちました。顔や頭をたたかれたりしたけど、とにかく抵抗せずにじっとしていた。内心では『1人ではようせんのか』と軽蔑していましたけどね。でも、さすがにいじめが何日も続くと学校に行くのが嫌になってきましたよ。そのうち、いじめは収まりましたけどね」

「そのグループとは別だったかな。自転車のチェーンを適当な長さに切って振り回したり、よその学校の生徒とけんかしたりする不良グループもいました。『今度の運動会のとき俺に負けろ』と言われてね。僕は『うん』とも『いや』とも言わず黙っていた。当日の運動会で普通に走ってそいつに勝った。仕返しに殴られて唇を切ってね、今でもここに傷が残っています」

「先生がそいつの親を呼んで、家に親子で謝りに来ましたね。弱い者いじめをするやつが大嫌いなのは、このころの経験もあると思います。そういえば、死んだ親父の口癖は『強きをくじき、弱きを助けよ』でしたね」

「高校は大阪高校、男子校です。高校ではクラブに入らず、学校と家の往復で昆虫採集に夢中になっていました。休みになるとお握りを作ってもらって、1人で水筒ぶら下げてキャラバンシューズで箕面の山に出かけました」

「箕面の滝から勝尾寺までハイキングコースのわき道を歩く。朝から夕方まで歩いて、採集した甲虫は標本にして図書館で名前を調べました。昆虫採集は人との関係を気にすることないでしょ。陸上部のときの、部員を説得しての練習誘い出しがホントに嫌になっていましたからね」

「ファーブル昆虫記を読んで感動しました。カタツムリを食べる甲虫であるマイマイカブリを捕まえに行くことが楽しかった。昆虫の中でも甲虫の採集に夢中になりました」

「高校でもいじめにあっています。僕はおとなしかったし、不良仲間とは一線を画していましたからね。特定の人間に絡まれぐずぐず言われ続けてね。コンチクショウと思い、砂場の上に胡坐をかいて『やるんだったらやってみんかい』と大声出した。そのとたんにいじめがなくなりました」

「高校2年のとき、同じクラスにサッカーの上手な子がいて、今度試合があるんだけど人数が足りないから入ってくれと言われました。気が進まなかったけどやってみることにしました。あのころは今と違ってサッカーの人気はまったく無かったです。短期間のうちに球の蹴り方から教えてもらって、結局卒業までサッカー部で活動しました。ポジションはライトウイング。走ってボールを送る役です」

「そんなこんなで、高校時代はほとんど勉強してないから大学受験には失敗して梅田の予備校に通いました。梅田には古書店があって、林芙美子、夏目漱石、森鴎外、坂口安吾、吉行淳之助などの文庫本を買っては読みあさりました。とくに山本周五郎の『あだ討ち』が印象に残ってます。弱い者が強い者に勝つ方法ね、相手に太刀打ちできなくてもそういうやり方もあるんやなぁということを教えられた。山本周五郎自身が優しい人なんだと思いましたね」

「勉強そっちのけで小説を読みふけっていて、またもや受験に失敗。大学に入った友達から、『料理学校でも栄養の研究ができるぞ』と言われて兵庫の栄養専門学校に入学しました。2年制で生徒数は270人くらい、そのうちの20人くらいが男子でした」

「そのころ、いろんな大学で授業料値上げ反対の運動がおこっていたから、2年生のとき自治会会長になって、僕も授業料値上げ反対の闘争をしようと思ったんですけど、金持ちのお嬢さんが多くて運動にならなかったですね。その後、女の校長先生がだんなが病気になったからと、生徒にすずめ寿司を買いにやらせたことについて批判の文書を作って掲示板に貼り紙したんです。職員が買いに行くかまたは自分で買いに行けばいいのにおかしいと抗議した内容です」

「その掲示を見た職員が校長に連絡して、校長が授業中に怒り出してね。これについては生徒の中で意見が二分しましたが、校長が『ひとでなし！』と泣き出しましてね、校長に同情が集まりました。こんなじゃダメだと思って自治会長を辞めました」

「試験は赤点ばかり。料理英語は2つ3つは分かるのがあったけど、そのくらい書いても仕方ないからと思い白紙で出したんです。そしたら先生が『一つも分からないはずはないでしょ』と泣いて怒り出しました。卒業にあたっては先生全員が僕の留年を決めたのだけど、校長1人が反対したそうです」

「あの人をもう1年残しておったら、学校がどないなるか分からない。卒業させてしまわなあかんということだったらしいです。お母さんが学校に呼び出されて『学校を卒業してから勉強する』という念書に親が署名してようやく卒業できました」

「卒業したあとは一期生の浜野さんという先輩から『大阪では就職先が無いから東京へ行きなさい』と新宿にある日本給食協会を紹介してもらいました。名前は大きいけど従業員は5人。ここでは労働組合を作ろうという動きがあって、声をかけられましたけど断りましたね。浜野さんから『参加しない方がいいよ』と言われていましたから」

「この職場の女性上司は仕事上のことで納得できないことが多かったうえに、関西にいる浜野さんのことを批判するんですよ。世話になった浜野さんのことをあまりに悪く言うので我慢できなくなってね、味噌を丸めてその上司の顔に投げつけた。結局それでクビですわ」

「その後、別の給食会社に勤めました。足立区の3畳一間のアパートに住んだのですが湿気の多い土地だったこともあるのでしょうが、敷きっぱなしにしていた布団をめくったら、ちょうど背中の下あたりの畳と布団の間にきのこが生えているんですよ。これはイカンと思って、ちゃぶ台を買ってきて、それからは毎日布団をたたんで、ちゃぶ台のうえに置くようにしました」

「あの時代は学園闘争が盛り上がっていて、王子野戦病院闘争、神田カルチェラタンなどもあった。大学に進学していた友人も新左翼の活動をしており、何度か上京しては僕の部屋に泊まって各地の闘争に参加していました。王子の闘争にはその友人と一緒に参加した記憶があります。東大闘争のときは赤門の前で野次馬として見ていました。ヘリコプターが時計台の上からドラム缶の底を開けて水を落としていた。今考えてみれば催涙液だったと思いますね。赤門の前の古書店さんにはテレビがあって、後ろを振り返ってそのテレビを見ると、目の前の学生たちの闘っている姿が映っていました」

「機動隊と体を張って闘っている学生たちの姿を見て、自分も働いている者として労働組合を作ろうと思いました。ちょうど東京での生活も3年経ったし、ここいらで大阪に戻って労働組合を作ろうと思って一冨士という給食会社に就職しました」

「しかし組合づくりを準備していることが会社に察知されて解雇されました。解雇撤回の裁判闘争を続ける一方、生活のために釜ヶ崎で日雇い労働を始めたんです。これが釜ヶ崎との関わりのきっかけですね。最初は釜ヶ崎でずっと活動するということは考えていなかったんですよ。いずれは一冨士に戻るつもりでした」

「僕が解雇されて裁判闘争を続けているうちに、その一冨士に労働組合ができたので僕も組合加入書を出しました。ところが僕の加入書だけ抜かれて、上部団体である全国一般に提出されているんですね。その当時、釜ヶ崎では暴力手配師追放釜ヶ崎共闘会議ができていて、僕もそこに参加して活動していましたから、煙たがられていたんでしょうかね。悔しかったですよ。その時からですね。釜ヶ崎で労働組合を作ろうと思ったのは」

「もう何年前のことかな。家で食事をしているときお母さんが突然『おたくさん、どなた?』と言うんです。誰に言うてるのかと、思わず後ろを振り返りました。誰もいない。『浩やがな』と答えると『浩やったら、生年月日言うてみ』と言うんですよ。『昭和19年5月5日やがな』と返事した。それでもお母さんは僕を息子とは思わないらしくて『それなら手に傷あるやろ』と続けるんです。『あるがやな』と手の甲の傷を見せながら答えました。『ほんまやな』ですわ」「血の気が引くような思いでしたよ。信じられなかった。他人事と思っていたことが自分の身に降りかかってきた。お母さんが僕のことを忘れてしまったという現実は、親父が亡くなったことよりもショックでした。それから何日かして聞いてみたんです。『浩はどないしたんや？』って。そしたら『浩は若いときに死んだで』という答えが返ってきた…」

「大阪拘置所に勾留されるのは30年ぶりでした。30年前のことをいろいろ思い出しましたよ。あの時も独居房でした。伊丹の空港が近いでしょ。真上を飛行機の轟音が聞こえてきた時には、『あのころと変わらないなぁ』と感慨深いものがありました。トイレも昔のように木で囲われているし、独居運動場もコンクリートに囲まれてそのまま。ただ天井には金網が張られたところが違うかな。運動場のことを活動家仲間はポチの広場と言っていました。一周回って僕の足で22歩。この広場が唯一、外の空気に触れる機会なんですよ。ひんやりと凍てついたコンクリの壁に囲まれて、それでもわずかな風の動きとにおいに『春が近いんだな』と感じました」

「独居房に6か月近く勾留されて一番つらかったことはしゃべる相手がいないということでした。壁に向かってしゃべっていたら、また別のところに連れて行かれるでしょ。これは冗談だけどね」

「弁護士以外は面会できない。手紙のやり取りもまったくできない。辛かったですね。だから『荷物まとめて』と看守に言われたときはそりゃうれしかったですよ。『地裁が保釈を認めたけど、検事が抗告している』という話は弁護士から聞いていましたから、これは釈放だなとね」

「荷物を持って拘置所の門に向かいながらも、どっかで『ホントに釈放されるのか』と、まだ完全に現実のこととして受け止められないところがあったけれど、門の外に中田君と一ノ瀬君の姿を見つけたとき『やっぱり出られるんやなぁ』と、このとき初めて釈放を実感しました」

「息子たちに対して望むことは、世の中の正しいことは正しい、良くないことは良くないと言える人間であって欲しいということ、それが実行できる人間であって欲しいということですね。また嫁さんには、経済的な支援をずっとしてもらっていますから本当に感謝しています。できるだけ元気で長生きして、権力と妥協せず、正義を貫いて活動して欲しいと思います」

「炊き出しを続けてきた理由は、やはり『人間、食べていかんと生きていかれん』ということですね。衣食住のうち、衣と住は欠けても生きていけるけど食は欠かすことができない。栄養学校で学んで身についたことです」

「闘っていこうと呼びかけても腹が減っていたら動けない。行政が何もしないからと言って手をこまねいているわけにはいかない。『我々の芸術は飯を食えない人にとっての料理の本であってはならない』という小林多喜二の色紙が友人の家に掲げられていましたが、理論だけに先走ってはいけないということだと思うんです。多喜二の色紙を見上げて、その意を強くしたというところはあります」

「炊き出しに対する思いは、かざぐるまに象徴されます。温和でいつもにこにこしている今村君という労働者が20年ほど前、炊き出しを担ってくれていた時期があるんです。彼が同じ淡路中学の同窓生であると分かって驚いたんですが、その今村君が雑炊を運ぶリヤカーの取っ手にかざぐるまをくくり付けていたんです。ひょうひょうとした表情でリヤカーを引く今村君の笑顔とその横で優しく色鮮やかに回り続けるかざぐるまのワンシーンがずっと心に残っています」

「気負わず淡々と、今できることを自然体でやり続けるという生き方の象徴みたいでね、そういう気持ちを大切にして炊き出しを続けていきたいと思っているんです」

124号（2005年7月8日）

第3章 読者からのお便り 『絆通信』《お便りありがとうございました》のコーナーより

妻が若年性アルツハイマー病を発症してもう7年になります。介護生活でたいしたことはできませんが少しでもお役立て下さい。

（代理）夫　（東大阪市　Mさん）

146号（2010年9月27日）

今年（1998年）は馬山から安東市へ引っ越して来ました。子供が出来た上、韓国のしんこくなけいざい危機のため、仕事を求めてこちらまで来ることになりました。日本もふけいきであることをニュースなどできいております。どうか釜ヶ崎のみなさまも元気を失なわないようにお祈りします。韓国の友より。

（韓国安東市Oさん）

89号（1999年2月1日）

このマフラーは全盲で、マッサージの仕事をし、また1人の子供の母である方が真心こめてお作りになりましたものです。目の落ちた箇所は、私共で修理いたしました。全盲でお忙しい方のお心をくんでいただいて、不細工な点もありますが、少しでも暖かく冬をすごしていただけたらと思う気持ちで、お送りします。

（八幡市　社協ボランティアバンク）

60号（1994年1月15日）

先日絆通信を子どもたち（私が教師ですのでクラスの子）に読んでみました。「ホームレスの人、中学生に殺されはったんや、新聞で読んだわ」「テレビでは好きでホームレスしてはる言うてはったけど……」「お正月は故郷へ帰りたいやろなあ」……と予想以上に子どもたちは真剣に聞いてくれました。

また少しずつ読んで、子どもたちに、世の中にはたくさんの、いろんな境遇の方がおられて、一人一人精一杯生きておられることを知ってほしいと思います。

（大津市　Nさん）
111号（2003年2月21日）

8月より生活保護を受けています。（精神疾患のため）文字通りの貧者の一灯ですがお送りします。

（北海道美唄市　Kさん）
163号（2015年2月22日）

皆さん、大丈夫でしょうか。いよいよ寒くなってきました。息子の着なくなった服を少し送らせていただきます。夏物も入っていますが、下に重ねていただけますか？

厳しい環境の中で頑張って下さっている皆様に本当に申し訳ないことですが、暖かい家の中で暮らしていた私に腹膜癌が再発し、もう年単位の寿命は望めません。今年の10月に、ユニセフ菩提寺の会として送らせてもらえるのが私だったらほめてやって下さいね。

泣いている時間が惜しいので、体が動く今は、まだ笑っていられます。皆さん、どうかご自愛下さい。

（滋賀県甲西町　Oさん）
164号（2015年6月4日）

生活弱者の福祉給付金10、000円をもらいました。脱税や汚職、防衛費の水増等に使われたお金があればどんなに皆が助かるでしょう。毎日、腹立たしいおもいです。私はチョッピリお茶をにごしてやるやり方は反対です。きちんとした政策が欲しい。今私は、このお金がなくても飢えることはありません。炊き出しに使って下さい。

（兵庫県福崎町　Yさん）
89号（1999年2月1日）

絆通信130号受取りました。平成13年、53才で町職（臨時職）を解雇され、まっ暗闇の中で、父と母の介護が始まり、平成17年3月に母を、平成18年3月に父を亡くしました。その間は気にはなっていましたが手紙も書けず、カンパもできず本当に申し訳ありません。やっと父が着ていた衣類の一部を洗ってから送れるようになりました。どなたかに着て頂くと喜びます。石けんは小さいのですが100個ありますので、とりあえず使って下さい。釜ヶ崎も大変なことが起こっていますね。私はこの町で何が出来るか、何をするべきかを考えて生きていきます。一生けん命生きている人が幸せだと思える国は、私たちが作り出すのです。一緒にがんばりましょう。

（広島県安来市　Tさん）
131号（2006年12月4日）

絆通信をいつも有難うございます。苦難のなかでもご自分の心に正直に生きる姿勢、行動力、まわりの人への優しい心づかい。少しくらいつぶれても、やがて中心にもどっていく心のパワーに感動し、私自身が励まされました。

（静岡市　Oさん）
165号（2015年9月5日）

このお米は葉山小学校の5年生がつくったお米です。5年生が一生けんめい田植えから稲かりまでして育てたお米です。そちらのみなさんでおいしく食べてください。一年間、しっかり育てたお米なのでとてもおいしいです、ぜひみなさんで楽しいお話をしながら食べてみて下さい。みなさんが「おいしい」と言ってくれると、とてもうれしいです。

葉山小学校6年2組より。
（滋賀県栗東市）
106号（2002年4月17日）

〝大雪と母親〟

2月の大雪の時でした。認知症が進み、会話することもすっかり無くなり、寝てばかりの母親。窓の外の雪景色に「食べられん人、どうしてるんやろ」と涙を浮かべて訴えるのです。〝炊き出しの会〟との原点に戻った一時でした。

（神奈川県茅ヶ崎市　Tさん）
160号（2014年5月16日）

いっしょうけんめい生きてこられた人のお話を読むと、人生は生きるにあたいする、という思いを強くします。1975年より1日も休むことなく続けられてきた炊き出しのお役に立てれば幸いです。

（高槻市　Kさん）
168号（2016年6月20日）

つゆに入り何かと大変な事と存じます。いつもお手紙を頂きながら失礼致しました。実は、主人が昨年3月7日、脳内出血で倒れ、右半身不自由になり只今も入院中です。私は姑の介護を63才～70才までして、平成3年脊柱の手術を受けたのですが、また主人のことで、昨年末、脊柱の手術を受けました。ストレスと疲れで緑内障と白内障を合併し、今年4月、左目の手術を行いました。思うようになりません。

夏に向かいながら冬物の衣類が多く、申し訳ないのですが、その時になったらご利用下さいませ。

いろいろの事件があり、ご苦労さまです。政府の情もなく、不況の中、どんなに辛いことかとお察し申し上げます。年金生活で、充分の送金もできず衣類ばかりで申し訳ありません。野宿の方、いろいろとテレビで見ております。ご健康を祈るのみです。——80才になりました。友人も助けてくれていますのでご安心下さいませ。

（福井県三国町　Fさん）
92号（1999年9月7日）

絆通信148号ありがとうございました。共に活動してこられた方々がつぎつぎと亡くなるのは残念です。〈生老病死〉は人として自然。ただし社会のありようとして〈いのち〉を差別されたり〈誇り〉を奪われたりすることのないように助けあって生きたいですね。カンパ送ります。

（大阪市　Mさん）
149号（2011年5月29日）

私は現在全身打撲、複雑骨折で自宅療養中です。見舞金を送ります。7月10日から名古屋笹島での活動（夜まわり）に復帰します。

（岐阜市　Tさん）

146号（2010年9月27日）

父（90才）が折々寄付しているのをみていて、働かない人に何故そんな事するのかと疑問ばかりでしたが、絆通信を見せていただき、協力させて頂こうという気持ちになりました。活動を理解してもらうための「活動」も大切だと思います。少しですが送ります。

（綾部市　Wさん）

171号（2017年3月2日）

炊き出しの方々も、この暑い中ご苦労様です。私もやっと傷口の抜糸をして頂いて、何とか元気になり、家事と昌美の世話をできるようになりました。通信によると、米や物資を送って下さる方が増えたそうでよかったですね。私も作業所に呼びかけて、バザーの売れ残りの男物の衣類でも送ってあげたいと思いつつも自分に体力がないうえに、子供は作業所の運営資金不足を補う行事に少しも出ようとせず、近頃はおもらしまでして（23才にもなって…）情けない限りです。たいてい重度の子は高校をすぎると後退してきます。体が大きくなり行動範囲も広がりますから、親はお守りをするのに疲れ果て、生きている事が辛くなる日も多々あります。作業所の職員さんも忙しくて、余計な用事はたのめません。北海道出身の佐藤さん、いろいろご苦労なことの多い人生でしたね。でも解放会館で働いておられる由。人間一人っきりほど寂しいものはないので、まだ幸せですよ。私たち、知恵遅れの重度児を抱えた親は、死後の我が子の事が気がかりで死ぬにも死ねない状態です。ウツになって自殺する人、急性心不全で亡くなる人が身辺に増えています。子供と同時に死ねたら一番幸せというところです。公園で一人っきりで冷たくなってた人がうらやましい、とさえ友人と話しあっています。底辺の人に思いやりのある政治をしてほしいものですね。皆の善意の寄付金盗むなんて、情けないですね。昌美の給料、8月は1、190円でした。今のところ通院費や香典によくいるので送金できませんが、いくらかましになったらまた、少しばかり送らせてもらいます。どうかお体大切にがんばって下さいね。

（岸和田市　Ｉさん）
64号（1994年10月5日）

絆通信164号お送りくださりありがとうございます。通信読ませていただき、ひとごとだとは思えませんでした。この社会でおこっていることは、社会全体の一人ひとりの問題だということを忘れずにいこうと思います。そして炊き出しの必要がなくなる社会となりますように。

（滋賀県長浜市　Ｙさん）
165号（2015年9月5日）

あとがき

1982年に発行された絆通信1号の「がんばってます」コーナーは200字程度でした。当時20代だった私のインタビュー相手は、おじいさん、お父さん世代の労働者でした。

いつの間にかおじいさん世代は居なくなり、お父さん世代ばかりになりました。さらに年月が経つと同世代や自分より若い世代になりました。

たった1枚のポートレートでその人の人生を表現することができるように、たった数ページの文章で、その人の人生に思いを寄せることができるとすれば、これこそ読者と釜ヶ崎の労働者を結ぶ絆ではないかと思いながら絆通信を作成してきました。

豪快に笑いながら、俯きながら、遠くを見る目をしながら、怒りをにじませながら、時には目頭を押さえながら、何日も付き合って下さったお一人お一人に改めて感謝いたします。

またブレーンセンター社長の稲田紀男さんには全面的に協力していただきました。心よりお礼申し上げます。

労働者同士の助け合いとして始まった炊き出し。延べ提供数は749万1613食になりました（2018年8月末現在）。これからも炊き出しを続けていきます。そして絆通信も発行していきたいと考えています。ご支援をよろしくお願いいたします。

絆通信176号発行の準備にかかりながら
釜ヶ崎炊き出しの会　梅澤晴美

釜ヶ崎合唱団

労働者たちが波乱の人生を語った

発行日　2018年12月10日　初版発行

編著者　釜ヶ崎炊き出しの会

発行者　稲田紀男

発行所　株式会社ブレーンセンター

〒530-0043　大阪市北区天満4-2-13

TEL 06-6355-3300

FAX 06-6881-2630

http://www.bcbook.com

装幀　鈴木一誌

編集　秋山高廣

印刷・製本　モリモト印刷株式会社

ISBN・978－4－8339－0552－7

Published by BRAIN CENTER, Printed in Japan